Cross-cultural Studies Series

クロス文化学叢書　第１巻

互恵（レシプロシティー）と国際交流

キーワードで読み解く〈社会・経済・文化史〉

クロスカルチャー出版

目次

序章

二一世紀における「レシプロシティー（互恵）と国際交流」を考える

矢嶋道文

レシプロシティー（reciprocity：互恵）という用語を初めて耳にしたのは今から二〇年ほど前のことである。関東学院大学の経済学部～経済研究科を経た私は、ある時、燦葉会（大学卒業生の会）経済学部会主催の講演会に参加した。講師は卒業生でもあり、元経済学部長・学院長を務めた富田富士雄先生である。富田先生は文学部社会学科（平成一五年度より現代社会学部に改組）の誕生にも大きく寄与された社会科学者である。富田先生は六浦キャンパスのとある教室で黒板にさりげなくreciprocityとお書きになった。互恵のお話であったと思うがお話の具体的内容は失念した。ただ、この用語とその説明を聞いて、それならば江戸時代半ば以降に生きた本多利明（一七四四〔延享元〕年－一八二一〔文政四〕年）の思想にもあると思いついたことを記憶している。本多利明は飢饉（天明飢饉）に苦しむ農民への同情感から海外貿易を提唱した人物であり、その貿易論は極めて互恵的な内容であって、のちの佐藤信淵（一七六九〔明和六〕年－一八五〇〔嘉永三〕年）の一面にみるような軍略論が皆無であることも特徴的な人物である。

ともあれ、富田先生の講義以来レシプロシティー（互恵）という言葉が耳を離れなかった。ご縁があり、このほど、クロスカルチャー出版の川角功成社長から「クロスカルチュラル　スタディーズ　シリーズ①」の企画を依頼され本書の誕生となった。その企画書に賛同された方々は二〇名程度であったが、諸事情により本書執筆者は私を含めて一六名となった。

この企画は六年前からのものであり、読者層は研究者と一般の方との双方を対象にするという出版意図に賛同された方々に執筆を依頼した。あいにく数名の方々には、本書ではご一緒することが叶わなかったが、ご賛同くださったすべての皆様に編者として感謝申し上げたい。なお、本書のタイトルは執筆上のキーワード（互恵と国際交流）そのものとした。

ここで、もう少し本書のキーワードであるレシプロシティーとの出会いについて触れておきたい。本書企画の四年目のころ、スミス研究の伊藤哲氏（本書第1章担当）に、スミスはレシプロシティーに触れているかいないかを尋ねたところ、すぐに「『国富論』第三篇で論じています」との返答が返ってきた。私はこれでこの企画も何とか成功裏に導けるものと確信した。伊藤哲氏は本学（関東学院大学）経済学研究科初代委員長を務められた高島善哉先生の学流にある本学名誉教授星野彰男先生の愛弟子である。伊藤氏の論によれば、スミスのいうレシプロシティーとは、『国富論』第三篇の内容にある「農村と都市のレシプロカルな関係」についてであった。同論については、本書のキーワードを補完する意味において、第1章をご覧いただきたい。

本書に収録する第1章～第15章の内容を概観しておくと、以下のようである。

第1章　伊藤 哲

『国富論』にみるレシプロシティー―「自然的自由の体系」とレシプロカルな経済社会―

伊藤氏はいう。「本章では、アダム・スミス（Adam Smith,1723-1790）の古典経済学の名著『国富論』の第三篇、第四篇を考察の対象において、彼の「自然的自由の体系（the system of natural liberty）としての経済社会における人と国家のレシプロカル（互恵的）な関係性を築くための社会的環境を解明したいと考える」と。伊藤氏は「分業というレシプロカルな関係―『国富論』第一篇」において、上記のことを具体的に次のように説明する。「両者（農村と都市）の利得は、相互的であり互恵的（mutual and reciprocal）であって、分業はこの場合も、他のすべての場合と同様、細分されたさまざまな職業に使用されるさまざまな人々のすべてにとって有利なのである」。さらに伊藤氏は「農村と都市のレシプロカルな関係―『国富論』第三篇」において、次のようにいっている。「ここでは明確にレシプロカルな関係が端的に次の言葉で表現されている。『都市の住民と農村の住民とは、互いに相手の使用人である』。これがスミスにとっての『都市の富裕化と増加が領土または国土の改良と耕作の結果』としての富裕への『自然のなりゆき（natural course）』である」。ここには、スミスのいうレシプロカルな関係が農村と都市との関係を具体例に明示されていよう。

第2章　田中史生
遣隋使・遣唐使と文化的身体・政治的身体―仏教伝来のインパクト―

『日本書紀』によれば、倭国は推古一五年（六〇七）、隋へ小野妹子を大使とする使節を派遣した。この遣隋使に関し、『隋書』倭国伝は、朝貢した倭使が「開海西菩薩天子重興仏法、故遣明拜、兼沙門数十人来学仏法」と語ったとする。しかし、田中氏は「残念ながら、この時の学問僧の名前は伝わらない」という。ついで氏は、『日本書紀』推古一六年九月の条を引き、遣隋使一行中、小野妹子大使の他一一名の隋行使の内、妹子を除く一〇名が、「渡来系氏族」であるとの説が日本の学界で注目されてきたとする。さらに田中氏は、近年における西安での日本遣唐使の一人の墓誌発見から、この人物が渡来系氏族出身者とみられることで、遣隋使・遣唐使と渡来系氏族の重複が益々注目を浴びるようになっていることに触れる。これら渡来系氏族の多くは、その渡来人がもたらした技能・知識・文化を継承し倭王権に仕える人々であったため、遣隋使の多くが渡来系氏族で構成された事実は、彼らが大陸文化導入の主役であり、彼らの高い国際知識・文化的能力が遣隋使には必要とされてきたとする学界での共通理解を紹介する。しかし、ここで氏は、研究史には、渡来系氏族と遣隋使・遣唐使との身体の重なりの正しい指摘がある一方で、そこに示された歴史的転換の意味はほとんど説明されてこなかったともいう。

第3章　永井晋
鎌倉時代の日元関係を考える―蒙古襲来と日元貿易―

本章の内容は中世における日元関係を双方の側から見た論稿であり、中世史料研究者の永井氏ならではの内容構成である。同章の前半は日元の戦争（元寇）を取り上げ、後半では日元交易を取り上げている。はじめに、永井氏は日元戦争（元寇）を、元が一方的に日本を攻めた戦争ではないという。冒頭部分において氏は「日本の文献がフビライの帝国を『蒙古国』と表現し『元朝』と表現しないのは、最後まで中国の歴史にたびたびみえる北方から侵攻する騎馬民族のひとつという認識を改めなかったためである」としている。権大納言吉田経長の日記『吉続記』には「蛮夷の者、帝闕に参るの事先例なし」とある。すなわち、モンゴルの使節の入国は太宰府までで、首都京都や宮廷には入れないという「蛮夷」扱いである。朝廷に従う鎌倉幕府は、この扱いにより、文永の役翌年の建治元年（一二七五）、長門国から鎌倉に移動させられた元使は鎌倉の市街地で斬首した。文永の役が起こるまでの日本は、元の襲来を半信半疑に受け止めていた。『元史』には日本の軍勢は破ったものの高麗との連合軍は足並みが揃わず矢も尽きたので帰還したとあり、元軍の自発的撤退であったことが記されている。ここでは、神風（嵐）は撤退中のことであったと解される。注意を引くのは、日元戦争では双方が勝利と考えていたことである。

第4章　勘田義治

古代キリスト教ネストリウス派の東漸 ―唐代長安にみる景教―

ネストリウス（三八一－四五一）は、ローマ帝国シリア北部に出生し、のちに神学者テオドーロス（三五〇－四二八）のもとでアンティオキア派の神学を学び、長老、修道士、説教者として活躍した。コンスタンティノープルの主教であったネストリウスは、アレクサンドリアの主教らと信条を巡って対立した。ネストリウスの主張の一端は「キリストの内に、完全な神性と人性が存在することは否定しない」というものであった。これらは、当時の主説を覆したことから世論を沸騰させた。時の皇帝テオドシウス二世は問題解決のため両派による会議を持った。しかし、会議は分裂し、皇帝による政治的決着がつけられ〝人性と神性の統一は可能ではない〟とするネストリウスの主張は通らず、彼はエジプトに追放され惨めな死を遂げた。ネストリウスの門人たちはペルシャに逃れ、大きく勢力を伸ばした。七世紀に入り、中国では「景教」として栄えたのち、明代に消滅した。中国へのキリスト教の伝来は日本への伝来よりもはるか以前にあたる唐代に陸路を使って長安（今の西安）に来たネストリウス派であり、中国で「景教」と呼ばれる信徒であったという。その西安（かつての長安）において、一七世紀の初め「大奏景教流行中国碑」という唐代に掘られた石碑が突然発見された。また、景教徒が日本に渡来し、神道や仏教に影響を与えたという説もあり、論証の鍵を握るのは空海であった。

第5章　多ヶ谷有子

ことばに宿る霊力 ―今むかし―

本章を貫くキーワードは、「言霊」である。筆者は冒頭にいう、「日本では古来、『ことば』には神秘的な霊力が宿っているという信仰が伝統的に受け継がれてきた。いわゆる言霊信仰である。『言霊』とは文字通り『言霊の魂』、『言葉の霊力』といった意味である」。言霊信仰には、「ことば」の持つ霊力を頼んで幸いを祈願する面と、呪いを念じる面の二つの側面があるとも筆者はいう。自ら、文字を得る以前は、言霊の魔力は発された「ことば」の中にあると信じられていた。「ことば」を表現するすべを持たなかったからである。文字を持つようになると、記された「ことば」にこそ魔力は内在すると信じられるようになった。その一例が、『記紀』や『出雲神話』に登場する事代主神（ことしろぬしのかみ）にみられる「神のお告げ」あるいは神託である。このような事例はギリシア神話やローマ神話などでも神託の実現がテーマになっている話は少なからずあり、ソクラテスの「汝自身を知れ」からも、ヨーロッパの人々が「ことば」の霊力を信じていたことが分かるとし、『旧約聖書』にも「ことば」の霊力例がみられるとする。筆者は、長く交流のなかった日欧間で様々な類似現象が見られるという事実から、日欧間でも国交の長い日中と同様の互いの切磋琢磨が期待できるとし、今後、互いの文化・文学をまずは学問的レベルで検討考察することによって、研究レベルでの互恵の実現が期待できるともする。

第6章　小林照夫
日本の近代化に貢献した「連合王国」のお雇い外国人 ―明治維新政府がスコットランドで実現したレシプロシティ―

はじめに小林氏は「一般に、日本人が日常的に用いている『イギリス』とか『英国』といった表現は慣習的呼称であって、一九二七年以降現在に至る正式国名は『グレート・ブリテンと北アイルランド連合王国』である」という。「連合王国」の歴史を熱く紹介する小林氏は、スコットランド王ジェームズがエリザベス一世の死去に伴いイングランド王に即位した一六〇三年からスコットランドとイングランドが合併する一七〇七年までを「一王二議会制」（「用語説明」参照）に基づく体制（同君連合）になったことを説明する。幕末の日本で日英修好通商条約が結ばれた際、幕府側はイングランド（意而蘭土）と大ブリタニア（大貎利太泥亜）を区分して標記しているが、これは幕府の見識によるものと氏は評価する。ついで氏は、日英修好通商条約にあたったエルギン伯爵のほか、オールコック、グラバーなどによるスコットランド・ネットワークの形成を説く。また、横浜開港場外国人居留地一番に先陣を切ったのが「ジャーディン・マセソン商会」（英一番館）であった。横浜における「灯台の技師」として忘れてならないのはR・H・ブラントンである。そのブラントンは明治新政府によるお雇い外国人第一号として八年間を日本全国の灯台作りに奔走した。そのブラントンの通訳をした藤倉見達はブラントンから灯台技術の手ほどきを受けたがエディンバラ大学に留学し、お雇い外国人に替わり日本の灯台建設の屋台骨を担っている。

第7章　松野尾 裕
グルントヴィと北海道酪聯の開拓者たち ―宇都宮仙太郎と出納陽一を中心にして―

本章は、内村鑑三の講演録「デンマルク国の話」（一九一一年）の紹介から始まる。一八六四年、デンマークが対プロイセン・オーストリア戦争に敗北した結果、同国にとってもっとも肥沃な土地を割譲するが、残された荒地を植林・開拓し同国復興の原動力とした事例を内村は紹介する。内村はこの成功例を（一）国の興亡は戦争の勝敗によらないこと、（二）自然は無限の生産力を有すること、（三）信仰こそが力であること、と纏めた。内村のこの発信により、日本国内にデンマークを理想の農業国（酪農国）とみる風潮が生じたのではないかと松野尾氏は論じる。同稿のタイトルにあるグルントヴィは牧師であり、讃美歌の作詞家であり、歴史家でもあった。グルントヴィは、『北欧神話記』（一八〇八年）により、北欧の英雄神話を復活させ、またデンマークへのドイツ語・ドイツ文化の侵入に対抗するための教育機関「フォルケホイスコーレ」（共生的国民学校）の理念と創設に力を尽くすなど、デンマークの国民主義の鼓舞に貢献した人物である。このグルントヴィの教えを北海道の農業（酪農）界が受け継ぐに至るには、牧夫から単身独力渡米し酪農と製酪を実地に学んだ宇都宮仙太郎の存在を見逃し得ない。宇都宮が娘婿の出納陽一（現北大農学部卒）のデンマーク行きを支援することによって、出納はグルントヴィの農業（酪農）教育思想にふれる機会を得た。出納が感激したのは、何よりもグルントヴィの農民教育への深い思いであったという。

第8章　橋本和孝

東遊運動と東京義塾 ―ベトナム・アンチ・コロニアリズムとレシプロシティー―

東遊運動とは一九〇五（明治三八）年から一九〇九（明治四二）年にかけて行われたベトナム版「日本に学べ」運動である。同章の冒頭に筆者は「東遊」の意味を説明する。「ドンコイ通りは、ホーチミン市の目抜き通りである。その角にシェラトン・ホテルが立地している。その正面玄関にある通りが、ドンズー通り（Đường Đông Du）である。この通りにはイスラム寺院であるインド・ジャミア・ムスリム・モスクがある。この通りの名称、ドンズーこそ本章が対象とする東遊運動の「東遊」のベトナム語読みなのである」と。明治近代化への東アジアへの教訓はガーシエンクロンモデル（急速な近代化モデル）を想起するが、東遊運動は、絵にかいたような適応とレシプロシティー（互恵）が見出せる。一九〇五（明治三八）年ハイフォン港から上海を経て神戸に到着したファン・ボイ・チャウらは、見当たらない荷物を警官に相談するが、荷物はすでに車掌の手配で旅館に送られていたことにいたく感激する。それほどまでにベトナムと日本とでは社会システムが異なっていたのである。一九〇七（明治四〇）年の日仏協定を経て解散命令を受けた東京義塾の学生は帰国費用の捻出という難問に直面するが、犬養毅から一〇〇名分のチケットと二〇〇〇元を受けた。帰国命令の後、数十名の留学生が国府津の開業医浅羽佐喜太郎の世話になった。一九一七（大正六）年、再来日し国府津の浅羽佐喜太郎を訪ねる。佐喜太郎はすでに他界していたが、チャウは大恩への返礼として記念碑を建てる計画を持ち、これに賛同した東浅羽村村長は経費の一部を村費用とした。

第9章　伊藤 綾
明治初期における日伊外交貿易の特質―「彰義隊隊長」渋沢喜作の養蚕視察とイタリアの対日貿易需要―

本章は、初代彰義隊隊長渋沢喜作（成一郎）が戊辰戦争の終焉地函館に降伏したあと、三年間の入牢の後出獄し、叔父の渋沢栄一に引き取られ、新政府の官職（大蔵省租税寮七等）に就いた後、生糸調査のためまもなくイタリアに派遣されるという筋書きである。一八六九（明治二）年に入獄した喜作は、一八七二（明治五）年一月六日に特命として赦され出獄した。その後の処遇については、渋沢栄一の力が大きく働いたようで、栄一自身が当時のことを語っている。イタリアと日本との関係については、先行研究によれば「アメリカのペリー提督が来航したあとに日本と初めて交流をもった他の西洋諸国とちがって、イタリアと日本の最初の交流は、外交でも軍事でもなく、多年にわたって商取引だったのであり、しかもそれはまったく民間の性質をもっていた」とされる関係があった。本章に説かれる彰義隊初代隊長の渋沢喜作が、転戦の後明治新政府に仕え、官僚として生糸を学びイタリアに渡欧するという史実には惹かれるところがある。このイタリアと日本との両国における外交貿易の発端は、一九世期にヨーロッパを襲った蚕の微粒子病が拡散したことにはじまるという。このことから、イタリア商人による日本の健康な蚕種の確保を目的とした商取引がその後の日伊交流のきっかけとなった。

第10章　見城悌治

一九三〇年代（満州事変・日中戦争期）における中国留学生たちの日本見学旅行

本章によれば、満州事変直前の一九三一（昭和六）年六月の調査では、日本に二九七二名の中国留学生がいたとされる。さすがに翌年は半減するが、日中開戦直前の一九三七（昭和一二）年には五九三四名もの留学生数を回復するに至っている。一九一五（大正四）年、「対華二一カ条」の要求以降、日中の関係は悪化するが、その是正を求め、外務省は義和団事件（一九〇〇年）で得た賠償金を基に「対支文化事業」を開始した。主な内容は、中国留学生への奨学金給付や宿舎の提供であったが、一九二六（大正一五・昭和元）年からは、日本理解を深めるための見学旅行への助成も行い始めている。本章には、見学旅行を企画することになった大学等学校の動向と見学旅行に参加した中国留学生の体験感想が興味深く紹介されている。見学旅行は、一九二六年から一九四一（昭和一六）年の一六年間に八二の高等教育機関が企画実施した。一九三六（昭和一一）年の見学旅行では、東北大学病院の見学を行っているが、見城氏は「看護婦の患者への態度といったソフト面までを、熱心に観察していたことが分かる」と記している。ある留学生は、西洋文化の模倣追従にあくせくする日本の現状に対し、伝統文化たる「伊勢神宮」を日本人のよき修養の場所と指摘している。また、奈良・京都を旅行した留学生は、古くからの日中交流史を学び「これからも両国間は昔に劣らぬ様に、なお一層密接に協力して世界に向って進んで行かねばならぬ」との感想を残した。

第11章　宮田　純

幸田成友の国際交流にみられるレシプロシティー　―ヨーロッパ留学ならびにCharles Ralph Boxerとの交流を中心として―

本章の冒頭において宮田氏は「幸田露伴が文豪と称されるのであれば、その弟、幸田成友は〝史豪〟なる呼称がふさわしい人物であろうか」という。氏は続けて、幸田成友（一八七三―一九五四）とは日本経済史、日欧交流史、書誌学のエキスパートであり、極めて正当な研究方法に該当する実証史学の徒としてこれら専門分野に関する成果を社会に発信し続けた人物である。成友は東京帝国大学・大学院において、日本史・東洋史・西洋史の研究に関わり、一八九六（明治二六）年には、R・マッケンジーの The Nineteenth Century の翻訳にあたる『十九世紀史』を著した。帝国大学ではヨーロッパ実証史学の真髄、L・リースに学ぶが、日本史の林基は「東大でのリースの最大の弟子」と評し、西洋史の増田四郎は「徹底した実証史学」と成友を評した。帝国大学での学びをベースに、成友は『大阪市史』の編纂を経て、『日本経済史研究』（一九二八年）、『江戸と大坂』（一九三四年）などを著すに至っている。その一方で成友は、日本とキリスト教布教の関係史にも関心をもち、ヨーロッパ留学ではポルトガル来航以降の一〇〇年間を対象に各国の文書館・図書館を調査・探索し、史料を収集し、後にそれらを『日欧通交史』（一九四二年）として纏めるに至る。本稿には、幸田成友のヨーロッパ留学とそこでのC・R・ボックサーとの出会いやその後の交流史が述べられる。

第12章　西　淳
近代経済学を構築した「京都学派」とその国際性

本章の主題にある「京都学派」について、西氏は「高田保馬から柴田敬、青山秀夫、そして森嶋通夫にいたる高田保馬が育てた近代経済学者」と先行研究（根岸隆氏）によりつつ定義している。また、氏は「京都学派」がメイド・イン・ジャパンの経済学の構築を目指したとした上で、それはあくまで欧米の経済学との徹底した学問的対話によって獲得しうるものであったとし、「それはまさに、日本と世界の『学問的交流』ということができる」と、その国際性と互恵（レシプロシティー）に触れる。高田保馬（一八八三―一九七二）は、京都帝国大学において社会学者として出発し、多数の業績を残すが、本章では経済学者としての高田保馬をとりあげている。西氏は、社会学者時代の高田が、一九一二年（二九歳）という早い段階でワルラスの一般均衡論に関心を示し紹介に尽力したことが、その後の日本の近代経済学における一大潮流（「京都学派」）を生み出したという。しかしまた、高田にとっての一般均衡論自体は「輸入品にすぎず」そこに新たなものを付け加えない限り、経済学に独自の貢献をしたとは考えられなかった。ここに「京都学派」を生み出した高田保馬の基本姿勢を見いだすことができる。高田のこのような姿勢は、一般均衡論が経済学の最終到達点であることを主張する一方で、それが現実の問題を解決できないことへの批判をするというある種のアンビヴァレンツを見せるものであったが、高田の提起は、柴田敬、青山秀夫、森嶋通夫らによって洗練されていく。

第13章　林 博史
日本軍「慰安婦」問題に取り組むアジア市民の交流と連帯

本章に筆者は、東京裁判において、アメリカは天皇の戦争責任免責の他、七三一部隊の情報入手の替わりとしてその構成員を免罪した。これは、同国の軍事行動が将来にわたって制約されないようにするための意図的な判断であった、とする。また同時に、日本の植民地支配への反省や、同支配における非人道的行為への追及も同じ理由によって棚上げされることになった。サンフランシスコ平和条約では、日本の戦争責任や軍備制限などの規定を入れず、賠償も大幅に軽減され、もっとも深刻な被害を受けた中国は同会議に招待されず、植民地であった韓国・北朝鮮も共に排除され、日本の戦争責任下にある被害者は全く無視された。これが、「慰安婦」問題を沈黙させてきた、いわば元凶であったと林氏はいう。被害国の側においても、台湾（中華民国）は賠償請求権を放棄し日本政府の支援を求め、中国は文化大革命期を除き日本政府への寛大な政策を追求し被害民衆の怒りを抑制し、フィリピン、インドネシアにおいても独裁政権下で戦争被害者の声は抑制された。韓国においても、賠償責任を追及する代わりに日本からの経済援助を受けて政権基盤の拡充に努めた（日本政府からの無償資金一〇八〇億円のうち被害者へは五八億円にすぎず、元日本軍「慰安婦」の女性たちは対象外であった）。日韓国交正常化交渉のなかでも「慰安婦」問題が取り上げられることはなかった。また、北朝鮮とは国交がなく、被害者は全く無視され続けている。日本においては、日本の責任を否定し慰安婦を売春婦呼ばわりしていることがセカンドレイプ、サードレイプとして被害者を苦しめている。論稿では、日本が加害国であることを認め責任を取り、問題に真摯に取り組むことによって被害国である地域の人々との友好と連帯が生じることも調査過程における自らの経験から触れている。

第14章　山本長次
武藤山治とアメリカ

本章に取り上げる武藤山治（一八六七－一九三四）は二度渡米し、一回目はパシフィック大学に学び、二回目は第一回国際労働会議（ワシントンＤＣ）に日本の雇用側代表者として参加した。一八八一（明治一四）年武藤は父親の奨める慶應義塾大学の本科（本塾）に進み、さらにケンブリッジ大学への進学を志すが、松方デフレの影響で父親による援助が困難になり、アメリカに渡ってサンフランシスコのタバコ工場で働くことになる。タバコ工場での見習い職工としての武藤は、慶應義塾でのミルやスペンサー等を学んだこととのギャップを感じた。英会話は全く駄目だったようで理髪店では短髪を「リトル・ショーテスト」といって短い丸刈りにされた。間もなく武藤はタバコ工場をやめ、スクール・ボーイ（家事手伝いの学生）やデイ・ワーク（日雇い）をする。この時の体験が、武藤に「思いやりの気持ち」と「主人としての優しさ、上品さ」というものを学ばせたと筆者は説く。一八八七（明治二〇）年、武藤は徴兵を回避するため、武藤松右衛門の家を相続し佐久間姓を改名し、同年には『米国移住論』を出版した。米国滞在中、武藤はかつて留学したパシフィック大学を訪問し、ライブラリーへの寄付（日本に関する図書基金一〇〇〇ドル）を行ったが、これが「武藤基金」とされ毎年五〇ドルの予算が組まれた。この訪問から八四年後の二〇〇三（平成一五）年、武藤の孫にあたる東京三菱銀行常任顧問が同大学を訪問したことをきっかけに、翌年「ユニオン・バンク・オブ・カリフォルニア」から二万五〇〇〇ドルが寄付され、「武藤書籍基金」が設立された。

第15章　金　暎根
日米貿易摩擦の変容―アメリカの通商政策における互恵主義（レシプロシティー）とGATT／WTOと相互作用―

本章で取り上げる貿易政策史はTPP交渉に揺れる我が国にとっても時宜にかなう事例であり、理想と現実とは異なる貿易実態を読み取ることができる。本章では、アメリカの一九七四年通商法および一九八八年通商・競争力強化法（スーパー三〇一条）に焦点を当て、GATT・WTOに見る互恵的相互主義との関連で一九七〇～八〇年代における日米貿易摩擦の問題を紹介している。一九七四年のアメリカ合衆国通商法（三〇一～三〇九条項）は、貿易相手国の不正な取引上の慣行に対し、当該国との協議を義務付け、解決しない場合の制裁措置を定めた条項であるが、当該国への対抗措置が含まれている点においてGATTへの違背疑義がその都度生じている。また、一九八八年のスーパー三〇一条は文字通り合衆国通商法の強化版である。いうまでもなくGATTの基本的精神は貿易当該国相互の利益を保つことである。しかし、いわゆるスーパー三〇一条の基本姿勢はアメリカ合衆国の利益保全（国益優先）であるから、噛み合わないことは自明なことといえる。論稿では、一九九〇年代における日米自動車摩擦の事例と、富士フィルム・コダックフィルムの摩擦問題が取り上げられている。前者では、アメリカの自動車産業がスーパー三〇一条を背景に部品購入に関し日本の数量的約束を求めたのに対し、日本側はこれを断固拒否し、決着はWTO枠外の二国間交渉でなされたという。

以上が第1章から第15章に至る本書の概要である。各章の論稿は専門領域によるものであり、学界および読者への熱いメッセージがいずれも含まれている。

ここで、互恵（レシプロシティー）についての愚論を加筆しておくと、その基調には「他者への思いやり」があると思われる。立ち入るならば、スミスのいう「同感」（シンパシー）もそれに近いものがあるかもしれない。また、スミスは、本書第1章にもあるように、「スミスは『国富論』第四篇を用いて、スミスの「レシプロカルな関係」を阻害するものとしての「重商主義」（私的利害関心と独占の精神）批判を整理・展開するのである」から、ここにも利己主義ではない「他者への思いやり」（相互的かつ対等）の精神が見え隠れしているのではないか。

冒頭に続いて江戸の話題で恐縮ではあるが、「鎖国」の下での一八五三（嘉永六）年、長崎にロシアのプチャーチンが来航した折、江戸から急遽長崎入りした幕府勘定奉行の川路聖謨（一八〇一〔享和元〕年−一八六八〔明治元〕年）らが接見するが、北方領土をめぐる緊張の中、やがてお互いの同感（友情）が生まれ、川路は「自国の文化を以て他国の文化を論じるべきではない」と断じた（『長崎日記』）。また、対馬藩の雨森芳洲（一六六八〔寛文八〕年−一七五五〔宝暦五〕年）は、朝鮮外交の心得書である『交隣提醒』において「誠心外交」の必要性を説き「誠心ということは互いに騙さず争わず真実から交際することであり、少しでも相手国の方法に応じなければ誠心とは言えない」（小田弘史訳）と述べている。これらは、歴史上における外交最前線担当者の逸話であるが、その基調にあるものは「他者への思いやり」にあると思われる。

二〇一五年を迎えるにあたって嬉しいニュースも耳にした。三年ほど前から交流を続けていたという長岡市とホノルル市が共催し、終戦七〇年目を迎える二〇一五年八月一五日、真珠湾で長岡花火を打ち上げることになったというのである。七〇年前の出来事を考えるのであれば「ありえない」ことでもあるが、この記念事業では、中高生による青少年平和サミットも開かれるという。長岡といえば、かの山本五十六連合艦隊司令長官の出身地である。このように、七〇年の月日を経て「他者への思いやり」が生まれるとするのであれば、「互恵」（レシプロシティー）を念頭に置く「国際交流」のあり方を考えることも可能となってくるのではないか。

本書各章の並びは概ね時代順としたが、読者の関心に応じて現代から読まれても、古代から読まれても良いと思う。

本文に読み取れるようにレシプロシティー（互恵）については各章で濃淡がある。具体例もあればやや抽象的な例も見られる。読者の皆さんには、それらの各稿から本書のキーワードである「互恵（レシプロシティー）と国際交流」の歴史像を読み取って頂き、二一世紀における「国際交流」のあるべき姿を探し求めて頂ければ幸いである。

最後になったが、本書を含むクロスカルチュラル　スタディーズ　シリーズに熱い視線を送り続けるクロスカルチャー出版の川角功成社長をはじめ、同社の皆さんに対し、心からの感謝の言葉とエールを送っておきたい。

第1章

『国富論』にみるレシプロシティー

―「自然的自由の体系」とレシプロカルな経済社会―

伊藤　哲

はじめに

本稿では、本書の主テーマであるレシプロシティー(reciprocity)を含むアダム・スミス(Adam Smith, 1723-1790)の古典経済学の名著『国富論』の第三篇、第四篇に注目し、彼の「自然的自由の体系(the system of natural liberty)」[1]としての経済社会における人対人、さらには個人と国家のレシプロカル(reciprocal, 互恵的)な関係性を築くための社会的環境について考察し、説明したい。

筆者は、これまでにスミスの『道徳感情論』の第六版改訂の真意を探るべく、彼のストア哲学解釈の変容を論証しようと試みた。[2] そこでは、「同感」の観察者視点から、すなわち、有徳性の観察者的評価に関わる行為原理が見せ掛けの当事者行為を好意的に受け取ってしまう旨を解明し、スミスがストア的無感動への批判的考察を行い、行為者の自己規制―明確な感受性を伴った―を指摘することによって、「同感の原理」の補強を行ったことを論証した。また、これまでに経済と道徳の思想的共通性を明らかにするために、人間の行為原理と社会における経済的活動の健全なあり方を解明しようとその作業を続けてきた。さらに、スミスの二著を通じて、批判が行われてきた五つの対象を再考することによって、「自然的自由の体系」=社会環境のあり方を浮かび上がらせようと努力してきた。[3] スミスは当為的議論やそのような主張を避け、彫刻でいえば、余分な木片をそぎ落とすことによって、ある像=社会の「自然的自由の体系」を私たちの目の前に示そうとしてきたと考える。ここでは、最初に、これまでに指摘した上記の五つの批判対象を改めて提示することによって、筆者のこれまでの考察が、レシプロカルな自由経済社会こそがスミスの「自然的自由の体系」の解明作業であったことを明確にしよう。

前出拙論で、「スミスの示した人間本性の自由な、あるいは健全な成長と適正な機能を発揮できる『自然的自由』の社会環境の解明」を掲げて、「自然的自由の体系」の解明の一作業として五つの批判対象を概観することを行った。

その五つの批判対象とは次のとおりである。①効用批判、②決疑論批判、③重商主義精神批判、④「体系の人」批判、⑤ストア哲学批判である。ここでは、簡単に各々の批判対象へのスミスの考え方を紹介しておこう。

①効用批判は『道徳感情論』第四部で考察されており、効用への同感がその当事者の心情に観察者がついていくのではなくて、ある機器の効用―例えば、機械時計の時刻の正確さや部屋における椅子の配置の美しさ―への印象が評価されてしまうことをスミスは指摘し、効用が「同感」の基準とはならないことを示した。②決疑論批判は『道徳感情論』初版から第六部（第六版では第七部）第四篇で考察されており、決疑論者が倫理的領域としての行為原理の中に法学的アプローチを持ち込んだことをスミスは指摘している。すなわち、「善良な人の行動のために、諸規則をあらかじめ定めること」が行為規準としていかに無意味なものであるかを提示した。③重商主義精神批判は『国富論』第四篇第二章、同第三章で考察されており、二組の精神原理である「私利と独占精神」と「国民的偏見と敵意」のとくに後者の精神原理がいかに両国の交易において不合理なものであるかを指摘し、重商主義的政策理念が国益を損ねているかを示した。④「体系の人」批判は『道徳感情論』第六版第六部第二篇において考察されており、最高度の傲慢さをもつ「体系の人」＝為政者が国民個々のそれ自身の運動原理＝利益追求の意欲や活動を考慮しないという独裁的環境がいかに危険な状態かを示した。⑤ストア哲学批判は『道徳感情論』第六版第七部で考察されており、ストア的行為原理が人間本性に適った―感受性と自己規制の相互的交流から成立する適宜性感覚として―行為規準ではないことをスミスが明らかにしたことを論証した。前出の批判対象に共通するのは、諸個人の利害関心のレシプロカルなコミュニケーションの欠如にあることが明らかとなってくる。

これらの批判対象を削除することが、私たちの行為原理＝私的利益追求が適正に働く国家的枠組み＝社会的環境を築くことになるという方向性を指していたのである。この国家的枠組み＝社会環境こそがスミスの「自然的自由の体系」であり、これから考察しようとするレシプロカルな経済社会の姿と重なることを眺めていこう。はじめに、『国富論』の第一篇における分業に触れ、歴史分析篇とも言われている第三篇「さまざまな国民における富裕の進歩の違いについて」から、レシプロカルな関係性を探る論考を進めてみよう。

グラスゴウ大学

グラスゴウ大学メインビルディング下

分業というレシプロカルな関係―『国富論』第一篇―

「両者（農村と都市）の利得は、相互的であり互恵的（mutual and reciprocal）であって、分業はこの場合も、他のすべての場合と同様、細分されたさまざまな職業に使用されるさまざまな人々のすべてにとって有利なのである」(4)〔（　）内、傍線は引用者〕。

上述のように、同書第三篇第一章冒頭の段落中に、農村と都市の関係性をスミスは「相互的であり互恵的」であると明確に指摘している。ここでは、冒頭に次の一文があることをさらに注意したい。「すべての文明社会の大規模な商業とは、都市の住民と農村の住民とのあいだで行われる商業である」(5)としている点である。ここで、商業（商取引）

グラスゴウ大学内のアダム・スミス像

グラスゴウ大学の中庭

の源泉としての分業まで遡ることによって、農村と都市のレシプロカルな関係性の一端を抽出したい。同書第一篇「労働の生産力の改良、および労働の生産物が民衆のさまざまな階級のあいだに自然に分配される順序について」の第一章「分業について」を想起してみよう。

分業の結果としての労働力の最大の改良が生産力を格段に向上させる旨、スミスが指摘していることは周知のとおりである。ここではスミスの観察が簡単なピン製造の職業に注がれ、ピン製造自体が「独自の職業」であり、ピンを生産する過程の中に「独自の仕事」が誕生することを提示し、その「独自の仕事」が約十八の別々の作業に分割されることを通して、スミスは生産力の力強さを述べている。(6) そしてこのような分業が、すなわち社会的分業としての職業の分化と仕事の分化がもっとも進んでいるのが「最高度の産業と改良を享受している国」であると指摘する。「分業の効果」としての生産力の向上を図っている社会の記述としてスミスは次のような表現を使っている。「改良された社会」(7)、「よく統治された社会」(8)、「文明で繁栄している社会」(9) である。とくに「よく統治された社会」の記述部分では、「よく統治された社会では、分業の結果生ずるさまざまな技芸全体の生産物の大幅な増加が、最下層の民衆にまで広がる普遍的な富裕をつくりだす。どの職人も自分自身が必要とするところを超えて処分しうる自分の製品を多量に持っており、また他のどの職人もまったく同じ状況にあるため、彼は彼自身の多量の品物を他人の多量の品物と、あるいは同じことであるが多量の品物の価格と、交換することができる。彼は他人に彼らの必要とするものを豊富に供給し、また他人は彼の必要とするものを同様に豊富に供給する。そして全般的な豊富が社会のすべてのさまざまな階級にいきわたるのである」(10)〔傍線は引用者〕。この「よく統治された社会」こそがスミスが求める「自然的自由の体系」が実現しているレシプロカルな社会＝国家ということがいえようし、そこで「大規模な商業」活動が行われていることも容易に想像できよう。但し、ここではもう少しスミスの分業論中の人間本性観をも概観しておこう。

同篇第二章「分業を生む原理について」で、スミスは他の動物にはなく人間に共通に備わっている本性として「交換する性向」(11) を取り上げる。そしてこれこそが社会の富裕を生んだとしている。また、文明社会では多くの人々が、他の動物が完全な独立した個としての存在となるのに対して、仲間の助力を必要としていると述べる。しかしながら、スミスは文明社会における人間は、「つねに多数の人々の協力と援助を必要としている」[12]と述べながら、次のように商業社会の人間の関係性の中から「慈悲心」を取り除き、「自愛心」が人間同士のコミュニケーション能力を発揮させることを指摘するのである。まずは、次のスミスの語るところを聴こう。

「しかし人は仲間の助力をほとんど常に必要としており、しかもそれを彼らの慈悲心だけから期待しても無駄である。自分の有利になるように彼らの自愛心に働きかけ、自分が彼らに求めることを自分のためにしてくれることが、彼ら自身の利益になるのだということを彼らに示すことのほうが、有効だろう。他人に何らかの種類の取引を持ちかけるものは誰でも、そうしようとする。私の欲しいそれをください、そうすればあなたの欲しいこれを上げましょう、というのがすべてのそのような申し出の意味であり、われわれが自分たちの必要とする好意の圧倒的大部分を互いに手に入れるのは、このようにしてなのである」[13]。この後に、有名な肉屋とパン屋のくだりが描かれているのである。人間の「交換する性向」が自らの利害関心から現れるとき、人間は自らの欲求―必要とするものの獲得―を満たすために、「話し合いや、交換や、購買によって（by treaty, by barter, by purchase）」[14]、そのことは他者とコミュニケーション―取引という形態―をとることによって、完結するのである。スミスの次の個所が、交換性向と分業の結びつきを適確に示している。「われわれが自分たちの必要としているような相互の大部分を互いに受け取るのは、話し合いや交換や購買によってであるように、本来分業を生むのも、この取引するという同じ性向なのである」[15]。

さらに、スミスは「自分自身の利益に対する配慮」[16]が自らの職業の専門特化へと人々を導き、自らの生産した財の余剰部分が各自の必要とする部分と相互に交換される旨、示している。このように各自の得意な職業への専念が「顕著な才能の差を生む」[17]とスミスは述べ、先の他の動物―完全に独立した個としての存在となるような犬種族等―であれば、「交易し、交換する力ないし性向（the power or disposition to barter and exchange）」を持たないので、その種族における「共同財産（common stock）」が生まれないとしている[18]。では、人間はどうなのか。スミスのこの記述こそが、人間社会の各人の「自分自身の利益に対する配慮」―個人の運動原理―と「共同財産」―公共的利益―が矛盾なく密接に結びつくところである。「これに反し、人間のあいだでは、もっとも似たところのない資質こそが互いに有用なのであって、彼らそれぞれの才能のさまざまな生産物が、取引し、交易し、交換するという一般的性向によって、いわば共同財産になり、誰もが他人の才能の生産物のうち自分の必要とするどの部分でも、そこから買うことができるのである」[19]〔傍線は引用者〕。

同篇第三章「分業は市場の広さによって制限されるということ」において、分業の度合いとその程度に応じて、市場の大きさが規定されることをスミスは述べている。ここでも、人間の交換性向は市場の広さによって自らが一つの仕事だけに従事するか否かの意思決定を行うことも指摘される。スミスはスコットランドのハイランドのようなさびれた地方に居住する「農業者はみな自分の家族のために肉屋であり、パン屋であり、酒屋でもあらざるをえない」し、「いなかの職人たちは、同種の材料に依存するほどの類縁性のあるさまざまな部門の仕事に、ほとんどどこでも、たずさわらざるをえない」とし、産業の職業分化が人口分布・密度と地域の隣接性に関係することをスミスは指摘している。[20]スミスはこの後の記述で、水上運送と陸上運送を比較することによって前者の優位性を提示し、後者のみが輸送手段として存在しなかったとすれば「世界の遠く隔たった諸地方あいだにはどんな種類の商業もほとんど、あるいはまったく存在しえないだろう」と述べ、現在のロンドンとカルカッタの商取引の市場規模が相互に「相手の産業を大いに促進している」ことを示す。[21]そして、水上輸送のメリットがその国の内陸地方にも漸次影響を及ぼす旨、次のように指摘する。「したがって、水上輸送の利益はこれほどのものであるから、技芸や産業の最初の改良は、この便宜によって全世界があらゆる種類の労働の生産物に対する市場として開かれているところで行われ、その国の内陸地方に改良が広がっていくのは常にずっとのちになってからというのは、自然のことである」[22]。

このようにスミスは、自らの分業の生産力の飛躍とともにどのような社会的状況の中で商業が拡大していくか、すなわち市場の形成とその規模の地理的考察から議論を展開していたといえる。さらに、人間本性に「交換する性向」

を見つけ、各個人が私的利益への配慮の最大化を図るために、その性向から他者とのコミュニケーション—「話し合いや交換や購買」—によって、相互の生産余剰物を融通する旨が指摘されたところである。また、先に示したように、人間のこの独特な性向が、相互の「共同財産」を増進させていくことも私たちは確認したところである。では、このスミスの第一篇の分業論がどのようにこれからの第三篇に活かされているかをみていこう。

農村と都市のレシプロカルな関係—『国富論』第三篇—

第三篇第一章「富裕の自然的進歩について」では、周知のようにスミスの自然的投資順序論が示されるところである。結論的にヨーロッパの近代国家の現状では「この自然の順序（this natural order）」[23]が完全に転倒されてきたとスミスは結論付ける。スミスはこの個所で、最初に次のことを提示する。「都市は農村の余剰生産物に対して、つまり耕作者の生活資料を超えた生産物に対して、市場を提供する。そして農村の住民はそこで、その余剰生産物を自分たちのあいだで必要な何かほかのものと交換するのである。町の住民の数と収入が多ければ多いほど、町が農村の住民に提供する市場は大きい。そしてその市場が広ければ広いほど、つねにいっそう多数の人々にとって有利なものとなる」[24]。この記述は第一篇の分業論の議論、すなわち「よく統治された社会」の記述を彷彿とさせる。第一篇での職人という個としての結びつき単位から当該個所では農村や都市という面的、地理的結びつき単位へと分業の影響考察を広げたといえる。その延長線上に外国貿易を射程に入れて、「貿易差額についてのばかげた議論」＝重商主義的主張への批判をスミスは行っている[25]。この二国間における交易議論はヒュームの「諸国民のあいだに公開の通商が保たれている場合には、どの国の国内産業も他の諸国民の進歩により増進しないはずはない」[26]という発言を当然踏まえたものであろう。

「都市の生活資料となるのは、農村の余剰生産物だけ、つまり、耕作者の生計維持を超えるものだけであるから、

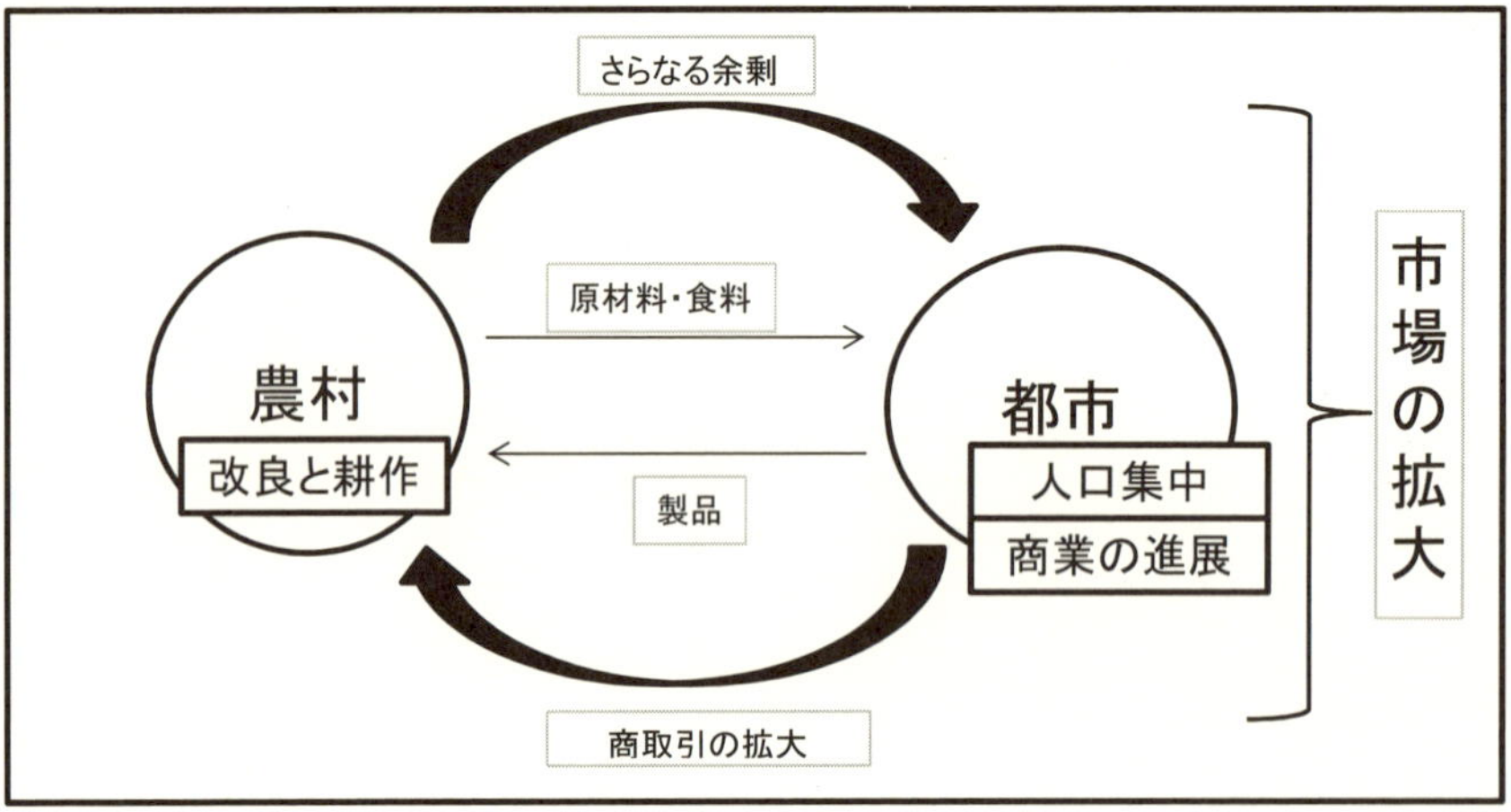

農村と都市のレシプロカルな関係

都市はこの余剰生産物の増加とともにしか増大しえない」とスミスは述べることによって、「人間の自然的性向」によって農村と都市の関係性が本来の時間的経緯の中で、「都市は、どこでも、それがおかれている領土の改良と耕作が維持できる以上には、少なくともその全領土が完全に耕作され改良されるときまでは、増大し得なかっただろう」[27]と人間の自己自身の資本投下の安全性と確実性を求める性向を指摘している。これがスミスの自然的投資順序としての農業→国内製造業→国内商業→外国貿易という本来の慎慮ある人間の姿としての「自分自身の利益に対する配慮」である。この農業を中心にした他業種の引力的結びつき—鍛冶屋、大工、車大工、犂製造人など—が都市を形成し、「まもなく肉屋、酒屋、パン屋が、彼らの折々の欲求を満たすのに必要又は有用な他の多くの工匠や小売商らとともにこれに加わり、都市を拡大する」[28]ことに寄与し、エリアとしての「共同財産」を増大していくものとスミスはみている。

ここでは明確にレシプロカルな関係が端的に次の言葉で表現されている。「都市の住民と農村の住民とは、互いに相手の使用人である」[29]。これがスミスにとっての「都市の富裕化と増加が領土または国土の改良と耕作の結果」としての富裕への「自然のなりゆき(natural course)」である[30]。

しかし、スミスはヨーロッパ社会の歴史的成長過程が逆転した現状を分析するために、北アメリカ植民地＝未耕地が容易に入手できる場とヨーロッパ＝未耕地がない国々の比較と歴史的に農民がおかれた状況を分析することによって、後者が自己の余剰資本を「もっと遠隔地向けの仕事を用意」する旨[31]を述べ、重商主義の歴史的発生の必然性を指摘している。スミスは農村の住民がローマ帝国崩壊以降、土地の改良と耕作に不利な状況におかれた歴史的事情を紐解いていくのであるが、グレート・ブリテンの農業者＝ヨーマンの地位がヨーロッパ中で一番高く、多くの制約から解放されていることを示している。とはいえ、「農業者の地位は、ものごとの性質からいって、土地所有者の地位に劣っている。ヨーロッパの大半をつうじて、ヨーマンは、比較的上層の小売商や手仕事の労働者にさえ劣る階層と見なされており、ヨーロッパのすべての地方で、大商人や親方製造業者に劣る階層と見なされている」[32]のである。

次にスミスは同篇第三章で、都市の住民のおかれた歴史的環境を考察していく。特権を得られるまでは農村の住民と同様に農奴的状態にあったのは推察されるが、「彼らが農村の土地占有者よりもはるかに早く、自由と独立の状態に達した」[33]こと、「農村では土地の占有者があらゆる種類の暴力にさらされていた当時に、都市では秩序とよき統治が、またそれと並んで個人の自由と安全」[34]〔傍線は引用者〕が確立されていった経緯を提示している。この状況は彼らに生活の必需品以外の便益品や奢侈品への獲得欲求をも発生させるのである。その場合、スミスは「たしかに都市の住民は彼らの生活資料や、勤労の材料と手段のすべてを、究極的にはつねに農村から引き出さなければならない」と言いながら、第一篇の市場の広さへの論究での水上輸送を連想させる次の発言となる。「彼らははるかに広い入手範囲をもっており、かれら自身の産業の製造品と交換するか、あるいは遠距離諸国間の運送人の役割をつとめて、ある国の生産物を別の国の生産物と交換することによって、世界の果てからでも、それらを入手することができる」[35]。ここでは、自らの原生産物をより文明の進んだ諸国民の製造品と交換するという海外への明確なアプローチが提示されている。また、他国の精巧で改良された奢侈品等への需要から、商人たちが自国内で輸送費の節約とともに同種の製造業を起こしたことが、「遠隔地向け販売のための最初の製造業の起源」[36]であることをスミスは指摘する。

他方で、スミスは遠隔地向け製造業の別の成立過程をイギリス国内にみている。[37]

水運の便と縁のない内陸地方においても遠隔地向け製造業が成立し得る根拠を耕作者と職人製造業者とのレシプロカルな関係として次のようにあげる。耕作者は自らの余剰生産物を国外に送ることが困難な状態にあるが、余剰生産物の豊富さ＝安さが多くの職人をその近隣に住まわせることになり、そのメリットとして耕作者は容易に多くの生活必需品や便益品を獲得できる環境を手に入れる。さらに職人にしても輸送費を節約することによって、製品の価格を低廉におくことによって耕作者にさらに供給できる体制を整えることができる。この環境は耕作者と職人の双方にとっての勤労への動機づけを強めることとなる。「土地の肥沃さが製造業を生みだしたように、製造業の進歩が土地に反作用し、その肥沃度をさらに増進させる」（傍線は引用者）。[38] 製造業者は自らの仕事の改良と洗練さの向上により、より遠方の市場に製品を供給できるようになる。この「洗練改良された製造品は、かさは小さくても、多量の原生産物の価格を含むことができる」ので、「完成製造品の形」で世界のどこにでも輸出されるようになることをスミスは明示し、この製造業は「自然に、そしていわば自力で、成長」した「農業の子孫である」と強調するのである。[39] ただし、スミスはその製造業が先の外国貿易の子孫である製造業」よりもヨーロッパ近代史上で一般的に遅れていることを指摘する。[40]

同篇第四章「都市の商業はどのようにして農村の改良に寄与したか」では、①都市は農村に大きな市場を提供したこと、②都市の住民が自ら得た富で土地を購入し、最良の土地の改良家になったこと、③農村の住民のあいだに、個人の自由と安全をもたらしたことの三つをスミスはあげる。当該個所では、最後の点にしぼり都市が農村に与えた影響をまず概観しよう。ここは、「商業と製造業がもたらしたすべての効果のなかでも、もっとも重要なもの」であるとスミスが指摘し、これまでにこの点について気付いた著作家としてヒュームの名をあげるところでもある。[41]

「対外商業も精巧な製造業もない国」[42] や「収入が許す限り多くの人々を扶養する以外に富者には収入の使い方がない国々」[43] の土地所有者は、財の性質上、耕作者たちの生活維持を超える余剰生産物を多数の従者や召使などのも

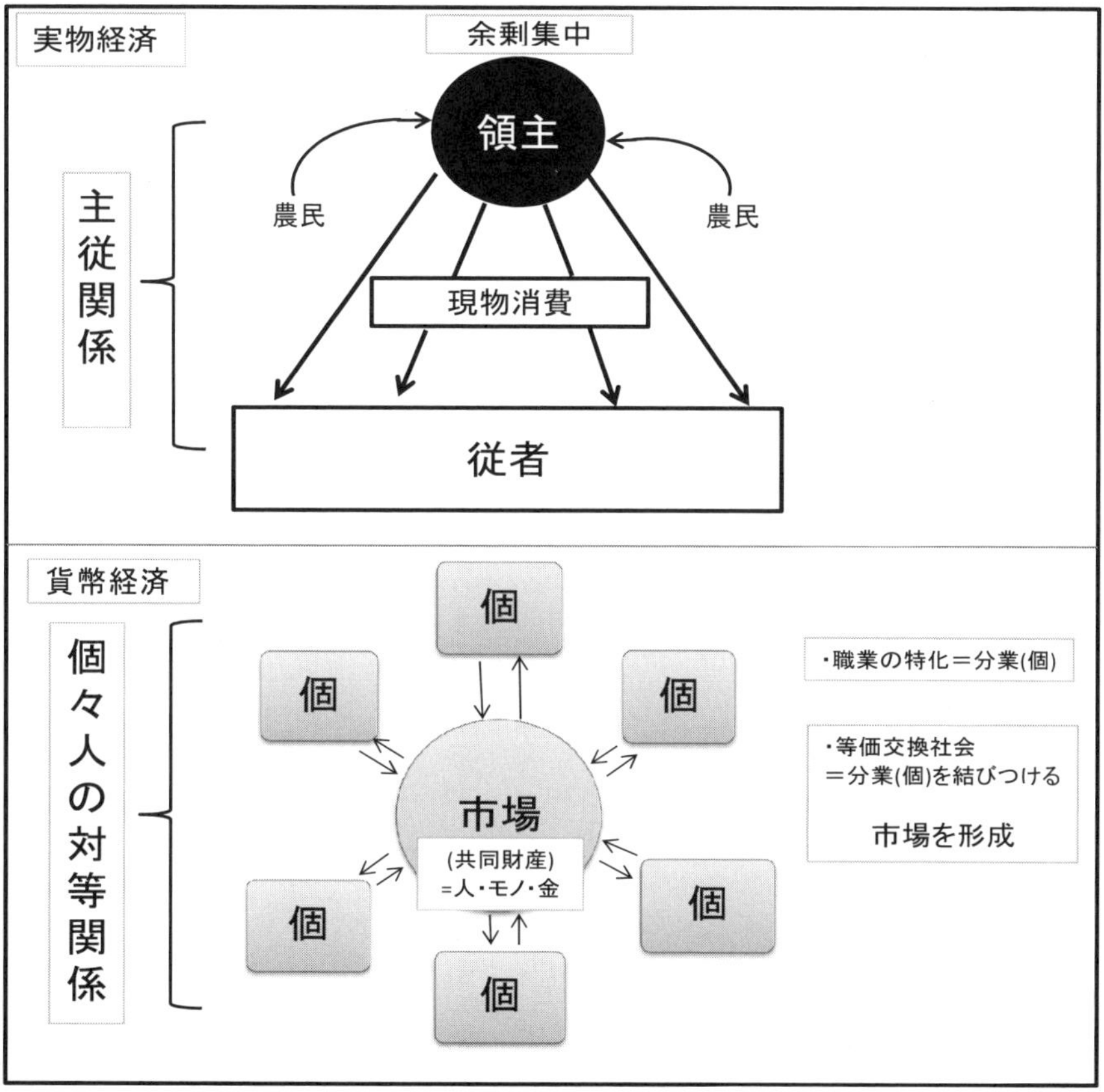

個々人のレシプロカルな関係への転換

てなし消費することによって、彼の恩恵にあずかっている多くの人々は彼に服従しなければいけない状況にあった。しかしながら、対外商業と製造業が確立してくると、大土地所有者は「自分たちの地代の全価値を自分たちで消費する方法を発見するやいなや、それをどんな他人とも分け合おう」と考えることがなくなったのである。(44) このことは、それまで彼が持っていた領地内における支配力と権威のすべてを手放すことになったことを意味するのである。この土地所有者と領地内の借地人や従者との関係は希薄となり、最終的には借地人は独立し、従者は解雇されるということになってしまう。(45) 一方、土地所有者と価値の高い製品を生産したり、供給する個々の工匠や小売商との関係をみると、前者が後者から高価な生産物を購入するという関係が成立しうるが、彼が従来もっていた借地人や従者との関係性ほどの強制力をもつものとはならないことは自ずと分かるであろう。「個々の小売商や工匠は、自分の生計を、一人の顧客の仕事からではなく、一〇〇人ないし一〇〇〇人ものさまざまな顧客の仕事から得ている。したがって彼は、ある程度は顧客全員のおかげをこうむっているにしても、そのうちの誰かに絶対的に依存しているということはない」(46)。まさに、諸個人が対等なレシプロカルな関係を構築したといえる。

このように土地所有者は、「人類の支配者たちの卑劣な格言」(47)を行動に移すことによって、自らの生得権を失ってしまったのである。「彼らは都市の富裕な市民や小売商人と変わらない、普通の人間になってしまった。農村においても、都市に劣らず、行政のはたらきを撹乱するにたりるだけの権力をもつ者がいなくなったので、都市と同様に正規の行政が確立された」(48)とスミスは明言する。これをスミスは「対外商業と製造業の静かで気付かれない作用」(49)、あるいは「公共の幸福にとって最大の重要性をもった変革」(50)であると強調する。スミスは、この変革は誰も予期しなかった旨を指摘し、「一方の愚行」＝大土地所有者の「子供じみた虚栄心」からの行動と「他方の勤勉」＝「行商人的原理」に従った行動の結果であるとしている。(51)このように現段階におけるヨーロッパ近代社会の現況は「ものごとの自然ななりゆきに反している」(52)ことから、スミスは都市の商業と製造業は農村の改良と耕作の原因であるので、この「大変革」自体を緩慢な「自然ななりゆき」の時間的修復性を有したものであると考えているようだ。

これまでの内容を整理したいのであるが、同書第三篇第五章「資本のさまざまな使用について」の最後の章句中で、「ヨーロッパの政策におけるどのような事情が都市で営まれる事業に、いなかで営まれる事業にまさるきわめて大きな利益を与え、その結果、私人たちに自分の資本をアジアやアメリカのもっとも遠隔な仲継貿易に使用する方が彼ら自身の近隣のもっとも肥沃な畑の改良と耕作に使用するよりも、自分たちの利益になるとしばしば考えるようにさせたのか、次の二つの篇で私は詳しく説明することにつとめるだろう」(53)〔傍線は引用者〕と、スミスはこの様に述べていた。さらに、この締めくくりの記述の前に、ヨーロッパのすべての大国がまだ多くの良好な土地を未耕作地として残しており、資本を吸収する余地があることも合わせて指摘していることも想起しておこう。[54]

人間の自然的性向としての「自分自身の私的利益に対する配慮」は、自己の資本を安全に保てるか、資本を確実に増やせるか、またその資本の回収速度など多くの要素を勘案して、資本の所有者はどの産業に用いるかを判断する。その判断基準＝私的利益への配慮が自らが投資すべき産業を確定することとなる。都市と農村の関係性を第三篇の冒頭で指摘するスミスは「すべての文明社会の大規模な商業」とは、適正な両者の相互関係を前提として、「相互的であり互恵的」（レシプロカルな）な利得を生むものであると述べる。そして、両者の関係性、換言すれば、都市の発展は農村の土地への改良と耕作の大きさに依存することを指摘するのである。となれば、本来の、すなわち自然的順序としての都市と農村の関係性がヨーロッパの歴史的環境の中で逆転してしまった要因を解明し、にもかかわらず、都市と農村の適正な関係性＝商業進展への動力としての関係性が修復能力をもっていることをスミスは示そうと試みていたのではないかと思われる。ローマ帝国崩壊後の大土地所有者の存在とその支配下で農村の住民は「財産を取得できない人」[55]として、また個人の安全と自由を奪われた状態に長年おかれていた。一方で、都市の住民は彼らより早く個人の自由と安全、さらには私的利益追求とその享受のできる環境をいち早く入手したという事実が、両者の対等的進展を阻害していたことが分かる。このような状況では、多くの人々の資本投下の対象としての農業の地位はより劣勢に立たされるのは必然である。また、先に水上輸送の容易さ＝諸外国との交易が一国の沿岸地域と内陸地域との経済的格差を助長したこともスミスは認識済みである。それにもかかわらず、「大変革」があったというスミスの指摘こそが、ヨーロッパの各国内での自然的順序に従った公共的富増大＝国内における農業と商工業との適切な展開過程を僅かなりとも修正していく力の考察を含んでいるものと思われる。

その考察過程においては、貨幣経済の進展と深化に裏打ちされる文明社会における秩序やよく統治された社会が必然的に結びついてくるところである。土地所有者の「子供じみた虚栄心」と商人の「行商人的原理」[56]という前者の愚行と後者の勤勉さが新たな社会環境を創出したというスミスの鮮やかな論証と相まって、「金銭的利益は、相互的かつ対等（mutual and equal）」[57]な関係性—借地人の独立や従者の解雇など—が国内に広がっていく様子として描かれるのである。すなわち、このような金銭的利益の「相互的かつ対等」な関係性が構築できてこそ、文明社会において大規模な商業が誕生することとなるし、そのような経済活動が行われているところでは、まさに個々人は自らの私的利益への配慮を最大限に活かして、自らが得意とする職業に専念できる分業社会がそこにはあるということとなる。また、スミスが第三篇第四章の最後に次のように主張するところなど、農村と都市の関係＝農業と商工業の適切なレシプロカルな関係性のもとに文明社会の確固とした経済活動が営まれることを表す表現であるし、よく統治された社会＝国家体制の下で経済の健全な発展が個人の運動原理の活発な行動の中で展開していくことを、次に続く第四篇で言おうとしているといえる。製造業が「農業の子孫」であるとき、これが本来の「自然のなりゆき」から生じる商業増進の力強さである。「戦争や統治による通常の革命でも、商業だけから生じる富の源泉を容易に枯渇させてしまう。より堅実な農業の改良から生じる富は、はるかに耐久力があり、ローマ帝国没落前後にしばらくのあいだヨーロッパの西部諸州でおこったような、ひきつづき一、二世紀にもわたる、敵対しあう野蛮な諸民族の略奪によって引き起こされたいっそう暴力的な動乱によらないかぎりは、破壊されえないのである」[58]。

まずは、この項で、分業内における個々人の関係性と、都市と農村の関係性が人間の自然的性向からレシプロカルな関係と適切な商業社会の富を構築する旨を抽出できたものと考える。では、そのレシプロカルな関係を阻害するものとしてのスミスの重商主義政策批判の根源である重商主義的精神原理の分析を次に紐解こう。

重商主義精神批判 —レシプロカルな関係を阻害するもの—

次のスミスの言葉が、先の「自然のなりゆき」が逆転した結果、つまり十八世紀の重商主義政策の肥大化とその危うさを適確に言い表している。「自然の大きさ以上に人為的に膨張させられている大きな血管、不自然な割合でそのなかを血液が循環させられている大きな血管にも比すべきわが国の商工業、この大きな血管に、ほんのわずかでも停滞が起これば、国全体が危険きわまりない痛手に見舞われることは必定である。」(59)

スミスは第四篇第一章「商業的あるいは商人の体系原理について」で、「富とは貨幣すなわち金銀である」(60)という通念にとらわれた人間、さらに「富国とは貨幣が豊富にある国のこと」で、自国にそれを蓄蔵することが「国を富ませるもっとも容易な方法」(61)であると考えられる経済政策を実行することが最優先すると判断した為政者（＝国家）の議論に検討を加えている。ここでは、貿易差額による議論の確からしさを探るとともに、他方で「一部は詭弁的」であると指摘する。「彼らは、それらの金属の量の維持または増加には、ほかのどの有用な商品の量の維持または増加についてよりも多くの政府の配慮が必要だと想定した点では詭弁的であって、それらの商品は、そのような配慮がなくても、貿易の自由が適当な量を供給しそこなうことはけっしてないのである」(62)〔傍線は引用者〕。上記の議論で主張された「通俗的な考え方」＝「外国貿易が国を富ませた」という多くの人々——議会、貴族、いなかの郷士たち——の経験の下に、「外国貿易が自分たちを富ませる」ことを熟知している商人の働きかけが「政府の注意」を輸出奨励、輸入制限という「商業国の政治経済学の基本命題」(63)——当然、真理ではないのだが——となったことをスミスは抽出する。このように多くの権威づけられた詭弁が、多くの「この通念のばかばかしさを確信している」賢明な人々にも「自分たちの原理を忘れ、自分たちの推論を進めていくうちに、この通念を確実で否定できない真理だ」と思わせるように影響を及ぼしたのである。(64)

スミスは政治経済の大目的となった「国を富ますためのその二大手段」として輸入に対する制限を二種類、輸出に対する四つの奨励を示し、次章からその批判的検証を一つ一つ詳細に行って行くのである。(65) しかし、ここでは先の二つの輸入に対する制限のスミスが明示している重商主義的精神原理を取り上げることによって、一国家内の適正な交易への社会的環境の方向性を探り、個人の私的利潤に対する配慮が守られるレシプロカルな社会から排除すべきものを検証しよう。

スミスは同篇第二章「国内で生産できる品物の外国からの輸入に対する制限について」、すなわち国内の特定産業部門保護による輸入制限措置に、また、第三章「貿易差額が不利と想定される諸国からの、ほとんどすべての種類の品物の輸入に対する特別の制限について」、すなわちある特定国からの輸入に対する制限措置に論究している。その中でスミスは重商主義的政策を推進する「通念」に突き動かされる人間の精神原理を次のように示す。

「前章（＝第二章）で私が検討してきた原理は、私的利害関心と独占の精神に由来するものであったが、本章（＝第三章）で私が検討しようとしている諸原理は、国民的偏見と敵意とに由来するものである」[66]（（　）内は引用者）。このように国内の特定産業への保護は「私的利害関心と独占の精神」に由来するとスミスは明確に指摘している。当該二章では人間の利益追求の行為の本来性と、その一方で商人の利益独占と排他性を描きだし、通常私たちがもっている利己心の二つの側面を提示したといえる。私的利害関心は私たちに本来的に備わっている性向であり、「交換する性向」が他者との対等なコミュニケーションを成立させる―双方的メリット感―ことによって自らの満足を獲得していこうとする慎慮ある動機である。一方、独占の精神は自己の既得権の保護とさらなる拡張にあたり、商人の傲慢性を示すものといえる。とくに商人や製造業者は都市に住んでいるので団結し易く、「排他的同業組合精神」[67]（反レシプロカルな精神）を発揮し易いとスミスは指摘する。「彼らこそが、国内市場の独占を彼らのために確保してくれるような、外国品の輸入に対する諸制度のそもそもの発案者」なのである。[68] さらに、彼らは「自分たちの利得の有害な効果については沈黙を守り」[69]、独占を推し進める階級である。

前項でみたように、都市の住民の歴史的環境の変遷から、農村の住民よりも早い段階で、自らの安全と利益追求のできる自由とを享受するに至った。さらに、彼ら自身の私的利益への配慮における資本の使い道は、交換的効率のよい外国貿易および遠隔地向けの製造業＝「外国貿易の子孫である製造業」を選択したという背景として、上記の重商主義的精神原理の前提となっていることは容易に想像できよう。

次に、スミスが重商主義的政策を強引に促進させようとしているもうひと組の精神原理、すなわち「国民的偏見と敵意」について検討しよう。このひと組の精神原理は、ある特定国すなわち自国にとって貿易が不利になる国に対する輸入制限措置が取られる原理である。スミスは、当時最大の敵対国であるフランスとブリテンの双方に見られる貿易差額説に言及する。そして当該第二章で扱った原理、つまり同じ重商主義の原理からみても「私的利害関心と独占の精神」よりも不合理であるとして、「国民的偏見と敵意」を糾弾する。では、いかに「国民的偏見と敵意」が適正な交易の構図から乖離しているかをスミスの考察を垣間見ることで確認しよう。

　商業は、諸国民のあいだの「連合と友情のきずな」[70]の象徴たるべきもので、「財産を築こうとする個人」であれば、大きな富が動いている市場での活動を欲するものである。また、そのような大規模な商業活動が営まれる市場の環境を造るのは、とりもなおさず、「個人の良識を導くのと同一の諸原則」の上に秩序として築かれるところである[71]。すなわち、自国の富の獲得は隣国の富があって初めて達成されるものである。さらに、国民大衆の利益は、最良の商品を安く自由に入手でき、個々人の欲望をそのつど満たすことであると、スミスは述べる。その自国の大衆にとって最も有利な商取引は、自国と隣国が共に富んでおり、その二国間に大きな市場＝競争の場が存在することである。「まさに、この競争が、その国民大衆にとっては利益となるのであって、このように富んでいる国民が、さまざまな方面に所得を支出してよい市場を提供するのだから、それによっても、国民大衆は非常な利益を受けるわけである」[72]。スミスは、同篇第一章で、富んだ文明国民同士の交易が「野蛮人や未開人と通商するよりもずっと大きな価値が交換できる」と明示している[73]。この商業の精神原理、すなわち諸国民のあいだでの平和的交易を促す原理（レシプロカルな関係）は重商主義の政治経済学の原理（反レシプロカルな関係）とはまったく異なる。

　ブリテンとフランスの両国の自由な商取引は双方にとって有利なものとなるはずであった。しかしながら、この両国のあいだで富を増すはずであった交易が両国を敵対的にしてしまっていることをスミスは指摘する。「両国が境を接しているために、両国は必然的に敵となり、そのため、互いの富と力とは、互いにいよいよ恐るべきものになっている。そして両国の利益を増すはずのものが、ひたすらに狂暴な国民的敵意をあおるのに役立つのみである」[74]。前述の内容は、スミスの生前最後の『道徳感情論』第六版第六部第二篇第二章「諸社会が自然によって、われわれの慈恵に委ねられる、その順序について」の個所で、自己の自然的愛着順序を説いたところで、自らの属する国への愛についてで描かれていたところである。その端的な表現が次の、「われわれ自身の国民に対する愛によって、われわれはしばしば、どこでも近隣の国民の繁栄と拡大を、もっとも悪意ある嫉妬と羨望をもって眺めたいという気持ちになる」(75) 個所であろう。そして、独立近隣の諸国民同士が双方で「継続的な相互の恐怖と疑惑」を抱えるようになる旨(76)、スミスは提示する。また、「われわれ自身の国への愛という高貴な原理」が「国民的偏見というくだらない原理」に変質してしまうこともまた、スミスは適確に指摘するのである(77)。

では、このようなブリテンとフランスの適切な両国間の商取引を阻害するものはなんであろうか。それこそが、これまでに提示してきた歴史的環境から生まれた「外国貿易の子孫である製造業」を支える貿易商人と製造業者たちの精神であり、また彼らに唆された為政者たちの権威を楯にした重商主義的経済政策である。「重商主義の自称博士」(78)たち―貿易商人と製造業者たち―は自分たちの「私的利害関心と独占の精神」を発揮して、自らの国内市場を独占的に確保して、既得権をまもり、さらに、自らの心情をカモフラージュするために「通俗的な考え」=重商主義的発想という一方の得は他方の損であるという考えのもとに、自国を愛するという高貴な精神を「国民的偏見と敵意」にすり替え、自らの利益追求の傲慢さを国家的経済政策のレベルにまで昇格させたのである。彼らのような商人や職人が歴史的必然性のもとに生み出されたことは確かであるが、その彼らを政策上の理由から保護しようとした為政者の存在もまたみておかなければならない。

同篇第八章「重商主義についての結論」において、スミスは、「ある階層の市民の利益を推進するだけのために、どれほどにせよ、他のどの階層の市民の利益でも害することは、主権者がその臣民のさまざまな階層すべてに対してなすべき、取り扱いの正義と平等に明らかに反する」(79) と指摘している。重商主義的政策を邁進させる貿易商人と大製造業の精神原理と行為を、すでに本来の商取引の状況から逸脱したものであることを私たちは認識した。彼らは自らの独占的精神を国政レベルに据えようと画策した。その商人たちの私的利害関心と独占の精神は、その国の為政者の理想的統治思想＝「一定の体系の精神（a certain spirit of system）」[80]と相まって、真の主権者が様々な階層に注ぐべき「正義と平等」に反する制度・政策をつくらせる結果となった。「他人にむかって、彼らの資本をどう使ったら良いかを指示しようとするような政治家がいるとすれば、彼は、およそ不必要な世話を自ら背負いこむばかりでなく、（中略）また、われこそはそれを行使する適任者だと思っているような人物の手中にある場合にもっとも危険な権限を、愚かにも、そして僭越にも、自分で引き受けることになる」[81]。真の為政者は、彼らの商業活動を指導・管理するのではなく、諸個人の私的利潤への配慮が互いの「交換する性向」によって対等にコミュニケーションできる社会的環境＝国家的枠組みを構築するのが役目である。そのための「自然的自由」の枠組みとしての法律のあり方をスミスは次のように指摘する。「法律は、人々に自分自身の利益を顧慮することを、つねに任せておくべきである。というのは、自分の立場については、人々は一般的に立法者よりも良く判断できるに違いないからである」[82]。

まとめにかえて ―『国富論』におけるレシプロカルな社会体系の構築―

これまでに分業というレシプロカルな関係、農村と都市のレシプロカルな関係、レシプロカルな関係を阻害するものとしての重商主義批判をスミスの議論から抽出してきたところである。また、すでに確認した通り、スミスは主権者の義務として臣民の「正義と平等」を護ることをあげた。ただし、主権者という存在がいつでも臣民の、すなわち国民の行為を規制したり制限したり、最悪の場合には彼らの意思を無視してしまう存在であることを、スミスは先にも取り上げた『道徳感情論』第六版第六部第二篇第二章「諸社会が自然によって、われわれの慈恵に委ねられる、その順序について」の最終段落の前段で「体系の人（the man of system）」[83]を提示、批判することによって、レシプロカルな社会環境の中で成立する諸個人の運動の原理＝私的利益追求の自由とその享受（レシプロカル・コミュニケーション）の擁護を強調している。

ここで述べられている「体系の人」とは、当然、スミスが『国富論』という経済社会の「自然的自由の体系」＝制度を整備・構築するための論考から、導き出された批判対象である。まさに、『道徳感情論』第六版の増補改訂こそがスミスの生前残された時間の中で行ったことであると考えられると、彼が現実社会における権力者＝為政者（国家的システムを構想し、それを推し進めていこうとするリーダー的存在。その中でも最たる存在としては君主）の独裁的危険性に触れるのは至極当たり前のことであったように思われる。では、スミスの説く「体系の人」批判の部分を簡単に眺め、個人の運動の原理こそが私的利害関心にもとづいた交換というコミュニケーション＝レシプロカルな利害関心のコミュニケーションの最大の敵である旨を確認しよう。

「体系の人」の語句が登場する前に、スミスは党派的指導者の「一定の体系の精神」の議論を公共精神とともに提示している。党派の騒動と無秩序な時代において、「国家の基本構造」や「統治体系」の変革を志す指導者は公共精神から同胞市民の不便と困苦を取り除き、自らが理想とする統治体系を実現しようと努めるところである。しかしながら、スミスは、その指導者とその党派の集団が、「この理想的な体系の想像上の美しさに酔わされ」て、「彼ら自身の詭弁のとりこ」になってしまう危険性を提示するのである。[84] この後に、有名な次の記述を見ることができる。「体系の人」は、「自分では非常に賢明なつもりになりがちであり、彼は、自分の理想的な統治計画の、想像上の美しさに魅了されるため、それのどの部分からの最小の偏差も、我慢できないことがしばしばである」。[85] さらに、「彼は、自分が、ひとつの大きな社会のさまざまな成員を、手がチェス盤のうえのさまざまな駒を配置するのと同じく容易に、配置できると想像しているように思われる。彼は、チェス盤のうえの駒が、手がそれらに押し付けるものの他にはなんの運動原理ももたないこと、そして人間社会という大きなチェス盤のなかでは、すべての単一の駒が、立法府が押し付けたいと思うかもしれないものとまったく違った、それ自身の運動原理をもつということを、まったく考慮しないのである」〔傍線は引用者〕。[86] スミスは、このように指摘した後、「すべての政治的思索家のなかで、主権者たる王侯たちが、とび抜けてもっとも危険なのである」〔傍線は引用者〕[87]と綴っている。

これからも分かるとおり、重商主義政策とは、貿易商人とそれに関わる製造業者の「私的利害関心と独占の精神」がまずは動力源となり、その欲望の塊が為政者を説き伏せる―重商主義こそが国家を富ませることだという偽装―ことによって、権威づけされた愛国的精神が市民同胞の「国民的偏見と敵意」を醸成し、煽るように形成されたものであるといえる。この状況では、当然のことのように、商業的活動のメリットは重商主義を推進する階層だけに限られるわけであり、諸個人の私的利害関心を適正に保つ「相互的かつ対等」な利益追求の環境が形成されないのは明白である。

スミスは、『国富論』で経済社会における私たちの交換性向を明確に私的利害関心から行われる行為であること、また、この交換というコミュニケーションの中でこそ、「共同財産」―国富と言ってもいいであろう―が飛躍的に増加する旨を解明していった。レシプロカルな社会体系の構築―私的利害関心にもとづいた交換というコミュニケーション―こそが、私たちの近代資本主義社会を形成してきたことは疑いのない事実である。

〔用語説明〕

「同感の原理」

アダム・スミスの『道徳感情論』における行為論の中核をなす原理。スミスは社会形成過程の説明を人間の感情レベルから解きおこし、個人が他者の感情についていけるか否か、すなわち同感（共感）出来るか否かが経験的に収斂され社会的規範が形造られたとする。

「自然的自由の体系」

アダム・スミスの『国富論』中で、彼が理想とする経済社会の姿。人為（制度を含む）や慣行で自然の営みを妨害することなく、主体的で自由な個人の運動＝経済行為に任せておくことによって全体の富が実現する環境。

「決疑論」

教会内部における行為規範マニュアルをもとにした議論。信徒のさまざまな懺悔の内容（＝行為）に対応できるように長い歴史の中で蓄積された行為を規定する問答集に対して、スミスは適確な自己自身の状況判断からの倫理性の優位を説いた。

「重商主義」

商業、とくに外国貿易を中心として貿易差額を黒字化することによって経済的優位に立とうとする一国繁栄主義的考え方。輸出奨励、輸入制限が一般的。

「体系の人」

スミスの『道徳感情論』では、とくに「主権者たる王侯」を指し、彼らの判断が「正邪の最高規準」として打ち立てられることがもっとも危険であるとする。国家諸制度のシステム（体系）の中で実権を握っている人。当時のフランスでは「体系の精神」は『百科全書』で、「真理に反する精神」として批判されていた。

「ストア哲学」

ギリシア時代のゼノンを創始者とする哲学。通常、禁欲主義として提示される。諸感情に動かされないストア的無感動やストア的英雄的態度が近代においても肯定的に評価されていた。また、環境経済学者ハンス・イムラーによって「自然に合致した生活」思想が再評価され、環境哲学の源泉ともいわれている。一方、スミスは彼らストア的行為原理を人間の自然な諸感情の表現を妨げるものとして批判している。

〔註〕

（1）**Adam Smith, An inquiry into the nature and causes of the Wealth of Nations, Oxford,1976,**（以下、WNと略す）**p.687.** 水田洋監訳・杉山忠平訳『国富論』3、岩波文庫、三三九〜三四〇頁。同書の当該語句は、次のように記されている。「したがって優先の体系であれ、抑制の体系であれ、すべての体系がこうして完全に除去されれば、明白かつ単純な自然的自由の体系が自然に確立される。だれでも、正義の法を犯さないかぎり、自分自身のやり方で自分の利益を追求し、自分の勤労と資本を他のどの人またはどの階層の人々の勤労および資本と競争させようと、完全な自由にゆだねられる」。〔横線は引用者〕この後に、スミスは「主権者の留意すべき義務」を三つあげているので、そこも参照されたい。なお、「自然的自由の体系」への論究はこれまでに多くの研究があるが、ここではとくに私の論考に示唆を与えて頂いた文献を記しておきたい。高島善哉『アダム・スミスの市民社会体系』岩波書店、一九七四年、とくに第八章「アダム・スミスの歴史観」。和田重司『アダム・スミスの政治経済学』ミネルヴァ書房、一九七八年、とくに第四章「『国富論』の基礎理論と歴史分析」。星野彰男『アダム・スミスの経済思想』関東学院大学出版会、二〇〇二年、とくに第六章「資本投下と「見えざる手」」第三節。新村聡『経済学の成立』御茶ノ水書房、一九九四年、とくに第一〇章「スミスの道徳哲学体系と経済学」。
(2) 伊藤哲『アダム・スミスの自由経済倫理観』八千代出版、二〇〇〇年を参照されたい。
(3)「アダム・スミスの『自然的自由』再考」、『経済系』第二〇六集、二〇〇一年、を参照されたい。また、『道徳感情論』と『国富論』の思想的共通基盤を捉えようとして、決疑論批判と重商主義批判の思想的批判の類似性を考察した拙論も合わせて参照されたい。
(4) WN, p.376. 邦訳『国富論』2、岩波文庫、一八三頁。
(5) *Ibid.*
(6) *Ibid.*, pp.14-15. 邦訳1、二四～二六頁。
(7) *Ibid.*, p.15. 邦訳1、二六頁。
(8) *Ibid.*, p.22. 邦訳1、三三頁。
(9) *Ibid.*, p.22. 邦訳1、三四頁。
(10) *Ibid.*, p.22. 邦訳1、三三～三四頁。
(11) *Ibid.*, p.25. 邦訳1、三七頁。
(12) *Ibid.*, p.26. 邦訳1、三八頁。
(13) *Ibid.*
(14) *Ibid.*, p.27. 邦訳1、三九頁。
(15) *Ibid.*
(16) *Ibid.*, p.27. 邦訳1、四〇頁。
(17) *Ibid.*, p.29. 邦訳1、四一頁。
(18) *Ibid.*, p.30. 邦訳1、四二頁。
(19) *Ibid.*
(20) *Ibid.*, pp.31-32 邦訳1、四三～四四頁。
(21) *Ibid.*, pp.32-34 邦訳1、四四～四六頁。
(22) *Ibid.*, p.34. 邦訳1、四六頁。
(23) *Ibid.*, p.380. 邦訳2、一八九頁。

(24) *Ibid.*, p.376. 邦訳2、一八四頁。

(25) *Ibid.*, p.377. 邦訳2、一八四頁。

(26) David Hume, Philosophical Works, ed. by T.H. Green and T.H. Grose, 1964, vol.3,p.300. 田中敏弘訳『ヒューム政治経済論集』御茶ノ水書房、一九八三年、二〇頁。

(27) *Ibid.*, p.377. 邦訳2、一八五頁。

(28) *Ibid.*, p.378. 邦訳2、一八六頁。

(29) *Ibid.*, p.378. 邦訳2、一八七頁。

(30) *Ibid.*

(31) *Ibid.*, pp.378-379. 邦訳2、一八七～一八八頁。

(32) *Ibid.*, p.395. 邦訳2、二一一頁。

(33) *Ibid.*, p.399. 邦訳2、二一五頁。

(34) *Ibid.*, p.405. 邦訳2、二二三頁。

(35) *Ibid.*, p.405. 邦訳2、二二四～二二五頁。

(36) *Ibid.*, p.407. 邦訳2、二二七頁。

(37) *Ibid.*, pp.408-410. 邦訳2、二三〇～二三二頁。

(38) *Ibid.*, p.409. 邦訳2、二三一頁。

(39) *Ibid.*, p.409. 邦訳2、二三一～二三二頁。

(40) *Ibid.*, p.410. 邦訳2、二三二頁。

(41) *Ibid.*, p.412. 邦訳2、二三五頁。

(42) *Ibid.*, p.412-413. 邦訳2、二三五頁。

(43) *Ibid.*, p.422. 邦訳2、二四六頁。

(44) *Ibid.*, p.418. 邦訳2、二四一～二四二頁。

(45) *Ibid.*, p.421. 邦訳2、二四五頁。

(46) *Ibid.*, p.420. 邦訳2、二四四頁。

(47) *Ibid.*, p.418. 邦訳2、二四一頁。
(48) *Ibid.*, p.421. 邦訳2、二四五頁。
(49) *Ibid.*, p.418. 邦訳2、二四一頁。
(50) *Ibid.*, p.422. 邦訳2、二四七頁。
(51) *Ibid.*
(52) *Ibid.*, p.422. 邦訳2、二四八頁。
(53) *Ibid.*, pp.374-375. 邦訳2、181～182頁。
(54) *Ibid.*, p.374. 邦訳2、一八一頁。
(55) *Ibid.*, p.378. 邦訳2、一九九頁。
(56) *Ibid.*, p.422. 邦訳2、二四七頁。
(57) *Ibid.*, p.421. 邦訳2、二四五頁。
(58) *Ibid.*, p.427. 邦訳2、二五四～二五五頁。
(59) *Ibid.*, pp.604-605 邦訳3、一九八頁。
(60) *Ibid.*, p.429. 邦訳2、二五九頁。
(61) *Ibid.*, p.429. 邦訳2、二六〇頁。
(62) *Ibid.*, p.433. 邦訳2、二六六頁。
(63) *Ibid.*, p.434. 邦訳2、二六八頁。
(64) *Ibid.*, pp.449-450. 邦訳2、二九四～二九五頁。
(65) *Ibid.*, p.450. 邦訳2、二九五頁。
(66) *Ibid.*, p.474. 邦訳2、三三五～三三六頁。
(67) *Ibid.*, p.462. 邦訳2、三一五頁。
(68) *Ibid.*
(69) *Ibid.*, p.115. 邦訳1、一七五頁。
(70) *Ibid.*, p.493. 邦訳2、三七三頁。

（71）*Ibid.*, p.494. 邦訳２、三七五頁。
（72）*Ibid.*
（73）*Ibid.*, p.448. 邦訳２、二九二頁。
（74）*Ibid.*, p.496. 邦訳２、三七八頁。
（75）Adam Smith, The Theory of Moral Sentiments, 6th ed.、1790, Oxford,（以下、TMSと略す）1976, p.228. 水田洋訳『道徳感情論』筑摩書房、四六三頁。
（76）*Ibid.*.
（77）*Ibid.*
（78）WN, p.496. 邦訳２、三七八頁。
（79）*Ibid.*, p.654. 邦訳２、二八四頁。
（80）TMS, p.232. 邦訳四六七頁。「体系の精神」の議論については、邦訳において水田氏の（注６）において、当時の流行語としてとくにフランスで使用されていた等、解説を参照していただきたい。また、私自身も、ディドロの「体系的精神」と「政治学」の関係性とその批判に言及しているので、拙書『アダム・スミスの自由経済倫理観』八千代出版、二〇〇〇年、第七章第二節「体系の精神の二側面について」を参照されたい。
（81）WN, p.456. 邦訳２、三〇四頁。
（82）*Ibid.*, p.531. 邦訳３、五九頁。
（83）TMS, p.233. 邦訳四六八頁。
（84）*Ibid.*, p.233. 邦訳四六七頁。
（85）*Ibid.*, p.233. 邦訳四六八頁。
（86）*Ibid.*, p.234. 邦訳四六八頁。
（87）*Ibid.*, p.234. 邦訳四六九頁。

第2章

遣隋使・遣唐使と文化的身体・政治的身体

―仏教伝来のインパクト―

田中史生

はじめに

『日本書紀』（以下『書紀』と略す）によれば、倭国は推古一五年（六〇七）七月、隋へ小野妹子を大使とする使節を派遣した。この遣隋使に関し、『隋書』倭国伝は、朝貢した倭使が「聞く、海西の菩薩天子、重ねて仏法を興すと。故に遣わして朝拝し、兼ねて沙門数十人来りて仏法を学ぶ。」と語ったとする。しかし残念ながら、この時の学問僧の名前は伝わらない。その翌年九月、倭国は再び小野妹子を大使とする遣隋使を派遣することになった。すなわち、『書紀』推古一六年（六〇八）九月辛巳条には次のように記載されている。

唐客裴世清、罷り帰りぬ。則ち復た小野妹子臣を以て大使と為す。吉士雄成を小使と為す。福利を通事と為す。唐客に副えて遣す。〈中略〉是の時、唐国に遣す学生は倭漢直福因・奈羅訳語恵明・高向漢人玄理・新漢人大圀・学問僧新漢人日文・南淵漢人請安・志賀漢人恵隠・新漢人広済等并て八人也。

以上は、遣隋使一行のなかでも大使・小使などの使節員、通訳者、留学生の主なものを掲載したに過ぎないが、ここに挙がる一一名うち、小野妹子以外の一〇名がいわゆる〝渡来系氏族〟出身者であったことが、これまで日本の学界で注目されてきた。近年では、中国西安で日本遣唐使の一人井真成の墓誌が発見されて、この「井真成」がやはり渡来系氏族出身者とみられることから、遣隋使・遣唐使と渡来系氏族の重複が益々注目を浴びるようになっている。

ところで〝渡来系氏族〟とは、最新の技芸を持って中国大陸・朝鮮半島等から日本列島へ渡った、いわゆる〝渡来人〟を祖とする氏族のことを指す。渡来系氏族の多くは祖の渡来人がもたらした技能・知識・文化を継承し倭王権に仕える人々であったから、遣隋使の多くが渡来系氏族で構成された事実は、彼らが未だ大陸文化移入の主役であり、かつ彼らの高度な国際的知識・文化的能力が、遣隋使に必要とされたことを示すと理解されてきた。[1] 遣隋使・遣唐使には、他の「諸蕃」諸国との比較にさらされながら、皇帝の「相見問訊」にも堪えられる身体が求められたから、[2] 大陸文化に通じた渡来系氏族出身者の抜擢は当然のことであったといえる。

しかし従来の研究では、この渡来系氏族の身体と遣隋使・遣唐使の身体の重なりを正しく指摘しながら、そこに示された歴史的転換の意味をほとんど説明してこなかった。それは、これまで渡来人によって大陸文化の移入をはかってきた倭国が、なぜこの時から、留学生を中国に派遣し大陸文化の移入を行うようになっていったのかという問題である。例えば、渡来人の活躍によって倭国が技術革新の時代を迎えた五世紀、讃・珍・済・興・武の倭の五王は盛んに中国南朝宋に使節を派遣した。けれども、この時も留学生が宋に派遣されることはなかったのである。遣中留学生は、遣隋使の時代に初めて登場した。しかも、遣隋使派遣当時も朝鮮諸国から僧・技術者らの渡来は頻繁であったから、留学生の派遣が渡来人による文化移入方式の代替として採用されたものでないことは明らかである。しかもその後の日本は、大陸文化の移入を、渡来人よりも、遣外使節の往還を利用した留学生の派遣・帰国と書籍収集によって果たすようになっていくのだから、留学生をともなう遣隋使節派遣は古代日本における文化移入方式の転機となった〝歴史的事件〟と評しても過言ではない。そこで本稿では、遣隋学生・学問僧の身体を、前代の渡来人の身体と比較しながら、遣隋使派遣の歴史的意義を捉え直してみたいと思う。

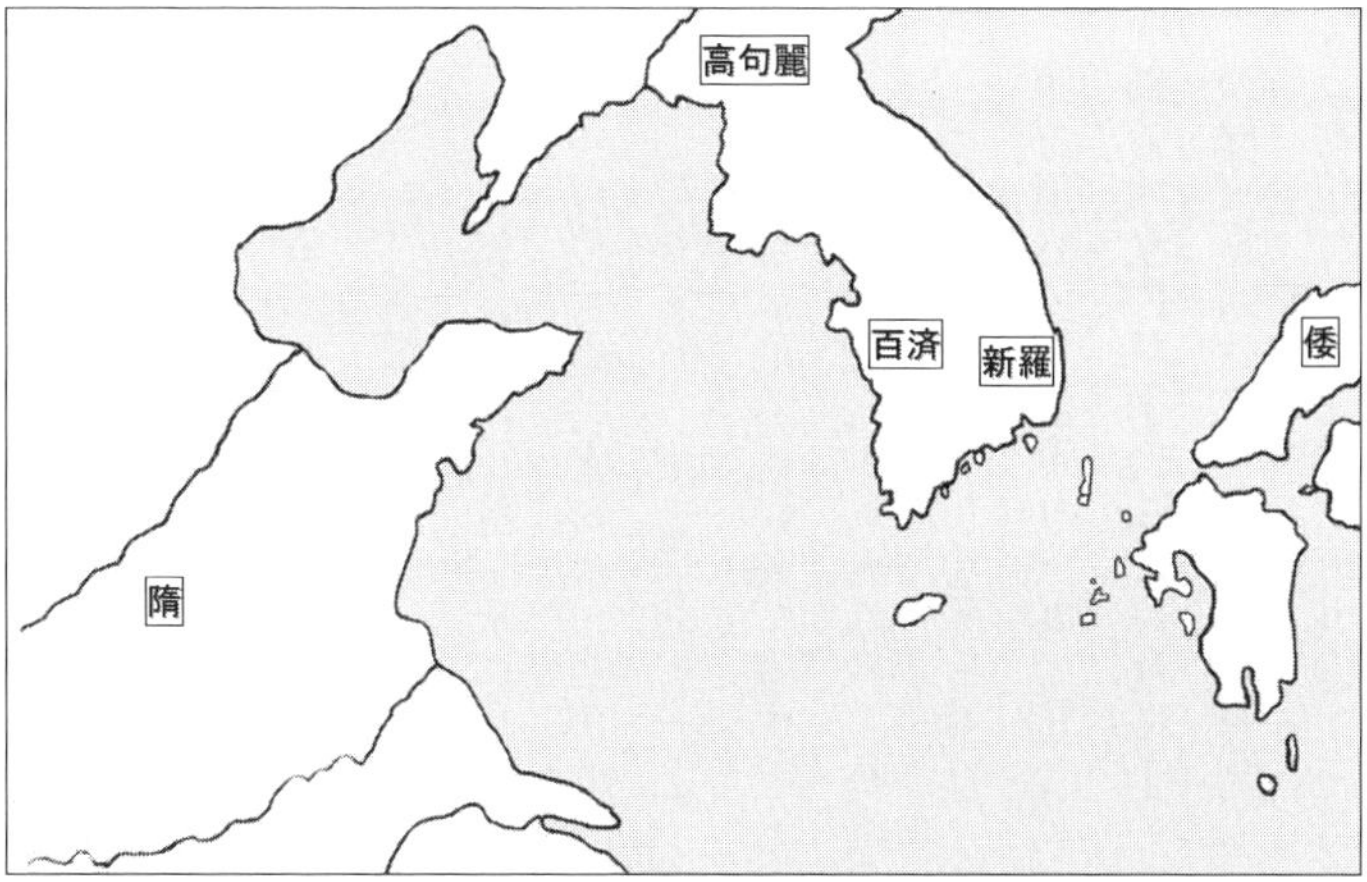

7世紀初頭の東アジア

1 善信尼らの百済留学

海外で師につき、最先端の技能を修得する留学という学修形態は、倭国（日本）においては、仏教伝来後に頻繁に見られるようになったものである。その史料上の初見となるのが、以下で述べる崇峻元年（五八八）の善信尼らの百済留学である。

①『書紀』崇峻即位前紀（五八七）六月条

甲子に善信阿尼等、大臣に謂りて曰く、「出家之途は、戒むことを以て本と為す。願はくは百済に向りて戒法を学び受けむ」といふ。是の月、百済の調使来朝り。大臣、使人に謂りて曰く、「此の尼等を率いて、汝が国に将て渡りて、戒法を学ばしめよ。了りなむ時に発て遣せ」といふ。使人答へて曰く、「臣等、蕃に帰り先ず国主に遵さむ。而る後に発て遣すとも、亦遅からじ」といふ。

②『書紀』崇峻元年（五八八）是歳条

百済国、使并て僧恵総・令斤・恵寔等を遣して、仏舎利を献る。百済国、恩率首信・徳率蓋文・那率福富味身等を遣して、調進り、并て仏舎利、僧の聆照律師・令威・恵衆・恵宿・道嚴・令開等、寺工の太良未太・文賈古子、鑪盤博士の将徳白昧淳、瓦博士の麻奈文奴・陽貴文・㥄貴文・昔麻帝弥、畫工白加を献る。蘇我馬子宿祢、百済の僧等を請せて、受戒之法を問ふ。善信尼等を以て、百済国使の恩率首信等に付けて、学問に発し遣す。

③『書紀』崇峻三年（五九〇）三月条

学問尼善信等、百済より還りて、桜井寺に住り。

右の①によると、五八七年、善信尼らは正式な出家の手続きをとるため、大臣の蘇我馬子に百済で戒法を学び受けるべきことを進言した。そこで馬子は、この年に倭国を訪れた百済使に彼女らの留学のことを相談した。彼らの返答は、使節団が帰国し、百済国王の承認を得てからにすべきだというものであったという。そして②によると、翌五八八年、僧らを伴い再び百済使が来倭し、その帰国に付けて善信尼らを百済へ派遣した。百済で学んだ善信尼らは、③によると、五九〇年に帰国し、桜井寺に住んだという。同様の話は、天平一九年（七四七）二月一一日の日付を持つ『元興寺伽藍縁起并流記資財帳』（以下『元興寺縁起』と略す）にもみえるが、これこそ、海外に師を求めて技能獲得を行う遣外留学生の初見である。しかも善信尼は、倭国が仏教を受容した時期の最初期の出家者として知られるから、留学という新たな技能修得方法が、倭国では、仏教の導入とともに始まったことを明確に示すものとなるだろう。

ところが近年、これら善信尼らの百済留学に関する史料について、吉田一彦氏が、その信憑性に疑義を呈した。(3)そもそも『書紀』が描く仏教受容の話は、多くの部分に八世紀の『書紀』編者による潤色が加えられたことが知られ、この潤色に、大宝二年（七〇二）の遣唐使で入唐し、長安西明寺で学んで養老二年（七一八）に帰国した道慈がかかわったことも指摘されていた。(4)この観点を継承した吉田氏は、善信尼らの留学に関する記事も、『書紀』の仏教関係記事を経典等に基づき潤色した道慈による作文の可能性が疑われるとしたのである。その理解は、『書紀』仏教関連記事の作文に広くかかわったとみられる道慈が、戒律を重視した西明寺の道宣の影響を強く受けている僧であることに加え、『書紀』とは別に善信尼らの百済留学を記す『元興寺縁起』も、九世紀後半に創作された尼寺豊浦寺（建興寺）の縁起をもとに、平安末期、僧寺の歴史を付加して改作された信憑性の低い史料とみなすことが前提となっている。(5)

しかし、以下の『元興寺縁起』が記す善信尼らの留学に関する記事に関し、これらを全て九世紀以降の創作に基づく記述とみなすと、表記上、かえって不自然な部分がある。

A　時に三尼等、官に白さく、「伝へ聞く、出家之人は、戒を以て本と為すと。然るに戒師無し。故、百済国に度りて戒を受けむと欲す」と白しき。然るに久しからざるの間、丁未年に百済客来たれり。官問ひて言ひしく、「此の三尼等、百済国に度り戒を受けむと欲す。是の事、云何にすべき耶」と。時に蕃客答へて白さく、「尼等が受戒の法は、尼寺の内に先づ十尼師を請ひ、本戒を受け已りて、即ち法師寺に詣り、十法師を請ふ。先の尼師十と合せて廿師が所にて本戒を受くるなり。然れども此国は、但尼寺有りて、法師寺及び僧無し。尼等若し法の如く為さむとすれば、法師寺を設け、百済国の僧尼等を請ひ、受戒せしむべし」と白しき。時に池辺天皇の命を以て、大々王と馬屋門皇子との二柱に語告宣たまはく、「法師寺を作るべき処を見定めよ」と告りたまひき。時に百済の客白さく、「我等が国は、法師寺と尼寺の間、鐘の声互に聞え、其の間に難事無く、半月ごとに、日中之前に往還する処に作るなり」と。時に聡耳皇子、馬子大臣と倶に寺を起つ処を見定めたまひき。丁未年、時に百済客、本国に還りき。時に池辺天皇告宣たまはく、「将に仏法を弘聞せんと欲するが故に、法師等并びに造寺の工人等を欲む。我病有り。故、忽速かに送るべし」と。然れども、使者未だ来たらざる間に、天皇崩已ましき。

B　次いで椋橋天皇、天の下治しめしし時、戊申年、六口の僧、名は令照律師・弟子恵忩、令威法師・弟子恵勲、道厳法師・弟子令契、及び恩率道真等四口の工人、并びに金堂の本様を送り奏上りき。今、此の寺に在る、是なり。《中略》時に三尼等、官に白さく、「但、六口の僧のみ来りて廿師を具はず。故、猶ほ百済国に度りて戒を受けむと欲す」と白しき。時に官、諸法師等に問ふ、「此の三尼等、度りて戒を受けむと欲す。是の事云何に」と。時に法師等の答ふる状、先の客の答の如くして異なる無し。時に尼等強ちに度らむと欲すと白す。時に官、許し遣わしき。弟子信善・善妙を合わせて五尼等を遣わし、戊申年を以て往きき。《中略》

C　庚戌年を以て、百済国より尼等還り来り、官に白さく、「戊申年往き、即ち六法戒を受け、己酉年三月大戒を受け、今庚戌年還り来れり」と白しき。本の桜井寺に住みき。

上記は『元興寺縁起』において、善信尼らの百済留学に関する一連の記事で、ここでは『書紀』①に対応する部分をA、『書紀』②に対応する部分をB、『書紀』③に対応する部分をCとして、便宜的に区分した。これによると、五八七年の百済使は、尼等の受戒について、すでに倭国にある尼寺だけでなく、法師寺と十尼師・十法師の廿師が必要であると説いたが、五八八年の百済使は法師寺造営のための技術者と六口の僧をともなっただけで、受戒に必要な廿師に及ばなかった。このため、善信尼ら五人の尼の百済留学が最終的に決行され、五九〇年、彼女らは六法戒、大戒を受けて帰国したという。こうした受戒の経緯は『書紀』には見えない。一方、『書紀』①において百済使が「臣等、蕃に帰り先ず国主に噵さむ。而る後に発て遣すとも、亦遅からじ」と語ったとすることは、『元興寺縁起』に見えない。このように、『元興寺縁起』が記した善信尼らの百済留学が、『書紀』に基づく記述でないことは明白である。

しかも、『元興寺縁起』の、この独自性の強い記述とかかわり留意されるのは、「時に三尼等、官に白さく」（AB）、「官問ひて言ひしく」（A）、「時に官、諸法師等に問ふ」（B）、「時に官、許し遣わしき」（B）、「百済国より尼等還り来り、官に白さく」（C）と、大臣の蘇我馬子を「官」と表記している点である。

『元興寺縁起』において、蘇我馬子は随所に登場する。しかしその表記は、馬子が最初に登場する箇所において「稲目大臣子、馬子足禰」とする他は、「大臣」「馬子大臣」「有間子大臣」と、「大臣」を冠している。善信尼らが登場する部分でも、百済留学と関係のない箇所では「大臣」が用いられている。ところが、上記の、問答を中心とした、善信尼らの百済留学と直接かかわる部分のみ、「官」という特徴的な表記が用いられる。これを縁起作成時の創作によるものとみるのは困難であって、『元興寺縁起』、あるいはそのもととなったとされる尼寺豊浦寺（建興寺）の縁起が、その作成時に参照した諸史料のうち、善信尼らの百済留学について作文する際に用いた原史料が、このような表記を用いていたことに起因すると考えるのが最も妥当な解釈だろう。吉田氏は、『元興寺縁起』が善信尼らのことについて記すのは、「豊浦寺がその縁起を作成した折に、自らの由緒を飾るため、わが国最初の出家者は実は豊浦寺の尼なのだとし、それを主張するために、『書紀』で三尼が住んだという桜井寺を豊浦寺の前身寺院と付会したものと考えられる」と指摘する。(6) 仮にそうであったとしても、縁起はその「付会」のために、尼らの百済留学に関して記した原史料を利用し、その話を組み込んだと考えるべきなのである。

以上のように理解するとき、『元興寺縁起』において特定の官人個人を「官」とのみ記す特徴的な表記法は、その表記を用いた原史料の成立期を探る、一つの重要な手がかりとなる。そして、これに類する用例が、八世紀初頭前後の木簡やヘラ書き土器等に多く確認されるものであることが留意されるだろう。

すなわち、福岡県福岡市の元岡遺跡出土二〇次調査八号木簡には次のようにある。

・「太寶元年辛丑十二月廿二日

　白□□□〔　〕鮑廿四連代税

　　官川内□六黒毛馬胸白　　」

・「　　『六人ア川内』　　」

この木簡は、二十四連という極めて大価の鮑の「代税」として運ばれた物品（白米カ）に付けられた大宝元年（七〇一）の荷札木簡で、オモテ面三行目冒頭の「官川内」は、ウラ面に別筆で記された「六人ア川内」と同一人物とみられる。(7)「六人部川内」は「官」を冠した「官の川内」とも呼ばれているのである。

しかもこうした用例は、福岡県大野城市牛頸本堂遺跡群出土の七世紀前半〜中頃の須恵器の大甕頸部に、「大神部見乃官」とのヘラ書きがあることによって、さらに時代を遡らせることができる。「見乃官」については、人名や官職名とする見方もあるが、ミワ系氏族が須恵器生産に関わっていること、牛頸窯跡に陶邑などの中央からの技術移転が想定されることなどから、「見乃」が陶邑窯跡群内の地名「河内国美野邑」と同音を有する人名で、「官」は牛頸窯跡群の「官」＝管理者とみるべきではないかとする説が出されている。(8)この説の妥当性は、奈良県の飛鳥池遺跡から出土した七世紀後半に属するとみられる「官大夫前白」という書き出しで始まる、いわゆる前白木簡等によって傍証される。飛鳥池遺跡で出土する「官大夫」も、飛鳥池工房の各種工房の責任者とみられているからである。(9)ならば、鮑二十四連の「代税」を運ぶ責を負った「官川内」の「官」も、同様の責任者・管理者としての「官」の意味であろうし、善信尼らの百済留学について、百済使と交渉を行った大臣の馬子を「官」と表記したのも、大臣として王権外交を担当する責任者・管理者としての「官」と解釈できるであろう。

以上のことから、『元興寺縁起』、もしくは豊浦寺（建興寺）の縁起が参照したとみられる、善信尼らの百済留学に関する原史料は、八世紀初頭以前成立の可能性が高く、善信尼らの百済留学には、『書紀』編纂を遡る史料的根拠を見出すことができることになる。

そうであれば、『元興寺縁起』が、「三尼等官白『……』白」とするような、実際の言葉の間を、「白す」という文字で挟む表記法も、原史料の痕跡の可能性が浮上する。こうした表記法はそもそも、八世紀初頭以前に属する、いわゆる前白木簡の、「○○前白『……』白之」という表記法と通じている。[10] しかもこの表記法は、『元興寺縁起』において、尼らの百済留学の話とは無関係の箇所にも用いられている。ただしそれは、史実とは認め難い部分にも及ぶから、勿論そこには、縁起作成者が、縁起の由緒を高めるために、敢えて古式の表現を採用したことも疑わねばならないが、少なくとも八世紀初頭以前の原史料に基づき記述されたとみられる、善信尼らと「官」との問答にこの表記法が使われていることは軽視できない。『元興寺縁起』には、その制作時期・意図の問題とは別に、他にもそれ以前に遡る八世紀初頭前後の史料を取り込んだ部分がある可能性が、再検討されるべきなのである。[11]

2　仏教受容と技能伝習

以上、倭国（日本）において、留学による技能伝習、文化移入方式は、仏教導入とともに本格的に開始されたことが確認できた。では、その史的背景をどのように理解すべきであろうか。

倭人の社会は、遣隋使・遣唐使の登場を待つまでもなく、政治・経済・文化のあらゆる面で、日本列島外の東アジア諸地域からもたらされる資源・技術・知識に大きく依存した社会であった。したがって、倭国王を含む倭国支配層は、先進文物や文化をもたらす技能者や知識人、すなわち〝渡来人〟を中国大陸・朝鮮半島に積極的に求めた。特に四世紀以降の高句麗南進を契機とする東アジアの軍事的緊張の増大を受けて、倭国と連携強化をはかりたい朝鮮諸国は、倭国が求める技能者・知識人を次々と贈与し、倭王権の成長を助けて、その見返りに倭国の軍事援助を求めた。渡来人は、その供給先である朝鮮諸国にとっても互恵的な意味を持っていた。こうして五・六世紀の倭国は、政治史的にも文化史的にも、渡来人に依存した大変革時代を迎えることとなる。[12] 要するに、六世紀以前の倭国における新技能・知識の移入は、主にそれらを身体化した技能者・知識人の渡来によって支えられていたのである。

ただし、身体化された様態で渡来する技能・知識には寿命があった。身体と一体化して渡来する技能・知識の存亡は、その一身体の存亡に規定されるからである。したがって倭国には、こうした新技能・知識の保持のために、渡来人と同様の身体を持つ技能者・知識人の再生産が不可欠であった。そして、これらは六世紀以前、主に二つの方法で果たされていた。一つは同分野の渡来人を継続的に受容する方法である。ただしこの方法は、渡来人供給先との互恵的な交流関係を長く維持することが不可欠だから、国際関係の変化を直接受けやすい不安定なものである。そこで、五世紀末から六世紀になると、渡来人に氏族を形成させ、彼らの持つ技能・知識をその子孫に伝習させる方法が加わった。[13]

しかし、六世紀末になると、これとは全く別のやり方で技能・知識を移入し伝習する方法が登場する。「師―生」関係による体系的な技能・知識の伝習である。これは仏教伝来とともにもたらされた。僧尼は結婚して氏族をつくることができないから、仏法の伝習は基本的に師弟関係の連鎖で果たされなければならない。しかも僧尼の技能は、狭義の仏教だけでなく、建築、彫刻、文字技術、暦、天文地理など様々な最先端の関連分野に広がりをもち、それらも、師弟関係を通じて伝えられたのである。[14] 先に見た留学も要するに、海外に師を求めて最先端の技能を伝習する方式であったから、仏教伝来とともに始まったこの「師―生」関係による技能・知識伝習の一形態とみることができる。善信尼の場合も、その仏教への傾斜は、渡来系の父司馬達等の影響によるものではあったが、善信尼が百済留学で師のもとで鍛えた尼としての技能は、『書紀』推古十四年（六〇六）五月戊午条に「諸尼導者」とあるように、結局は師と弟子の関係の中で、次世代に伝えられることになった。[15]

ただ、倭国では、「師―生」関係によって修得された技能が、いつも「師―生」関係に埋め込まれて次世代に伝えられるとは限らない。例えば『書紀』推古一〇年（六〇二）一〇月条には以下のようにある。

百済僧の観勒来けり。仍りて暦本及び天文地理書、并て遁甲方術の書を貢る。是の時、書生三四人を選びて、観勒に学び習はしむ。陽胡史の祖玉陳、暦法を習ふ。大友村主高聡、天文遁甲を学ぶ。山背臣日立、方術を学ぶ。皆学びて業を成しつ。

右によれば、百済から渡来した僧観勒の持つ技能は、暦・天文遁甲・方術の三つの分野に分割され、これらをそれぞれ別の出自を持つ三人の書生らが習得している。書生の氏族のうち、系譜不詳の山背臣を除けば、陽胡史・大友村主は渡来系であることが明白で、彼らが書生として選ばれた背景には、先の善信尼と同様、それを理解できるだけの文化が、既にその出生環境の中で身体化されていたことがあったであろう。ただし、彼らの場合は俗人であったため、どうやらその後の技能継承は、旧来型の氏族的諸関係の中で行っていったらしい。観勒から学んだ書生らは、そこで習得した技能を自分の後裔氏族に引き継いだ痕跡が認められるからである。[16]

そして、こうした文化移入・継承の場面における新旧の組み合わせが、そのまま遣隋使にも適応された痕跡がある。その具体例は、隋・唐で学んだ恵日とその子孫たちに見いだすことができるだろう。恵日の初見史料は、次の『書紀』推古三一年（六二三）七月条である。

新羅、大使奈末智洗爾を遣し、任那、達率奈末智を遣して、並に来朝り。〈中略〉是の時、大唐の学問者僧恵斉・恵光及び医恵日・福因等、並に智洗爾等に従ひて来。是に、恵日等、共に奏聞して曰く、「唐国に留まる学者、皆学ひて業を成しつ。喚すべし。且其の大唐国は、法式備り定れる珍の国なり。常に達ふべし」と。

右によれば、恵日は遣隋使に従い中国に渡ったとみられる学生で、この時、新羅使に連れられて帰国を果たし、新たに興った唐との交流の必要性を倭王権に訴えた。恵日はここでは「医恵日」と表記されるが、『続日本紀』天平宝字二年（七五八）四月己巳条掲載の恵日子孫の言によれば、恵日は、百済が高句麗から獲得し、その後倭国に贈与された技能者徳来の五世孫であり、中国で医術を学んで薬師の姓を与えられたとする。したがっておそらく恵日は、医学関連知識によって倭国に渡来した技能者の子孫で、その身体化された技能を隋・唐の師から学ぶことで刷新し、帰国後新たに薬師姓の氏族を形成したものとみられる。その子孫たちが、その技能を長く継承していたことは、九世紀に入っても彼らの一族が侍医や内薬正を輩出していることから明らかである。[17]

3　遣外学生・学問僧の身体と国際政治

以上のように、倭国（日本）では、仏教伝来後、「師―生」関係による技能・知識伝習で大陸文化を移入しようとする動きが広がり、これが従来型の氏族制的な技能伝習方式とも組み合わされて、国内で伝承・継承する体制が築かれていった。この「師―生」関係による大陸文化の移入は、渡来した技能者に書生が付いて学ぶ場合と、海外に師を求めて学生・学問僧を派遣する場合があったが、この両者は、師弟関係による伝習という面では同じであっても、そこに込められる政治性が異なっていた。

ここで留意すべきは、前述のように倭国に渡来する技能者には、倭国との互恵関係の強化をはかりたい朝鮮諸国が、見返りを期待し倭国へ贈与した人々が多く含まれていたという事実である。このため、朝鮮半島からの渡来僧は、師としての技能をもたらしただけでなく、その見返りに倭国の援助を引き出す働きかけを行う、いわば本国の政治的意図をも体現する存在であった。

例えば、百済僧観勒の持つ暦法・天文遁甲・方術の技能は、いずれも軍事的に有用な技能であったため、彼の渡来と活躍には、倭国への軍導を促す百済側の戦略的意図が込められていた。[18] あるいは、『書紀』推古三年（五九五）条に「皇太子」（厩戸王）の師と記された高句麗僧慧慈も、高句麗の戦略的意図を倭王権の政策に反映させる重要な任務を持った人物であった。[19] この点、倭国の外にある遣外学生・学問僧の師は、倭王権に直接訴える環境を持たぬから、こうした問題からは引き離されている。しかも、学生・学問僧らは留学後に師を探し求めたように、師は単に中国王朝から与えられるだけでなく、学問僧・生らによって選ばれていた。[20] そしてその選択は、前述の留学生恵日等の「唐国に留まる学者、皆学ひて業を成しつ。喚すべし。且其の大唐国は、法式備り定れる珍の国なり。常に達ふべし」という言葉に示されるように、本国の政治的意図との関係性を意識しながらなされていた。その意味で、倭王権にとって、遣外学生・学問僧派遣による文化移入は、他王権からの技能者贈与に依存する文化移入の場合と比べて、政治的な自立性を獲得しやすいのである。

このように、遣外学生・学問僧の身体には、倭王権の政治的意図が埋め込まれていたというべきだが、彼らは、その政治的身体によって、技能・知識だけでなく、国境・民族を超えた人的・社会的諸関係をも倭国へ持ち帰ることがあった。こうした異国において身体化される越境的諸関係は、遣隋使・遣唐使が計画的に持ち帰ったものというよりも、長期の在外生活によって偶然的・副次的に得られたものである。しかしそれが、彼らのもたらす専門技能以上に、その後の歴史に大きな影響を与えることもあるから、軽視できない。例えば、中世日本と中国江南地域との密接な交易関係は、九世紀半ばの東アジア情勢のなかで入唐僧らが江南で築いた新羅人・唐人との人的諸関係を基礎としている(21)。そして以下にみるように、六三〇年に始まる倭国の遣唐使派遣にも、それ以前の遣隋留学生たちの身体化された人的・社会的諸関係の影響が認められる。

そもそも倭国の遣隋使は、その往還において友好国たる百済の全面的な協力を得ていたことが明らかである。例えば、『書紀』推古一六年（六〇八）六月丙辰条は、帰国する遣隋使が百済国を経由したとしているし、『書紀』推古二三年（六一五）九月条にも、帰国する遣隋使に、百済使が同道していたと記している。ところが、六三〇年に派遣された第一回遣唐使は、どうやら百済ではなく新羅の協力を得て帰国したらしい。それは次の『書紀』舒明四年（六三二）八月条によって知られる。

大唐、高表仁を遣して、三田耜を送らしむ。共に対馬に泊れり。是の時に、学問僧霊雲・僧旻及び勝鳥養、新羅の送使等、従たり。

以上によれば、唐使高表仁と在唐留学生らを伴い帰国した第一回遣唐使には、新羅送使が従っていた。『続日本紀』承和三年（八三六）一二月丁酉条が掲載する「新羅国執事省牒」も、新羅の日唐交流における仲介は高表仁以来の歴史を持つと記しているから、第一回遣唐使を送る唐使高表仁らは、新羅を経由し、新羅使とともに来倭したとみてよい。

しかし周知のように、遣隋使時代の倭国と新羅の関係は、新羅と対抗する高句麗・百済に引きずられて、決して良好と呼べる状況ではなかった。百済の援助による倭国の遣隋使派遣も、こうした国際関係の延長戦上にある。これに対する新羅の緊張は六三〇年代になっても続いていたとみられ、例えば『三国遺事』巻三・塔像第四・皇龍寺九層塔によれば、貞観一〇年（六三六）入唐の新羅慈蔵法師が、神人に対し「我が国、北は靺鞨に連なり、南は倭人と接す。麗済二国も封陲を迭犯す。隣寇、縦横、是れ民の梗と為る」と語ったと伝えている。しかし隋滅亡後の新羅はこうした状況を対唐外交の強化によって切り抜けようとしたらしく、『新唐書』百済伝によれば、六二六年には唐に遣使して、高句麗・百済に対し新羅との和解を促す唐帝の詔を出させることに成功している。したがって、対唐関係の強化を軸に高句麗・百済を牽制しようとする新羅にとって、倭国の唐への接近自体は歓迎すべきものであり[22]、第一回遣唐使派遣の七年前、前述のように遣隋留学生恵日等が新羅使に伴われ帰国し、唐との国交開始を進言したのも、その背後に新羅側の働きかけがあったとみる説が有力である[23]。こうした文脈からみれば、第一回遣唐使に従った新羅送使についても、高句麗・百済との対抗上、唐との友好関係を後ろ盾に倭国へ協力関係を迫りたい新羅の政治的意図が隠されていたと理解することは[24]、十分可能である。『書紀』によれば、その後も舒明一一年（六三九）九月に恵隠・恵雲が、舒明一二年（六四〇）一〇月に南淵請安・高向玄理が、それぞれ新羅の援助で唐からの帰国を果たしている。初期の倭国と唐の仏教交流に、新羅の果たした役割は極めて大きかったと評すべきであろう。

問題は、最初に新羅経由で中国からの帰国を果たした恵斉・恵光・恵日・福因等が、何処で新羅との接点を持ったかである。これと関連し、田村圓澄氏は、倭僧の頻繁な新羅経由での帰国に、在唐新羅留学僧との関係を想定する。すなわち田村氏は、百済の仏教界には中国留学の文化が根付いていなかったのに対し、新羅の場合は、既に多くの遣中留学僧を排出し、長安・洛陽の仏教教団と連繋を持っていたため、長安・洛陽にある倭国学問僧らは、この新羅ネットワークと接点を持ち、新羅経由での帰国を実現させたのではないかと推測するのである[25]。この観点からはまず、『続高僧伝』巻一五・釈霊潤伝に「大業十年、鴻臚に召し入れられて、三韓に教授す」とあることが注目されよう。すなわち、鴻臚寺では高句麗・百済・新羅の学問僧が、等しく隋僧霊潤の指導を受けていた。しかも、同巻一二釈浄業伝には「大業四年、鴻臚館に召し入りて、蕃僧に教授す」とあって、この大業四年（六〇八）は前述の僧旻ら倭の遣隋学問僧が派遣された時期だから、倭の遣隋学問僧もまた、鴻臚寺において唐僧に師事することがあったとみられる。(26)なお、上記の外国僧を教育した鴻臚寺は隋都大興城（長安）にある鴻臚寺を指すと考えられるが、東都洛陽の四方館にも鴻臚寺と同様の機能があったことが指摘されている。(27)要するに、隋代の大興城・洛陽には、諸方から集う学問僧らが机を並べて学ぶ場が用意されていたのであって、ここで倭国僧が新羅僧らと交流を持つことは、それほど難しいことではなかったと考えられるのである。

したがって、学問僧恵斉・恵光らにも新羅の学問僧と親交を深める機会は少なからずあったと推測され、おそらくそうした縁から新羅との接点を得て、新羅経由での帰国となった可能性が高い。時期的にみて、彼らが中国からの帰路についたのは、新羅が唐の武徳四年（六二一）に派遣した第一回遣唐使の帰国に際してのことであったと考えられる。(28)

ただ、高句麗も武徳二年（六一九）、武徳四年（六二一）に遣唐使を派遣していたし、(29)百済も武徳四年（六二一）に最初の遣唐使を派遣していた。(30)ならば、遣隋使帰国時の百済の協力を考えても、恵斉・恵光・恵日・福因には、新羅経由ではなく、百済経由での帰国の選択肢もあったはずである。この点からみれば、恵斉らの新羅経由での帰国の背景を、新羅側の政治的思惑から説明するだけでは不十分で、恵斉らにも、敢えて新羅と通じて帰国する方法を選んだ何らかの理由があったはずである。

ここで留意されるのは、倭国の仏教受容は、以下にみるように、その過程が、百済・高句麗よりも、新羅の場合に近いという点である。

『三国史記』高句麗本紀小獣林王二年（三七二）条によれば、高句麗の仏教伝来は、前秦王が使者と僧道順を派遣し、仏像・経文を伝え、高句麗王がこれに感謝したことを始まりとする。同四年（三七四）には僧阿道がやって来たので、翌五年（三七五）、高句麗王は肖門寺を開いて僧道順を置き、伊弗蘭寺を建てて僧阿道を置いたらしい。また、百済の場合も、『三国史記』百済本紀枕流王元年（三八四）条に、東晋への朝貢と、東晋からの胡僧摩羅難陀の渡来、翌二年条に漢山での仏寺創建と僧十人の得度が記されているから、やはり中国との外交関係締結の一貫として仏教が伝来したとされている。『梁書』百済伝によれば、大同七年（五四一）、百済は梁に『涅槃』等の経義と毛詩博士・工匠・画師等の技能者を要求し、認められているから、百済の仏教受容が、外交を通じた中国王朝からの文化・技能者の「賜与」に頼っていたことは確かであろう。

ところが『三国史記』新羅本紀によると、新羅の仏教は、高句麗・百済のような中国との外交関係の中での伝来ではない。法興王一五年（五二八）条は、「肇行仏法」と記した後、これより以前の五世紀代のこととして、高句麗僧が地方の有力者のもとに安置されたが新羅に定住しなかったこと、次いで出自不明の僧数人が来て新羅王が仏教を興そうとしたところ、群臣に反対され頓挫したことなどを伝えている。しかし『三国史記』新羅本紀によれば、真興王五年（五四四）に新羅王権の建てた興輪寺が成り、人々が出家して僧尼となることが許され、次いで同一〇年（五四九）、梁で学んだ新羅学問僧覚徳が梁使とともに帰国し仏舎利をもたらし、王使・百官がこれを興輪寺前の道路で迎えたという。したがって、新羅の仏教公認は、対立する国王・真骨貴族間の政治的妥協の産物と理解する見方が有力であり、またこうした経緯をたどった新羅仏教は王権の独占物ではなく、真骨貴族の身分的特権を正当化するものとしても機能していたことが確認されている。(31) 要するに、新羅の仏教受容は、高句麗・百済のような王権主導の対中外交を介した伝来をその始まりとするのではなく、まずは高句麗などを介した波状的・個別的受容を始まりとすると推測される。(32) ならば、この段階の新羅の仏教受容には、前述の倭国の渡来人受容と同様、朝鮮半島全域の対立・矛盾が持ち込まれやすい構造があった可能性が高い。例えば『三国史記』百済本紀蓋鹵王二一年（四七五）条には、高句麗長寿王が「間諜」として僧道琳を百済へ派遣し、道琳は高句麗からの逃亡罪人のふりをして碁の名手として百済王へ接近し、百済を危機に陥れたという記事がある。したがって高句麗が僧を新羅に送り込んで新羅の有力層を取り込み、国内混乱が誘発されるようなこともあったと考えられるのである。

ここで、梁への学問僧覚徳の派遣と覚徳の梁使を連れての帰国が、仏教受容に関し王権主導の国内的諸条件が整えられた時期と重なることは注目される。梁との朝貢外交において仏教は重要な意味を持っていたが[33]、新羅王権主導の仏教受容は、この時にようやく梁を中心とした中華的世界での位置づけを得たといえるだろう。

これ以後、新羅の仏教受容は遣中学問僧の派遣を基軸に展開する。『三国史記』新羅本紀によれば、隋・唐帝国成立前に限っても、梁に留学した覚徳後、真興王三七年（五七六）には安弘法師が隋へ、真平王七年（五八五）には智明が陳へ、同一一年（五八九）には円光法師が陳へ、それぞれ求法の旅を命じられている。これほど頻繁な王権による学問僧派遣を、同時期の百済・高句麗に確認することはできない。他国からの贈与にのみ頼らず、王権選抜の遣外学生を派遣して文化を移入する倭王権の戦略的意味については既述したが、周辺諸国から伝わる仏教の個別的受容が国内対立と結びついてきた新羅王権にとっても、在外学問僧の派遣は倭国と同様の戦略的意味を持っていたに違いない。したがって、倭国の政治的意図をその身体にすり込んだ遣隋学問僧が、頻繁に中国を訪れる新羅学問僧の政治目的に関心を持つことは、当然のことであったと考えられる。しかも、倭国の仏教受容の歴史自体、周知のように、百済から伝来した仏教をめぐって支配者層の間に激しい対立が生じ、それが内戦という形で決着した後、公的な性格を持つ元興寺が建てられ、王による仏法保護が宣言されて、遣隋留学僧が派遣されるという一連の流れを辿るから、百済・高句麗よりも新羅の仏教受容過程に近い。新羅の支援を受けて帰国する方法を選択した恵日らが、留学生の召還と、中国文化の直接移入の継続こそ倭国の

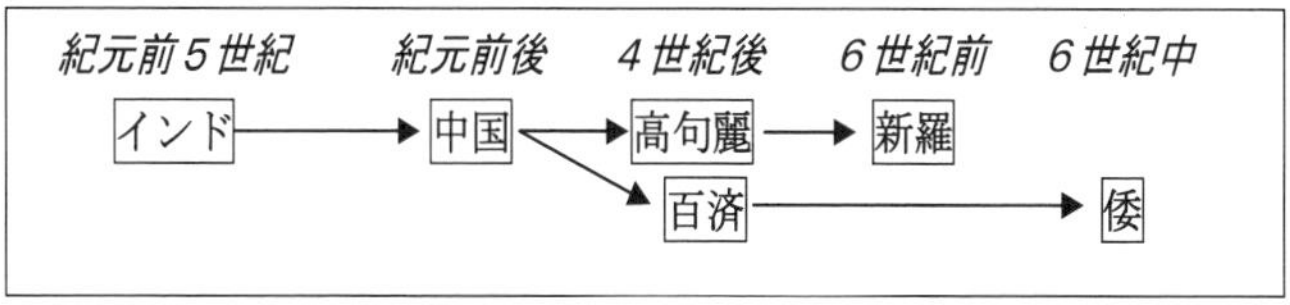

仏教の東遷

とるべき戦略だと主張した背景には、単に新羅への荷担が目的なのではなく、倭の戦略的観点から、新羅の戦略に共感し得たからでもあろう。

その後も在唐学問僧の新羅経由での帰国は続き、また六四八年からは新羅への学問僧派遣も始まるように[34]、倭国仏教界は、彼ら遣隋学問僧らによって中国で切り開かれた新羅仏教界とのつながりを維持し続けたことが知られる。そして、日本律令国家の形成につながる七世紀後半の倭国（日本）の政治・文化に新羅仏教文化の影響が随所に確認される事実をみるならば[35]、それらは以後の歴史にも大きな影響を与えたと理解せねばならないであろう。すなわち、その政治的身体で越境的諸関係を選択的に切り結ぶ遣外学問僧・学生は、文化移入者にとどまらず、本国の国際関係すら左右しうる新たな交流関係の移入者ともなり得たということである。そしてその交流関係は、本国の政治的立場から選択的に持ち込まれる点において、渡来人が持ち込む越境的な諸関係とは異なる政治性を有していたのである。

むすび

以上、日本列島では七世紀初頭にようやく登場する、中国へ学生・学問僧を派遣し大陸文化を直接移入する方式は、その少し前の朝鮮半島を介した仏教受容から学び取った師弟関係による文化移入方式を起点とすること、また、遣外学生・学問僧による文化移入は、それまで主流であった渡来人を介した文化移入方式と比べて、相対的に政治的自立性を確保しやすい構造となっていたことなどを述べた。要するに、文化移入者の側面からみた場合の遣外学問僧・学生の身体の、渡来人の身体との決定的な相違は、移入すべき文化や諸関係を、倭国の政治的立場から主体的に選択できた点にある。したがって倭王権を継いで七世紀末に登場した日本王権が、国外からの文化移入において、渡来人受容よりも、自らが選抜し派遣した遣外使節による文化移入を優先させたのは当然のことであったと思われる。

そしておそらく、こうした政治姿勢の端的な表れが、遣隋使・遣唐使による旺盛な書物の輸入であろう[36]。遣唐使・

遣唐学生らは、招来する書物を本国の実情や政治戦略を踏まえて選択しており、[37]書物によって客体化された文化・技能は国内において伝習されることで身体化されていた。遣隋使派遣以降、文化を客体化した書物を積極的に活用し、これを身体と身体の間に戦略的・選択的に介在させることで、受容者側の政治的主体性は益々確保されることになったのである。そして八世紀になると、書物から文化・技能を身体化した非渡来系の人々が遣唐使・遣唐学生に任用される機会が増え、[38]遣唐使は徐々に渡来系出身者の独占物ではなくなっていく。[39]ここに、朝鮮諸国の政治・文化を身体化させ日本列島に大きな影響を与え続けた渡来人・渡来系氏族の時代は終焉を迎えるのである。

［用語解説］

「井真成の墓誌」

日本の遣唐使で渡唐し、七三四年に唐都長安で没した井真成の墓誌。「井」の一字姓は日本の姓を唐風に名乗ったものとみられ、彼の出身氏族については井上忌寸説や葛井連説などがあるが、渡来系氏族とすることでは異論がない。

「飛鳥池遺跡」

飛鳥寺の東南隅部に接して展開した七世紀の工房遺跡。飛鳥御原宮の時代（六七二－六九四年）を中心とする。和同開珎以前の富本銭の鋳造に関する出土品などが発見されて注目を集めた。

「前白木簡」

「某の前に白（もう）す」という書式を持つ、上申のための木簡。朝鮮半島の文字文化の影響を受けたもので、七世紀の上申木簡に多くみられる。

「慧慈」

五九五年に高句麗から渡来し、厩戸皇子の師となったと伝えられる。飛鳥寺が創建されると、同寺に住み、「三宝の棟梁」の一人として称えられ、六一五年に高句麗に帰国したという。

「高表仁」

遣唐使犬上三田耜ら一行を送るために、六三〇年に唐が倭国に派遣した使節。しかし『旧唐書』倭国伝によれば、倭国の王子と礼を争い、皇帝のことばを倭王に伝えられないまま帰国したらしい。

「真骨貴族」
　新羅の身分制度である骨品制において、その最上位にあって王族に属する貴族のこと。

［註］

（1）関晃『帰化人』至文堂、一九五六年、一二六～一二八頁。上田正昭『帰化人』中公新書、一九六五年、一三三～一三五頁。平野邦雄『帰化人と古代国家』吉川弘文館、一九九三年、一八九～一九一頁等。
（2）新川登亀男『日本古代文化史の構想』第一二章、名著刊行会、一九九四年。
（3）吉田一彦『古代仏教をよみなおす』吉川弘文館、二〇〇六年。
（4）井上薫『日本古代の政治と宗教』吉川弘文館、一九六一年。
（5）吉田一彦『仏教伝来の研究』第二部Ⅳ、吉川弘文館、二〇一二年。
（6）吉田一彦前掲註（5）
（7）平川南・田中史生・三上善孝「二〇次調査出土木簡釈文」『元岡・桑原遺跡群一四』福岡市埋蔵文化財調査報告書第一〇六三集、二〇〇九年。
（8）石木秀啓「ヘラ書き須恵器について」『牛頸本堂遺跡群Ⅶ―七次調査―』大野城市教育委員会、二〇〇八年。
（9）市大樹『飛鳥藤原木簡の研究』第Ⅰ部第三章、塙書房、二〇一〇年。
（10）前白木簡については市大樹前掲註（9）書第Ⅱ部第九章を参照。
（11）最近川尻秋生氏も、木簡や正倉院宝物の銘文などから、善信尼等の留学記事以外の部分において、『書記』以前の古伝に基づく可能性のある表記を確認しており、注目される（「飛鳥・白鳳文化」『岩波講座日本通史』第二巻、岩波書店、二〇一四年）。
（12）田中史生「渡来人と王権・地域」『倭国と東アジア』〈『日本の時代史』2〉、吉川弘文館、二〇〇二年。
（13）田中史生『倭国と渡来人―交錯する「内」と「外」―』吉川弘文館、二〇〇五年、一一四～一一七頁、一四四～一四七頁、一五八～一六四頁。
（14）田中史生「飛鳥寺建立と渡来工人・僧侶たち―倭国における技能伝習の新局面―」『古代東アジアの仏教と王権』勉誠出版、二〇一〇年。
（15）田中史生前掲註（14）。
（16）新川登亀男前掲註（2）書第九章。
（17）『日本後紀』延暦二三年四月壬子条、『日本後紀』大同三年八月庚申条。

(18) 新川登亀男前掲註（16）。
(19) 李成市『古代東アジアの民族と国家』第三編第一章、岩波書店、一九九八年。
(20) 例えば『入唐求法巡礼行記』開成三年（八三八）八月四日条には「還学僧円仁、右、請往台州国清寺、尋師決疑。若彼州無師、更赴上都、兼経過諸州。留学問僧円載、右、請往台州国清寺、随師学問。若彼州全無人法、或上都覓法、経過諸州訪覓者」とある。
(21) 田中史生『国際交易と古代日本』第二部第二章・第三部第一章、吉川弘文館、二〇一二年。
(22) 山尾幸久『古代の日朝関係』二章二節、塙書房、一九八九年。
(23) 鈴木英夫『古代の倭国と朝鮮諸国』第九章、青木書店、一九九六年。
(24) 山崎雅稔「新羅国執事省牒からみた紀三津「失使旨」事件」木村茂光編『日本中世の権力と地域社会』吉川弘文館、二〇〇七年。
(25) 田村圓澄『東アジアのなかの日本古代史』一六章、吉川弘文館、二〇〇六年。
(26) 山崎宏『隋唐仏教史の研究』第八章、法蔵館、一九六七年。
(27) 石暁軍「隋唐時代の四方館について」『東方學』第一〇三、二〇〇二年。
(28) 新川登亀男前掲註（2）書第五章。
(29) 『旧唐書』高麗伝。
(30) 『旧唐書』百済伝。
(31) 李成市「朝鮮における外来思想とその受容者層」『朝鮮史研究会論文集』一九、一九八二年参照。
(32) 田村圓澄『古代朝鮮仏教と日本仏教』吉川弘文館、一九八〇年。
(33) 河上麻由子『古代アジア世界の対外交渉と仏教』第一部第四章、二〇一一年。
(34) 『日本書紀』大化四年二月朔条。
(35) 鈴木靖民『日本の古代国家形成と東アジア』I第四章、吉川弘文館、二〇一一年。
(36) 日本遣唐使の、他国の遣唐使と比較した場合の、書物輸入の積極的姿勢と、その文化史的・交流史的意義については、王勇『「ブックロード」とは何か』王勇・久保木秀夫編『奈良・平安期の日中文化交流—ブックロードの視点から—』農山漁村文化協会、二〇〇一年を参照。
(37) 山下有美「日本古代国家における一切経と対外意識」『歴史評論』五八六、一九九九年、シャルロッテ・フォン・ヴェアシュア（Charlotte von Verschuer）「九世紀日本の情報輸入体制」『アジア遊学』二六号、二〇〇一年参照。
(38) 例えば、八世紀初頭の遣唐使粟田真人は唐において「好読経史、解属文、容止温雅」と評され（『旧唐書』倭国伝）、八世紀前半の遣唐学生吉備真備は「研覧経史、該渉衆芸。我朝学生播名唐国者、唯大臣及朝衡二人而已」と評され（『続日本紀』宝亀六年一〇月壬戌条）、九世紀半ばの遣唐大使藤原常嗣は「少遊大学、渉獵史漢、諳誦文選。又好属文、兼能隷書。」と評されている（『続日本後紀』承和七年四月戊辰条）。

(39) 例えば、小野妹子の遣隋使から約二〇〇年後の延暦二三年（八〇四）に派遣された遣唐使は、大使藤原葛野麻呂、副使石川道益以下、使節・通訳・留学生ら二〇名近くの入唐者の実名が判明しながら、その中で渡来系氏族と判明するのは、録事の山田大庭、学僧の護命（俗姓秦）・最澄（俗姓三津首）、舞生の久禮真茂の僅か四名に過ぎない。

第3章

鎌倉時代の日元関係を考える

―蒙古襲来と日元貿易―

永井　晋

1 日本流の元朝理解

本稿の初めに、文永の役（一二七四年）・弘安の役（一二八一年）として知られる二度の日元戦争にいたる交渉の流れが、なぜ戦争へと向かっていったのかを考えていきたい。

この戦争は、一般的にいわれるように中国を支配した世界帝国モンゴルの「大元」ウルス（部族制を中心に据えた集団）が日本を一方的に侵略した戦争ではない。日本と元との間にある文明の衝突ともいうべき価値観の相違が、外交におけるすれ違いを引き起こし、その結果として、元が遠征軍を派遣する事態を引き起こしたのである。一方で、国と国は戦争をしていても、南宋の文化にあこがれる日本の富裕層は輸入をやめず、日元貿易は盛んであった。国家間の戦争は、民間レベルの貿易を断絶させていないのである。一般にはあまり論じられない蒙古襲来という戦争について、少々別の角度から述べていきたい。

蒙古襲来という戦争を考える前提として、モンゴルが中央アジアで形成された遊牧民の国家であることを意識しておく必要がある。チンギス汗（一一六七－一二二七年）が一二〇六年にモンゴル高原を統一して建設した国家に、日本国は「蒙古国」の漢字表記をあてた。モンゴル帝国は、一二三四年に金王朝を滅ぼして華北地方の支配を継承したが、遼王朝・金王朝のように、王朝の成立を象徴する国号の制定と皇帝の即位儀礼を行わなかった。モンゴル帝国の中で大元ウルスを継承した七代国王世祖（フビライ汗）にいたってようやく、中国風の国号を元と定めた。至元八年（一二七一）のことである。ただ、モンゴル帝国内では中国を支配するウルスという扱いになるため、世祖が皇帝として即位した元王朝は中国の歴代王朝のひとつに数えられても、モンゴル帝国の中ではウルスのひとつ「大元ウルス」にすぎなかった。(1)

当時の日本が、この国を遊牧民の国家のまま中華世界に侵攻してその一部を支配した匈奴や突厥と同じ北方の騎馬民族、「北狄」と表現したことは、この国を蛮族と見なしたことを意味する。日本の方では、京都や鎌倉に移住・亡命してきた中国人や、日中貿易の中核として唐房とよばれた中国人居留区の形成が進んでいた博多が、中国で起きていることを日本に伝える情報源となっていた。(2)中でも、朝廷の太宰少弐と鎌倉幕府の守護を兼務する少弐氏から京都・鎌倉に送られる情報には速報性と重要性の高いものが多かった。(3)少弐氏は博多を実質的に支配する立場の公文書の名称に太宰府守護所を用いている。太宰少弐として朝廷の太宰府を掌握し、鎮西奉行（太宰府守護所）として鎌倉幕府の役職をつとめる兼務は、朝廷と幕府の鎮西支配を一身に背負う立場であったことを示している。

元からみると、襄陽の攻防戦（一二六八－七三年）で南宋に対する戦争が優勢になったにもかかわらず、その段階に至っても南宋との貿易を継続して元との交渉を持とうとしない日本は、南宋の友好国と見なされた。日本がそのことを意識したかはともかく、日本が南宋との貿易に使用した航路は博多〜寧波である。

中華文明を受容して中華文明圏を形成する国々は、元が圧倒的な軍事力を持っていても、元に対して親近感を持った外交を行おうとしなかった。高麗は元の軍事力の前に屈服して属国となったが、大越（ベトナム陳朝）は元を宗主国とした外交関係に入ることを一度は認めたものの、元との交流が冊封体制にもとづく宗主国・属国の関係ではなく、モンゴル帝国による重い賦課と勝利の果実の配分という遊牧民国家のシステムであったことから拒絶して再び戦争状態に入った。大越がインド文明圏に属する占城と同盟をして末期状況を呈している南宋に援軍を送り、第二次・第三次の大越侵攻を引き起こすことになったのも、大越が中国との朝貢外交は望んでも、遊牧民国家の流儀で属国として扱われることを拒否したからに他ならない。第三次侵攻（一二八五－八七年）を撃退した大越は、中国歴代王朝と同じ関係で宗主国・属国の関係を結ぶことで合意を取り付け、元の属国となった。

日本がフビライの帝国を「蒙古国」と表記し「元朝」と表記しないのは、中国の歴史に度々みえる北方から侵攻する騎馬民族のひとつという認識を最後まで改めなかったためである。日本は、朝鮮半島やベトナムの王朝のように、中国の勢力が強大になると侵攻されて滅ぼされたり、領土の一部が中国に組み込まれて民族が分断された経験を持っていなかった。領土を接する高麗・大越のように、全盛期の中国には逆らいきれないという意識を持っていないのも、日本人の意識の特徴である。

日本が元に対して持つ認識がよくわかるのは、吉田経長の日記『吉続記』に記された文永八年（一二七一）の元使派遣に対する対応である。この年は、世祖が国号を「元」と定めた年である。

日本は、元が正式に国号を定めて王朝であることを宣言しても、一貫して「蒙古国」の表記で通した。文永五年に蒙古・高麗の牒状を高麗使の潘阜が日本に持参した時、日本側はこれに対する回答をしていない。[4] これが、両国の外交交渉のすれちがいの始まりである。翌文永六年にも高麗使の金有成が蒙古・高麗の国書を持参したので、朝廷はその場で回答しなかったが、前式部大輔菅原長成に対して牒状の起草を命じ、その文章を世尊寺経朝が清書した。文永七年正月付で蒙古国宛として作成された「贈蒙古国中書省牒」と同年二月付で高麗国宛に作成された「贈高麗国牒」の二通である。[5] 内容は、蒙古国とは人を通わせていない事、蒙古国に対して好悪の関係はないが、野蛮な行為が多いので関わりを持ちたくないことを告げている。高麗に対しては、太宰府から高麗の地方官に対して太政官牒を託した国使が無事に帰国できるよう護衛を依頼したものである。

高麗国書が伝える蒙古の申し出を日本が拒否した場合には実力行使もありうるという威嚇と、モンゴル帝国は民族と民族の衝突として戦争を行うので屠城（都市そのものを破壊する冷酷な攻撃）のような惨烈な戦い方をするといった南宋に関係する人々が伝える情報は、モンゴルの使節の入国が太宰府までで、首都京都、ましてや宮廷には入れないという意思表示につながった。「蛮夷の者、帝闕に参るの事先例なし」[6] という表現は、日本が元を文明国とみていないことを明確に示している。

至元八年（文永八年）、世祖は中国を中心としたウルスに「元」の国号は定めた。これを受けて、高麗の牒状は蒙古を「北朝」と表記している。江南を支配する南宋に対し、金に代わる華北を支配する王朝として元を「北朝」と認めたのである。高麗は、中国が南朝と北朝に分裂したと理解している。しかし、日本の朝廷は、元を王朝と認めず、「北狄」を使い続けた。

『吉続記』文永八年九月二十一日条（抄出）

文永八年九月二十一日　宣旨

近日、上天は変を示す、沖襟無聊、加之、西蕃の使介有りて、北狄の陰謀を告ぐ、綍の希夷、怖畏の是衆、永劫の災難、宜しく泰平を致すの由、仁王会呪願文に作り載さしむべし、

蔵人左衛門権佐平棟望奉

蒙古国においては、経史に見えず、今北狄と書かしむの条、太だもって不審、誰が人諷諫するや、

『吉続記』の記主は、太政官の高級官僚として弁官から大納言・中納言まで昇進する名家吉田家の吉田経長である。経長が書写した朝廷の宣旨は、朝廷が国難と認めて護国の祈祷仁王会を行うよう権門寺社に対して求めた宣旨であるから、降伏の祈祷の対象となる元王朝が北狄と表現されたことは、元を国家として認めていないことを意味する。朝廷の議論は、朝鮮から北にあるから北狄か、日本から西にあるから西戎かという蛮族に対する表記方法の議論であり、高麗が「北朝」と表記したように遊牧民の国家から中国の王朝へと変化したことの意味を考えていない。(7) 任務を全うしたいと考える元使趙良弼は、京都に赴いて国書を直接手渡したいと希望を伝えたが、朝廷の判断は「蛮夷の者、帝闕に参る事、先例なし」(8) であった。このことによって、日本の朝廷がフビライ汗（世祖）の中国が正式な王朝として体裁を整えても蛮族と見下していたことがはっきりとわかる。

朝廷がモンゴルを蛮族と見下して正式の外交を行う必要がないと判断している以上、鎌倉幕府もまた、元使に対して正当な取り扱いをしない。建治元年（一二七五）、長門国室津に到着した元使は、鎌倉に移動させられた。「帝闕に参る事先例なし」と朝廷が入京を認めない上は、太宰府で対応するか、鎌倉で対応することになる。この使節は、鎌倉の市街地から外れた龍ノ口で刎首された。刎首が罪人扱いの処刑であることは間違いなく、この処刑が正当な王朝から派遣された使者に対する対応でないことは間違いない。これは、官軍に対する賊軍、文明国に対する蛮族という

意識があってはじめて行える礼を失した対応である。鎌倉には中国貿易の貿易船が停泊し、禅律の寺院では中国から渡ってきた僧侶が活動している。この情報が終末期の南宋（一二七九年滅亡）に届いていないとはいえない。中国の正式な王朝の使者を刎首するという態度は、徹底的に戦い抜くという意思表示に他ならないであろう。朝廷も鎌倉幕府も意識していないが、この時点で宣戦布告しているに等しいのである。文永五年から元は国使を派遣し続け、外交関係を構築しようとしていた。それに対して、回答をしない日本の態度は非礼である。(9)

中華文明を共通の基盤として国家群を形成していた中国漢字文化圏に国家を建設した元は、中華文明圏の慣例に従って王朝を宣言し、高麗とは姻戚関係を結び、大越との間では中国流の朝貢外交を行うことを確認して和解した。この東アジア情勢に対し、国使を刎首して、元朝との関わり合いを拒否して戦争状態を継続した日本は、元王朝を中心に据えた新たな中華文明圏という世界秩序を拒否したところに大きな特徴がある。

2　日元の戦争

鎌倉幕府は、朝廷が蒙古の要求に応じて友好的な外交関係を結ばないと判断したことで、西国に所領を持つ御家人に対して鎮西に下向して駐留することを命じると共に、(10)文官や反主流派の名越（なごえ）氏が務める西日本の守護職を北条時宗政権の主流派に交代させた。(11)それまでの鎮西は鎌倉からみて辺境であり、北条氏一門の反主流名越氏や鎌倉幕府の文官が守護を務めていた。ところが、元の侵攻があるかもしれないということになると、鎮西は守りを固めなければならない重要地域となる。そのため、北条氏一門や安達氏といった主流派の人々を守護職とするための大幅な入れ替えが行われた。

鎌倉幕府は警戒態勢をとったが、本当に戦争になると考えていたのかといえば、文永の役が起こるまで半信半疑だった可能性が高い。文永の役における元軍の作戦が博多占領を目的としない侵入であったことは、『元史』日本伝至元十一年条が「冬十月、其国（日本）に入りこれを敗る、而るに官軍整はず、又矢尽く、惟に四境を虜掠して帰る」と勝利の文言が記されていることから明らかである。日本の軍勢は破ったが、元と高麗の連合軍は足並みが揃わず、矢も在庫が尽きたので帰還したという説明である。神風として知られる海難は、自発的な撤退の帰路で嵐に遭って遭難したと、戦争による損害とは切り離された報告があがったのであろう。[12]

鎌倉幕府の対応は、朝廷の太宰少弐と鎌倉幕府の鎮西奉行を兼務して両属関係にあった少弐資能による現場対応で防ぎきったというものである。鎌倉年代記裏書は「同廿四日、太宰少弐入道覚恵（少弐資能）代藤右馬允、太宰府に於いて合戦、異賊敗北す」と元軍を破ったことを記している。朝廷は異国降伏の祈祷を行ったが、軍事に対する権限は鎌倉幕府が握っていた。鎌倉幕府は、文永の役で元の日本侵攻が脅しでないことを悟り、以後、本格的な防衛体制をとることになる。

文永の役は、元も日本も勝利を主張できる引き分けの戦いであった。博多で現場を指揮した少弐氏は戦略的に軍勢を動かしたというわけではなく、到着した軍勢を続々と投入しただけであるが、歩兵中心の元軍は日本側の騎馬武者の波状攻撃を受けて「矢尽く」と表現される補給切れの状態となった。歩兵を中心とした蒙古軍は「数万人、矢崎を調て雨降ごとく、射けるほどに」（「八幡愚童訓」）と密集隊形をとった弓兵が多くを占めるので、元軍の将軍の判断として、矢を射尽くしたことは正当な撤退の理由となる。[13]

日本側の事情を見ると、武士は御恩と奉公を主従関係の基本に据えるため、防禦戦に勝っても新たな領地を獲得できなければ、鎌倉幕府は自らが管理する土地から恩賞を与えなければならない。地頭職が空席となっている闕所を恩賞の一部に宛てられるものの、それが十分な量でないことは明らかである。元の側も、出兵を要請した高麗国に対して、軍船の建造や出兵など重い負担を課したため、勝利を宣言した以上は博多から略奪した戦利品の一部を配分しなければならないところであるが、船団が海没したため配分すべき戦利品を失っている。どちらの国も、重い負担を背負い込んだ痛み分けというのが文永の役の実態であろう。

元軍は日本側の戦力や戦法を調査すること、博多の街の防御力を削ぐこと、略奪や破壊によって財貨を奪うことが目的だったので、戦争の目的はおおよそ達した。誤算があるとすれば、博多が中国やイスラム世界のように城壁を周囲に廻らした城塞都市でなかったことだろう。野戦の勝利で都市が占領できることを知っていれば、一会戦で矢を射尽くしてしまうような威力偵察的な侵攻ではなかったであろう。

文永の役の後、日本側は異国警固番役と呼ばれる交代で博多に駐留する軍役が新たに編成され、鎮西の御家人と朝廷の許可を得て軍役を賦課した非御家人（御家人以外の武力）に役の分配が行われた。また、鎌倉からは北条氏一門や安達氏の人々が軍勢を率いて派遣され、鎮西の防備と高麗遠征の軍勢を常駐させた。北条実時の子実政も、その一人である。長門・周防二カ国の海岸線に駐屯する軍勢も、長門・周防・安芸の三カ国守護が指揮権を持つ軍勢で番役が編成され、警固についた。

画期的なのは、日本側の元寇防塁とよばれる石塁を築いた防禦陣地で、日本にとって未知の兵器であった鉄砲も、甲冑を着した武士が石塁を楯にして防禦すれば十分に防ぎきれる強度を持った野戦築城であった。元軍の鉄砲は投擲式の榴散弾で、密集隊形で進撃してくる歩兵には有効でも、石塁や塹壕などの防御陣地に籠もった歩兵に対して有効ではなかった。鉄砲は『竹崎季長絵詞』のように元軍に向かって突撃する騎馬武者（重装騎兵）を止めるには有効でも、元寇防塁に籠もった軍勢には十分な被害を与えられなかった。ただ、歩兵による弓戦を主戦闘とする元軍にあっては、鉄砲は相手の突進を妨げるための補助的な兵器であったと考えられる。

ここで考えなければならないことは、元寇防塁のような野戦築城の考え方は、鎌倉武士にないことである。鎌倉武士が考える陣地は逆茂木（さかもぎ）・柵・空堀（からぼり）・土塁といった馬止めの設備であり、弓兵による短弓の一斉射撃や鉄砲のような火器の攻撃に対する防禦を学習していない。日本の武者の攻撃は重装弓騎兵による長弓の狙い撃ちであり、陣地そのものに対する攻撃と防御はあまり考えていない。にもかかわらず、文永の役から僅か数年で、元軍の歩兵攻撃に有効な防禦陣地を構築する技術を学習し、弘安の役に間に合わせてしまったことは驚くべき戦術の進歩といえる。博多を守る城塞ではなく、上陸作戦に適した海岸線に石塁による防御陣地を構築することで十分防げるという発想は日本人のものではないだろう。博多の唐房や博多に帰港する中国の貿易商人から、少弐氏が学んだと考えるのが最も可能性が高い。

建治の異賊征伐（一二七六年予定）は高麗に対する報復攻撃で、数千騎規模の軍勢で日本侵攻の拠点となりそうな高麗の港湾を襲撃目標にしたと推定される。高麗は中華文明の優等生ともいわれた中国の忠実な属国であったが、日本は元の属国となった高麗を異賊と表現した。

文明国が蛮族の治める土地を攻めて同化させるのであれば、これは侵略ではなく文明化のために必要な教化という主張が成り立つ。元に対する報復という建前論の議論は別として、現実問題としては、文永の役は防御戦闘であって、戦功のあった御家人に与える恩賞を獲得するためにも、高麗進出が必要と鎌倉幕府の首脳部は考えたのであろう。恐ろしい蒙古の襲来から国を守るという本来の目的よりも、財政と人事の問題が表面に出てきている。異賊征伐の大将軍として博多に派遣された北条実政と博多に常駐する少弐資能が、現地側の中心と考えてよいのであろう。少弐資能は異賊征伐と異国警固の準備のための手配を一手に引き受けて行い、太宰府が持つ権限や書類のほか、鎌倉幕府から与えられた戦時下の権限をもって対元戦争の後方主任の仕事をつとめた。元寇における日本側の主役は、現場を束ねていた少弐資能であった(14)。

元の側では、日本に対する説諭の使者派遣と海軍再建のための造船が進められた。高麗に対しても、元宗崩御によって即位した忠烈王に対して東路軍再建のために軍船の建造を求めた。先にふれた建治の異賊征伐とよばれる日本による高麗遠征の軍勢の規模は数千騎と想定されているので、高麗の都市を一時的に占領できても、そのまま維持できたとは考えがたく、日本遠征の拠点となる都市の略奪と破壊を目的とした攻撃と考えた方がよさそうである(15)。

弘安の役は、朝廷・権門寺社・公家に仕えて鎌倉幕府の御家人と非御家人（御家人として登録しなかった武力を持つ人々）に対しても軍役賦課の許可を得て合戦の準備を進めたので、異国警固の体制が整った博多で元軍の上陸作戦を待ち構えていた。文永の役で都市が城壁で防御されていないことを知った元軍は、野戦で鎌倉武士を破って博多を占領しようと考えていたので、今度の戦争には十分な物資と駐屯用の道具を船に積み込んでいた。中国の知識人や商人から得た知識で、日本側が博多を中心とした上陸可能な海岸線に防御陣地を構築していることを知らなかったのである。先行して日本に到着した高麗軍は、上陸拠点を確保できないままに北九州から防長二カ国の海岸を遊弋して小規模な合戦を繰り返し、主力となる江南軍（旧南宋の艦隊）との合流をはかろうとした。東路軍と江南軍が合流したところで博多侵攻をめざした本格的な戦いが始まったが、嵐による艦隊の被害で自発的に後退した。またしても、日本側は防ぎ切っただけの勝利となった。

3　和平を求める元、戦争状態を継続させたい日本

元の世祖は日本に対する第三次侵攻をあきらめていなかったが、第二次（一二八五年）・第三次（一二八七－八八年）と続いた大越との戦争が長期化して敗北した上、白藤江（バクダン）の戦いで艦隊に大きな損害がでたため、日本遠征の準備は艦隊の再建から始めなければならなくなった。日本遠征に執着した世祖が崩御したことで、跡を継いだ成宗は日本遠征を今は時期ではないと判断し、禅僧の一山一寧を日本と往来する商船に乗せて国使として派遣した。成宗の考えは、招諭であって戦争にないことを日本国に伝えようとしたのである。(16) しかし、日本は一山一寧の帰国を許さず、またしても返書を送らなかった。この事は、元との戦争を終結させ、異国警固番役などの軍役負担を終わらせる機会を逸したことを意味する。この機会を逃したことで、元寇で使った軍事費の負担と戦争状態の継続によって恒常化した軍役の負担は、鎌倉幕府と御家人に重い負担としてのしかかり続けることになる。

この時期の日元関係は、日本の商船が慶元府を襲撃した至大の倭寇（一三〇九年）とよばれる事件が起きたように、船団を組んで中国に渡る日本の貿易船が中国の港で商業上の諍いから騒動を起こす事件が散見するようになった。元

の日本遠征から、日本の武装商船が中国の港湾で事件を起こす状況へと海上権力の均衡が変化したのである。[17]

日本国内をみると、中国からの移民や難民、元寇の捕虜など、多くの人々が日本に移住することになった。『元史』日本伝には「八角島に至る、蒙古・高麗・漢人を尽殺す、新附の軍と謂は唐人たり、殺さずしてこれを奴とす」と記されている。漢人は旧金王朝（元王朝）下の華北の人をさすので、旧南宋支配地域の唐人のみを殺害の対象から外したと記している。

和泉国の久米田寺には、「執筆大宋国京人智恵」と出家して名乗った南宋の下級官吏がいた。[18]横内裕人氏は、彼らを宋人書生と呼んでいる。筆写の速度も速いので、日本で仕事に困ることはなかった。称名寺にも、「大宋浪人」を称した学僧慈洪（じこう）がいる。慈洪は称名寺梵鐘の清書をしたり、北条顕時と漢詩をやりとりをしたりと教養人の風貌を見せている。禅寺の長老となるような高僧は、門弟・門徒・職人といった一団を率いて寺院に入ったと思われ、かつ寺院で厚遇されたことで、多くの人々に日本で生きていく場所を与えるようになった。横内氏は智恵の属した集団を、写字を職能とした小規模な技術集団とみている。南宋の滅亡を機に、多くの人が日本に渡ってきたことを考えてよいのであろう。

称名寺二世長老となる釼阿は、弘安八年に甘縄の無量寿院を訪れた時、知り合いの律院の長老が元軍の捕虜と漢詩をやりとりした話を聞き、『釋摩訶衍論私見聞』の表紙に書き込んでいる。寺院が元寇の捕虜の受け入れ先となったことは興味深い。[19]

鎌倉後期の日元関係をみると、国と国は戦争状態にあり、鎌倉幕府は鎮西探題と異国警固番役を解かなかった。しかし、民間貿易は盛んであり、倭寇が始まったように武装した日本の民間交易船は小規模な艦隊の規模を持ち、相手国との交渉で問題が発生した場合には実力行使に及んだ。官と民との間には大きな感覚のズレがあり、複雑な様相を呈していたのが鎌倉後期の状況なのである。

4 日元貿易の様相

鎌倉時代後期に多くの資料が見られるようになる日元貿易について、最後に述べておこう。日本と元の外交関係は、戦争である。

文永・弘安の役以後、元とは軍隊を動かした戦争をしていないが、世祖が征東行省を廃止しなかったことからも、大越との戦争が一段落したら日本に対する第三次遠征を行う意思があったことは読み取ってよい。日本の方は、元を畏怖していても、元の支配下に入っている中国江南地方から旧南宋の文化（中国文明）を吸収し、文物を輸入したいと考えていた。日本が元との貿易で輸入しようとしたのは、元の文化ではなく南宋の文化であることは注意を要する。

日本からの貿易船派遣は民間の事業なので、朝廷や鎌倉幕府といった公的な性格をもった組織は表面に出てこない。今日残る資料が寺院に関係するのは、勧進元となる寺院が宗門の人脈をたどって出資者を募ったり、壇越（だんおつ）を通じて京都・鎌倉の権門から出資者を募ったりと、幅広く出資者を集めたためである。鎌倉時代というと、建長寺造営のための建長寺船、鎌倉大仏修理のための関東大仏造営料唐船といった社寺造営のための唐船（とうせん）派遣がよく知られる。『金沢文庫古文書』の世界でも、金沢家・称名寺は三回の唐船派遣に参加し、称名寺の俊如房戒誉が二回、京都の常在光院の僧が一回と買付担当の僧侶を乗船させている。金沢家・称名寺は勧進元として貿易船派遣を行ったのではなく、名越新善光寺の道明房のような勧進元が募る募集に応じて、買付資金を預けた僧を乗船させ、寧波で買付けさせる方法を取っている。また、称名寺は関係する地方の律院にも希望を募り、そのとりまとめをして称名寺分の注文としている。金沢家・称名寺は、この貿易によって室礼（しつらい）や荘厳具（しょうごんぐ）として使用する唐物（からもの）を揃え、残りを鎌倉にたつ唐物の市で売却し、利益として計上している。この貿易の利益は、二度にわたる称名寺の修造と常在光院の造営に宛てられた。[20]

和賀江島の航空写真

次に、航路と船の問題であるが、鎌倉発の貿易船は二種類の航路が考えられる。一つは鎌倉の和賀江島から出港する場合、いま一つは博多で傭船ないし建造を行う場合である。[21] 鎌倉は日元貿易の東端となる都市なので、鎌倉に集められた注文と資金を預かった人々が和賀江島から唐船に乗り込んで出港する。この船は伊勢国の大湊を目指して航行し、大湊で好天の日を選んで熊野灘を渡って瀬戸内海に入り、神戸（大輪田泊・福原京・兵庫）で待っている京都の注文主の使者を乗せて博多を目指す。博多で西日本の注文を受けた使者を乗せ、五島列島の小値賀島（おぢかじま）に入る。将軍家や北条氏といった鎌倉幕府の有力者が準公的な貿易と考えている場合には沿岸諸地域の地頭に対して警固の指示を出すため、小値賀島が地頭の和船（内航船）が護衛につく最後の湊となる。小値賀島から中国の寧波までは東シナ海を一気に渡る航海となる。この航海は季節風を利用するため、日本から中国に渡るのは旧暦一月頃の天候の良い日、中国から日本に帰ってくるのは五月頃の天候の良い日となる。この間が、中国国内での買付け期間となる。この貿易の難点は、帰路において台湾坊主とよばれる暴風雨に遭遇する可能性が高い航路をとっていたため、海難に遭う確率

が高いことである。(22)

中国貿易で購入された高級輸入品を唐物と呼んでいるが、日本側が購入を希望するものは、典籍・仏典といった書物、青磁・建盞(けんさん)を中心とした高級陶磁器、薬、仏教の法会に使用する仏画・法具・香料、貨幣経済に移行した日本で通貨として流通させる銅銭であり、それらは権門勢家や有力寺院が社会的地位を示すために使う宝物であったり、唐物の市で売却するために購入した高級輸入品が中心であった。

日本が輸入しようとしたものは、当時の中国を支配した元王朝の経済や文化ではなく、かつて存在した南宋の遺産であった。日本が何十・何百という数で輸入した宋版一切経は、北宋・南宋が国家事業として資金を寺院に投入し、事業の委託を受けた寺院が版元となって印刷した中国に存在する経典類の叢書である。この叢書は全集としては巨大であり、宋版一切経を所蔵している日本の寺院は有力寺院として一目置かれる格式を持つ寺院だった。北条氏一門金沢氏の場合、北条実時が称名寺と西大寺に寄進した二部と金沢貞顕が常在光院に寄進した一部が知られている。宋版一切経は、五千部に及ぶ大部の叢書である上に、一紙ごとに版木を起こして摺ったものを糊付けして折本として装丁した大作であるが、奈良時代以来、仏典を輸入し続け、注釈を加えてきた日本仏教の水準からすれば善本とはいいがたく、日本の僧が宋版一切経に注釈と正誤を加えた書き込みは少なくない。元王朝になると、全巻揃った宋版一切経も少なくなっていたようで、寧波で日本の注文を待ち受ける中国の商人は数種類の版本を寄せ集めて全巻を揃え、日本の貿易船の注文に応じていた。称名寺伝来の宋版も、開元寺版・東禅寺版・思渓版などを集めた混合版である。

また、元王朝の人々が好んだ磁器は白磁で、陶磁器の好みも元王朝の人々が使用するものと日本人が注文するものは異なっていた。日本人が好んで輸入する青磁は、中国の人々の嗜好とは異なったものとなっており、日本に輸出する青磁を焼く特注品用の窯として一部に残される状態になっていた。鎌倉では、青磁・青白磁・白磁が出土しているが、青磁が最も多く出土している。絵巻物を見ても、青磁は武家の屋敷の母屋で室礼に使われるものであり、鎌倉の富裕な武家の実力の表象として使われた。そのため、鎌倉に屋敷を構えて常駐する人々だけでなく、地方豪族として勢力を振るう諸国に分類される御家人も屋敷や菩提寺の室礼に使うために鎌倉で買い求めた。地方への普及は、中世の寺院跡・城館跡の発掘調査で、出土していることから確認できる。

銅銭にしても、北宋・南宋は金・銀・銅の三貨を通貨の基本とする貨幣経済が取られていた。華北を失った南宋は銅銭の鋳造量が減少したので、会子(かいし)とよばれる特定の商品との交換を約束した証券の流通が始まっていたが、元王朝になって中統元宝や大元宝鈔といった銅銭との交換価値を示した紙幣の発行が始まった。紙幣や会子の流通によって現物を用意しなくてもよくなった銅銭は少額の補助貨幣となり、元王朝は象徴的な意味程度にしか銅銭を発行しなかった。一方、日本は米の生産力と納税額を基準とした土地本位主義による経済から年貢の一部を銅銭に切り変えていく年貢代銭納へと収税方式が移行し、京都・鎌倉間の送金為替・利付為替（年貢を担保とした先に振り出す約束手形）が成立し、貨幣の流通が急速に進んでいった。皇朝十二銭を鋳造して流通に成果を上げられなかった朝廷は、通貨政策に対して消極的であり、王家領荘園や官衙領として銅山を所有していても、銅銭を鋳造せず、地金の売却代金を年貢として収納していた。国内で流通する貨幣は中国から輸入した渡来銭と京都・鎌倉などの遺跡から生産の確認される私鋳銭である。日本国内で流通する貨幣は、中国から輸入される品質のよい北宋銭が中心であった[23]。

5　幻影の中国

日本は、中国を唐（から・とう）といったように、中国に対するイメージの原型は、唐王朝である。日本が遣唐使の派遣によって中国の文化を積極的に取り入れていたのが唐王朝の時代であることから、中国＝唐というイメージが形成されたのであろう。遣唐使の廃止以後も民間貿易による交流は続き、唐以後の王朝や地方王国と貿易が続けられ、多くの留学僧が中国に渡っていった。中国は王朝の名前で国家を表すので、中華民国が成立する二十世紀まで「中国」とよべる国は存在していない。漢民族についても、中国はいくつもの民族が混在する他民族国家であったが、始皇帝による秦王朝創建以後、前漢・後漢の両王朝の時代に形成された漢の文明を受容して生活をする人々が漢民族として統合されたと考えてよいのであろう。ローマ人やアラブ人といった文明を受容して市民権を持つ人々を指す名称に近い表記といえる。中国の文明は、漢・六朝・唐・宋と成熟すると次の段階に移行する変容をとげつつ継続されてきたが、日本人が中国文明を自国の文化に吸収するにあたって選択的に受容したのが唐王朝の時代という意味で、日本が受容した中国文明の原型は唐になるのであろう。十四世紀前期に鎌倉幕府を主導した北条氏一門金沢氏が明経道清原氏から漢籍訓読の伝授を受けたのは、後漢・唐王朝の時代の漢籍をもとにした訓読で、同時代の宋・元の人々の訓読ではない。南宋では朱子学が盛んになっているが、金沢氏が学んだのは後漢の学者鄭玄の注釈など、神秘主義の色合いの濃い古代中国の儒学の注釈であった。

もちろん、日本は中国に多くの留学僧を送り出しているので、仏教・医学・暦学といった分野については、同時代の中国から日本が受容可能なものと判断できるものを選択して持ち帰る選択的受容を続けている。医学については医道丹波氏・和気氏が唐代の医書を典拠として丹波康頼が撰んだ『医心方』（九八四年成立）を基本図書として大切に守り継いでいったとしても、その後に輸入した医学の新しい知識を上書きする形式で、技術の変化に対応していく形式をとっていた。北宋・南宋の宋の文化は、日本人が原型として考える唐風文化に上書きされる新しい文化という扱いなのである。それに対し、北方の騎馬民族が中国に侵攻して建国した金・元は日本人が受容するにはあわない文化として拒否したと考えれば、正当な文化を継承する南宋の人々を唐人と呼んで捕虜にして殺さず、蒙古・高麗・漢人（旧金王朝）は捕虜にせず殺したという日本の武士の対応は理解しやすいであろう。中国の正史が配列する王朝の順番通りに北宋・南宋／金・南宋／元・元という順番で中国と交流したのではなく、日本は唐文明を継承する北宋・南宋から選択的に文化を受容し、南宋滅亡後は、元の文化を移入するのではなく、元王朝の中に残る南宋の文化を選択的に移入したのである。日本は、唐王朝の文明を原型とした中国の文明を受容しつづけたが、十世紀以後に国風文化として形成されていく日本文化と適合させえるもののみを撰んで受容し、麦作地帯の華北や征服王朝のもたらす文化は排除したのである。

民間貿易として継続された日元貿易において、日本は元の文物を輸入したのではなく、元の中に残る南宋の遺産を輸入したと考えるとわかりやすい。日本のこの立場を理解できれば、日本国が南宋を滅ぼした元王朝と相対した時、そちらには関与しないから関わらないでほしいと黙殺する態度をとるのは、元王朝が日本人の価値基準にもとづく中国の王朝から外れていたためということになる。元によって軍事的に制圧された高麗を蛮族扱いした鎌倉時代の朝廷と幕府の態度も、高麗は中国文明を受容する正当な文明国であるが、元の属国となった故に、元の同類とみなしたということである。

6　むすび

現代を生きる私たちは、モンゴルが中国・イスラムの文明を飲み込んだ世界帝国であり、中央アジアを中核とした遊牧民の国家であることを知っている。それ故に、世界帝国であるモンゴルを見下した鎌倉時代の日本の外交感覚を無知と考えてしまう。しかし、まだ大英帝国のように地球規模に植民地と属国を広げた海洋国家は成立したことがなく、中国漢字文明圏・イスラム文明圏・インド文明圏・ビザンチン東欧文明圏・西欧文明圏・アフリカ中南部の文明圏・南米北米の文明圏といくつもの文明が並立していた時代である。それぞれの国家や民族からみると、自らの属する文明圏が正統であり、その外側は理解不能な異界であったり、蛮族の住む後進地域であったと認識する。西欧ともイスラムともアフリカとも交流して共存の方法を熟知しているビザンツ帝国のような希有な存在は別として、自らの文明を自明のこととして正当と考える人々は、異なった文明を野蛮と判断して排斥するか、教化という名の同化で消去しようとしたのである。

日本は中国漢字文化圏の地域大国として、中国の文明と固有の文化を融合させた日本文化を発展させ、仏教を通じてインド文明圏の存在を認識していた。中国の文明圏の中で活動する日本が、モンゴルを中国の北方の騎馬民族と認識するのは、中国文明圏の常識としては正当な判断といえる。それに対し、モンゴルはいくつもの文明圏と接触し、従属を認めるか滅ぼすかという対応を迫ることで、帝国を拡大していった。中々態度を決しない日本に対しては、日本侵攻に消極的な高麗という仲介者が戦争回避の意向を持って仲立ちしていたこともあって、非礼を理由に開戦にいたるまでの交渉が長期化した。しかし、モンゴル帝国にとっては非礼な態度をとった相手は滅ぼすという基本姿勢に揺らぎはなかった。日本は、不浄なものは目の届かない外に追い出して結界を張ることで清浄を保つ流儀で蒙古という国の存在を圏外におしやることで事態を回避しようとした。モンゴルと日本は、それぞれの流儀を押し通した。これが文明の衝突としての、中華文明を受容した日本と遊牧民の国家モンゴルの戦争ではないだろうか。

この戦争の後、日本が南宋の捕虜や遺民を殺さずに受け入れる態度を貫いたことが、日本が南宋を中華文明の正当な継承者と判断し、旧南宋の人々を仲間として受け入れていることの証とみてよいだろう。

日本は、自国の政治・経済・文化の発展のために、中国から必要なものを選択的に輸入し、自国文化へと取り込んでいった。中国からみると、日本は中華文明を受容し、中国語（漢文・漢字）・中国式造暦・銅銭（一文銭）をはじめとした中国が定める標準を受容して使用すると共に、中国文明の拡大に協力する地域大国であった。

日本は、中国貿易の航路を開き、船団を組んで訪れる有力な取引先である。自らの好みに合うものしか輸入しないという点で日本の好みは明快であり、中国の商人も日本人の好む物を事前に用意して揃えておける常連の取引先と考えていた。一方で、中国において白磁が主流になっている時代に青磁を買い続ける日本人のため、中国の窯元や商人は青磁を焼く窯を一部に残し、百年以上前に印刷された宋版一切経を全巻揃えるために内陸部の地方都市まで欠巻を求めて収書を行った。日本貿易のために中国の商人がはらった努力も一目置くべきものがある。日本の商船団が一時代まえの商品を求めて寧波に入港するが故に、中国の商人が寧波で南宋時代の様式のものを集めて待つ取引は、日元貿易の本質が古き良き中国の幻影を取引することであったことを示している。

日本と元は戦闘こそ行っていないものの、日本側が和平交渉を拒んだために、元が中国本土の領土を失って北元（一三六九－八八年）となり、明王朝（一三六八－一六四四年）が中国が支配するようになるまで、日中両国の外交関係は戦争であった。しかし、南宋の遺産を求める日本側の欲求は強く、日元関係は民間貿易として継続的に続いていた。中国の商人は、日本人の求めに応じるため、青磁の優品を窯元に焼かせ続け、主に仏画となるが南宋時代の絵画を描かせ続けた。日本という有力な取引先の存在により、南宋の文化様式は元王朝の時代に中国の沿岸部で存続するのである。

［用語説明］

「北狄」

中国の中華思想は、中国風の国家の形態をとっていない部族社会の民族を蛮族とみなし、遊牧民の国家の形態を認めていなかった。蛮族の扱いをうけた人々は、部族名を漢字表記する場合には近い音となる漢字が宛てられた。一方、特定の部族を明記しない場合には、方位と蛮族を表す文字で表記した。中華帝国を中心に据え、東夷・南蛮・西戎・北狄である。日本がモンゴルを北狄と表記したことは、この扱いをしたことになる。

「太宰府守護所」

太宰府は朝廷の役所、守護所は鎌倉幕府の役所である。朝廷の太宰府の現地側の責任者となる太宰少弐と鎌倉幕府の筑前国守護を武藤氏（少弐氏）が兼務したことから、太宰府と守護所が一体化した形式で組織作りされた。鎌倉幕府としても、九州諸国の書類が蓄積されている太宰府を無力化するより、九州の統治に利用した方が有利なので、太宰府の指揮権を握る役職を独占する道を選んだ。この役所が、元の侵攻を迎え撃つのに必要な情報を握る前線司令部となった。

「仁王会」

護国の祈祷には、国の豊穣を願う祈祷と、国に徒なす者を滅ぼす祈祷がある。仁王経法にかぎらず、修法には息災・増益（ぞうやく）・敬愛（きょうあい）・調伏（ちょうぶく）の四種が用意されている。同じ修法でも、何が本尊となっているか、どのような壇を設けているか、読み上げる文章の内容でどの種類の祈祷が行われているかを見分ける。仁王経法は鎮護国家の大法なので、祈祷の依頼者は朝廷・院・武家政権にほぼ限定される。

この場合は、朝廷が国難にあたって蒙古を滅ぼす調伏の祈祷を行ったことになる。寺院側がその成果として主張したのが、神風である。

「至大の倭寇」

至大二年（一三〇九）、元の慶元府に入港した日本の貿易商船は、元朝の役人の接遇に憤り、慶元府に焼き討ちをかけた。一一三あった役所と寺院のうち、二四が焼失したというから、大規模な都市火災となったことが明らかである。事件の全容は明らかでないが、元朝の役人が憤ったのは、侵漁であるという。中国にたどり着いた商船が食料補充のために行った漁に地元側漁師が憤りを募らせていたのであろう。火災の規模から役所で起こった諍いは、都市暴動に発展したと推測されている。

「北元」

元王朝は複数の首都をもつ複都制をとっていた。元に代わる王朝として成立した明は、一三六八年に元が大都（北京）を放棄して北走した。この年をもって王朝交代とみなし、それ以前を元王朝、それ以後を地方政権の北元と区別している。元は、大都を抛棄しても、まだ盛京（長春）と和林（カラコルム）の二都を保持しており、国家としての形態を維持していた。その後、盛京は明に占領されたが、和林は北元の首都として残った。中国側は、一三八八年にトグス・テムル・ハーンが暗殺された事件を期に北元王朝は終わり、以後は部族社会に戻ったとして韃靼で表記するようになる。

［註］

（1）杉山正明『興亡の世界史09　モンゴル帝国と長いその後』講談社、二〇〇八年。
（2）大庭康時『中世最大の港湾都市・博多遺跡群』新泉社、二〇〇九年。
（3）拙稿「北条実政と建治の異国征伐」『北条時宗とその時代』八木書店、二〇〇八年。
（4）『元史』世祖本紀至元三年八月条・『高麗史』元宗世家八年八月丁丑条・『鎌倉年代記』裏書文永五年正月条、『吉続記』文永八年九月二十一日条・十月二十四日条。
（5）『本朝文集』（新訂増補国史大系　第三十巻）。
（6）『吉続記』文永八年十月二四日条。
（7）『吉続記』文永八年九月二二日条・同二三日条。
（8）『吉続記』文永八年十月二四日条。

（9）高麗には元の日本遠征に反対する非戦派の勢力があり、日本の外交態度を非礼と批判的にみていたことは、太田弘毅「元帝国内の第一次日本遠征反対論—李蔵用の手紙と、趙良弼の上奏—」（『政治経済史学』五六三号、二〇一三年）で指摘されている。
（10）鎌倉幕府は、文永五年二月二七日の関東御教書で蒙古国には凶意があるとして、守護に対して警戒することを命じている（『鎌倉幕府法』追加法四三六号）。文永九年二月になると、豊後国守護大友頼泰は筑前肥前の要害警固のために鎮西に下った御家人に対し、守護として警固の任につくことを命じている（『鎌倉幕府法』追加法四四七号）。この年には、軍勢催促やさまざまな戦時下の臨時課役のために田文の整理を命じているので（『鎌倉幕府法』追加法四四九号・四五〇号）、明確に戦争を意識している。このあたりの経緯は、註（3）拙稿を参照。
（11）『横須賀市史　史料編中世』一三七五号。本文書は、文永九年の二月騒動後に行われた守護職交代を一覧にした交名と考えられている。
（12）文永の役に対する評価は、太田弘毅『蒙古襲来—その軍事史的研究—』（錦正社、一九九七年）で、元寇における合戦を大局的に整理している。
（13）弓戦の議論は、太田弘毅前掲書第一部「文永の役、元軍撤退の理由—「官軍不整、又矢尽」の意味—」で行われている。
（14）永井晋「北条実政と建治の異国征伐」北条氏研究会編『北条時宗の時代』八木書店、二〇〇八年。
（15）海津一郎『蒙古襲来の社会史横—対外戦争の社会史—』吉川弘文館、一九九八年。
（16）『元史』成宗本紀・「元朝寄日本書」『金沢文庫古文書』、六七七三号。
（17）榎本渉『東アジア海域と日中交流—九～十四世紀—』（吉川弘文館、二〇〇七年）・概説書として同『僧侶と海商たちの東シナ海』（講談社選書メチュエ、二〇一〇年）。
（18）横内裕人「久米田寺の唐人—宋人書生と真言律宗—」アジア遊学一三二号『東アジアを結ぶモノ・場』勉誠出版、二〇一〇年。
（19）『釈摩訶衍論私見聞』表紙書込西岡芳文氏翻刻、『世界遺産登録推進　三館連携特別展　武家の古都・鎌倉』神奈川県立金沢文庫・神奈川県立歴史博物館・鎌倉国宝館、二〇一二年。
或寺方丈流罪唐人用途被訪事、彼状云、
始謁異朝客　誰不哀孤哀
雖壊小賎恥　只哀無身資
彼唐人返状云
唐朝万里海難帰　愁怕風吹木葉飛
夜眠切冷無人間　只得求僧去誰知
（20）福島金治「鎌倉極楽寺の唐船派遣について」（『地方史研究』二三三号、一九九一年）、拙稿「金沢文庫古文書に見る唐船派遣資料」（『金沢文庫研究』三三四号、二〇一〇年）。
（21）極楽寺造営料唐船の場合は、極楽寺の僧円琳房が博多に派遣され、博多で唐船を建造して渡唐している（「頼照書状」『金沢文庫古文書』二二二四号／『古題加愚抄』紙背文書）。
（22）榎本渉前掲書・安田裕之「東シナ海の航海時期」（『海事史研究』六六号、二〇〇九年）及び註（20）拙稿。
（23）三宅俊彦著『中国の埋められた銭貨』同成社、二〇〇五年。

第4章

古代キリスト教ネストリウス派の東漸

―唐代長安にみる景教―

勘田義治

はじめに

一昨年シリアでは日本人女性ジャーナリストが、去年はアルジェリアの製油施設では日本人特派員がテロリストの凶弾に倒れた。これらの事件は所謂「中東」[1]の国々で発生したが、日本の一般市民にとって「アラブ」とか「中東」のイメージは〝はるか遠い砂漠の世界〟という印象の枠組みを越えることは難しい。しかし日本で消費されるエネルギーの半分はこの「中東」から輸入する石油に頼っている。にもかかわらず、日本人にとって「中東」との距離感が大きいのは何故であろうか。それは彼の地での出来事の多くがわれわれの理解の限界を超えた精神風土にあるからだろうか。

「中東」における遊牧民族的思想はその過酷な風土にユダヤ教として成長し、キリスト教を生み出した。その後二〇〇〇年の歩みの中でキリスト教はヘブライズム伝播の道を東西に分けた。我々日本人にとってキリスト教とはヨーロッパから出発し、直接もしくはアメリカを経由して伝播された〝西回りのキリスト教〟をイメージしがちである。しかし東に向かいシルクロードを経て、中国まで到達した古代キリスト教の僧侶たちがいたことも事実である。彼らは初期の教会形成時に信条の違いから主流派に破門され、イスラム世界におけるキリスト教少数者として緊張関係を保ちつつ、内外からの異端と迫害の歴史を刻みながらも遥か極東の地まで布教の足を延ばしたのだった。

本稿ではペルシャ人司祭によりシルクロードを東漸し、中国唐代において時の皇帝太宗に厚遇され、「景教」という名を与えられた古代キリスト教の一派、「ネストリウス派」に注目し、残された史料から彼らの布教の経緯を紐解くことにする。メソポタミアに生まれたヘブライズムがキリスト教とイスラム教を生み出し、三つの宗教が織りなす「中東」を作りあげたわけであるが、その中で異端とされたキリスト教徒はどの様な道のりを辿ったのであろうか。これは、いわゆる〝皇帝の教会〟と闘い、労苦の末に〝独自の教会〟を形成した信徒たちによって東方にも布教が行われたことをキリスト教の歴史において看過できるであろうか、という思いによるものである。

1 ネストリウスとネストリウス派

（1）黎明期の古代キリスト教世界

ユダヤ教の教典である旧約聖書は、中東にある人類最古の文明の発祥地、チグリス、ユーフラテス川の黄土色の風景を原郷としている。小家畜を連れて砂漠を遊牧する民族に生まれたユダヤ教は〝世界の終わりには救世主が現れて人々を導く〟と説いた。二〇〇〇年前、ユダヤ教徒の中に改革運動を進めるイエスという人物が現れ〝神の愛と罪の赦し〟を説き、独自の布教活動を行った。人々はイエスこそが救世主ではないかと考えるようになり、彼の死後その信者たちがイエスの言行録をまとめた新約聖書を編纂した。これがキリスト教である。

弟子たちによってローマ帝国各地に布教されたキリスト教は、民族や階級の差を克服し、徐々に信徒数を増やし、二世紀末には帝国全土に教勢を拡大していった。各個教会による制度が整い、監督制が始まった。三世紀には教会管区が形成され、属州の主教—首都の主教—総主教という組織構造も確立され、職制が成立した。アレクサンドリア（Alexandria）、アンティオキア（Antiocheia）、コンスタンティノープル（Constantinople）、エルサレム（Jerusalem）[2]という五都市に総主教座が置かれた。またエチオピア、エジプト、アルメニア（Armenia）、グルジア（Georgia）そして隣国ペルシアにも各々に独立した教会や教派が存在していた。二二六年ペルシアにゾロアスター教を国教とするサーサーン朝（Sassanid）が興り、メソポタミア全域を傘下に納める強大な国家として成長していた。以後サーサーン朝と東ローマ諸王朝は断続的に衝突を繰り返した。

四世紀を迎え、三位一体論をめぐって分裂していたローマカトリックでは、三一三年のコンスタンティヌス一世（Constantine I,272 -337）によるキリスト教の公認（ミラノ勅令 Edict of Milan）を経て、三二五年、教派間の抗争を解決するため皇帝が初めて教会政治に介入した。皇帝が開いたニケーア公会議において、三位一体論を主張するアタナシウス派が正統と認められ、厳格な唯一神教を主張するアリウス派は異端とされた（ニカイア信条 Nicene Creed）。その後、テオドシウス一世（Theodosius I,347-395）は三八〇年にキリスト教を帝国の国教と宣言し、三九二年には帝国内の異教信仰が禁止された。この時よりキリスト教は地中海全体を取り囲んだ大ローマ帝国の国教となった。このように国教にまで成長し、組織体制が整ったかのように見える教会であるが、当時のローマ帝国は広大な帝国であるがため、風土やそれに伴う諸教派の発生、思考の差異などを内包する神学論争が絶えず、教団は決して安定した状態ではなかったといえる。

五世紀に入っても教会の混乱は続き、キリストの神性をめぐる議論は、三位一体論そのものから、キリストの性格定義に移る。教会の主流派つまり「オルソドックス派（Orthodoxy）」は〝キリストの内部には神性と人性が存在し、その二つが区別がつかないほど混じり合っている〟という見解をとった。しかしそれに対して、二つの異論が出て来る。〝キリストの神性と人性が完全に自立して、併存している〟と主張する「ネストリウス派（Nestorian）」と〝人性は神性に吸収され、キリストをあくまで神〟と考える「単性論派（Monophysitism）」である。この教義論争は純粋に神学の領域に留まらず、皇帝と教皇による教会政治が介入し、複雑な論争に発展した。つまり教皇たちは政治上の対立をあたかも教義論争の様に見せようとした。

このように四～五世紀はキリスト教史においても大きな変革期を意味し、キリスト教はヘブライズムの伝統を継承しつつもギリシャの文化を媒体として自らの精神性を追求したといえる。ローマ帝国の迫害を克服して自由を獲得し、帝国における政治的位置は新しくなり、同時に社会上、信仰上の姿勢も一変した。ヘレニズム文化世界との関わりはもはや対立と戦いとではなく、接触と協調に変化し、キリスト教のヘレニズム化と世俗化が進行したのであった。一方、帝国はその政策を改め、教会の協力をもとに帝国の統一を完うしようとしたのである。教会が国家権力と結びつき国教化したときに、世俗化の傾向を追うのは当然であるが、同時に教義及び教会組織については帝国からの強い規制を受けることとなる。したがって国教に異議を唱える者は異端者として当然弾圧される。その結果、原始キリスト教時代には無い異端問題が内部から沸き起こり、同じキリスト者でありながら、帝国の保護を受けるか受けないかでその前途を明暗に分けたのであった。

（2）ネストリウス　Nestorius

ネストリウスは三八一年、ローマ帝国シリア属州であったシリア北部のゲルマニキア（Germanicia）[3]で生まれた。当時の最高の神学者であった、モプスエスティア（Mopsouestia）[4]主教のテオドーロス（Theodoros,350-428）の下でアンティオキア派神学[5]を学び、長老、修道士、説教者として活躍した。謹厳な生き方と聴衆を魅了するその説教で名声を博し、彼もまたアンティオキア神学を代表する神学者と成長した。当時、首都コンスタンティノープルでは主教の地位をめぐる教会間の勢力争いが激しく、皇帝テオドシオス二世（Theodosius II,401-450）は政治的な思惑のもとに彼を抜擢し、四二八年、当時の教権の最高位といえる、コンスタンティノープル大主教に任じた。師テオドーロスに倣い、三位一体論の形成に寄与したアタナシオス（Athanasios,298-373）[6]を支持した彼は、アレクサンドリアの主教キュリロス（Cyril,376-444）らと信条を巡って対立した。

彼は主教に叙任するや否や、テオドロスのキリスト論を主張した。それは聖母マリアに対する「神の母」（テオトコス Theotokos）の尊称拒否、「キリストの母」（クリストトコス Christotokos）の尊称にとどめるべきである、という主張であった。しかも首都コンスタンティノープルの主教としてそれを公表したのであった。彼の主張の要点をまとめると下記のようになる。

①聖書の中にマリアを「キリストの母」であると崇拝しなければならないという根拠はない

②人間としてのイエスに対して、その母が「神の母」になるはずはない

③マリアを「神の母」と呼ぶと、受肉したキリストの完全な人性を損なう

④ キリストのうちに、完全な神性と人性が存在することは否定しない

当時の主流であった、マリアは「キリストの母」であるという説をコンスタンティノープルの大主教が覆したのであるから当然、これは世論を沸騰させた。

対するキュリロスは「キリストの母」の尊称を主張し、ネストリウスを猛烈に糾弾し、彼の罷免を訴えた。教父[7]及び教会博士[8]である主教キュリロスはアレクサンドリアの影響力がローマ帝国内で強まるとともに、自分の政治力を強めた野心家であった。したがってコンスタンティノープルが主教座として台頭し、ネストリウスのセンセーショナルなデビューを歓迎できなかった。彼はローマ司教ケレスティヌス一世（Caelestinus I,?-432）とともに、ネストリウスの教説を異端と決めつけ、激しい攻撃を開始した。この論争は純粋な神学上の学派論争という一側面の他に、教会政治上の諸側面を忍ばせていた。つまり政治家キュリロスはアレクサンドリアが失ったアンティオキア及びコンスタンティノープルに対する優越性を取り戻す好機としてこの争議を利用しようとしたのである。

皇帝テオドシオス二世は問題解決のために、四三一年、エフェソス（Ephesus）で第三回公会議を開催することにした。エフェソスはアナトリア半島（Anatolian peninsula）西部に存在したアシア（Asia）属州の首府で、当時、東地中海交易の中心的港湾都市であった。かつてギリシアの女神アルテミス崇拝で栄えたためか、マリア崇敬を強く支持する土地柄をもち、キュリロスに友好的な市民が多く住んでいた。従ってキュリロスとその支持者が開催地としてエフェソスを選んだのは偶然ではない。しかも彼らはネストリオスとその支持者がアンティオキアから到着する前にエフェソス公会議を開会してしまうという離れ業を行った。結局、会議は分裂会議となったが、最終的には皇帝による政治的な決着がつけられ、〝人性と神性の統一は可能ではない〟と信じたネストリウスの主張は通らず、彼は首都の主教の地位を追われた。

その後の四三一年ネストリウスはエジプト南部イビス（Ibis）の修道院に流され、研究と著作に没頭した。[9] 一方宿敵キュリロスは四四四年に死去した。四五一年には皇帝マルキアヌス（Marcianus, 396-457）によってカルケドン公

会議（Council of Chalcedon）が開催され、単性論の排斥が行われたが、皇帝がこの会議にネストリウスを招聘したという説がある。[10] コンスタンティノープルの長老たちは相変わらず教理・教義を巡って戦っていたがネストリウスは彼らの真意の理解に努め、事の成り行きを静かに見つめる晩年を過ごしていた。「育ての親、私の住まい、故郷、流刑の地である愛しい砂漠よ、我を祝福し給え。そして神の意志による復活の日までわが身を守り給え」という言葉を残し、彼は会議を待たずして同年に召天したという。[11]

（3）ネストリウス派教会

ネストリウスとその門下たちが追放された当時、ササン朝ペルシャ帝国は東ローマ帝国と紛争の最中にあり、東西交易の拠点、西からはキリスト教、東からは仏教が伝来するなど、まさに東西の思想の交流点でもあった。国教であるゾロアスター教は善悪二元論を教義とし、キリスト教の東方への浸透と、仏教の西方への浸透を阻む役割を果たしていたという。歴代皇帝はキリスト教に対して迫害を続けたが、一七代ホルミズド三世（Hormizd III,438-457）は、敵の敵は味方という理論であろうか、敵対国ローマ帝国より追放され、難民として逃げ込むキリスト教徒を保護し、領内にキリスト教徒の共同体を作ることを許した。また皇帝たちは文化の保護にも力を入れ、東ローマ帝国では異端とされたギリシア哲学を保護したため、多くのギリシア人学者が移住してきた。

その頃既にペルシャ国内には単性論派をはじめ様々なキリスト教会が、少数ながらも勢力を築いていた。中でも東シリアの教会はネストリアンより前にローマ帝国内で異端として弾圧され、ペルシャに逃れ、皇帝の厚遇のもと、ニシビス（Nisibis）[12] を中心に活動を展開していた。ネストリアンたちははじめローマ帝国領エデッサ（Edessa）で活動を進めていたが、ローマ皇帝ゼノン（Zenon,426-491）による追放、弾圧のため神学校が閉鎖されたので、このニシビスに本拠地を移して布教したといわれる。ここにはエデッサ主教イバス（Ibas,435-457）の弟子であったバル・サウマー（Bar Sauma, 420-490）が創立した神学校があり、ネストリウス派の活動拠点となった。バル・サウマーは

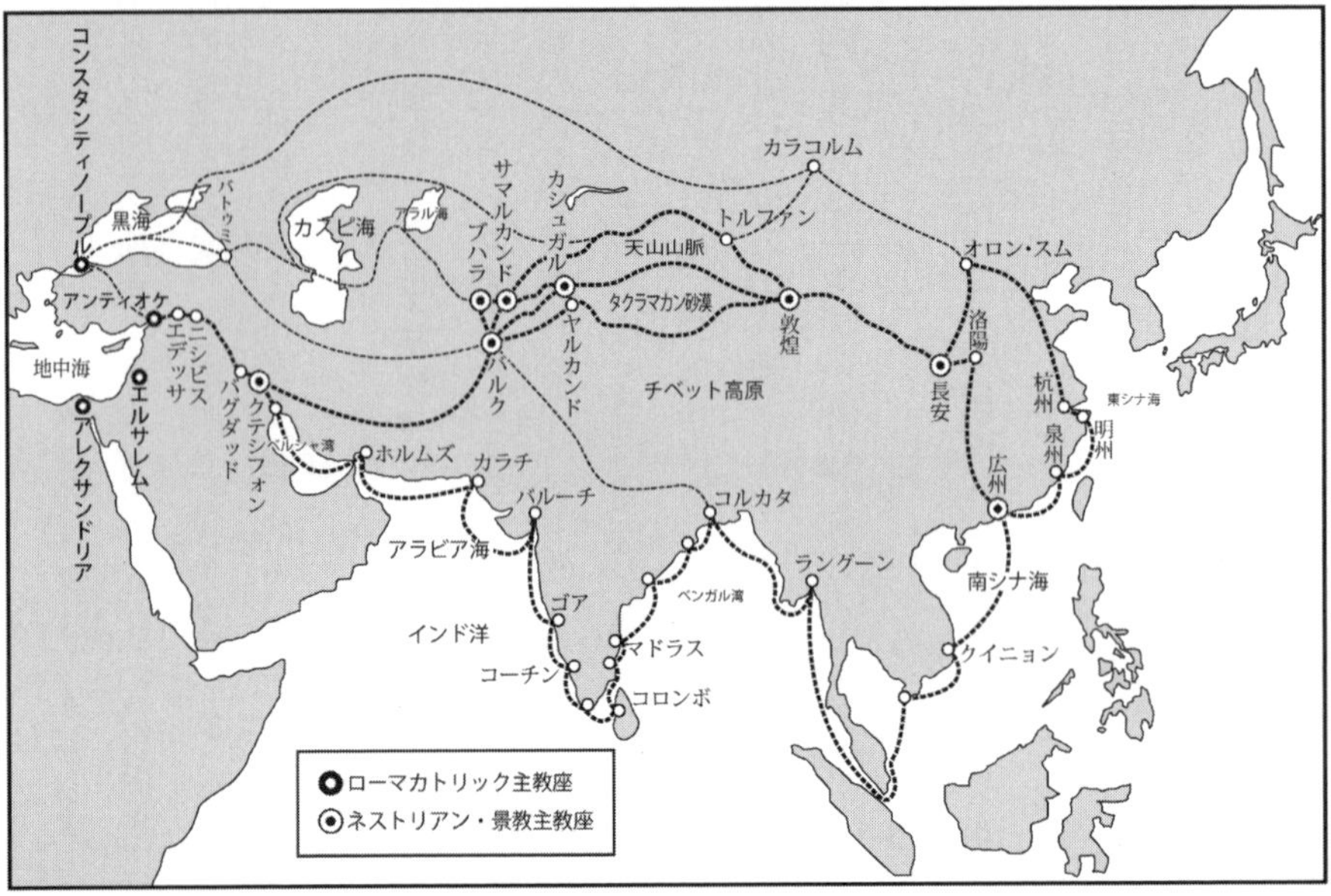

ネストリアン東漸図

ペルシャ皇帝ペーローズ一世（Peroz I,457-484）に厚遇されたが、対する単性論派はローマとの関係を疑われ迫害されたという。

四八四年、バル・サウマーはジュンディーシャープール（Gundeshapur）にペルシャのキリスト者を集め、主教会議を開催した。ジュンディーシャープールはペルシャ湾に面する西南部の主要都市で、当時多数の学者が住み、ペルシャにおける学問の中心として栄えた。彼はここでモプスエスティのテオドロス神学の確認と単性論派およびローマ帝国内のキリスト教を弾劾した。この会議により初めてネストリウス派教会は公認され、成立したとされる。この会議開催の背後にはバル・サウマーによるペーローズ一世への進言があったことはいうまでもない。四九八年、ネストリウス派はチグリス川東岸に位置する首都クテシホン（Ctesiphon）に総主教座を設けた。新天地ペルシャにおいても漸次教勢を増した彼らは、ローマ時代と同様に府主教座、主教座、修道院を配し、職制を整え、組織作りを固め、教団を作るに至ったのであった。

五世紀の終わりから六世紀の中頃までに、ネストリアンに占められた教会管轄区域は、ユーフラテス川以東多くの国々と以西の川沿いの国々であった。それにはエジプト、シリア、アラビヤそしてインドが含まれ、教団は各地域に宣教師を派遣したのであった。五〇三年には中央アジアソグド人中心都市ソグディアナ（Sogdiana）のサマルカンド（Samarkand）[13]やタクラマカン（Taklamakan）砂漠西端に位置するオアシス都市カシュガル（Kashgar）に司教座が設けられ、アラル海にそそぐシルダリヤ河（Syr Darya）[14]の東側だけでも二〇ものネストリウス派の司教区があったという。[15]その後イスラム帝国アッバース朝（Abbasid Caliphate）が勢力を増す中、教団は総主教座をバクダッド（Baghdad）に移し、中国への布教を目指した東漸に力を注いだ。

七世紀には唐代の中国に到達し、唐王朝下、「景教」という名のもとに栄え、明代には消滅したといわれる。少数であるが現代のネストリアンたちはアッシリア正教会（Holy Apostolic Catholic Assyrian Church of the East）およびカルディア教会（Chaldean Church）としてレバノンやシリアに残り、アメリカやオーストラリアに移民した信者の一部が各地で独自の教会を形成している。

2 景教

(1) 景教

中国では日本への最初のキリスト教伝来の遥か以前、七世紀の初頭、陸路シルクロードを経て、西域から宣教師たちがやってきたのではないかと考えられている。それは唐代に陸路で長安にやってきたネストリウス派のキリスト教徒であり、中国では「景教」とよばれた信徒たちであるとされる。当時、人口約一〇〇万を誇った長安は異国情緒あふれる国際都市であった。日本や新羅、吐蕃[16]など周辺諸国からやってきた使節、留学生はもちろん、西方からはるばるやってきた僧侶や商人たちで賑わう長安に、ネストリアンは中央アジアを経由してやってきたのであった。正統派から破門され、ペルシャに逃れた彼らであったが、イスラムの台頭により、再び新天地を求め極東の地、中国に辿り着いたのであった。

記録に残るキリスト教の中国初伝は六三五（貞観九）年、ペルシャ人宣教師「阿羅本（アラボンAlopen）」を団長とするネストリアンの伝道団が長安に到着した時である。第二代皇帝太宗（六二六－六四九）は宰相房玄齢（五七八－六四八）に命じ、儀仗兵を率いて国賓待遇で彼らを迎えさせ、阿羅本とその一行二〇名は長安に居住することとなった。三年後の六三八（貞観一二）年、太宗は景教を公認し、朝廷の資金援助により長安市内には寺院が建立された。この時寺院の名称は「波斯寺」（あるいは波斯経寺）と呼ばれていた。第三代皇帝高宗の時代（六四九－六八四）になると、皇帝は阿羅本に「鎮国大法主」という宗教指導者における名誉称号を与え、詔勅によって各地に景教寺院（教会）を建てた。外来宗教のキリスト教が皇帝と政府の擁護のもと順調な布教活動を始めた様を記録は残している。[17]

当時の長安には仏教はもとよりマニ教（摩尼教・明教）やゾロアスター教（祆教・拝火教）が既に流布し、伝統宗教である道教や儒教を信仰する者も多かった。にもかかわらずキリスト教宣教師の来訪を朝廷が最初から厚遇したのは何故であろうか。まず考えられることはキリスト教の中国伝道がこれよりかなり早い時期に行われていたことである。唐代以前から長安には中央アジアからのソグド人商人が多数行き来し、その中にネストリアンが存在したことは想像に難くない。また唐王朝がシルクロードでの東西貿易、とりわけ西方文物と技術の流入を期待したことも否めない。ネストリアンたちは宣教とともに金銀器、ガラス、薬品を持ち込み、大工、鍛冶屋、機械工、織物工などの手工業者として、文化面でも唐朝に大いに寄与し、逆に中国の絹、紙、茶を西域に運んだとされる。いずれにしても唐王朝が彼らを厚遇した理由は単に宗教的なものだけではないと推測できる。

ところで西方からやって来た外来宗教であるキリスト教ネストリウス派がどうして「景教」と呼ばれるようになったのか、その根拠は曖昧である。「京（けい）」という文字は漢字文化圏では数の単位の一つと捉えられ、〝大きい〟ことをさす。「鯨」という文字と同様に「景（けい）」とは大きな光、太陽を表し、中国語では「景教」を〝光の信仰〟という意味で捉えたという。キリスト教では主イエスを〝世の光、永遠の光〟と表す。西域から宣教師によってもたらされたキリスト教を唐の人々が「景教」と呼んだ所以をここに求める説は多い。「景教」という名の初出は七八一年に建立された「大秦景教流行中国碑」の碑文である。そもそも唐では景教は「波斯教」「波斯経教」あるいはまた「大秦」とも呼ばれており、「景教」の教典などの史料に「景」の謂れは未だ発見されていない。

＊景教年表

六三五（貞観九）年　「阿羅本」のを団長とする景教の伝道団が長安に到着。第二代皇帝「太宗」は宰相「房玄齢」に命じ、儀仗兵を率いて国賓待遇で彼らを迎えさせ、「阿羅本」は長安に居住する。

六三八（貞観一二）年　「太宗」によって景教は公認され、最初の景教寺院「波斯寺大秦寺[18]」が長安城「義寧坊[19]」に建てられた。僧侶二一名が出家。

六四九（貞観二三）年　第三代皇帝「高宗」が即位し、引き続き景教を厚遇し、各州に景教寺院を建造。「阿羅本」を「鎮国大法主[20]」に任命する。

六九〇（載初元）年　中国史上唯一の女帝「則天武后」が政権を握り、仏教を重んじた。そのため仏教の勢力が増大し、景教に対する迫害が行なわれた。
この頃景教（ネストリアン）宣教師「僧首羅含」と「大徳及烈」が来朝し、皇帝の恩寵を得るために朝廷に貢献。西域の珍しい物品[21]を献上した。

七一二（景雲三）年　第九代皇帝「玄宗」の時代になると宣教師による朝廷との関係改善が功を奏し、景教は再び勢力をとりもどす。

七四二（天宝初）年　「玄宗」の統治が続く中、大将軍の「高力士」を勅使として、「玄宗」は唐朝皇帝の「御真影」を太秦寺に下賜した。

七四五（天宝四載）年　朝廷により景教教団の名称が「波斯経教」「波斯教」から「大秦景教」に変更されたため、

七五五（天宝一四）年　寺院の呼び名も「波斯寺」から「大秦寺」に改称された。大秦国（東ローマ帝国）から高僧信和（ゲワルギス Georgios）が訪朝。
「安史の乱」により「玄宗」が四川に退き、代わって「粛宗」が即位。朝廷の中央集権体制は弱体化したが、景教徒は「郭子儀」を助け、騒乱平定に貢献する。「郭子儀」は景教徒主教「伊斯」を秘書に起用。そのため景教保護政策は継続された。

七六二（宝応元）年　第一一代皇帝「代宗」の時代を迎えるが、引き続き庇護される。

七八一（建中二）年　第一二代皇帝「徳宗」が統治する中、「大秦景教流行中国碑」建立。

八〇五（貞元二一、永貞元）年　「徳宗」の没後、朝廷の政治的命脈はしだいに衰え、西方からの外来宗教は衰勢に向かう。

八四五（会昌五）年　道教に傾倒した第一八代皇帝「武宗」によって「会昌の廃仏」と称される排仏の詔が出され、これよりマニ教（Manichaeism）、仏教、ゾロアスター教（Zoroastrianism）、イスラム教と共に、景教も徹底的に排除されることとなった。

（年表は路远『景教与《景教碑》』、西安出版社、二〇〇九年に依拠し、筆者が作成）

（2）長安と洛陽の石碑

一七世紀のはじめ、「大秦景教流行中国碑」という石碑が西安において突然発見された。これは東漸したキリスト教徒が残した最古の史料であり、当時センセーショナルなニュースとなった。その後、二〇世紀になって今度は洛陽にて「大秦景教宣元至本経幢」という石碑が出土した。研究者の調査と分析により、双方とも唐代に彫られ、景教徒が残した石碑であることが確認された。この二本の石碑は大きさはもとより建立した者も目的もおよそ違うものであるが、その碑文には当時の景教徒の布教の様子が克明に記され、一〇〇〇年以上前の唐の地で西方からやって来たクリスチャンがどの様にして布教活動を進めたかを知る鍵となったことは言うまでもない。

「大秦景教流行中国碑」

一六二三年（一六二五年という説もある）中国陝西省の西安で偶然に発掘された石碑で、黒色の石灰石からなり、高さは台の亀趺（きふ）（亀形の碑趺）を除いて約二七〇cm、幅は約一〇〇cm、厚さ約二八cm、重量は約二トンである。石碑は現在、西安市内にある西安碑林博物館に所蔵されている。石碑の題額には「大秦景教流行中国碑」とあり、頭部には向かいあった一対の竜が螭首（ちしゅ）[22]として刻まれ、その雕刻は雄麗で、唐代の典型的な作風を示す。頭部中央には浮雲が蓮花を托し、十字架が線刻されている。この文様は他に残るネストリアンの遺物にあるものとほぼ同じで、彼らの特徴を表している。そして頭部左右には百日紅（さるすべり）の花紋が刻されている。

碑文は欄外に数行のシリア文字による記述があるが、それ以外は全て漢字で書かれ、全三二行（本文二八行）、各行六二文字、計一九八四字からなる。タイトルの後に「大秦寺景浄述」、本文終了後「呂秀巌書」とあるので、「大秦寺」の「景浄」というネストリウス派宣教師により撰述され、「呂秀巌」[23]が臨書し、清書したと判断できる。[24]字体は、唐代の書風を表し、六朝時代の書聖王羲之[25]をしのばせる明瞭で美しい書体で、見るものに爽快感と威厳を与える。七八一（建中二）年に宣教師「伊斯（イサク Isaac）」により建立されたとあり、墓碑、記念碑などの説がある。旧約新約双方の聖書からの引用や意訳が見られ、天地創造と人間の堕落、イエスの事績、景教団の誕生、唐朝と景教団の関係や人名などが記されている。その内容は作者の相当なる漢籍の素養を窺わせ、儒教、仏教、道教の三教への造詣の深さを読む者に伝える。

石碑は建碑後六四年目の八四五（会昌五）年武宗帝によって行われた弾圧の際に、地下に埋没されたといわれ、明末に偶然にも発掘された。その後、清代に回教徒による騒乱を逃れ、再び隠された、という説があり、この経緯と再発掘場所の特定について研究者による議論が続いている。いずれにせよ、一九〇七年、石碑は再び姿を現し、西安府内の「碑林」[26]に移された。そして一九四四年「碑林」が整備され「西安碑林博物館」となり、現在に至る。

「大秦景教宣元至本経幢」

一九七六年中国河南省の洛陽でもやはり偶然に石碑が発掘された。八角柱の石碑で、形態はいわゆる経幢[27]である。褐色の石灰岩質青石[28]からなり、下方が斜めに切断されていた。八面各面の幅は一四～一六cm、長さは六〇～八五cm、周囲は一一二cmである。側面には「大秦景教宣元至本經」と長編の「大秦景教宣元至本經幢記」が記され、洛陽市内洛陽博物館に所蔵されている。頭部には長安と同様に十字架、花や雲、流蘇の図案が彫られ、蓮の花を捧げる仏教の飛天に似る天女も描かれている。経幢のせいか「大秦景教流行中国碑」に比べると仏教の影響を強く感じるデザインである。

碑文は全て楷書の漢字で、二～六行、八〇九文字を残った各面から読み取ることが出来る。一～四面には景教の経文「大秦景教宣元至本經」が記され、五～八面には経幢の建造過程と洛陽の大秦寺について、寺主の氏名と俗名が「大秦景教宣元至本經幢記」として記されている。帰化した粟特人（ソグド人）によって八二九（大和三）年に建立された家族の墓碑である。「法和玄应」、「玄庆」という仏号とそれに対する「米」という俗名や「法和志通」という仏号とそれに対する「康」という俗名を使用し、経文と建造経緯だけが刻まれていることからここにも仏教の影響を深く感じ、「大秦景教流行中国碑」とは全く違う目的で建造された石碑と理解出来る。

洛陽市郊外洛河沿いの斉村で農民が井戸を掘る際に偶然発見された。一時村に保管されたが、二〇〇〇年頃に何者かに盗まれ所在不明となった。その後二〇〇六年に市内の盗掘市場にこの「大秦景教宣元至本經」が現れたことを聞いた研究者が江蘇省に隠されていることを突き止め、公安当局と国家文物局の連携のもとに回収したという。洛陽に戻された石碑は洛陽第二文物工作隊に所蔵され、現在は洛陽博物館で見ることが出来る。

（3）碑文が伝えるもの

「大秦景教流行中国碑」には六四九年「高宗」が「阿羅本」を「鎮国太法主」に任命したことについて次のように記されている。

「高宗大帝は恭んで克く祖を纉ぎ、真宗（景教）を潤色す。諸州に各景寺を置き仍って阿羅本を崇び鎮国大法主と為す。法は十道に流れ、国は元休に富む。寺は百城に満ち家は景福に殷える。聖暦の年、釈子は壮を用い、口を東周に騰げる。先天の末、下士は大笑し、西鎬に訕謗する。僧首羅含、大徳及烈並びに金方の貴緒、物外の高僧の若き有りて、共に玄綱を振い、倶に絶えし紐を維ぐ。」

（訳）

「高宗大帝」は恭しく父祖の意志を継ぎ、景教を豊かに潤し、中国諸州に景教の寺を置く。「阿羅本」を賛して「鎮国大法主」となし、福音は十道区画[29]にひろまり、神の祝福に満たされ、景教寺は百城に満ちて、家庭も景教の祝福に満たされた。聖暦年に仏教が盛んになり、景教を排除する議論が東周で起こり、先天の末には道教の下級祭司は大笑いし、長安でも誹謗中傷された。景教僧「僧首羅含」と「大徳及烈」並びに西国の貴族、世俗外の高僧たちは教会規定を整え、信仰の継承を絶やさなくした。

上記碑文翻訳にあるように、当時の景教徒は皇帝や仏教道教から弾圧に遭い、石碑が建立されるまでの道のりは決して楽な状態ばかりではなく、「安史の乱」という不安定な時代も続いた様が伝えられる。しかし高宗によって複数の景教寺院が建立され、朝廷の保護のもとに順調な発展を続けていたことも確かで、その様子がここには描き出されている。また吉田により「新約聖書マタイによる福音書二五章三五〜三六節に対応する記述があり、これは景教徒の社会事業的活動との関連であり、死者の祭葬に関する語句は中国において祭葬が重視されていることに注目した景教徒による配慮[30]」であると指摘された。景教徒は教勢を伸ばすためには朝廷との良好な関係が必要不可欠と考え、祖先崇拝と死者の葬送というキリスト教本来の教義には相容れない祭祀を受け入れざるを得なかった。主教ネストリウスはあれほど頑なに信条を曲げなかったがために、皇帝に追放されたのに対し、景教徒は為政者に対し柔軟な対応をしたところが興味深い。

一方「大秦景教宣元至本經」の「大秦景教宣元至本經幢記」では仏教寺院において仏名や経文などを刻む経幢を形

式として用い、景教が仏教道教に融合せずとも、大きな影響を受けたことを感じ取ることが出来る。おそらく、この経幢が作られた頃の洛陽では仏教勢力が強く、大胆な宣教を控えざるを得なかった結果であろうか。また経幢には外国文字の記述が一文字もない。この墓碑を作った粟特人の景教徒は洛陽に入植してから既に数代の時が過ぎ、ソグドの母語が使えない漢民族として同化されたのであろうか。また頭部に景教の特徴を表す末広がりの十字架が刻まれていることから、墓碑にある「安国安氏太夫人」とは安国（ソグド人オアシス都市ブハラ）の安氏（ソグド人ブハラ一族）の女性を意味し、彼女が景教教徒であることは間違いなく、唐代の洛陽には景教の女性信徒が存在していたことを示している。碑文によるとこの女性信者の長男が母のためにこの経幢をつくり、次男は洛陽大秦寺の宣教士であったという。[31]

また氏名と俗名があとから足されて刻まれ、家族についての記述が多いことなどから当時の景教は親族や友人の間に布教することが頻繁に行われ、家族や友人によって景教が受け継がれていたことが理解出来る。葛承雍によると、かつて西安で出土した米というソグド人家族の「米継芬墓誌」を調査した時、「米継芬の息子思圓は景教僧侶で、彼の父親を含め、先祖代々皆景教徒であった」という記述を発見したという。また彼の研究によるとソグド人ネストリアンは唐に入植すると集団で居住する風習があったという。この「米家族」も洛陽の大秦寺を中心に何代も集団で生活し、信仰共同体を維持していた可能性は高い。[32]

この石碑の記述からは九世紀初め、洛陽に景教の寺院として「大秦寺」が存在し、信者のソグド人景教徒は既に帰化しているものの、キリスト教共同体を作り、何代もの間集団で生活していたことが判明した。ここで注目したいのは長安ではペルシャ人宣教師や皇帝に対する賛美が多く記述され、洛陽では庶民や個人的な家族に関する記述が多いことである。両者の間には約五〇年の歳月が流れているが、その間に景教が仏教の影響をさらに受けたこと、同じ景教徒でも朝廷の擁護にある宣教師と商人として入植した外国人移住労働者の間にはキリスト者としての在り方に大きな差があったことがうかがわれる。

3　景教に登場する宣教師たち

中国では、よその人材や物をうまく利用するという意味で楚材晉用（「楚」王国の人材を「晋」王国で用いる）、つまり国外の優れた人材を自国に取り入れて使うことが度々あったという。そのため東西文化交流の最盛期にあった唐朝では有能な外国人を選び、朝廷の重職に登用した。七世紀以降教勢の拡大に伴ってネストリウス派宣教師たちが陸路、海路により多数来朝した。彼らペルシャ人宣教師たちは皇帝の恩寵を得るために朝廷に貢献し、西域の珍品、奢侈品を献上した。また唐の社会や文化に興味を持ち、向学心旺盛な彼らは学問を熱心に学んだ。さらに秀逸な語学力を活かして、通訳や政府高官として活躍した。そのため仏教を信奉する武則天による弾圧は、これらの宣教師たちの存在により、ゾロアスター教やマニ教ほど大きくなかった。

宣教師　阿羅本　アラボン

アブラハム（Abraham）またはアルワーン（Alwan）ともよばれるが、アラボンとは教会の長老を指すシリア語でラッバン（Rabban）の音写ともいわれる。皇帝太宗から信頼を得、厚遇された。六四九年には皇帝高宗から「鎮国太法主」の称号を授与され、長安での主教を務める。北宋代の歴史書「唐会要」[33]巻四九、太秦寺の条に「波斯僧阿羅本」の功績が記載されていることから、実在の人物で六三五年に入唐した伝道団の代表であったことがわかる。長安の景教碑では「遠将経像」と記され、阿羅本が布教の手段として何らかの偶像をもたらしたと推測される。[34]また「太秦国大徳阿羅本」とあり、「大徳」つまり高僧・長老であったと記録されている。

宣教師　景浄　ジンジン

アダム（Adam）ともよばれ「大秦景教流行中国碑」碑文起草者である。約三〇の景経典を漢訳したとされ、「大秦景教流行中国碑」では三位一体説と関わりを持つ純然たるキリスト教典を漢訳したが、明代には道教の教え・老子道徳経を引用するなど朝廷への気遣いを感じる翻訳に移行した。般若三蔵とともに密教の経典「大乗理趣六波羅蜜多経」を翻訳したとされる。唐代の僧円照が編纂した仏典目録の『貞元新定釈教目録』巻第一七には景浄が仏教や語学に詳しくなく、サンスクリットや仏教の知識が乏しいとの記述があるという。[35] 円照は空海が滞在した西明寺の僧侶であり、般若三蔵が滞在した醴泉寺は景教寺大秦寺に近いこと、空海と般若三蔵の関係などから景浄は空海と接触した可能性がある。

この両宣教師は景教典を漢訳するにあたり、原典に多くの潤色を加えたことが残された教典から分かる。それは唐において新来の景教が従来の諸宗教とそれほど異なってはいないというイメージを皇帝と人々に印象づけるためではないだろうか。漢訳された景教典の随所に忠君愛国主義・父母孝養主義という代表的儒教思想や徹底した皇帝崇拝がうかがわれ、仏教・道教的表現も見ることが出来、これは当時のペルシャ人宣教師による布教の特徴といえる。

宣教師　羅含　ルオハン

アブラハム（Abraham）または羅含・阿羅憾ともよばれネストリウス派ペルシャ人僧侶[36]であったが朝廷により官吏として登用され、高宗に仕えて近衛の将軍になった人物である。清末に洛陽で出土した『阿羅憾墓誌』[37]には阿羅憾は高宗の勅使として、「拂林国」[38]の各地へ赴いたほか、武則天の代にも、洛陽で「則天武后のために諸藩王を集めて、天枢を建造したという記載がある。[39] 武則天の姪「武三思」は皇帝を讃える「天枢」という巨大な金属製モニュメント[40]を長安城覆盎門[41]外に建造することを計画し、いわゆる東夷・西戎・南蛮・北狄といわれた諸民族に銅鉄を鋳造させた。羅含は朝廷の高官として、ペルシャ商人から資金を集め、建造に大きく貢献し、六九四年四月に「天枢」は無事完成した。その後、羅含は長安で七一〇（景雲元）年、九五歳で亡くなった。

宣教師　及烈　ジーリー

ガブリエル（Gabriel）ともよばれ羅含の後、唐に派遣された。早くに「及烈」[42]に関する資料を発見したのは、フランスの漢学者エドゥアール・シャヴァンヌ（沙畹 Edouard Chavannes,1865-1918）とされる。及烈は羅含と同じように当時の朝廷から布教の便宜を手に入れるために、西方からの奇器異巧を貢いだとされる。七一四年には広州にて一般市民に向けての宣教を行い、多くの信者を育成した。したがって当時の広州には景教徒が多数存在したことがわかる。また彼が海路により港湾都市広州にやって来たことから、ペルシャより南インドに布教を展開した景教徒宣教師と推測される。

宣教師 伊斯 イシ

イサク（Isaac）ともよばれソグディアナのバルク（Balkh）出身のイズドブジド（Izadbuzid）の別名である。クムダン（Kumdan）[43]つまり長安の司祭であり副僧正であった。「伊斯」の子は景浄であるという説もある。勤勉で、慈善事業や喜捨を喜んで行い、学識が高く、芸も全能であった伊斯は「白衣景士」と呼ばれ、民衆から尊敬された。[44]伊斯は寺院を建て、布教に力を注ぐだけではなく、朝廷の政治と社会生活に参与しなければならない、という召命を持ったキリスト者であった。また伊斯の事績は、彼が信仰をもって神に、術高芸博をもって皇帝に献身する宣教師であったことを伝え、険路を越え、辿り着いた新天地での布教には現地民族や社会へ特別な配慮と施政者への貢献が必要であったことを伝えている。敬虔なクリスチャンである伊斯は中国という異文化の中にあって、布教は聖書の教えによって支えられ、召命は崇高であること、福音は愛をもって実りをもたらすことを唐の人々に伝えようとしたのだろうか。

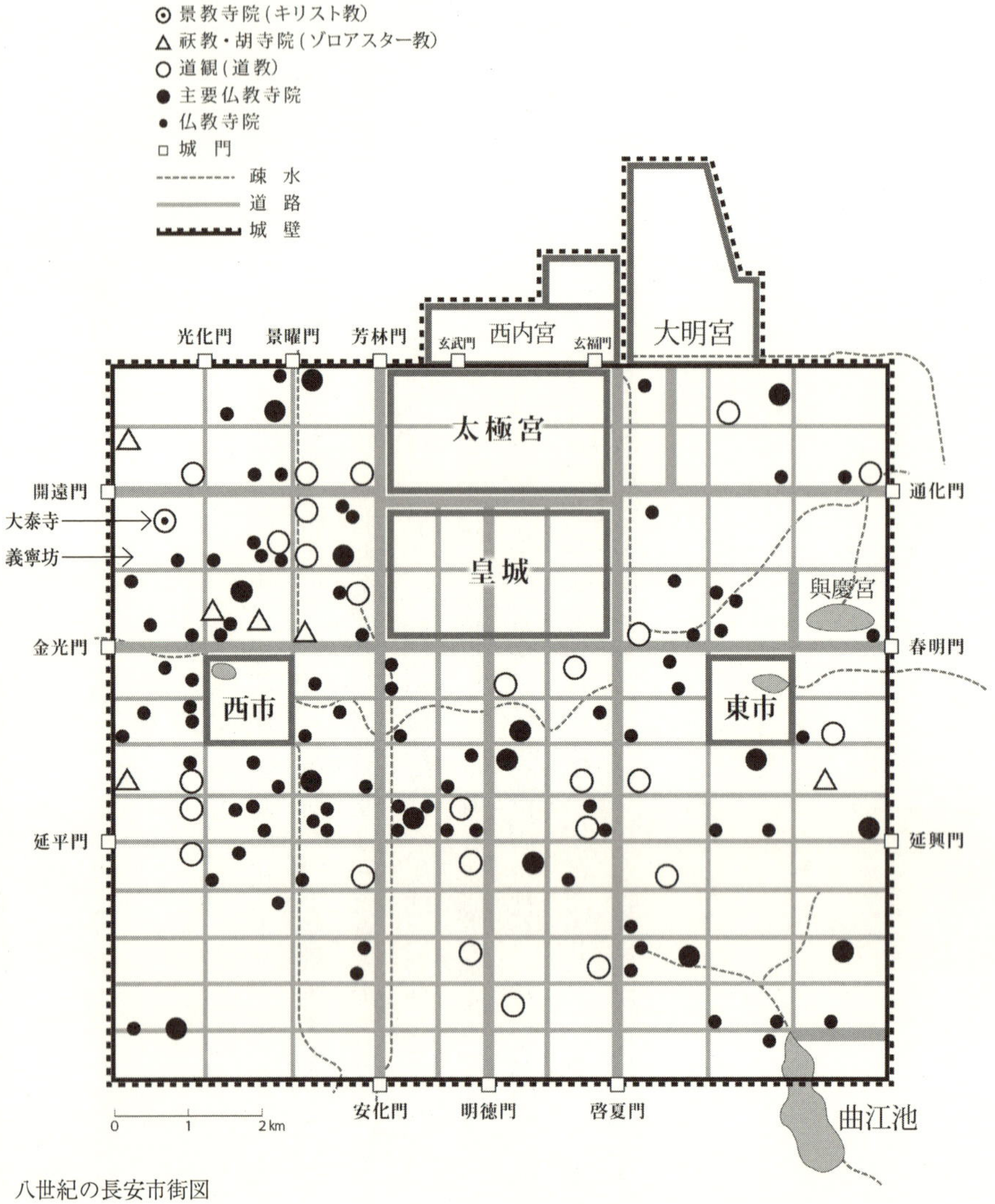

景教寺院(キリスト教)
祆教・胡寺院(ゾロアスター教)
道観(道教)
主要仏教寺院
仏教寺院
城門
疎水
道路
城壁
光化門
景曜門
芳林門
玄武門
西内宮
玄福門
大明宮
太極宮
皇城
開遠門
大泰寺
義寧坊
通化門
興慶宮
金光門
春明門
西市
東市
延平門
延興門
安化門
明徳門
啓夏門
曲江池
0
1
2 km

八世紀の長安市街図

結論

異国の文化や伝統を尊重し、社会貢献によって民衆の中に溶け込み、為政者に貢いだ景教徒（ネストリアン）には、瀬戸際に立たされたキリスト者としての緊張感が漂っていた。彼らがたどり着いた新天地では権力者による支配原理が儒教思想のもとに強く働き、庶民においては仏教・道教が広く信仰されていた。彼らは唐の国内情勢をつぶさに観察し、鋭い洞察力を持ってその様子を見抜いた。過去に於いて権力の後ろだてのない宗教の弱さを痛感したキリスト者は「景教」と名前を変え、細心の配慮をもって周到に準備し、キリスト教本来の教義に反する先祖信仰や呪術をも厭わない、死者にも祈りを奉げる、したたかな信者として唐の時代を生きたのだった。

一五四九年のイエズス会のフランシスコ・ザビエル（Francisco de Xavier,1506-1552）による布教以前に、キリスト教が景教徒によって五世紀には日本に渡来し、神道や仏教に多大な影響を与えたという説もある、が論証されていない。その鍵を握るのは空海である。空海はさまざまな漢語経典を般若三蔵から受け取り、日本に持ち帰ったのであるが、翻訳僧のひとりであった般若三蔵はインド伝来の密教を景教徒宣教師景浄とともに漢訳したのだった。先祖信仰の強い中国にあって、自らの教理を変えても生き延びようとするキリスト教徒を般若三蔵と空海はどの様な眼差しで見ていたのだろうか。空海が日本に仏教を持ち帰る際、新たな要素が入ったとする所以はここにあるのだろうか。

アレキサンダー大王の東征に始まるユーラシア大陸を舞台にした東西文明の融合と衝突というのうねりの中、ネストリアン達はギリシャ人として、ペルシャ人として、ソグド人として布教の道を繋げ、東に向かった。ユーラシアの東西交流の歴史を顧みると、西欧はそもそも西欧だけでは存在できず、アジアとの交流において自己を形成し、同時にアジアはアジアだけで孤立できず、西欧との交渉において自己を形成した経過を見ることが出来る。本来、両者の関係は抑圧被抑圧ではなく、拮抗する中心主義的な関係でもない。多様な文化が調和し、互恵関係が成立したからこそ東西の国際交流が存在し、ユーラシア世界という文化圏を作り上げることが出来たのだった。

二一世紀に入って、ユーラシアは新たな衝突と混乱のさなかにある。なかでも、アフガニスタン、バグダッド、エルサレムにおいては混迷を深め、悲惨な知らせが毎日の様に我々の耳に入ってくる。すなわち文明の融合と衝突というねりが今もわれわれを翻弄し続けている。人類は文明（文化）の違いを乗り越えて共存することが出来るのか。その答えを我々は景教徒（ネストリアン）の生きざまに見出すことが出来るだろうか。彼らの歴史を学ぶごとに、時を超えた大きな問いが投げ掛けられている。

〔用語説明〕

「皇帝の教会」

東ローマ帝国においては、帝権が教権に優越し、皇帝は教皇であったとして、国家が教会を強く管理していた。広義には東ローマ帝国に限らず、歴史上でキリスト教に対して超越した権威を持った世俗の権力者の統治体制を指して用いられることもある。

「ヘブライズム」

ヘブライズムは唯一絶対の神の立場から、あらゆる事物や人間を見ようとする。このため、人間は努力によっても完全になりえないという深刻な罪の意識を体験せざるを得ない。しかし同時に、地上の総ての権威は相対的なものとなり、神に従うかぎり地上の権威に対して自由であることが出来る。

「アブラハム」

アブラハムは、ユダヤ教・キリスト教・イスラム教を信じるいわゆる聖典の民の始祖。ノアの洪水後、神による人類救済の出発点として選ばれ祝福された最初の預言者。「信仰の父」とも呼ばれる。メソポタミアから砂漠を北上したある少数民族の総称という説もある。ユダヤ教の教義では全てのユダヤ人の、またイスラム教の教義では、ユダヤ人に加えて全てのアラブ人の系譜上の祖とされ、神の祝福も律法（戒律）も彼から始まる。

「ソグド人」

イラン系の言葉を話す民族で、広大な領地も、強大な軍隊も持たず、中央アジアのオアシスに小さな都市国家を点々と築いた。「粟特」、「商胡」

と呼ばれ、商人として生きる道を選んだ彼らは、シルクロードを自由に行き来し、緊密なネットワークによって巧みに交易を行った。中国東部からは西域に絹を運び、金・銀製品・顔料などの新しい文化を中国の地に運んだが、一〇世紀に忽然と姿を消した民族である。

「般若三蔵」

般若三蔵は北インドの出身で、玄奘三蔵も学んだインド最大の仏教大学であるナーランダー寺院で勉強した後、南インドで密教を学び、唐の七八一（建中二）年あるいは七八二（建中三）年に中国にやって来たといわれている。弘法大師はこの般若三蔵からサンスクリットを学び、さらには日本に帰るとき般若三蔵の翻訳した経典をいくつか貰った。

［註］

（1）「中東」という概念については諸説あるが、ここでは英語表記の Middle East に倣い、ヨーロッパからみて、最も東方にある、日本・中国・朝鮮半島・シベリア東部の称である極東（Far East）と、ヨーロッパに近いバルカン諸国・トルコ・シリア・レバノン・イスラエル・エジプトなどの東方諸国を含む近東（Near East）の間の地域をさす呼称とする。通例、アフガニスタン・イラン・イラクおよびアラビア半島諸国をさす中近東と同義とし、リビア以東の東北アフリカを含めた地域とする。

（2）エルサレムは四五一年以降に総主教座が置かれた。

（3）現トルコのカフラマンマラシュ Kahramanmaraş。

（4）南トルコのアダナ Adana 地方にあった古都で、現在はヤカピナー Yakapınar 市。古代アンティオキアの東におよそ二〇㎞に位置する。

（5）シリアのアンティオキアを中心に、三世紀末から五世紀にかけて栄えたキリスト教神学の一派。代表的神学者として、殉教者ルキアノスをはじめ、四〜五世紀にはクリソストモス、モプスエスティア主教のテオドロス、ネストリウスなど正統、異端両派の人々があげられる。「アレクサンドリア学派」とは種々の点で対抗し、思想的には新プラトン主義よりアリストテレスの影響を受けキリスト論においてはその人間性、歴史性を重視した。また聖書解釈でも、比喩的解釈を退け歴史的、文法的解釈を重んじた。

（6）アレクサンドリアのアタナシオス、あるいはアタナシオス（二九八－三七三年、ラテン語ではアタナシウス）は、四世紀のキリスト教の神学者・ギリシア教父・聖職者である。エジプトのアレクサンドリア主教を務めた。正教会・非カルケドン派・カトリック教会・聖公会・ルーテル教会で聖人とされる。アレクサンドリアの輔祭（執事）として出席した第一回ニケア公会議でアリウスに反駁し、アリウス派の「御子は被造物である」との説を退け、三位一体論の形成に寄与した。

（7）キリスト教用語で古代から中世初期、二世紀から八世紀頃までのキリスト教著述家のうち、とくに正統信仰の著述を行い、自らも聖なる生涯を送ったと歴史の中で認められてきた人々をいう。
(8) キリスト教ローマ・カトリック教会において、聖人の中でも特に学識にすぐれ、信仰理解において偉大な業績を残した人に送られる称号。
(9) John M. L. Young, BY FOOT TO CHINA; Mission of The Church of the East, to 1400, Assyrian International News Agency,USA,1984, p34.
(10) 同書 p35.
(11) 同書 p42.
(12) 現トルコ領ヌサイビン。
(13) サマルカンドは古くはソグド人の営むマラカンダ（Marakanda）と呼ばれ、中央アジアシルクロード上の重要なオアシス都市として紀元前一〇世紀ころから交易により発展した。文明の交差点とも呼ばれ、常にシルクロードの中心都市として栄えた。しかし一二二〇年にチンギス・ハーンの攻撃を受けアフラシャブの丘に築き上げられた街は一瞬のうちに廃墟と化したが、一四世紀末から一五世紀にかけてイスラム化したモンゴル軍人ティムール（Timur, 一三三六－一四〇五）によって蘇える。ティムール朝はサマルカンドを帝国の首都とするや、当時の美術・建築技術の粋を集めイスラム世界に名だたる都市に復興した。現在はウズベキスタンサマルカンド州の古都として残る。
(14) 天山山脈の二箇所（キルギスと東部ウズベキスタン）に源を発し、キルギス、ウズベキスタン、カザフスタン、タジキスタンを通過して北西へ向かって流れ、北アラル海に注ぐ河川。
(15) リチャード・C・フォルツ『シルクロードの宗教』、教文館、二〇〇三年。
(16) 蕃は、七世紀初めから九世紀中頃にかけてチベットにあった統一王国。日本では一般的に中国名の「吐蕃」を王朝名としている。吐蕃の王は自称としては姓を持たなかった。日本では、吐蕃のほか、吐蕃王国、吐蕃帝国などの呼称が用いられており、呼称は定まっていない。中国では、唐が吐蕃と呼んで以来、一七世紀中頃までチベットの総称として使用され続けた。
(17) 路远『景教与《景教碑》』、西安出版社、二〇〇九年、七二～七九頁。
(18) 大秦寺に同じ。
(19)「義寧坊」は、唐代長安城において、右街第五街第三坊に在った。北は開遠門街、街路を間にして「普寧坊」と相い対しており、南は「居徳坊」、東は「金城坊」と接しており、西側は城壁に沿っていた。
(20) 唐の皇帝が宗教指導者に与えた名誉称号。当時、長安の景教寺院は主教区本部であった。川口一彦編著『景教　シルクロードを東に向かったキリスト教』、イーグレープ、二〇〇二年、三一頁。
(21) ここでの奇器異巧とはおそらく西域から渡来する珍品であろう。朝廷との関係を悪化させないように貢物を差し出したのであろう。また景教僧が東西を往来する商人を兼ねていた可能性もあり、西域のみならずインドからも色々なものを待ち運んだと類推できる。

(22) 魏晋南北朝時代、北方の諸王朝では漢式の石碑をしだいに独特のものへ変形させた。碑身には穿（せん）がなくなり、題額の左右に首と前足を垂下し碑頂で尾をからみあわせる二匹の螭竜（ちりゅう）をあらわす螭（ち）首が発達し、碑文が隷書から楷書にかわる。台座石では方趺のほかに、四足をふんばり頭をもたげた亀形の台座つまり亀趺（きふ）が出現する。碑は廟門の前に立て犠牲獣をつないだ石、または墓に立て棺を地下に降ろすのに用い石に文章を刻したのが起源だといわれ、断面は長方形である。後漢の中ごろから始まり隋・唐時代に極盛に達し、螭首として碑の頭部に向かいあった一対の竜を刻し、亀趺として亀の台座を備えるのが後世の定形となった。『改訂新版 世界大百科事典』より抜粋。

(23) 書家呂秀岩について、佐伯は西安市周至県楼観台の付近に「呂仙洞」等の呂純陽の遺跡があることを証拠として、碑文を書く人の呂秀岩は呂秀であると指摘した。

(24) 佐伯の『景教碑文研究』三二節に「(前略) 景教碑文を以て朝議郎前行台州司士参軍呂秀巖の正書なり（後略）」とある。佐伯 好郎『景教碑文研究』、待漏書院、一九一一年、七二～七三頁。

(25) 王羲之 Wáng Xīzhī（三〇三－三六一年）は、中国東晋の政治家・書家。字は逸少。右軍将軍となったことから世に王右軍とも呼ばれる。王羲之は、書の芸術性を確固たらしめた普遍的存在として、書聖と称される。末子の王献之も書を能くし、併せて二王（羲之が大王、献之が小王）の称をもって伝統派の基礎を形成し、後世の書人に及ぼした影響は絶大なものがある。その書は日本においても奈良時代から手本とされており、現在もその余波をとどめている。

(26) 西安碑林。唐代石碑を収蔵するため、一〇八七年（北宋時代）に孔子廟跡に設立された。

(27) 経幢は彫刻芸術と文字が結びついた石刻建築様式で、古代の長方形幡から変化したものである。唐の初期より始まり、中後期には仏教寺院において仏名や経文などが刻まれた。一般的に八角形のものが多く、上部に仏頭やリボンなどの図案と篆刻文字が刻まれ、中部には仏教経文が刻まれる。唐代では道教も経幢を取り入れ、『道徳経』が刻まれた。『大秦景教宣元至本経』において経幢の様式が使われたのは景教が仏教道教の影響を受けたためであろう。

(28) 石灰岩の一種で濃い青色。古来よりインテリア、家具、銘板などの素材として使われた。

(29) 唐では六二七年に国を一〇の地域に区画した。川口一彦編著前掲書、三一頁。

(30) 吉田 寅『中国プロテスタント伝道史研究』、汲古書院、一九九七年、八頁。

(31) 葛承雍 主編『景教遺珍—洛陽新出唐代景教経幢研究』、文物出版社、二〇〇九年、一三一頁。

(32) 同書一三二頁。

(33) 唐代の制度を類集した政書。北宋初の王溥ら編（九六一年）、一〇〇巻。蘇冕ら編『会要』（八世紀末）と崔鉉ら編『続会要』（九世紀中葉）をあわせ、唐末の記事を加え、帝王に始まり蕃夷に終わる構成で数百項目に分け、唐代の国制と、とくに為政者の参考となる奏議などを載録する。唐の典章をうかがうのにもっとも便利な書物で、以降、歴朝これに倣い各代の会要がつくられた。現行本は清初に『永楽大典』から抽出復原されたテキストで、一部後補を含む。

(34) ジョン・M・L・ヤング著、後藤牧人訳、川口一彦監修『徒歩で中国へ　古代アジアの伝道記録』、イーグレープ、二〇一〇年、五四頁。

(35) 吉川成美『古都長安における景教徒』関東学院大学キリスト教と文化研究所二〇一三年度シンポジウム発表資料、関東学院大学キリスト教と文化研究所、二〇一三年。

(36)「羅含」については「高宗に仕へて近衛の將軍になつたペルシア人の阿羅憾がある」とある。桑原隲藏『桑原隲藏全集　第一巻　東洋史説苑』、岩波書店、一九六八年、一七頁。

(37) 別名『阿羅憾丘銘』という。佐伯好郎は英文著作『中国景教碑』の中でこの墓誌文を英訳し、「阿羅憾」は元の名前アブラハムの景教徒であると述べている。

(38)『隋書』『旧唐書』『宋史』『明史』など中国の史書に出てくる西洋の国の名前。原語は不明だが、史書に載せる記事から、「拂菻」を「東ローマ帝国」に比定する説が有力である。ここでは東ローマ帝国とする。

(39) 路远前掲書八三～八八頁。

(40) 高さ約三〇ｍの八面体で、計二〇〇の銅、鉄の部材で構成される立体物である。底部は銅製の龍を背負う鉄製の象があしらわれ、その周囲を怪獣が取り巻くデザインであった。路远前掲書、八六頁。

(41) 長安城の南に出る東斗第一の門を覆盎門という。またの名を杜門という。杜門というのは、門から出て真っ直ぐに道を行くと杜陵の市街地に至るからである。『廟記』曰く、覆盎門と洛門との間の距離は十三里二百十一歩（約五・七㎞）である。覆盎門のまたの名を端門ともいう。門の北には長楽宮がある。かつて戻太子が湖県に逃げた時に通った門が覆盎門である。王莽はこれを永清門長茂亭と呼んだ。

(42) エドゥアール・シャヴァンヌは、フランスの歴史学者・東洋学者。リヨン生まれ。姓はシャバンヌとも表記される。フランスにおける中国学・東洋学・東洋史学の草分け的存在とされる。一八九三年よりコレージュ・ド・フランスの教授となる。一八八五年から一九〇五年にかけて『史記』の翻訳注釈を行った。

(43) 桑原は「この碑のシリア文に、唐の國都の長安のことを、クムドン又はクムダンと記してある。クムダンとは、唐時代を通じて、東ローマ人やマホメット教徒が、長安を呼んだ名稱であるが、何が故に長安をかく稱したかの十分なる解釋は、未だ學界に發表されて居らぬ。私はクムダンとは、長安の通稱たる京城の音譯の轉訛したものと確信して居る」と述べている。桑原隲藏前掲資料から抜粋。

（44）路远前掲書、九二～九五頁。

［先行研究・参考資料一覧］

＊書籍

石上玄一郎『彷徨えるユダヤ人』、講談社、一九七七年。

葛承雍主編『景教遺珍—洛陽新出唐代景教経幢研究』、文物出版社、二〇〇九年。

川口一彦編著『景教　シルクロードを東に向かったキリスト教』、イーグレープ、二〇〇二年。

桑原隲蔵『桑原隲蔵全集　第一巻　東洋史説苑』、岩波書店、一九三八年。

桑原隲藏『桑原隲藏全集　第一巻　東洋史説苑』、岩波書店、一九六八年。

ケン・ジョセフシニア、ケン・ジョセフジュニア『隠された十字架の国・日本：逆説の古代史』、徳間書店、二〇〇〇年。

佐伯好郎『景教の研究』、東方文化学院東京研究所、一九三五年。

佐伯好郎『景教碑文研究』、待漏書院、一九一一年。

ジョン・スチュアート著、熱田俊貞・賀川豊彦共訳、佐伯好郎校訂、森安達也改題『景教東漸史：東洋の基督教』、ユーラシア叢書二九、原書房、一九七九年。

ジョン・M・L・ヤング著、後藤牧人訳、川口一彦監修『徒歩で中国へ　古代アジアの伝道記録』、イーグレープ、二〇一〇年。

神直道『景教入門』、教文館、一九八一年。

關根正雄『イスラエル宗教文化史』岩波全書一五七、岩波書店、一九五二年。

マックス・ウェーバー著、内田芳明訳、『古代ユダヤ教』、みすず書房、一九八五年。

森安孝夫『興亡の世界史　第五巻　シルクロードと唐帝国』、講談社、二〇〇七年。

吉田寅ほか『アジア・キリスト教の歴史』、日本基督教団出版局、一九九一年。

吉田寅『中国プロテスタント伝道史研究』、汲古書院、一九九七年。

路远『景教与《景教碑》』、西安出版社、二〇〇九年。

E・A・バッヂ著、佐伯好郎訳、『元主忽必烈が欧州に派遣したる景教僧の旅行誌』、春秋社松柏館、一九四三年。

H・R・ボーア著、塩野靖男訳『初代教会史』、教文館、一九七七年。

M・ノート著、樋口進訳、『イスラエル史』、日本基督教団出版局、一九八三年。

R・C・フォルツ著、常塚聴訳、『シルクロードの宗教　古代から一五世紀までの通商と文化交流』、教文館、二〇〇三年。

S・サフライ・M・シュテルン編、長窪専三ほか訳『総説・ユダヤ人の歴史：キリスト教成立時代のユダヤ的生活の諸相・上』、新地書房、一九八九年。

John M. L. Young, BY FOOT TO CHINA; Mission of The Church of the East, to 1400, Assyrian International News Agency,USA,1984.

＊参考資料

桑原隲藏『西安府の大秦景教流行中國碑』、京都帝國大學史学研究会、一九一〇年。

桑原隲藏『大秦景教流行中國碑に就きて』講演資料、京都帝國大學史学研究会、一九二三年。

佐伯好郎『中國に於ける景教衰亡の歴史　キリスト教の成立に及ぼしたるローマ法學思想の影響』ハーバード大学燕京研究所・同志社東方文化講座委員會（ハーバード大学燕京研究所・同志社東方文化講座：第七輯所収）、一九五五年。

吉川成美『古都長安における景教徒』関東学院大学キリスト教と文化研究所二〇一三年度シンポジウム発表資料、関東学院大学キリスト教と文化研究所、二〇一三年。

第5章

ことばに宿る霊力――今むかし――

多ヶ谷有子

はじめに

日本の「言霊（ことだま）」の一側面を明らかにするため、「ことば」に宿る霊力がどのように受けとめられ、享受されてきたかを、「記紀」の時代から江戸末期まで、例を引き、文化史的視点から考察したい。

古来、日本には「言霊」つまり言葉には霊力が宿っているという思想が受け入れられてきた。日本では伝統的に、発声されたものであれ、記されたものであれ、「ことば」に何らかの呪術的力、人知を超えた不思議な力が宿ると考えられてきた。「ことば」をこの視点から眺めると、「ことば」に宿る霊力は、一方で日本文化の基盤を育み、一方では国家の威信と結びついてきた。これは日本についてのみ言えることであろうか。それとも何らかの普遍性があるだろうか。普遍性があるならば、外国ではどのような形で現れるだろうか。また古代の日本は、中国から書物を熱心に買い求めたことが指摘されている。これは日本の「ことば」の霊力に対する考え方と関係すると考えられる。以上の観点から、欧米の類似する挙動なり思想なりも視野に入れて比較検討、考察する。

1　「ことば」に宿る霊力

1-1　日本における「言霊」の思想

日本では古来、言霊信仰が受け継がれてきた。「言霊」とは「言葉の魂」、「言葉の霊力」という意味である。『国史大辞典　五』九二二頁「言霊」の項には、「言語にこもる精霊、または霊力」とある。また『日本国語大辞典　八』八二五頁「言霊」の項には「ことばにやどると信じられた霊力。発せられたことばの内容どおりの状態を実現する力があると信じられていた。」とあり、「予祝の霊力を持った神の託宣」とある。さらに『日本古典文学大辞典　二』

六四二頁には「上代日本人が、言語の有する呪力について与えた語。……原初的な意味における言霊信仰は上代までと区切ってよかろう。一部が儀礼として命脈を保つとともに、中世の思想界、あるいは文芸の世界におけるある種の意味づけ」が出たと説明する。『世界大百科事典 一〇』四二〇頁「言霊」の項には「ことばに宿る霊の意。古代の日本人は、ことばに霊が宿っておりその霊のもつ力がはたらいて、ことばにあらわすことを現実に実現する、と考えていた。」とある。

実際、奈良時代（七一〇－七九四年）平城京の宮城跡から人形（ひとがた）の魔除けが発掘されている。その中に、人形の周りに文字が記されたものがある。それは時に疾病治癒の祈願であり、時に敵の氏名である。[1] こうした例は、当時「ことば」が口から発せられるか、文字に記されるときには、祈願や呪術は現実となると信じられたことを示している。以上のことから、「言霊」信仰には、「ことば」の持つ霊力を頼んで幸いを祈願する面と、呪いを念じる面の両面があることがわかる。これは「ことばを積極的に使って言霊を働かせようとする考えと、ことばの使用を慎んだり避けたりする考え」から発する二通りの行為となって現れる。祝詞や祝言は前者、忌み言葉や実名敬避は後者といえよう（『国史大辞典 五』九二二頁「言霊」の項）。文字を得る以前、言霊の魔力は発された「ことば」にあると信じられた。「ことば」を表現するために新たに「文字」を得ると、記された文字にも霊妙な魔力があると信じられるようになる。むしろ単に発された「ことば」より、記された「ことば」にこそ魔力は内在すると信じられるようになる。

文献に「言霊」の例を求めれば、古くは「記紀」や「出雲神話」に登場する事代主神（ことしろぬしのかみ）がある。事代主神は「託宣などを掌（つかさど）る神として現われ」神の意図を伝える神である（『日本古典文学大辞典 二』六四一－六四二頁「事代主神」の項）。ここでいう「事」とは、「ことば」つまり「神のお告げ」、「神託」で、必ずや起こる事や状態を表す。古の人々は、事代主神の神託は必ず実現すると信じた。ギリシア・ローマ神話でも神託の実現がテーマの話は少なくない。ソクラテスの座右の言葉といわれ、デルフォイの神殿に刻まれていたといわれる、「汝自身を知れ」からも、ヨーロッパの人々も古代には発された「ことば」の霊力を信じていたことがわかる。

『旧約聖書』「創世記」には天地創造の場面で、「神はいわれた。『光あれ。』こうして、光があった」という個所がある。（新共同訳一章一節）これは「ことば」に発されたことは現実になるという前提を踏まえた神の業である。また、「ヨハネによる福音書」の冒頭は「初めに言があった。言は神と共にあった。言は神であった。……万物は言によって成った。」である。（一章一－三節）「言（ロゴス）」は「神」であるが、ここでは「ことば」を発する者が支配権の掌握者であることを示している。同じく「創世記」で、最初の人間はアダム（ヘブライ語で「人、男」の意）とイブである。神は彼らを楽園に住まわせ、「善悪の知識の木」の実以外は楽園のすべてを自由にすることを許した。神に創造された人は楽園で神が創造した様々なものを名前で呼ぶ。（二章一五－一九節）これは、人がこれらの支配者であるという象徴的な行為で、「ことば」に宿る霊力を象徴的に描いている。

昔話、民話、伝説、説話などで語られ、絵で描かれる西欧の魔術師は、しばしば分厚い本を携える。日本の忍者は口に巻物を咥えて印を結び、術を行う。彼らは文字と魔力の結びつきを示す何かを持ち、その魔力を駆使することを姿で示す。呪文を唱える魔術師、祈祷師などは、その姿に「言霊」の名残をとどめるキャラクターといえよう。彼らの持つ書物や巻物は、その内容が魔術や忍術の極意なのであろうが、ここでは発された「ことば」だけでなく、冊子や巻物など、内容を記した書物そのものに力があると考えられたことを表している。

1－2「言霊」を詠う和歌

『万葉集』の「言霊の幸う国」とは、「言霊」の霊妙な働きによって幸福をもたらす国、すなわち日本を指す表現である。これは「言霊」の精髄で、古来今日まで概ね日本人に受け入れられてきた思想である。この伝統は文献では八世紀に編纂された『万葉集』に見られる（本文と訳は新日本古典文学大系による）。『万葉集』には「言霊」を詠う和歌が三例見られる。

山上憶良（巻五）八九四（第一巻、五〇四頁）
神代より　言い伝て来らく　そらみつ　大和の国は　皇神の　厳しき国　言霊の　幸はふ国と　語り継ぎ　言ひ継がひけり
（神代から語り伝えてきたことには、（そらみつ）日本の国は、皇神の厳として厳めしい国、言葉の霊力の豊かな国であると、語り継ぎ、言い継いできた。）

柿本人麻呂（巻十一）二五〇六（第三巻、四一頁）
言霊の八十の衢に夕占問ふ占まさに告る妹は相寄らむ
（言霊のはたらく八十の巷で夕占をした。占は正しく出た、妹は私に寄るだろうと。〔言霊の気が満ちている十字路で私は占った。すると私の愛する人は私を愛しく思っていると出た。〕）

柿本人麻呂（巻十三）三二五四（第三巻、二四二－二四三頁）
磯城島の大和の国は言霊の助くる国ぞま幸ありこそ
（磯城島の）大和の国、即ち日本の国は言葉の霊が助ける国です。ご無事であって下さい。）

上記三例のうち、八九四と三二五四は、遣唐使の出発に際して旅に出る者への別れの挨拶と、旅の無事、無事な帰国を祈願する歌である。これに対して二五〇六は、占いの結果に寄せる歌である。「八十の衢」とは、「八十衢」と同じく路が多岐に分かれる辻である。「言葉」の霊力を頼む心がよく伝わる例である。

「言霊」とともに「言挙げ」という表現にも留意したい。「言挙げ」とは「ことば」に出してはっきり言い立てること、取り立てて言うことである。柿本人麻呂の三二五四の例は三二五三の「反歌」だが、三二五三ではあえて「言挙げ」という言葉で詠う。

葦原の　瑞穂の国は　神ながら　言挙げせぬ国　しかれども　言挙げぞ我がする　事幸く　ま幸くませと
（葦原の瑞穂の国は、神の御心のままに、言挙げしない国。しかし、言挙げを私はする。何事も順調に、お元気で、ご無事でいらっしゃいと）(2)

文脈から「言挙げせぬ」ことが良識に適うと理解される。しかし、「ご無事で」との祈願を強調するため、故意に「言挙げ」をする。

「言挙げ」では、ヤマトタケルがよく例に引かれる。タケルは走水の海を渡る折、「海を望りて高言して曰はく「是小き海のみ。立跳にも渡りつべし」と「言挙げ」をする。そのために海が荒れ、船は動きが取れなくなる。そこでタケルの妻のオトタチバナは自らを海の神に捧げ、タケルらの航行を可能とする。オトタチバナは神奈川県橘樹郡付近の豪族の娘であったといわれ、タケルは彼女を偲び「あづまはや（我妻よ）」と嘆いたそうである。それが「あづま」の語源ともいわれている。(3)

また、『古事記』によると、東征の帰途ヤマトタケルは草薙剣を携えずに伊吹山を越え、山の神に対して「茲の山の神は、（たいしたことはないから武器も持たずに）徒手に直に取りてむ。」と言挙げし、山の神である白猪を「是の白猪に化れるは、其の神の使者ぞ。今殺さずとも、環らむ時に殺さむ」とさらに言挙げしたため、山の神は怒りタケルを苦しめた。彼は弱りはて故郷の大和を目前に最期を迎える。(4) タケルが「嬢子の床の邊に我が置きしつるぎの大刀その大刀はや」と最後に詠う様は心打たれる。(5) ヤマトタケルの言挙げに関わるエピソードには、勇を誇る心を戒めるニュアンスがある。柿本人麻呂があえて言挙げするのは、相手への善意の祈りゆえに良いとされるのである。

「言挙げ」の、不吉なことは言わないという文脈では、『今昔物語集』に「仰ぎ中納言」と言われた中納言藤原忠輔(ふじわらのただすけ)の話がある（岩波新体系『今昔物語集 五』二三四－二三五頁）。彼がいつも空を見ていたのをある大将が戯れに「只今天ニハ何事カ侍ル」と尋ねた。尋ねられた方は少々機嫌を損ね、「只今天ニハ、大将ヲ犯ス星ナム現ジタル（あなたの命に関わる星が現れておりますよ）」と言った。後に、尋ねた大将は「幾ノ程ヲ不経シテ失給ニケリ」、つまり、ほどなく命を失った。この説話からは、いたずらに不吉なことを、まして嘘いつわりで不吉なことを口にする恐ろしさ、不吉を言うものではないとの戒(いまし)めが読み取れる。『万葉集』の例にあわせてこれらの例をみれば、「ことば」に宿る霊妙な魔力はどのように人々に受け入れられていたのか、その一端がわかる。

1－3 ルーン文字

「ことば」の霊力への信仰は、古代ゲルマン民族の人々にもあった。彼らはゲルマン語表記に用いられた文字体系であるルーン文字をもち、ラテン文字にとって代わられる以前、「ことば」を表すために用いた。*Oxford English Dictionary (OED)* によれば、ルーン文字とは初期チュートン語のアルファベットで、スカンディナビア諸民族とアングロ・サクソン人たちに用いられた。最古のルーン文字は二世紀頃で木石に刻まれた。基本的意味から派生した意味に、カレワラから分かれたフィンランドの詩歌や古スカンディナビアの詩歌をもさす。語源は「“roun”（mystery）」で、さらに OED で“roun”を見ると、“wisper, secret counsel, etc.”（囁く、秘密の助言など）とあり、「謎めいた」「神秘的な」ことば、秘密、神秘そのもの、記されたもの、書物、内々の助言などをさすとある。

以上のことから、ルーン文字は呪術や儀式に用いる側面と、日常で用いる側面の両面があったが、ラテン文字にとって代わられて以降、この文字の呪術的神秘的な側面が強く意識されるようになったと考えられる。ルーン文字は木石などに刻まれるため、刻みやすい、縦長の線と斜めの短線を組み合わせた形である。刻まれたルーン文字を呪術的に用いる側面では、魔力あるルーン文字は人間を狂人にすると信じていたという例もある。(6) 谷口氏は、北欧神話の主神オーディンはルーン文字の神で、その魔力で死人を再生させることができる、というゲルマンの挿話を紹介している。(7)

これらの例は、文字に霊力が宿るという思想は、古代世界においては普遍的であったことを示す例といえよう。

2　ブックロード

発された「ことば」だけでなく記された「ことば」に「言霊」が宿るという思想が一般的になると、「ことば」を記した書物が重要視されるようになる。それを端的に示すのが、シルクロードならぬブックロードである。「ブックロード」という単語は、一九九二年中国は浙江大学の王勇（Wang Yong）氏によって示された（「王勇A」1）。以下「ブックロード」について、王勇氏の講演「中国の日本研究―ブックロード―書物による文明の伝播・変容・成熟―」（王勇A）や論考「国際会議論集17『中国に伝存の日本関係典籍と文化財』国際日本文化研究センター二〇〇二年三月、王勇「シルクロードとブックロード」」（王勇B）を用いて述べる。王勇氏については他に後掲王勇C、Dを参照した。

聖徳太子は六〇七年、遣隋使を隋（五八一－六一八／九）に派遣した。そのときの「日出づる処の天子、書を日没する処の天子に致す」と認（したた）めた国書の冒頭は有名である。それ以来数回、隋が唐（六一八－九〇七）に変わってからは遣唐使として十数回、隋の時代には九年に一度、唐の時代には十五年から二十年に一度、日本と中国の間に交流があった。王氏はこの道筋をブックロードと名付けた。

最初のブックロードは紀元前二世紀頃、漢と朝鮮半島の間（中国の南方→朝鮮半島）に開かれた（「王勇B」）。「記紀」によれば、その後、応神天皇期（四世紀末・五世紀初頭）に日本にまで伸びた。この道は五世紀末に始まり、中国に発し百済経由で日本にいたる東洋世界を縫う道で、六世紀までこの道が辿られた。七世紀初めに道筋が変わった。中国と日本の間に直接のルートが開かれたのである。新しい道は百済を通らず、隋または唐と日本を別ルートで結ぶ道筋であった。六〇七年以来九世紀末まで、日本は高い文化を誇る中国に使節を送った。八九四年、宇多天皇の治世、使節派遣が中止された。これまでに日本は中国文化を吸収し、消化し、独自の文化を花咲かせるまでに成熟した。日本は、最初は朝鮮半島を介してブックロードからの恩恵を受けた（「王勇B」）。遣隋使、遣唐使には想像を絶する困難が伴い、派遣された使節が生還できたのは約半数ともいわれている（「王勇A」一〇頁）。これほどの艱難辛苦を超えてまで派遣された約三十回の派遣を通し、使節らは中国から何を学び、何を持ち帰ったのか。また中国には何をもたらしたのか。

王氏はここで興味深い論を展開する（「王勇A」八―一〇頁）。氏によれば、遣隋使、遣唐使の両使節派遣の主たる目的は、中国文化と書物を日本にもたらし、啓蒙することであった。書物以外の貴重品も持ち帰ったが、書物以外の貴重品は、重要度の上では第二義的であった。中国とヨーロッパを結ぶシルクロードは、中国からヨーロッパに、第一には絹そして陶磁器などを運ぶ物質が往来する道であったが、中国と日本を結ぶ道はそうではなかった。弥生時代の遺跡からはシルクの遺品が出土している。シルクは、紀元二百年前後には日本で生産されており、絹が中国に運ばれたことは『延喜式』にも記載がある。シルクは日本から中国に輸出されていたのである。したがって、中国と日本を結ぶ道において日本からは絹、瑪瑙などが運ばれ、中国からはまずは書物そして陶磁器、漢方薬（矢島教授のご指摘では薬種と称していたとのこと。ここでは王勇氏の用語に従う）等などがもたらされた。王氏の言葉を借りれば、隋と唐への両派遣を通し、中国への留学生は日本の書物を携え、中国に学び、帰国の際には膨大な量の書物を国家事業の一環として買い漁（あさ）った。当時、書物こそが中国文化の実りの核というべきものであったからである。こうして日本は書物から中国文化を吸収し、漢字を取り入れた。両国のこの文化交流のおかげで、日本にも中国文化文明と同質の文化文明が育った。それゆえに中国と日本を結ぶ道をブックロードと呼ぶのである。

日本と百済、隋、唐を結ぶブックロードによって、日本には書物に高い価値を持つ伝統が育まれた。その延長線上に書物収集がある。これは国家的大プロジェクトで、膨大な書籍が宮廷や寺社に所蔵された。書籍は国家の威信をかけて収集されたといっても過言ではない（「王勇A」）。王勇氏の見解を踏まえれば、この時点で、書物には二つの側面が与えられる。一つは、書物収集は国家的重要な取り組みであるということ。二つ目は、書物は記された「ことば」

で成るゆえ、書物には霊妙な魔力が宿るということで、それは書物の権威という形にまで成長する。したがって、書籍（記録）は、一方で国家の威信、国家的権威と関わり、もう一方では本来の「言霊」の思想と関わる。前者の例は王や皇帝の命によって編纂される歴史的記述という実を結び、後者の例は文学的作品を生む。収集された書物は、西洋世界では王宮や修道院などに所蔵され、日本では宮中や有力貴族の館や社寺などに所蔵された。有力貴族や社寺は自らも書物を収集し所蔵した。

2-1『古事記』と『日本書紀』

日本に招来された漢籍に、『藝文類聚』『文選』や、『金光明最勝王経』などがある。『日本書紀』編纂に際してはこれらから表現が借用された（岩波体系『日本書紀 上』「解説」二〇-二二頁）。日本は中国から書物を輸入したが、単なる輸入にとどめず、自国文化の実りへと結実させた。その一つが、「記紀」編纂なのである。

第四十代天皇の天武天皇（?-六八六、在位六七三-八六）の命で、歴史、文学、その他様々の古（いにしえ）の事柄が整理され、稗田阿礼（ひえだのあれ）が暗誦し、太安万侶（おおのやすまろ）が筆記したのが七一二年献上の『古事記』である。『古事記』には、神代の巻の天地の始まりから第三十三代の推古天皇（五五四-六二八、在位五九二-六二八）までの神話、伝説、歌謡などが記され、古代の文学、言語、生活、習慣などを研究するための貴重な資料となっている。

一方、第四十三代天皇の元明天皇（六六一-七二一、在位七〇七-七一五）は『日本書紀』の編纂を命じた。これは、天武天皇第三皇子の舎人親王（とねりしんのう）と太安万侶らが編纂にあたり、神代から第四十一代の持統天皇（六四五-七〇二、在位六九〇-六九七）までの事跡を扱い、七二〇年に完成された。『古事記』が朝廷の威信を国民に示す意図で編纂されたのに対し、『日本書紀』は先進国の中国に対して日本の優越性を示し、朝廷と帝の尊さを対外的に示す意図の下に編纂された。国の歴史的記録を編纂するのは、国の威信と権威を堅固に維持するために、第一義的な優先順位を持つ国家的事業である。この意味で王や皇帝の命によって編纂される歴史的記録には、その国の高邁な志（こころざし）が反映される。

この場合「言霊」は国家の志の色合いに染まり、国家のアイデンティティの象徴となる。

2－2 正史編纂の重要性－イングランドの事例『アングロ・サクソン年代記』

国家創成期における正史編纂の意味と重要性を外国の例で示す。イングランドでは『アングロ・サクソン年代記』がアルフレッド大王の命によって編纂された。

アルフレッド（八四九－八九九、在位八七一－八九九）はイギリスはアングロ・サクソン時代のウェセックス王で、諸王の中ではもっとも傑出した王として知られている。(8) 九世紀のイングランドは、現在のスウェーデンやデンマークに居住していたデーン人による襲撃、侵入、定着のため、存亡の危機に瀕していた。大王は勇敢に戦い、しばしば敗北したが、和睦を結び、デーンロー（イングランドとデーン人の境界）を定め、イングランド統治に精力を注いだ。彼はイングランド王の中で唯一大王と呼ばれる王である。具体的には軍制を改革整備し、法典を編纂し、学問の復興と奨励に努め、学校を開設し、ラテン語重要書を英訳し、国の興隆に努めた。中でも大王の功績として特記されるべき業績に『アングロ・サクソン年代記』がある。

これはラテン語ではなく自国語である英語で書かれた。いうまでもなく、イングランドの誇るべき大事績である。この年代記はキリスト誕生から八九一年までの長きにわたりイングランドで起こった主要事件の編年体年表である。この年代記は書写され、主要修道院に送られ、以後それぞれの地で書き継がれ、現存する七写本の一つは、十二世紀まで記録された。これは中世前期を知る上でも重要な資料的価値があるが、本来は、デーン人によって荒廃した国の威信を回復する大事業の一つであった。

3　文学と言霊

では言霊信仰が文学に及ぼした影響についてはどうか。しばしば高く評価されることだが、日本の「言霊」思想は、文学の分野、特に和歌文学において成熟した成果を見せている。特に日本最初の勅撰和歌集『古今和歌集』には、文学における「言霊」思想が如実に表れている。

3－1 和歌集

中国文化を学び、吸収し、消化する過程で、日本では漢詩集の編纂が盛んに行われた。やがて日本独自の文化が育まれ、唐が衰退した背景もあり、菅原道真の進言で八九四年遣唐使の廃止に至る。これを機に日本文化はいよいよ成熟し、あの平安の王朝文化を花開かせることになる。和歌の隆盛はその一つの結実である。それまで文学の表舞台は漢詩文であったが、私的な場面で和歌文学は命脈を保ち、奈良時代末期には日常化し、やがて宮廷文学として開花し、六歌仙時代には隆盛をみる。和歌文学隆盛の背景には、一方では歌合せが盛んに行われたことがあり、もう一方では勅撰集が編纂されたことであり、その最初の勅撰集が『古今和歌集』である。

『古今和歌集』は、第六十代天皇である醍醐天皇の勅命で、紀友則、紀貫之、凡河内躬恒、壬生忠岑の撰者が任命され、勅撰集が編纂された。小町谷氏（二〇一〇、三六三－三六四頁）によれば、「成立の過程は必ずしも明確ではないが、……醍醐天皇がまず勅を下して家集や古歌を献上させてまとめさせ（これを「続万葉集」と呼んだらしい）、さらに重ねて勅を下して歌を部類配列して二〇巻とし、『古今和歌集』と命名して奏上させたというように、推定されている」という。歌人は百二十二人。歌の時代は万葉集時代から撰者時代まで、約千百首が収められている。『万葉集』の丈夫ぶりに対して手弱女ぶりと言われ、歌風は優美、繊麗という評価は定着している。

「言霊」の視点から見逃してはならないのは、紀貫之による「仮名序」である。

> やまと歌は、人の心を種として、万の言の葉とぞ成れりける。世中に在る人、事、業、繁きものなれば、心に

思ふ事を、見るもの、聞くものに付けて、言ひ出せるなり。花に鳴く鶯、水に住む蛙の声を聞けば、生きとし生けるもの、いづれか、歌を詠まざりける。力をも入れずして、天地を動かし、目に見えぬ鬼神をも哀れと思はせ、男女の仲をも和らげ、猛き武人の心をも慰むるは、歌なり。（岩波新体系『古今和歌集』４）

やまと歌とは、漢詩の「から歌」に対して和歌をいうが、「仮名序」の核は、和歌は人の心を「ことば」に示したもので、和歌を詠むのは人間ひいては万物の本性に根ざす行為である、という点である。小町谷氏（二〇一〇、三七〇頁）によれば、「『古今集』の本質は言語への関心であり、四季の自然や喜怒哀楽の心情が斬新な趣向や複雑な表現技巧によって詠出され、優美繊細で典雅端正な美の世界が展開される。」ということである。氏は続けて「和歌の伝統と漢詩文の表現の影響を織りませて、……言葉のあやを楽しみ遊戯的な文芸趣味の世界をもたらした」とする。筆者は『古今集』の本質的な「言語への関心」と「言葉のあや」に対するこだわりは、伝統的な言霊への信仰に根ざすと強調したい。

「言霊」の神髄が『古今和歌集』という文学的結晶になった理由の一つは、「自然」が大きな要素であろう。日本語の「自然」は英語の"nature"と同義ではない。[9] 日本語の「自然」は「天然」が第一義だが、英語の"nature"は物に生来内在する本質をいう。『古今和歌集』の「仮名序」には、歌詠みの自然を愛でる心情だけでなく、自然との一体感が詠いあげられている。自然への一体感は、理性的な自然への感性ではなく、抒情的感性により、自然の情景と歌詠みの心情が一体となって、情景に心を映しているのである。とはいえ、『古今和歌集』の歌人たちは必ずしも現実の自然情景を実写して詠ったのではない。時には現実風景を見ているかに装い、想像上の情景を詠い、時に仮想的状況を享受する。これは、ヨーロッパの詩人が、牧歌や自然の情景を実写ではなく仮想風景をイメージして詩をつくるのと、仮想の状況を享受するという点で共通する。仮想的状況を詠うのは洗練された技巧から生まれるものであり、この点で洋の東西は共通する。

両者の違いは、実写であれ仮想であれ、和歌の場合、自然と一体になるという一体感の本質の違いに現れる。ヨーロッパには確かに汎神論、万物のすべてに神が宿り、万物のすべてが神であるという思想があり、時々これは日本人の自然との一体感と混同される。しかし、ヨーロッパの汎神論において、万物の神が大きな自然に溶けて個が消滅するということはない。ヨーロッパの場合、どこまでも個は個としてありつづける。

この自然観、和歌の原理が『古今和歌集』には如実に示され、それゆえに、『古今和歌集』の和歌の原理、この自然観が、以後和歌の伝統となる。この伝統にそって、これ以降、勅撰和歌集や私家集が編纂されてきた。勅撰和歌集の場合、九〇五年から一四三九年の間に『古今和歌集』を含め、二十一の歌集が編纂された。二十一代集といわれる。[10]『万葉集』の例や『古今和歌集』が示すように、「言霊」はことばに宿り、「言霊」思想の伝統は以来、特に和歌文学において受け入れられてきた。和歌集は天皇の命によってのみならず、貴族によって編纂され、それとともに「言霊」の伝統が受け継がれていった。

3―2 物語における「言霊」

平安時代末期、武士階級、特に源平一門が台頭し、権力を支配するようになる。また源平の覇権争いの結果、両陣営間に激しい戦いが起こり、その結果、時代は貴族社会から武家社会へと交代していった。世相の変化に伴い、文化の質もそれなりに変化した。当初は限られた層だけに享受されていた書物も、時代が進むにつれ、読む層は広がり、ジャンルも享受する層にあわせ、一方ではこれまで受け入れられてきた領域が整理され、一方では新しい領域を加えていった。当然、書物を収集する層も広がる。必然的結果であるが、「言霊」思想も、文学の領域の質によって姿形のみならず質を変えて現れる。

和歌文学のほかに、この時代に受け入れられたジャンルとしては軍記物がある。『平家物語』、『源平盛衰記』、『太平記』など、武士階級が主人公となる物語である。中でも『平家物語』は百以上の諸本があり、この時代の文化の質と性格を表す代表的な物語である。ここでは、『平家物語』にちなんで生まれた、『平家物語』以降の世界を示す二つの物語を取り上げ、「言霊」がどのような現れ方をしているかを見る。一つは「耳無し芳一」、もう一つは能の『安宅』である。

3-2-1 耳無し芳一

今から七百年あまり前、下関海峡は壇ノ浦で源平最後の戦いがあり、平家は滅びた。怨みを残して海に沈んだ霊を鎮めるため、赤間ヶ関に阿弥陀寺（現在の赤間神宮）が建てられ、墓も作られ、法要が行われた。その頃、芳一という名の盲目の男の語る源平壇ノ浦の合戦のくだりは名演で、阿弥陀寺の住職は芳一に部屋を与え、ときどき弾き語りをさせた。ある夏の夜、芳一は寺でひとり住職の帰りを待っていた。すると見知らぬ男が、彼の仕える主君がお前の技を聞きたいからついて参れと命じ、芳一は乞われるままに「壇ノ浦の戦の物語」を詠唱した。演奏が終わると、主君がお喜びなのでまた来て披露するようにと言い、他言無用と命じた。住職は芳一の不可思議な行動を案じて見張らせた。寺の男らは外に出ていく芳一を追い、阿弥陀寺の安徳天皇の慰霊碑の前で、壇ノ浦の合戦の件（くだり）を詠唱している芳一を見つけた。芳一の話を聞いた住職は、彼の身を守るため、般若心経の経文を体の隅々に書き写し、「何が起ころうと返事を

『臥遊奇談』

一夕散人（イッセキ サンジン）『臥遊奇談』京都　菊屋安兵衛　江戸時代後期、天明2年刊の読本。5巻5冊。合計7話の怪談奇談集。挿絵入り。巻2「琵琶秘曲泣幽霊」は「耳なし芳一」の原典といわれる。小泉八雲（ラフカディオ・ハーン　Lafcadio Hearn）の旧蔵書。ヘルン文庫配架番号 2246-2250（画像および以上の説明は下記識別子の「富山大学学術情報リポジトリ」のデータより）http：//hdl.handle.net/10110/2541

しても動いてもいけない」と命じた。夜になり、足音が聞こえ、名が呼ばれたが、芳一は息を殺して座っていた。やがて「琵琶はあるが、琵琶法師は耳二つしか見当たらない。この耳を持って行こう。」と言って耳が引きちぎられたが、声をたてなかった。帰ってきた住職は、耳だけは経文を書き落としたことを知って後悔し、悲しんだ。彼の物語は知れ渡り、彼は「耳なし芳一」と呼ばれた（以上小泉八雲による再話、および八雲が依拠した『臥遊奇談』に基づき略述）。

3-2-2 能四番目物『安宅』

壇ノ浦の戦いにおける平家滅亡の後、義経は兄頼朝に謀反を疑われ、追討の身となる。その逃避行と最期は『義経記』などに描かれ、共感をよんだ。能の『安宅』は、義経が頼朝に追われ、藤原秀衡を頼って奥州平泉に落ち延びる旅の一コマを描く。

平家滅亡に大きな功績のあった義経だが、その後、義経とその一行は兄頼朝から追われ、山伏に姿を変え、都を落ち、奥州平泉に下ろうとしていた。頼朝は直ちに国々に関所を設け、山伏を取り締まった。加賀の安宅の関守は、富樫（ワキ）であった。案の定、義経一行がさしかかる。関所を無事通過するため、弁慶（シテ）は義経を強力（ごうりき）（荷物もち）に変装させ、一行は南都東大寺の勧進山伏と偽り、厳しい追及にも見事に答え、勧進帳を読めといわれると、即座に持ち合わせた巻物を勧進帳と称して読み上げた。弁慶の読み上げる漢文調の勧進帳は「木曾」の願書、「正尊」の起請文とともに、三読物といわれる芸の見せ場である(11)。この策と弁慶の見事な芸が効を奏して成功しかかるが、強力の義経が怪しまれ、咎められる。そこで弁慶は機転を利かせ、杖で義経を打ち、関守を威圧し、首尾よく関を越える。一息ついて義経の不運を嘆く一行に、関守がやってきてねぎらいの酒を勧める。弁慶は杯を受け、男舞を舞い、虎口を脱して陸奥へと道を急ぐ。

この題材は軍記物から発し、幸若舞曲では「富樫」や「笈さがし」、古浄瑠璃では「安宅勧進帳」（土佐節）、「安宅道行」（半太夫節）、ほかに義太夫節などで受け入れられ、享受された（『演劇百科大事典』第二巻、一六二頁、「勧進帳」の項）。さらに一八四〇年（天保十一年）には、河原崎座の中幕に七代市川団十郎が歌舞伎十八番の一つ『勧進帳』

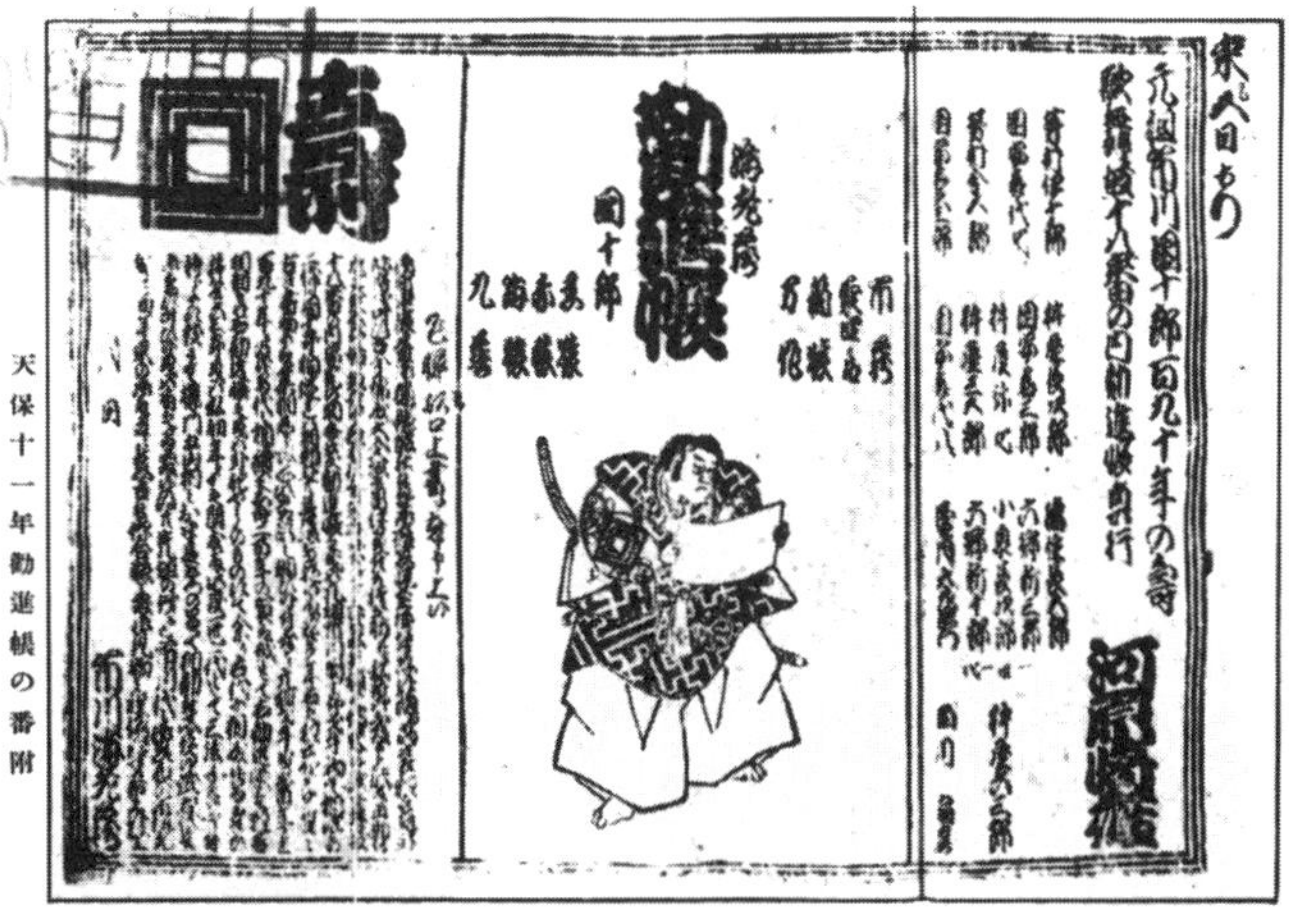

伊坂梅雪（1872-1949）『勧進帳考』［東京］　玄文社、1917（大正6）年より。表示画像は井坂梅雪著、鳥居清忠・画『勧進帳考』（国立国会図書館：請求記号 364-321）のコマ7。国立国会図書館ホームページから転載（許可文書：平成 22 年 7 月 12 日付　国図企 100104004-1-1553 号）

を初演した[12]。奇しくも二〇〇七年、市川團十郎・市川海老蔵パリ・オペラ座公演で、十二代市川團十郎による弁慶と十一代市川海老蔵の富樫による『勧進帳』が公演され、評判であった。その際の朗々と述べられた見事なフランス語による口上は、やや本道とはなれた遊びではあるが、立派なもので、かの地においてもさぞや印象深いことであったろうと想像される[13]。

3−2−3　記された文字が主人公の命にかかわる例もう一つ—デンマークの事例「アムレート」

以上二つの話は、いずれも文字や記された文字が主人公の命に関わる例で、文字で記されたものに対する信頼、権威を利用した挿話である[14]。ところで、記された文字が命に関わる例が、『デンマークの事蹟』という歴史書中の「アムレート」の話に見られる。シェイクスピアの『ハムレット』の元になった話である。デンマークの王子アムレートの父王は叔父のフェングに殺害され、王子の母である王妃はその叔父と結婚する。王子が邪魔な新王は彼を是非とも始末したい。以下、物語の核心を概要で示す。

フェングは義理の息子には企みがあると考えた。しかし、王子の祖父や妻の不興を蒙（こうむ）ることを慮（おもんばか）り、行動に移せない。そこで、自身の無実を装うために、ブリテン国王に王子の始末を肩代わりさせようと考え、王子をブリテンに遣わす。フェングの二人の家臣が木に彫られた手紙を携えて王子に随行した。ブリテン王宛の手紙には、王子を死刑にせよとの指示が刻まれている。王子は家臣の睡眠中に手紙を見つけ、そこに刻まれていた指示を読む。彼は木版に刻まれていた手紙の内容を削り取り、新しい文字を刻み、文の趣旨を変えた。彼自身の運命を随行員の運命にすりかえたのである。さらに木版の手紙に、ブリテン王の娘を王子と結婚させよとの指示を加え、文の下に、フェングの偽の署名を記した。ブリテンに到着し、託された手紙を王に手渡すと、二人の随行員は死刑となり、アムレートはブリテン王の姫と結婚するという運びになる。(15)

4　文字の霊力を逆手に取った遊び

耳なし芳一の話は、死者に魅入られた盲目の琵琶奏者が、体中に経文を書くことで死霊には見えないものとなり、命が助かる話である。経文の呪力が芳一の命を救うところが物語の核であるが、同時に、経文の呪力そのものだけでなく、文字にしたところに要点がある。したがって、この場合、両耳に経文を書き忘れたために耳を失ったというわけで、まさに耳無し芳一の話になる。その展開は、万葉の時代の「言霊」信仰、古い時代の文字への全き信頼とは異質の側面である。文字への信仰という前提を踏まえ、耳を失わせる場面には、文字の霊力を逆手に取るという捻りがある。一方で文字の霊験あらたかな霊力を語り、もう一方で文字の霊力の落とし穴を語る。この時代には、「言霊」の霊力に「あそび」のスパイスを効かせて一捻りしようという気運が見られるといえよう。

4－1　勧進帳の正体

『安宅』や『勧進帳』では、文字の霊力はさらに一捻りした形で現れる。「勧進帳を読む」モチーフでは、能の『安宅』も歌舞伎十八番の『勧進帳』も、弁慶が手近の「往来の巻物」を「勧進帳」と称して読み上げる。「往来の巻物」とは手紙の模範文例集などであり、そこには文字が書かれていたはずである。つまり無関係な文書をあたかも勧進(寄付)

を募る趣意書の「勧進帳」であるかのように即興で読み上げた、というのが原作である。しかし弁慶が読んだ巻物は「白紙」であった、という理解が一般に浸透している。事典類や粗筋の紹介でも「白紙」とするものが多い。(16) これは、「白紙の巻物」の方が、この場面での緊迫感を示す状況として大衆に支持される筋立てであったことを示しているからであろう。一説に、歌舞伎の小道具が白紙の巻物であったからともいわれる。しかし、それだけではなく、「白紙」を読むという筋立てにインパクトがあったからこそ、そのような一般の理解が浸透したと考えたい。

「アムレート」では、英国に送られる王子は、国王の親書通りに事が起こるならば、到着次第に処刑されるはずであった。シェイクスピアの『ハムレット』では、ハムレットが用意してあった贋(にせ)の御璽を使って贋親書を作り、すりかえ、同行の使者（シェイクスピアではローゼンクランツとギルデンスターン、当初の第一クォートでは、ローセンクラフツとギルダーストウン）を殺すように変えたことになっている。そのタネ本の『デンマーク人の事績』では、王子は木に刻まれた親書を、まずすっかり削ってそれから贋の内容を刻む。ここではまず、「木に刻まれた文字の削り取り」、つまり「文書の白紙化」を行い、それから贋の親書を刻む筋立てになっている。(17)

以上、例に挙げた三つの話は、いずれも文字化された言葉の霊力「言霊」が物語の根底にあり、記された文字を信じやすい人間の性向の隙をつく話である。『耳なし芳一』『勧進帳』『デンマーク人の事績』のアムレート、いずれも生死に関わる緊迫した状況で、生死を律する文字なり文書なりが命を守るという前提がある。それが人間の本質的な習性、うっかり忘れる、つい本物と信じ込むといった特性ゆえに完璧に成就しない、あるいは効を奏する、という結果に導かれる。この点に注目すると、文字で書かれた文書の権威が直截に尊重されるのではなく、意図的に何らかの目的のために利用されていることがわかる。

4-2『通増安宅関』

さらに時代が下れば、文字や書物に与えられる権威を逆手にとって遊ぶという傾向が現れる。『通増安宅関(とおりますあたかのせき)』は一七八一（天明元）年伊勢屋治助から二巻二冊で刊行された。[18] 安宅関の挿話は、能の「安宅」、古浄瑠璃の「安宅勧進帳」、歌舞伎の「勧進帳」などで評判高い出し物である。四世団十郎主演の「御摂（ごひいき）勧進帳」一七七三（安永二）年もその一つだが、『通増安宅関』はその八年後に刊行された戯作、黄表紙である。鳥居清長（一七五二－一八一五）は家業の役者絵の領域で写実性を生かした美人画に本領を発揮した出精の画工のひとりである。この作品は、岸田杜芳作と推定されているが裏付ける決定的根拠はない。

通増安宅関（トオリマス アタカノセキ）（刊年：天明元年）

上記画像は、国立国会図書館デジタルコレクション『通増安宅の関』の６コマ目。http://dl.ndl.go.jp/info:ndlip/pid/1077186/6（国立国会図書館のデータ（W114）によると下記のとおり。鳥居清長・画（黄表紙）『通増安宅関』２巻、[江戸]：[伊勢屋治助]［1781（天明１）年]）

　頼朝に追われて奥州を目指す義経主従という設定は同じであるが、関守たちに賄賂を渡し、道中の小遣帳を勧進帳と称して声高く読み上げ、無事関を超え、一同は喜び酒盛りを始め、弁慶が上機嫌で舞を舞う。後を追った静御前も関所で賄賂を出して安宅を超え、さらには、松島見物を口実の追手の梶原父子は平泉で義経と仲直りし、同じく賄賂の土産を携えて機嫌よく鎌倉に帰る。義経主従はその後蝦夷で商売を始め繁昌した。

　題名は、能の「安宅」や歌舞伎の「勧進帳」を踏まえ、「追われて奥州へと落ちのびる義経主従が弁慶の機転（賄賂と買収）で無事『安宅関』を『通ります』」というところに書名の直接の由来がある。「通ります」は、「物事に通暁し、融通自在でさばけた物わかりのよい『通り者』の意味」とも、「梶原父子の如才ない人物の登場」ともとれる。人気ある「勧進帳」の中心場面で、賄賂で関所を越えるところが黄表紙的な諧謔で、「当代の時世風潮を揶揄」している。[19]「賄賂」が、「通ります」の要であるが、棚橋によれば、これは「当時の田沼政治を揶揄した」とも、いつの世にも絶えることのない賄賂に対する社会世相への軽い滑稽風刺であるとも評価できる。結末がハッピーエンドなのは、「草双紙では常套手段」であり、これは格好の「貴種流離譚」である。

以上の通り、『通増安宅関』になると、文字の権威に皮肉な目を向け、洒落のめし、笑い飛ばして楽しむというように、享受の仕方も変化していることがわかる。

5　言霊信仰とブックロード

ブックロードの理論を提唱した王勇氏によると、日本からの遣唐使は、中国の皇帝から下賜された宝物類を売って書物を買い漁ったが、これは遣唐使の独断ではなく天皇の命によると推定している。これは、日本人が文字になったことばに、独特の見解を有していたからであろう。ことばに対する信仰が、ことばを固定した書物に対して適用されたということである。王勇氏によれば、日本人遣唐使は「唐の正史に『書籍を買って海に浮かんで還る』と書いて」あるとのことで、これは「世界に類例が少ない」と驚きを隠さない（以上王勇氏の引用は「王勇A」より）。日本独特の「言霊」信仰の現れである。

5-1　佚書と日中間における互恵の可能性

日本が保持した中国古文献の故国への逆輸入について触れておきたい。四千年の長い歴史の中で中国は様々の戦乱を経た。そのため書物の散逸も大きかった。中国では散逸したが日本に残存した書物は多い。有名な『遊仙屈』をはじめ、医書などがある。日本がブックロードを介して輸入し保持した中国古文献は、日本に残ったことで当初の姿が知れる。これらは日本流に処理された最終形態で中国に逆輸入され、中国に提示される。日本の方法論で扱われた中国の古文献の里帰りである。日本が中国の文化を保存したことで、中国は自らの失われた過去の文化を知ることができると言う意味で、日本は中国の文化保存に貢献し、文化的互恵がなされたといってよい。ところがこのような日本への文献の招来は、実は日本の言霊の信仰に根ざすもので、言霊の具現化である書物の権威に対する重要視の現われである。

日中の場合、故国中国で失われたいわゆる佚書（いっしょ）が日本に保存され、日本流の理解に基づき日本文化として展開した。中国は文字と書物を日本にもたらすという先進国としての役割を果たした結果、日本における保存により、自らは失った自らの文化遺産を逆輸入で知ることができることになったわけである。日本が中国から得た文字と書物、つまり漢籍の文化が、日本流に理解され定着したが、それは中国におけるとは異なる精神的背景でなされ、内容的にも異なるに至った。日本的に展開した理解は、里帰りされることで、中国において再度、自らの方法論で処理し理解することになる。日本は再度、中国で再解釈された理解を受容するなり検討しうる。ここに単なる保存ではなく、相互循環的な理解・解釈の互恵、古文献をめぐる両文化による研究の交互交流の可能性が生まれる。「王勇D」二四頁は「中国文化はブックロードによって広まるとともに、海外からフィードバックされた影響を受けて、それ自身の絶え間ない完成をうながしたことが明らかになってくるのである。」と述べる。これは異文化間の相互の切磋琢磨であり、学問的進展に寄与しうるであろう。これは互恵の有益な大きな側面である。これは佚書に限らず、日本に伝来して日本の文化として展開した漢籍研究全般について言える（『史記』のある日本人注釈書は、中国においても基本図書として高く評価されている）。肝要なのは、日本が中国から書物を輸入したのは、古来の「言霊」信仰に基づく言葉や文字に対する独自の考え方、思想の故ということである。

5－2 日欧における互恵の可能性

では、日中ほど交流の伝統が長くない日本と欧米の場合はどうか。明確に文化交流が存在する現代では、今後、相手の文化文学を自らの文化文学の地平で理解し展開した上で、これを相手国の文化文学の理解に適応し、相互の理解と学問的研究的の発展に寄与させる形で、互いに影響を与え、高め合い、切磋琢磨して行く方向を採ることができよう。これは互いの理解を互いに再々フィードバックすることによる互いの学問的向上の実現である。

日欧間で先に見た歴史の記述（「記紀」と『アングロ・サクソン年代記』）や、説話の精神（耳なし芳一や勧進帳とアムレート伝説）について、明確な交流はみられないが、類似する状況が両者に現れる。このような類似性は普遍性と考えられる。直接的相互影響による切磋琢磨は、欧米では欧米の国同士でなされていたであろう。現在は日欧文化文学の比較や交流がなされている。日中での切磋琢磨、「フィードバック」の考え方が、日欧についても適応できよう。これがきわめて重要であることは、日中の長い歴史から見てもうなずけることであろう。王勇教授の「フィードバック」、切磋琢磨の考え方は、直接関係がある日中のみならず、日欧の場合にも言える。

以上、筆者はブックロードを介しての書物の輸入が、日本の文字に対する信頼に根ざしており、それは日本古来の言霊信仰に基づくものであること、舶載された書物を用いて、正史である『日本書紀』が書かれたこと、正史の意味と重要性をイングランドの『アングロ・サクソン年代記』と対照させ、さらに記された文字への信頼性が、命にかかわると物語る事例を、日本とデンマークの文学作品を例に述べた。

文字で書かれた（あるいは書かれ得る）文化を比較考察する意味について触れておきたい。筆者の研究方法とは、基本的に、日本文学を世界文学の地平で考察するものである。その場合、日本文学は、形態・ストーリー・精神性など何らかの地平において比較対照すべき類似・対応する海外文学と対比させて考察される。多くの場合、比較によっていずれの文学も新たな読みや解釈が可能となる。比較により得られた日本文学の再解釈の方法論を、比較対象の海外の文学に適用する。海外の文学に適用して得られた結果としての方法論を、さらに再び日本文学の解釈のための方法論として用い、ここにまた新たな読みと解釈の可能性を求める。

これは、故国で散逸した中国古文献が日本に保存され、日本流に扱われたものが中国に戻り、再び理解・解釈され、その理解・解釈が再度日本の研究に資することになる構図と似る。これは、古文献の保存と還流、再度の流入という形での文化の解釈と受容の交流であり、比較文化研究における異文化間での互恵関係と言い得るであろう。

長く交流のなかった日欧間で様々な類似現象が見られるという事実から、日欧間でも国交の長い日中と同様の互いの切磋琢磨が期待できる。今後、互いの文化文学を、まずは学問的レベルで検討考察し、研究レベルで互いに影響を与え、刺激し合うことで互いに高めあうことが可能となり、互恵の実現が期待できる。

むすび

以上、日本において文字に宿る霊力がいかに受け入れられてきたかを見た。時代が下るにつれ、またそのときの社会や世相につれ、文字に宿るとされる霊力は、形を変えて文学文芸に現れ、時には逆手にとられ揶揄される。「言霊」の原型や原意、当初の権威や霊力は薄れ、消え、変形していく。しかし、「ことば」にある霊力への記憶が消滅することはない。それゆえに、今日でも一般の日本人は、昔の日本人と同様、祈願や幸を願う「ことば」を口にするとき、「ことば」に宿る霊力に心を寄せ、同時に、呪いや、不吉な言葉、慣習的に禁忌とされる言葉を慎む。この傾向は諸外国においてもまま見られる。折口が言うように、それは「詞章精霊説を、無限に延長して来ない限りは、達することの出来ぬ空想である。」のかもしれない。[20] しかし、人はそれを軽々とやってのけるのではないだろうか。そこに、人の世に生きる「ことば」の無限の可能性がある。

［用語説明］

「ブックロード」

中国人学者王勇（Wang Yong）氏による用語。わが国の遣隋使や遣唐使により中国から書物が招来された道。

「二十一代集」

『古今和歌集』『後撰和歌集』『拾遺和歌集』の三代和歌集と、この三つに『後拾遺和歌集』、『金葉和歌集』、『詞花和歌集』、『千載和歌集』、『新古今和歌集』を加えた八代集に、さらに後の十三の和歌集（十三代集）である『新勅撰和歌集』、『続後撰和歌集』、『続古今和歌集』、『続拾遺和歌集』、『新後撰和歌集』、『玉葉和歌集』、『続千載和歌集』、『続語拾遺和歌集』、『風雅和歌集』、『新千載和歌集』、『新拾遺和歌集』、『新後拾遺和歌集』、『新続古今和歌集』を加えて、二十一代集と呼ばれる（三谷栄一『要解日本文学辞典』（有精堂、一九五九、一九六九年）五五頁）。

「佚書（いっしょ）」

故国中国で失われたが日本に残存する書物。中国文化の恩恵を受けた日本が佚書を保存し、中国に逆にもたらし、基本的であるがきわめて明確な互恵がなされたと言える。

『遊仙窟』

代表的な佚書。日本にのみ伝わり、「中国側の古い記録には、この小説が存在したことすら残されていない。」（前野直彬「解説」四七一頁）。山上憶良七四歳の（七三三年）の作とされ、『沈痾自哀文』に言及がある。流行作家の名を騙った偽書が日本人に売りつけられた可能性も絶無ではないが、唐代の古典であることにかわりはない。後の嵯峨天皇のとき解読できる学者がおらず、木島明神の化現の老翁に教えられたとの伝説がある。

「フィードバック」

王勇氏は「中国文化はブックロードによって広まるとともに、海外からフィードバックされた影響を受けて、それ自身の絶え間ない完成をうながした」という形で用いる。筆者は互いの文化の切磋琢磨の方法論を表す語として用いる。すなわち、相手の文化文学を自らの文化文学の地平で理解し展開した上でこれを相手国の文化文学の理解にさらに適応し、それにより得た成果をさらにまた自国の文化文学の理解のために用いて、相互の理解と学問的研究的の発展を達成させるという言わば互恵関係的方法論として用いる。

［註］

（1）岸俊男編『日本の古代9 都城の生態』（中央公論社、一九八七年）三四八～三五六頁。

（２）佐竹昭広・山田英雄・工藤力男・大谷雅夫・山崎福之校注『萬葉集』第三巻、新日本古典文学大系３（岩波書店、二〇〇二年）二四二頁の本文および注で示された訳。
（３）倉野憲司校注『古事記』日本古典文学大系１（岩波書店、一九五八、一九六六年）二一四〜二一七、三五〇頁の補注63。ヤマトタケルが言挙げしたという一節は『古事記』にはなく『日本書紀』にある。坂本太郎・家永三郎・井上光貞・大野晋校注『日本書紀』上、日本古典文学大系67（岩波書店、一九六五年）三〇四〜三〇七、六〇一〜六〇二頁。
（４）『古事記』二一八〜二二三、三五一の補注七〇。『日本書紀』三〇八〜三一一、六〇二の補注三四では、山の神は白猪ではなく蛇だが、言挙げのため最期を迎える点は同じ。
（５）『古事記』二二二〜二二三頁。『日本書紀』にこの歌はなく父の景行天皇に使いを出して身罷る。
（６）Larrington, Carolyne, tr. The Poetic Edda.（Oxford World's Classics,1999）三七頁。
（７）谷口幸男訳『デンマーク人の事績』（東海大学出版会、一九九三年）一〇七頁、四二八頁の注。
（８）青山吉信編『世界歴史大系 イギリス史１―先史〜中世―』（山川出版社、一九九一、一九九七年）。一四九〜一七二頁。
（９）多ケ谷有子 "The Topic of Nature in Japanese Waka and Renga." *Bulletin of the College of Humanities Kanto Gakuin University.* No. 127. 二〇一三年。八一〜八四頁参照。
（10）三谷栄一『要解日本文学辞典』（有精堂、一九五九、一九六九年）五五頁。
（11）平野健次・上参郷祐彦・蒲生郷昭監修『日本音楽大事典』（平凡社、一九八九年）七八五、八三六頁、「勧進帳」の項。平野健次・上参郷祐彦・蒲生郷昭監修『邦楽名曲辞典』（平凡社、一九九四年）七、五八頁、「勧進帳」の項。『演劇百科大事典』第二巻（平凡社、一九六〇、一九八四年）一六二頁、「勧進帳」の項。
（12）『日本古典文学大辞典』第二巻（岩波書店、一九八四年）、七〇頁、「勧進帳」の項。『世界大百科事典』（平凡社）三八七頁、「勧進帳」の項。服部幸雄編『歌舞伎事典』（平凡社、一九八三、一九八四年）一三〇頁、「勧進帳」の項。
（13）『小学館 DVD BOOK シリーズ歌舞伎 市川團十郎・市川海老像パリ・オペラ座公演 勧進帳・紅葉狩り』日本語解説 小山観翁、英語解説 ポール・グリフィス（小学館、二〇〇八年）参照。
（14）サクソ・グラマティクス『デンマーク人の事績』谷口幸雄訳（東海大学出版会、一九九三年）一一六〜一四三頁。
（15）http：//omacl.org/DanishHistory/book3.html より、ウィキペディアの『デンマーク人の事績』。
（16）平凡社の『世界大百科事典』、『日本音楽大事典』の「勧進帳」の項。松竹『歌舞伎名作撰 勧進帳』（ＤＶＤ）の英文解説（和文の方は「往来の巻物」）。小学館のDVDブックシリーズの『勧進帳』の説明なども白紙説。

（17）手紙の持参人が犠牲になる話は古くからある。わが国では川や沼の主（水神）にまつわる話が知られる。若い女や男に手紙を託された六部や馬方が不審に思い手紙を開けると自分が供物に進呈される内容で、書き換えて宝を得る、という話が日本各地に分布することが紹介されている（柳田國男「橋姫」『一目小僧その他』角川文庫（角川書店、一九五四、一九五九年）一三四～一五四頁）。王が英雄サルゴンに持たせた手紙が「彼サルゴンに死をもたらす」旨の古代シュメール語の「封筒起源？説話」がある（菊池徹夫編『文字の考古学Ⅰ』前田徹「メソポタミアの楔形文字」五五～五六）。

（18）鳥居清長画・岸田杜芳作『通増安宅関（とおりますあたかのせき）』小池正胤・宇田敏彦・中山右尚・棚橋正博編『江戸の戯作絵本』続巻（一）現代教養文庫一一〇七（社会思想社、一九八四年）一九一～二一四頁。

（19）引用は、教養文庫版、一九二頁、二一四頁。

（20）折口信夫「言霊信仰」『折口信夫全集』第二十巻（中央公論社、一九六七年）二五二頁。

［参考文献］
青山吉信編『世界歴史大系 イギリス史Ⅰ―先史～中世―』山川出版社、一九九一、一九九七年。
折口信夫「言霊信仰」『折口信夫全集』第二十巻、中央公論社、一九六七年。
王勇Ａ
http://www.japanology.cn/japanese/speech/wy/03%E8%BE%B2%E6%96%87%E5%8D%94%E3%83%96%E3%83%83%E3%82%AF%E3%83%AD%E3%83%BC%E3%83%89.htm（2014/02/23確認）「中国の日本研究―ブックロード―書物による文明の伝播・変容・成熟―」（農文協主催講演会二〇〇二年三月五日 日中交流会発行）。
王勇Ｂ
http://www.japanology.cn/japanese/speech/wy/09%E3%82%B7%E3%83%AB%E3%82%AF%E3%83%AD%E3%83%BC%E3%83%89%E3%81%A8%E3%83%96%E3%83%83%E3%82%AF%E3%83%AD%E3%83%BC%E3%83%89.htm（2014/02/23確認）国際会議論集17『中国に伝存の日本関係典籍と文化財』国際日本文化研究センター二〇〇二年三月、王勇「シルクロードとブックロード」。
王勇Ｃ
「中国における日本漢籍の流布」（藤善真澄・蔡毅との共著）大庭脩・王勇編『日中文化交流史叢書 第九巻 典籍』大修館、一九九六年、三四一～四三一。

王勇D
「『ブックロード』とは何か」王勇・久保木秀夫編『奈良・平安期の日中文化交流―ブックロードの視点から―』濃山漁村文化協会、二〇〇一年、六～三一。

岸俊男編『日本の古代 第九巻 都城の生態』、中央公論社、一九八七年。

倉野憲司校注『古事記』倉野憲司・武田祐吉校注『古事記 祝詞』日本古典文学大系1、岩波書店、一九五八、一九六六年。

小池正胤・宇田敏彦・中山右尚・棚橋正博編『江戸の戯作絵本 続巻（一）』現代教養文庫1107、社会思想社、一九八四年。

小坂井澄『団十郎と『勧進帳』』講談社、一九九三年。

小島憲之・新井栄蔵校注『古今和歌集』新日本古典文学体系5、岩波書店、一九八九年。

小町谷照彦訳注『古今和歌集』ちくま文芸文庫、筑摩書房、二〇一〇年。

佐竹昭広・山田英雄・工藤力男・大谷雅夫・山崎福之校注『萬葉集』第一巻、第三巻、新日本古典文学大系1、3、岩波書店、一九九九年。

坂本太郎・家永三郎・井上光貞・大野晋校注『日本書紀』上、日本古典文学大系六七、岩波書店、一九六五年。

島津久基校訂『義経記』岩波文庫黄一一七‐一、岩波、一九三九、一九九〇年。

関敬吾『本格昔話五』『日本昔話大成』所収第六巻、角川書店、一九七八、一九八四年。

多ケ谷有子 "The Topic of Nature in Japanese Waka and Renga." *Bulletin of the College of Humanities Kanto Gakuin University.* No. 127. 二〇一三年、八一～八四頁。

立川談洲『花江都　歌舞伎年代記』鳳出版、一九七六年。

谷口幸男訳『デンマーク人の事績』東海大学出版会、一九九三年。

鳥居清長画・岸田杜芳作『通増安宅関（とおりますあたかのせき）』小池正胤・宇田敏彦・中山右尚・棚橋正博編『江戸の戯作絵本』続巻（一）現代教養文庫一一〇七、社会思想社、一九八四服部幸雄編『歌舞伎事典』平凡社、一九八三、一九八四年。

三谷栄一『要解日本文学辞典』有精堂、一九五九、一九六九年。

森正人校注『今昔物語集』第五巻、新日本古典文学大系37、岩波書店、一九九六年。

平野健次・上参郷祐彦・蒲生郷昭監修『日本音楽大事典』平凡社、一九八九年。

平野健次・上参郷祐彦・蒲生郷昭監修『邦楽名曲辞典』平凡社、一九九四年。

前田徹「メソポタミアの楔形文字」菊池徹夫編『文字の考古学Ⅰ』同成社、二〇〇三年、一七～六一。

前野直彬編訳『遊仙窟』『六朝・唐・宋小説選』中国古典文学体系24（全60巻）、平凡社、一九六八、一九八三年、一一三～一五四。

前野直彬編訳「解説」『六朝・唐・宋小説選』中国古典文学体系24（全60巻）、平凡社、一九六八、一九八三年、四五三～四八四。

柳田國男「橋姫」『一目小僧その他』角川文庫、角川書店、一九五四、一九五九年、一三四～一五四頁。

渡辺保『勧進帳—日本人論の原像—』ちくま新書０２４、筑摩書房、一九九五年。

サクソ・グラマティクス『デンマーク人の事績』谷口幸雄訳、東海大学出版会、一九九三年。

Hearn, Lafcadio. *Kwaidan : Stories of Strange Things*. Tokyo : Charles E. Tuttle, 一九〇三年。

Larrington, Carolyne, tr. *The Poetic Edda*. Oxford World's Classics, 一九九九年。

『演劇百科大事典』第二巻、平凡社、一九六〇、一九八四年。

『日本国語大辞典』第八巻、『日本国語大辞典』刊行会編、小学館、一九七四、一九九三年。

『日本古典文学大辞典』全六巻中第二巻、『日本古典文学大辞典』編集委員会編、岩波書店、一九八四年。

『国史大辞典』第五巻、国史大辞典編集委員会編、吉川弘文館、一九八五年。

『世界大百科事典』第十巻、平凡社、一九八八、二〇〇五、二〇〇六年改訂版。

『聖書』新共同訳、日本聖書協会、二〇〇〇年。

『小学館DVD BOOK シリーズ歌舞伎 市川團十郎・市川海老蔵パリ・オペラ座公演 勧進帳・紅葉狩り』日本語解説 小山観翁、英語解説 ポール・グリフィス（小学館、二〇〇八年）参照。

http : //omacl.org/DanishHistory/book3.html『デンマーク人の事績』。

第6章

日本の近代化に貢献した「連合王国」のお雇い外国人

―明治維新政府がスコットランドで実現したレシプロシティー―

小林照夫

1　はじめに―「イギリス」についての日本人の史的認識：「連合王国」内に残るスコティッシュネス―

一般に、日本人が日常的に用いている「イギリス」とか「英国」といった表現は慣習的呼称であって、一九二七年以降現在に至る正式国名は「グレート・ブリテンと北アイルランド連合王国」（United Kingdom of Great Britain and Northern Ireland）である。但し一八〇一年から一九二七年までを「連合王国」と称することがあっても、その当時の正式国名は「グレート・ブリテンとアイルランド連合王国」（United Kingdom of Great Britain and Ireland）であった。

グレート・ブリテンおよび北アイルランド連合王国

そうした「連合王国」の誕生はイングランドを中心とした大英帝国形成の帰結である。国名としては「長過ぎる」とか「実用的ではない」といわれているが、それがイギリスの史的経緯の実証でもある。

最近、日本でも、略称しての「連合王国」という呼称が身についてきたのか、公文書などにも「イギリス」と記載せずに、「連合王国」（略語UKに準拠した日本語）の表記をみる。[1] しかし、未だに多くの日本人の間では、「どうして《イギリス》とか《英国》ではいけないの」といった疑問が発せられている。それは無理からぬことであり、日本人が近代化のモデルとしたのは、グレート・ブリテンないしはグレート・ブリテンとアイルランドの「連合王国」であったが、それを「イギリス」ないしは「英国」といって憚ることがなかった、日本人の現実があったからである。つまり、そこでの日本人の対象はイングランドであり、そのイングランドがステージごとに新しい衣裳を身につけ、その都度国名を変えていながら、そうした史的事実を認識することなく、「イングランドはイングランド」とし、「イギリス」であったり「英国」であったりした呼称で済ましていた。

しかし、現実のイングランド史は一六〇三年以降大きく動きはじめた。それは、一六〇三年のエリザベス一世（Elizabeth I, 在位 1558－1603）の死去に伴い、スコットランド王ジェームズ六世（James VI, 在位 1567－1625）が、同年七月二五日に、ジェームズ一世（James I, 在位 1603－1625）としてイングランド王に即位したことにはじまる。その体制を「一王二議会制」に基づく同君連合と称した。そうした時代がイングランドとスコットランド間で展開する少し前の一六〇〇（慶長五）年三月一六日に、オランダ船リーフデ号（De Liefde）が豊後の臼杵湾あたりに漂着した事件が発生した。乗船者の一人にイギリス人の水先案内人ウィリアム・アダムス（William Adams）がいた。日本人としては彼が最初のイギリス人としての出会いであった。

次に、イギリスに関連する事項としては、一六一三（慶長一八）年六月に、イギリス東インド会社の貿易船「クローブ号」（Clove）の船長ジョン・セーリス（John Saris）が国王ジェームズ一世の国書を携え平戸に到着したことがあげられる。そのことを契機に、徳川家康が朱印状を交付したことで、イギリスは平戸に商館を開設し、リチャード・コックス（Richard Cocks）が商館長を務めた。その意味では、その時が日本とイギリスの通商のはじまりであった。ところが、一六二三（元和九）年に、アンボイナ虐殺事件（Amboyna massacre）が発生し、オランダに圧倒されたイギリスは、インドネシア・モルッカ諸島（Moluccas）を含む東南アジアの地から退く形になり、インドへ矛先を向けることになった。そうした史的事実もあって、一六二三（元和九）年一一月に、イギリスは平戸の商館を閉鎖せざるを得なくなった。事実上この時点で、日本とイギリスの通商関係は消滅した。

それから半世紀が経った一六七三（寛文一三）年一月に、イギリス船リターン号（Return）が長崎に来航した。それは朱印船の有効性を主張した貿易の再開であった。ところが、幕府は「オランダ風説書」などの情報から、国王チャールズ二世（Charles II, 在位 1660－1685）が一六六二年に結婚した相手、その女性がポルトガルのブラガンサ王朝（Dinastia

この時点までのイギリスはイングランド王国に限定したものとなる。その意味では、当時の同君連合形成国スコットランド王国は、日本とイギリス交流史には直接的な関係はなかった。その時代のイギリスはイングランド王国を前提したもので、そのして、幕府はイギリス船の来航そのものを禁じた。熱心なカトリック教徒であったことや、かつての一方的な平戸商館閉鎖等を理由に（Catherine of Braganza）であり、熱心なカトリック教徒であったことや、かつての一方的な平戸商館閉鎖等を理由にde Bragança）の初代国王ジョアン四世（João IV, 在位 1640－1656）の王女カタリナ（キャサリン・オブ・ブラガンザ

一九世紀に入ると、アジアにおけるイギリスとオランダの商権争奪戦は一層激化し、日本もその影響を受けはじめた。それが一八〇八（文化五）年八月のフェートン号（Phaeton）事件である。この時代になると、イングランドは一七〇七年のスコットランドとの合邦に基づく「グレート・ブリテン王国」（Kingdom of Great Britain）ないしは「グレート・ブリテン連合王国」（United Kingdom of Great Britain）から、一八〇一年には、グレート・ブリテン王国がアイルランド王国を併合した「連合王国」であり、正式国名は「グレート・ブリテンとアイルランド連合王国」へと変わった。厳密にいえば、フェートン号はグレート・ブリテンとアイルランド連合王国船ということになる。その連合王国船がオランダ国旗を掲げて長崎に入港した。入港と同時に出島のオランダ商館を襲撃し、商館員二人を捕えた。そして、彼らを人質として水と食料を要求し、彼らを釈放したのちに長崎を退去した。そのことを契機に、幕府はグレート・ブリテンがアイルランドを併合した連合王国に変身を遂げていたことを知り、幕府にとっての「いわゆるイギリス」に関する研究の必要性を痛感した。その一つの表れが「連合王国」に駐在経験のあるオランダ人ヤン・コック・ブロンホフ（Jan Cock Blomhoff、歩陸無忽桴）の指導を受けての『諳厄利亜語林大成』（ポルトガルの発音に由来。Anglica、ラテン語でのイングランド）といわれる英和辞典の編纂である。[2]

ウィリアム・アダムスの漂着ではじまったイングランド王国と日本の関係ではあったが、一七〇七年にイングランドとスコットランドが合邦して誕生したグレート・ブリテン王国、そしてさらに、一八〇一年には、その王国がアイルランド王国を併合し、経済力と軍事力を兼ね備えた「連合王国」が誕生すると、アジア地域での商権争奪は「連合

王国」優位に展開した。そうした「連合王国」（幕府は「イギリス」と称して）の軍事力を警戒し、幕府は一八二五（文政八）年に「異国船打払令」を発布し、日本の沿岸に近づく外国船を砲撃し追い返すことをはじめた。

こうした幕府の対応は、幕府の鎖国政策が頂点に達した証でもあるが、他方では、「連合王国」をはじめとした欧米列強のアジア進出に危機感を持つ人々を募らすことになった。危機感を覚えた人達の関心は、正確な海外情報の入手であった。そして、情報の共有化が「鎖国」という閉鎖的社会に風穴をあけた。西川武臣は共著『開国日本と横浜中華街』（大修館書店）の中で、「19世紀後半に入って日本は『鎖国』から『開国』へと大きな一歩を踏み出したが、この過程は、すべての日本人が『国際化』の荒波に巻き込まれていく過程であった。また、その過程は、海外で発生するさまざまな事件を知ることから始まった。特に、ペリー艦隊が来航する直前の時期になると、現在のわれわれが考えているよりも、はるかに多くの情報が伝えられるようになり、農民や町民の中にも『海外通』と呼ばれる人があらわれるようになった」(3)と叙述している。そんな時代の海外情報の一つが、清国で出版された『夷匪犯彊録（いひはんきょうろく）』を基にした嶺田楓江（みねたふうこう）の『海外新話』である。

この書物を通して、一部の日本人ではあるが、産業革命によって量産化を可能にした生産品の市場開拓を通して進めた資本蓄積に向けての「連合王国」の政策が、清国においてはアヘンを介在とした戦争（阿片戦争）にまで発展したことを知った。その阿片戦争は一八四〇年から二年間に亘った。戦争の実態がわかるにつれて、幕府はそうした「連合王国」をはじめとした欧米列強の脅威を感じはじめた。

本章では、そのような欧米列強、とりわけ「連合王国」との間の「日英修好通商条約」の締結、その条約に基づく「連合王国」とのビジネスの展開、その一翼を担った英一番館を開設したジャーディン・マセソン商会（Jardine, Matheson & Co.）とその代理店グラバー商会（Glover & Co.）のビジネスを通して新しい局面に入った日本と「連合王国」の関係を論じることからはじめる。次に、明治期を迎えると「お雇い外国人」の力を借りて日本の近代化がはじまる。その第一号が「灯台の父」であり、「近代都市横浜のプランナー」でもあったブラントン（Richard Henry Brunton）である。当時の『御雇外國人一覧』(中外堂、明治五年)では、出身国については「英」、「佛」といった記載になっているので、ブラントンの出身国は「英」ということになる。

現在、イングランドの自治、スコットランドの自治、北アイルランドの自治、ウェールズの自治といったそれぞれの自治に関する問題が、「連合王国」内の領域民の重要な関心事になっている。そうした現実に拘わらず、日本人の多くは、イングランド王国によるスコットランド王国との併合、さらにはアイルランド王国との合併によって成立した「連合王国」を、未だに、「英国」とか「イギリス」とかと称している。一七〇七年の「グレート・ブリテン王国」もしくは「グレート・ブリテン連合王国」の誕生、その実態は正に「合邦」であり、二つの王国が一つになったということであるが、国家としての根幹をなす教会(制度)[4]や教育問題については、「合邦条約」とは別に、その後も両王国の問題として継承された。特に教会問題については、スコットランドが「スコットランド教会保全法」(**Act for Security of Church of Scotland**)を可決したことから、「一国家二国教制度」がとられた。また、教育についても、スコットランドの教育はJ・ノックス(**John Knox**)の先見的な考え方に負うところが多い。[5]更には、一八〇一年のグレート・ブリテンがアイルランドを併合しての連合王国成立に至る史的経緯もあって、現在なおスコットランドの完全自治の確保、別言すれば、「独立」がスコットランド議会での重要な課題になり、二〇一四年九月一八日には、独立の賛否を問う住民投票が行われた。

それだけに、私たち日本人がこれまでの一般的表示を容易に継承し、幾つもの衣服を身にまとい様相を変えてきたイングランドであるに拘わらず、「英国」とか「イギリス」といった形で、変容を遂げている「連合王国」そのものを描写してきたが、時代によっては、そこでの「英国」や「イギリス」を「合邦故の連合王国」の視点、いわゆる「連合王国」論に基づく「イギリス」論が前提にならなければならない。

ここでは、既述の視点を重視し、「スコットランドの独立」が現実に議論されていることを考慮すると、「連合王国」内では、「国家なき民族の精神的風土」、ある種のスコティッシュネスが生き続けている証でもある。そんな「連合王国」の史的現実を直視した時、ブラントンや日本の工学教育に貢献したヘンリー・ダイアー（Henry Dyer）等の出身国を、先の『御雇外國人一覧』に記載されているように、「英」として位置づけ捉えてよいのかといった疑問が生じる。もちろん、スコットランドの民は「国家なき民族」、故に彼らを的確に表示する国名はない。しかし、彼らと日本人との間に、グラスゴーを介してのスコットランド・ネットワークが形成されたその史的現実を考慮すると、そこにはスコティッシュネスが生き続けていた故のレシプロシティー（reciprocity）がみられたともいえる。そうした既述の諸点に本稿考察の視点を置き、テーマ「日本の近代化に貢献した連合王国のお雇い外国人―明治維新政府がスコットランドで実現したレシプロシティー―」について論述する。

2　日英修好通商条約とグレート・ブリテンとアイルランド連合王国の日本進出
―エルギン、オールコック、グラバー、ケズウィックによるスコットランド・ネットワークの形成―

一八五四（嘉永七）年八月二三日、長崎奉行水野忠徳、同目付永井尚志と東インド・中国艦隊司令ジェームズ・スターリング提督（Admiral Sir James Stirling）との間で、「日英和親条約」（Anglo-Japanese Friendship Treaty）が締結された。それは日本とグレート・ブリテンとアイルランド連合王国にとって予期せぬ出来事でもあった。

当時のグレート・ブリテンとアイルランド連合王国の関心は中国にあり、アメリカのペリー（Matthew Calbraith Perry）の日本来航でも動揺することはなかったが、クリミア戦争の抗戦国ロシアが日本と条約を結ぶという情報を取得すると、状況は一変した。日露の条約締結を牽制する意味で、スターリング提督が旗艦HMSウィンチェスター（HMS Winchester）を含む四隻の艦隊で急遽長崎に来航した。その結果、「日英和親条約」の調印に立ち会うことになった。彼は東インド・中国艦隊司令の任にあったので、外交交渉を行う職務になかったばかりか、本国からは条約締結の指示も受けていなかったので、彼にとっては「日英和親条約」の締結は想定外の出来事であった。

その中身は、半年余り前に遡る一八五四（嘉永七）年三月三日に、幕府とペリーとの間で締結された「日米和親条約」（日本國米利堅合衆國和親條約：Convention of Peace and Amity between the United States of America and the Empire of Japan、通称 Treaty of Kanagawa）を基底としたものであったが、グレート・ブリテンとアイルランド連合王国は、一八五四（嘉永七）年八月二三日に、スターリング提督が長崎奉行水野忠徳との間で締結した「日英和親条約」を追認した。グレート・ブリテンとアイルランド連合王国としては、日本との友好関係をロシアへの牽制と考えていたので、ロシア艦隊を牽制する意味での長崎と箱館の開港、それに伴い薪水や食料の補給が可能になることは、メリットになったと考えたからである。この時の通訳を、尾張国知多郡小野浦の漂流民であったが、救助され、日本人として最初のロンドン訪問者、音吉（John William Ottoson）が務めた。

その後、グレート・ブリテンとアイルランド連合王国は、一八五八（安政五）年六月一九日に、日本とアメリカとの間で締結された「日米修好通商条約」（日本国亜米利堅合衆国修好通商条約：Treaty of Amity and Commerce）とほぼ同一内容の条約、「日英修好通商条約」（The Anglo-Japanese Treaty of Amity and Commerce）を、一八五八（安政五）年七月一八日に締結した。条約に記載された条項数はともかくとして、条約の内容についてはほぼ同様であったが、異なる点としては、「日米修好通商条約」の第二条の記載である。そこには、「日本国と欧羅巴中の或る国との間に差障起こる時は日本政府の嘱に應じ合衆国の大統領和親の媒と為りて扱ふべし」とあるように、日本とヨーロッパの国々との間に紛糾の事態が発生した時には、アメリカの大統領が仲裁の任に当たることが記載されていた。しかし、他国との修好通商条約にはその条項はない。そうした相違点をみるが、一八五八年に締結された日本とアメリカをはじめ「連合王国」ほか仏・蘭・露の五カ国との間の「修好通商条約」の大意が同じであることから、「安政の五カ国条約」といった形で一括りにされている。

グレート・ブリテンとアイルランド連合王国との間の条約については「日英修好通商条約」とあるが、その条約の和文冒頭には、「帝国大日本大君と大貎利太泥亜および意而蘭土の女王と永く親睦の意を堅くし且其各臣民貿易と交通を容易にせん事を欲して（後略）」と記載されている。既述のように、私たち日本人の多くは、今日でも、正式国名が「グレート・ブリテンと北アイルランドの連合王国」であるにも拘わらず、日常的に「イギリス」と称して憚らないが、少なくともこの条約文にみる当時の認識では、意而蘭土（イングランド）とを区分しての大貌利太泥亜（大ブリタニア）という表記は、当時の「連合王国」、「いわゆるイギリス」そのものの状況がかなり理解されていることを意味する。そうした認識がみられるのは、幕府側調印者であった水野忠徳、井上清直、岩瀬忠震等の見識によるものといえる。

また、当時の日本の民衆の間でも、一部ではあったが、一九世紀の後半に入っての「鎖国」が「開国」するという一連の流れの中で、正しい海外事情の把握を求めていた人たちがいた。生麦村の名主関口東作が、一八四九（嘉永二）年嶺田楓江撰による『海外新話』の写本をつくったのも、外国船が訪れ、幕府の政策の根幹をなしていた鎖国が揺らぎはじめたその現実を、民衆が少しでも知りたいと願っていた社会的風潮の現われからであった。

関口東作が筆写した二冊の写本が横浜開港資料館に所蔵されていることもあって、これまでにも横浜開港資料館報『開港のひろば』で採り上げられている。また、当館の西川正臣は先述の共著で、関口東作の写本にみるイギリス、何故、この二冊の写本に彼がイギリスを筆写したかについては定かではないが、いずれにせよ、『海外新話』の「連合王国」に関する情報の正確さと豊富さに驚きを感じてのことではないのかといった主旨のことを、記述している。[6] そこで、その西川が「そうした情報のすべてを紹介することはできないが」として整理を試みた「連合王国」に関する記述を引用することにした。「イギリスはヨーロッパ州の海中にある一大島国なり。この島の北方の地をスコシアという。昔独立の主ありて領す。しかるに、暦数一七〇七に英国の女王アンナの世にあって、その地を合わせ領す。かつ、西の方にあるイールランドという島を得て、総称して、ブリタニアという。地を分けて五十二州と成し、六十二の諸侯を封す。その南方カライス海峡を隔てオランダ・フランスの両国に対す。その中間あい距（へだ）たるに十二、三里、便風の帆を開く時は一日にして往還す」と。[7]

その記述をみる限り、『海外新話』を読んだ人たちといった限定つきではあるが、そういう人たちの間では、単にイギリスではなく、グレート・ブリテンとアイルランド連合王国への史的変遷が理解されていたのではないかと思える。ブリテン島の北方の地にあるスコシアは正にスコットランドであり、そして、一七〇七年に、その王国がイングランド王国（既にウェールズを包含）と合邦した記述があり、グレート・ブリテン王国という表記はないが、「西の方にあるイールランドという島を得て、総称して、ブリタニアという」とある叙述は、一八〇一年のアイルランドを併合しての「連合王国」、いわゆる「グレート・ブリテンとアイルランド連合王国」の成立の経緯を踏まえたものとして読みとれる。正式国名でのイギリスという国家が存在していないのに拘わらず、イギリスと称し憚らない人たちが現在の日本に多くいる状況を鑑みると、『海外新話』での「連合王国」に関する記述の内容はむしろ評価できるものである。

この「日英修好通商条約」の調印にあたったのが、第八代エルギン伯爵および第一二代キンカーディン伯爵ジェイムズ・ブルース（James Bruce, 8th Earl of Elgin and 12th Earl of Kincardine）であった。この伯爵家は一三〇〇年代に二人のスコットランド王、ロバート一世（Robert I, 在位 1306 – 1329）とデヴィッド二世（David II, 在位 1329 – 1371）の父子を輩出したスコットランドの名門氏族、ブルース氏族の系譜にある。爵位としては合邦以前のスコットランド貴族の称号エルギン伯爵（Earl of Elgin）のほかに、キンロスのブルース卿（Lord Bruce of Kinloss）は一六〇八年に、キンカーディン伯爵（Earl of Kincardine）は一六四三年に、そしてトリーのブルース卿（Lord Bruce of Torry）は一六四七年に叙され創設している。ところが、一六八五年に襲爵した第三代エルギン伯爵トマス・ブルース（Thomas Bruce）は、オレンジ公ウィリアム三世（William III（of Orange）, 在位 1689 – 1702）のイングランド上陸後も、ジェームズ二世を支え続けた貴族の一人ということもあって、爵位剥奪の危機にさらされた時もあった。三代伯死去後、息子のチャールズ（Charles）が四代伯に就き、加えてトッテナムのブルース男爵（Baron Bruce of Tottenham, in the County of Wilts）に叙せられ、グレート・ブリテン王国の爵位を有した。グレート・ブリテン王国誕生後は、スコットランド王国の爵位のみを有していた貴族の発言力が弱まっただけに、四代伯がグレート・ブリテン王国の爵位を有したことは、後のエルギン伯家にとっては意義を有した。

「日英修好通商条約」に署名したエルギン伯は、先述した八代伯で、「連合王国」の貴族ということもあって数々の要職に就いていた。一八四二年から一八四六年まではジャマイカの総督に、一八四七年から一八五四年まではカナダの総督、アロー戦争時には特派大使として清国に赴き、天津条約と北京条約の締結にあたっている。「日英修好通商条約」締結の時には、ヴィクトリア女王（Victoria, 在位 1837－1901）の特命を受けて清国から日本に赴いている。その条約締結時のエルギン伯の通訳が、ローレンス・オリファント（Laurence Oliphant,1829－1888）であった。

オリファント家は、産業革命以前までのスコットランドの代表的都市パース（Perth）が所在するパースシャー（Perthshire）地方の名門で、彼自身は二五歳の時にカナダ総督エルギン伯（第八代エルギン伯）の秘書官となり、一八五八年の「日英修好通商条約」締結時にはエルギン使節団の通訳として来日している。その後、連合王国の行使に昇任したラザフォード・オールコック（Sir Rutherford Alcock）は、彼を一等書記官に任命した。不幸にも、オリファントは、来日間もない一八六一（文久元）年五月二八日の早朝、イギリス公使館になっていた東禅寺が攘夷派の浪士に襲われ（第一次東禅寺事件）、彼自身負傷したことで、一〇日余りの滞在で帰国することになった。来日間もなくして攘夷派の浪人に傷を負わされたオリファントであったが、彼自身、日本人に好感を寄せていた。その証の一つとして、彼が日本人のイギリス留学生を温かく迎えた話などがWebにも出てくる。(8)

その留学生とは薩摩藩遣英使節団の一団で、外交使節団のメンバーとしては新納行部（新納久脩）、五代才助（五代友厚）、松木弘安（寺島宗則）、堀宗次郎（堀孝之）の四名が、その他、留学生については、主として、薩摩藩の藩校である開成所に学ぶ面々、そこには、森金之丞（森有礼）、畠山丈之助（畠山義成）、鮫島尚信（鮫島誠蔵）、東郷愛之進、市来勘十郎（松村淳蔵）、中村宗見（中村博愛）、磯永彦輔（長沢鼎）ら一五名が名を連ねていた。(9) その内、森有礼、長沢鼎、吉田清成、畠山義成、松村淳蔵、鮫島尚信らの六名が、トマス・レイク・ハリス（Thomas Lake

Harris）の結社「新生社」に入るためにアメリカに渡っている。その折の紹介者がオリファントであった。

また、薩摩藩遣英団の渡航・留学に際しては、スコットランドのアバディーンシャー（Aberdeenshire）に所在する北海に面した小さな漁港フレイザバラ（Fraserburgh）出身の商人トマス・ブレーク・グラバー（Thomas Blake Glover）の力添えがあった。薩摩藩の一行は、一八六五（元治二）年三月二二日、鹿児島の西方の串木野郷羽島浦でグラバー商会の所有船「オースタライエン号（オーストラリアン号）」に乗船し、一路香港へ向けて出発した。香港からはイギリスの大型客船（P&O汽船二〇〇〇トン級）に乗り換え、幾つもの港に寄港し、一八六五（慶応元）年五月二八日サザンプトン（Southampton）港に着いた。サザンプトンからは汽車に乗り、目的地ロンドンに向かった。ロンドンで、彼ら薩摩藩留学生の世話をしたのが、トマス・ブレーク・グラバーの兄ジェイムズ・リンドレー・グラバー（James Lindley Glover）とグラバー商会のライル・ホーム（Ryle Holme）であった。彼らは一行の学習プランの作成や生活面の支援を行った。また、彼ら留学生に対して、「ジャーディン・マセソン商会」（Jardine, Matheson & Co.）とロンドンのマセソン商会も援助を行った。[10] 一行はロンドン大学ユニヴァーシティ・カレッジ（University College（UCL））で学んだが、後のカルフォルニア葡萄王長沢鼎は、当時一四歳で、大学で学ぶ年齢に達していなかったこともあって、グラバー商会の世話で、トマス・ブレーク・グラバーが卒業したキングス・カレッジのギムナジウム（Gymnasium：付属教育機関）に入学した。宿泊はトマス・ブレーク・グラバーの実家に世話になった。

トマス・ブレーク・グラバーの少年時代のグレート・ブリテンとアイルランド連合王国は海外進出の大きな潮流の中にあった。従来からのアメリカだけではなく、アフリカやアジアの中国や日本にまで矛先を向けていた。彼の父トマス・ベリー・グラバー（Thomas Berry Glover）も、東洋への夢を膨らまし、三男のジェームス・リンドレー・グラバー、五男のトマス・ブレーク・グラバー（後の長崎のグラバー）を伴って、一八五九年春、アバディーン港から中国の上海に向かって船出した。[11]

このグラバー父子の中国渡航の契機は、清国、日本へ特使として赴いたエルギン使節団の東アジア情報によるものとも考えられる。[12] エルギン伯爵はスコットランドの名門氏族出身、オリファントも、ジャーディンとマセソンも、そしてグラバーもスコットランド人、その彼らの働きかけが、スコットランド・ネットワークの形成につながった。一つはエルギン使節団の情報に基づくグラバーの来日、他の一つは、グレート・ブリテンとアイルランド連合王国の東アジア戦略の裏方を務めたスコットランド系商社「ジャーディン・マセソン商会」の日本進出、その横浜支店や「ジャーディン・マセソン商社」の長崎代理店グラバー商会の事業展開、彼らによる後の明治維新政府の要人たちの「連合王国」への留学支援、それをコアにしての明治維新政府とのつながり、その運動体の図式は、グレート・ブリテンとアイルランド連合王国と称しながらも、内実はスコットランド・ネットワークの形成であり、そのネットワークを介してのスコットランド人教師、技術者の来日の基盤がつくりあげられた。

3　横浜開港場のジャーディン・マセソン商会 —そのビジネスと商館貿易の思惑—

横浜開港場の開設は、幕府とハリス（Townsend Harris）との間で一八五八（安政五）年六月一九日に締結された「日米修好通商条約」に基づく。その後、同年に、同種の条約が「連合王国」をはじめ仏・蘭・露の四カ国の間で締結された。その折の条約では、主な条項として条約港の設定と江戸と大坂の開市が規定された。港に関しては、神奈川、長崎、箱館の三港が条約締結から一年以内の開港とされた。[13]

港湾史においては、「開港」とは単に港の開設を意味したものではなく、その港が外国との貿易を目的に開設されたことをいう。その意味では、「開港」は幕府の鎖国政策の終焉を意味し、幕府が実施してきた秩序の解体でもあったので、幕府としては新しい政治的秩序の創出が急務になった。

幕府が神奈川から横浜に開港場を変更した理由は、神奈川の宿は賑わっていたので、[14] その宿場に外国人が集住し騒擾の源になることを恐れたことや、問題が発生した時には江戸と直接的に結びつく東海道の道筋にあったことなどからである。幕府は条約を違えて、神奈川から横浜へ開港場を変更したこともあって、横浜の開港場建設を最優先した。その突貫工事には目を見張るものがあり、約束期間内の一八五九（安政六）年六月二日に横浜の開港が実現した。当時連合王国の総領事であったオールコックは「人の住まぬ湾のはしの沼沢から、魔法使いの杖によって、日本人商人たちが住む雑踏する街ができた」と、寒村横浜の変貌ぶりに驚愕した。しかし、ハリスは変貌を遂げた横浜といえども、開港場横浜という幕府案を容認したわけではなかったので、それは隔離された人工的空間であるとして、外国人の神奈川宿の居住を主張した。[15] そのような経緯もあって、横浜の開港場に外国人が本格的に移住するのは開港の翌年になってであった。

そうした状況の中で、一八五九（安政六）年七月、横浜開港場外国人居留地一番に、先陣を切って商館貿易を開始したのが、清国で「サッスーン商会」（E.D.Sassoon & Co.）と並んで阿片の取引で名を馳せた「ジャーディン・マセソン商会」であった。[16] そうした経緯や居留地一番に所在したこともあって、その後「ジャーディン・マセソン商会」は「英一番館」とも称された。横浜支店の責任者に同商会のパートナー、ケズウィック（William Keswick）が着任した。同商会のビジネスが長崎から横浜にシフトした理由としては、横浜港が生糸と製茶の輸出に特化したことによる。[17] そして、同社は横浜では甲州屋忠右衛門のような大手の生糸売込商と取引関係を強めた。輸出量に見合った生糸の確保が常に必要になることから、前貸による産地買い付けなども行った。そのために、売込商との間で訴訟問題にまで発展することがあった。[18]

いずれにしても、生糸の生産が覚束なく、輸出量に見合った生糸の買い付けが困難なこともあって、「イギリス植民地銀行が横浜へ進出しはじめる一八六三年までの間、（中略）生糸仕入れをなしうるのは、巨額の洋銀を満載した船を次々と横浜へ送り込む実力を有する巨大商社にほぼ限られていた」[19] といった記述をみる。そこには「ジャーディン・マセソン商会」のような巨大商社の優位性が語られている。

その「ジャーディン・マセソン商会」横浜店のケズウィックとグラバーは、業務の関係で結びついていた。グラバーは、幕末動乱の大きなうねりがはじまる一八六二（文久二）年の暮れに、商用で横浜に出掛けてきていた。この時すでに「英一番館」は日本に居留しているイギリス商人のたまり場になっていた。グラバーはこの年横浜で年を越し新年を迎えた。グラバーは、その正月、「英一番館」で洋行の希望を持つ長州藩士の話を耳にしたので、会見を望むと、伊藤俊輔だった」という話がある。[20] 彼ら「連合王国」への密航者は、ロンドン大学に Choshu Five（長州五傑）として顕彰碑が建てられている面々で、井上聞多（井上馨）、遠藤謹助、山尾庸三、伊藤俊輔（伊藤博文）、野村弥吉（井上勝）の五名である。一八六二（文久三）年五月一二日、彼らは「ジャーディン・マセソン商会」の所有船チェルスウィック号で中継地上海に向けて出港した。上海では「ジャーディン・マセソン商会」上海支店長と面談をし、ロンドンへの手配が整えられた。彼ら一行はそうした上海滞在の日も入れて、同年一一月四日にロンドンに到着した。

ロンドンで、彼ら一行の到着を待っていたのは、「ジャーディン・マセソン商会」の創業者の一人、ジェームズ・マセソン（James Matheson）の甥にあたる「ジャーディン・マセソン商会」ロンドン社長ヒュー・マセソン（Hugh Matheson）であった。彼は伊藤俊輔らをロンドン大学ユニヴァーシティ・カレッジのアレキサンダー・ウィリアム・ウィリアムソン博士（Dr. Alexander William Williamson）に紹介した。ウィリアムソン博士は、英国学士院会員やロンドン化学協会会長の要職にあったユニヴァーシティ・カレッジの化学教授で、思想的には、ジョン・S・ミル（John Stuart Mill）の功利主義やオーギュスト・コント（Augste Comte）の実証哲学の信奉者として知られる人物であった。そのウィリアムソン夫妻から英語や文化習慣の指導を受けた。彼らの英語力の向上には目を見張るものがあったといわれている。彼らはユニヴァーシティ・カレッジには法文学部の聴講生として通った。

ユニヴァーシティ・カレッジは大英博物館の側にあったので、ロンドンでも地の利の良いところに所在していた。そんなこともあって、彼らは産業革命の所産が開花し、「世界の工場」、「世界の金融業」といわれた大帝国の首都ロンドンの街で、ウエストミンスターの議事堂をはじめ、病院、博物館、図書館、劇場等、近代都市での市民生活に不可欠な諸施設を見学・視察した。彼ら五人はそうしたロンドンの市民生活にとって必要な諸施設を通してグレート・

ブリテンとアイルランド連合王国の近代的都市文明に驚きを覚える度に、彼らが抱いていた攘夷論は色褪せていった。

また同時に、彼らは都市ロンドンでの生活を通して、グレート・ブリテンとアイルランド連合王国をはじめとした西欧諸国を敵に廻す脅威を日々募らせていた。特に、伊藤俊輔（博文）と井上聞多（馨）は、そのことを強く実感し、グレート・ブリテンとアイルランド連合王国をはじめとした西欧諸国との間の母国（長州）の抗戦を止めようと、ロンドンに来て半年もたたない一八六四年四月中旬に、急ぎ帰国することを決めた。しかし、ロンドンと日本の道程は遠く、彼らの帰国は同年（元治元年）の六月一〇日になった。帰国するなり、伊藤と井上は懸命に攘夷路線を猛進する長州藩を諫めたが、事態は変わらず、同じ年の八月に関門海峡で、「連合王国」をはじめ米・仏・蘭の四カ国から構成された連合艦隊と砲火を交え惨敗した。伊藤と井上は留学の志半ばにして帰国したが、山尾庸三、野村弥吉、遠藤謹助の三人はそのままロンドンに留まり、ユニヴァーシティ・カレッジで学んだ。

日本を出て三年の歳月が経った一八六六（慶応二）年の秋、山尾庸三はヒュー・マセソン等から話を聞いていたグラスゴーで造船学を学ぶことを決意した。しかし、現実には、ロンドンに来て三年も経っていたので、長州藩からの留学資金は底をつき、山尾自身厳しい経済状況にあった。そんな時に、グラバーの紹介で、一八六五（元治二）年三月二二日に日本を出発し、ユニヴァーシティ・カレッジで学んでいた薩摩留学生が力になってくれた。彼らは山尾の願いを叶えるためにカンパをした。彼らのカンパ金を持って山尾はグラスゴーに向かった。仲間の野村弥吉はロンドンに残り、ウィリアムソン教授の家で手伝いをして学費を得ながら、鉄道と鉱山の勉強を続けた。もう一人の仲間の遠藤謹助は体調を崩し急遽帰国した。

ロンドンのユニヴァーシティ・カレッジを離れグラスゴーに行った山尾は、貿易商のブラウン（Brown）家に下宿し、昼間はネピア（Napier）造船所の見習工として仕事をし、勤務後は、アンダーソン・カレッジ（Anderson College）で造船・製鉄・炭鉱について学んだ。(21) 山尾が学んだアンダーソン・カレッジはグラスゴー大学の物理学の教授J・アンダーソン（John Anderson）の遺贈で、一七九六年に、一般市民層を対象とした自然科学講座の学習機関として開設された。(22)

山尾はそのカレッジで多くのことを学び、後に「工学の父」と呼ばれる資質を培った。しかし、長州藩からの帰国命令があって別れを告げることになり、山尾は野村とともに、一八六八（明治元）年一一月一九日、五年半ぶりに帰国した。日本の工学教育の両輪といわれたヘンリー・ダイアー（Henry Dyer）との関係は後のことであるが、アンダーソンズ・カレッジの同窓ということが両者の絆を強めた。

4　灯台技師ブラントンはスコットランド人 ―彼は近代都市横浜のプランナー―

明治新政府がお雇い外国人の力を借りることになるのは、一八六六（慶応二）年五月一三日に、「連合王国」・アメリカ・フランス・オランダとの間で調印された貿易章程に関連した改税約書に基づく灯台問題（日本近海は暗礁が多いが、灯明台や常夜灯であって、航路標識の整備がはかられていない）に関する約定書、通称「江戸条約」と、その翌年の「連合王国」との間で調印された通称「大坂条約」が履行されていなかったことで、条約灯台[23]を建設することになった。最初の灯台建設にヴェルニー（Francois Leonce Verny）が係わった。彼は幕府の意向によって招聘された製鉄所・造船所建設技師であったが、彼の能力が請われて灯台建設をも担うことになった。日本最古の洋式灯台観音埼灯台（横須賀）がヴェルニーの灯台で、その灯台は一八六八年（明治元）年八月三〇日（新暦一一月一日）に着工し、翌年一月一日（新暦二月一一日）に完成した。その着工日、新暦一一月一日が灯台記念日になっている。その他、ヴェルニーが関与した灯台としては、野島埼灯台、品川灯台（明治村に移築）、城ケ島灯台がある。

他方、当時のグレート・ブリテンとアイルランド連合王国の公使パークス（Henry S. Parkes）は、改税約書締結後、その約書に規定されている航行安全のための諸設備―灯台、ブイ（浮標）、ビーコン（主として無線標識）等を建設すべき活動を推進した。彼はその調査資料を一八六六（慶応二）年一一月一七日に幕府に提出し、その回答を幕府に求めた。パークス公使宛の幕府の回答書には、灯台の設置場所については実測を行うことをはじめ、建設に要する機械類の購入に関してはグレート・ブリテンとアイルランド連合王国政府に協力依頼すること等が記述されていた。[24]パークス公使は本国の外務省に連絡をとった。連絡を受けた外務省は当該機関の商務省へ、商務省は灯台の整備・維持・管理をしているトリニティ・ハウス（Trinity House）に、その経由でスコットランド灯台局のD＆Tスティーヴンソン（David & Thomas Stevenson）に協力依頼があった。[25]そうした経緯で、スティーヴンソン兄弟からスコットランド人のブラントン（Richard Henry Brunton）に日本行きの打診が行われた。

ブラントンはその要請を受諾し、一八六八（慶応四）年二月二四日に商務省より採用の通知を受け、同年三月二九日雇用契約を明治新政府との間で結んだ。その後、短期間であったが灯台に関する実務経験を積み、同年六月一三日サザンプトン（Southampton）を発ち日本に向かい、八月八日に横浜に着いた。彼の日本での様子については、彼の著書『お雇い外人の見た近代日本』（講談社学術文庫、一九八六年）から窺い知ることができるが、「妻子を伴っての何故の訪日か」ということに関しては、当時のお雇い外国人の魅力的な俸給、本国の鉄道ブームが去ったことからの途上国への関心、または、グレート・ブリテンとアイルランド連合王国をはじめ西欧社会で評価されはじめたジャポネスリーやジャポニスムへの関心など、色々と憶測されている。

いずれにしても、ブラントンは、明治新政府のお雇い外国人第一号として灯台建設に係わった。彼は日本滞在中の約八年間に、和歌山県串本町の樫野埼灯台を皮切りに犬吠埼や御前埼等二六灯台、横浜西波止場をはじめ五基の灯竿、その他、横浜港、函館港の灯船二隻の設計・建設等に携わった。その精力的な仕事ぶりや灯台技師としての力量については大いに評価されるところであるが、灯台の設計や建設の体系化を可能にした一八七一（明治四）年開設の修技校（灯台寮）の意義は殊の外大きいものがあった。

ブラントンは来日すると横浜で業務に就いた。先述したように、灯台の建設・整備事業は、元々は、幕府が「連合王国」・米・仏・蘭の四カ国から要請された課題であったので、当初の灯台事務は外国奉行及び神奈川奉行が司った。一八六八（慶応四）年三月一九日に、神奈川奉行所の戸部役場（内務担当）、神奈川運上所（外務担当）が新政府軍

ブラントン銅像

に接収されたことで、横浜裁判所の所管となった。その後、横浜裁判所が神奈川府裁判所に、そしてさらに神奈川県裁判所に改称したことで、同裁判所内に灯台事務を専掌する灯明台掛が設置された。一八六九（明治二）年四月に外国官の所管（実務は神奈川県令）となり、その下で灯明台役所が横浜の弁天（現中区北仲通六丁目）に開設された。ブラントンはこの役所で灯台網整備の計画を練り、さらには、この役所の工作機械を使用し、日本初のトラス式鉄の橋、吉田橋の部材製作をした。その後、灯台業務の所管は、大蔵民部省を経て民部省へと移った。そして、一八七〇（明治三）年一〇月には、工部省の所管になり、翌年の五月には同省内に灯明台が設置され、これまで神奈川県令が管轄していた実務に関しても工部省に移管された。その年、ブラントンは灯明台役所構内に灯台技術者養成のための「修技校」を開設した。それが後に工部省工学寮、工部大学校へと発展し、日本の工学教育の礎になったともいわれている。

　修技校がブラントンの灯台建設を支えた。木造の灯台については、修技校の構内で組み立てられ、それを解体し現地に運ばれた。修技校はブラントンが計画する灯台づくりの中枢機関であったばかりではなく、彼が考える灯台保守の職務に適った技能と規則正しい生活指導をする教育の場所でもあった[26]。そのために彼は、三階建ての実験灯台（レンガ造り、四角形で高さ二〇フィート（約六・一メートル））を建て、熟練のイギリス人の灯台保守員が教師になり、保守希望者に灯台機械等の取り扱いを指導した。ブラントンは、保守員の養成にあたって、理論と実技を重んじたことで、技術者をはじめ多くのインストラクターが必要になり、ブラントンの二人の助手J・リッチー（J.Richie）とS・フィッシャー（S.Fisher）の下に二四人のヨーロッパ人の熟練工、工事監督者、灯台保守員等が配置されていた。

ブラントンは、先の著書『お雇い外人の見た近代日本』にも記載されているが、灯台技師として招聘されたブラントンの脳裏には、灯台技師としての自分の仕事は外国船舶の航行の安全を含む国際的な性質を有したものであるといった認識が、深く刻み込まれていたので、専門スタッフを揃えてはじめて良い仕事ができるとした。そのため、灯明台役所の役人たちとぶつかることが多く、在日中は、そうした摩擦から、「ブラントンは口うるさい奴だ」というもっぱらの評判だったようである。ともあれ、仕事を着実にこなしていたブラントンは灯台業務の事務方を所管していた県令には評判が良く、幕府の時代から宿題になっていた居留地の整備にも、彼が係わりを持つことになった。

居留地の整備に関しては、「神奈川地所規則」（全一二条：一八六〇年八月、英・米・蘭）、横浜居留地覚書（一八六四年一二月一九日〔全一二条：元治元年一一月二一日：英・仏・米・蘭〕居留地周囲埋立〔周囲日本里程一八町、掘割の向側の地外国人の調練所、競馬場、街路の整備、下水道の整備等〕）、横浜居留地改造及競馬場墓地等約書（慶応二年一一月二三日〔一八六六年一二月二九日〕：これまで掲げられていた約定を実現するための約書：その他墓地の整備、港崎の空き地〔現在横浜スタジアムのある横浜公園〕の整備、中央通り〔現在の日本大通り〕はもちろんのこと海岸通りの延長、大岡川北岸土手に沿い西ノ橋迄、馬車道、いずれも幅六〇フィート等々）が、いわゆる地所規則に係わる約定であった。ところが、幕府の対応は進まず据え置かれる形になっていたが、一八六六（慶応二）年の「豚屋火事」によって、外国人居住地が日本人町からの火災で四分の一ほどが類焼した。そのため外国人の主張も強まり、居留地の整備が早まった。しかし、間もなくして幕府時代が終焉したために、その業務の大半が明治新政府に委ねられることになった。そうした経緯もあって、灯台技師ブラントンの技能が色々な領域で求められた。

横浜関内の吉田橋のブラントンの碑には驚きを覚えるほど沢山の業績が記載されている。①横浜居留地測量（一八六八〜七〇年）、②電信敷設（一八六九年）、③新橋・横浜間の鉄道意見書（一八六九年）、④吉田橋（鉄の橋）架設（一八六九年）、⑤居留地下水道整備・マカダム式道路舗装・街路照明計画（一八六九〜七一年）、⑥水道計画（一八七〇年）、⑦築港計画（一八七〇、七三、七四年）、⑧新埋立居留地造成計画設計・施工（一八七一年）、⑧中村川拡幅等設計・施工（一八七一年）、⑨日本大通り設計・施工（一八七一年）、⑩修技校開校（一八七一年）、⑪横浜公園設計・施工（一八七一、七二年）等々、枚挙に遑ないほどである。それは近代都市横浜のプランナー・ブラントンといった呼称に相応しい業績であった。

5　おわりに —初期のお雇い外国人の人材源スコットランドと日本のレシプロシティー

お雇い外国人ブラントンの来日にあたっては、パークス公使が本国の外務省に依頼して実現した。その後のお雇い外国人に関しては、日本政府に委ねられ、伊藤博文の働きかけがある。伊藤博文は、一八七二（明治五）年八月、岩倉具視使節団の副使としてグレート・ブリテンとアイルランド連合王国を訪れた時に、ロンドンで「ジャーディン・マセソン商会」のロンドン社長のヒュー・マセソンに工部省学校の教師の人選について協力を求めた。彼はグラスゴー大学学芸学部土木工学・機械学講座初代教授ルイス・ゴードン（Lewis Gordon）に相談した。ルイス・ゴードンは熱力学の権威グラスゴー大学教授ランキン（William John Macquorm Rankine）に諮った。彼らの推薦を受けて、一八七三（明治五）年七月、ヘンリー・ダイアーを中心に教授や助手計九名が来日した。その中にもスコットランド人が含まれていた。[27]

特に、ヘンリー・ダイアーについていえば、工部寮の初代都検（教頭）として日本の工業技術教育に大きな足跡を残した。また、彼は日本の工業教育の発展に貢献したばかりではなく、帰国後、一定の成果を修めた理論と実践を組み合わせての日本での工業技術教育を参考にして、アンダーソン・カレッジの後身であるストラスクライド大学（University of Strathclyde）の設立に尽力した。そしてそればかりでなく、彼が著した一九世紀末から二〇世紀初頭にかけての書物、*The Evolution of Industry*（1895）、*Dai Nippon: The Britain of the East*（1904）、*Japan in World Politics*（1909）は、日本が世界の舞台に登場してきた背景に言及し、教育の充実を基底とした日本の産業社会の発達を評価したものである。それは日本の近代化が世界に認知される重要な文献になった。[28] その日本の近代化に足跡を残した工学教育者ヘンリー・ダイアーであるが、彼はグレート・ブリテンとアイルランド連合王国を構成するかつての王国スコットランドを軸に産業革命を実現させた工業技術を、彼自身の工学教育の中に織り込み、産業社会の発展と教育を絡ませた中で、工業にみる日本の近代化を演出した。そして、彼は帰国すると、郷里スコットランドにおいて、日本での産業社会の発展の礎になった工学教育を評価し、先のアンダーソン・カレッジの改組もその一つであるが、教育の理論と実践の成果物を日本的良さとして、その伝播に努めた。それはスコットランドと日本の間にみたレシプロシティーでもあった。

ところで、ブラントンにはじまる明治政府によるお雇い外国人（一八六八［明治元］年－一八八九［明治二二］年）であるが、その呼称は、一般的には、日本の公的機関・私的機関・個人により雇用した外国人に対してのものである。とはいえ、明治政府は彼らを「雇用した外国人」と表示したこともある。そうした呼称はともかくとして、彼ら「お雇い外国人」は日本の政治・法制・財政・教育・文化・技術・文化・医学等の近代化の立役者であった。ユネスコ東アジア研究センター編の『資料御雇外国人』（小学館、一九七五年）の統計に基づくと、イギリス国籍が九二八名、アメリカ国籍が三七四名、フランスが二五九名、その後に、ドイツ、オランダ等が続く。グレート・ブリテンとアイルランド連合王国の中にスコットランド出身者が何人いたかは定かではない。

当初のヘンリー・ダイアー、伊藤博文、山尾庸三の関係、背後でのスコットランド系の企業「ジャーディン・マセソン商会」の係わり、工学に特化したグラスゴー大学と求めるべき日本の人材、そうした諸関係を考慮すると、とりわけ工部省（民部省から独立一八七〇年一二月一二日［明治三年一〇月二〇日］）の工学校には多くのスコットランド人がいたと考えても不思議なことではない。[29] 明治新政府のお雇い外国人第一号のブラントンはとても口うるさかったそうだが、彼の通訳をした藤倉見達は彼から灯台技術の手ほどきを受けた。藤倉は一八七二（明治五）年に日本政府の留学生としてスコットランドのエディンバラ大学に留学した。彼はそこで理論を学び、一八八〇（明治一三）年からお雇い外国人に代わって、灯台建設に携わり、日本の灯台の屋台骨を背負った。

その後、ヘンリー・ダイアーの工部省工学寮や工部大学校での教育が当時の学生に大きな影響を与えたことと、「機械の都」スコットランドのグラスゴーに根づく「エンジニアの思想」、グラスゴー大学そのものが日本人を好意的に受け入れてくれたといったことなどがあって、明治時代にグラスゴー大学の文書に記載されている学生だけでも五〇人を数えるという。[30] 一八七六年谷口直貞（機械工学）、翌年の増田礼作（鉄道工学）の両名は開成学校からグラスゴー大学へ留学した。その後は工部大学校出身者で、一八八〇（明治一三）年の志田林三郎（物理学・電気工学）、高山直質（機械工学〔鉄鋼技術研究〕）、南清（鉄道技師・鉄道経営者）、八二年留学の三好晋六郎（造船学）を含む四人は第一期卒業生であった。その後も工部大学校卒業生が、内藤政共（機械工学）、渡辺嘉一（土木工学・実業家）、真野文二（機械工学・九州帝国大学総長）、進経太（造船学・機械工学）、須田利信（造船学）と続いた。

そして、一八八六年には、東京帝国大学工芸学部との合併以降の卒業生がグラスゴー大学に留学している。それは工部大学校第一期卒業生、志田、高山、南の学業成績が優秀であったこともあって、日本人の留学生が期待を持って迎えられたこともグラスゴー大学の絆を強める要因になった。

また、グラスゴー大学での資格試験（Preliminary Examination）の外国語選択科目に日本語が認定されたことも、日本人にとっては親しみを覚える大学の一つになった。その提案者は、慶応大学文学部を中退してグラスゴー大学に留学していた福沢諭吉の三男、福沢三八であった。彼の提案をヘンリー・ダイアーが支援し、最終的には大学理事会が認め実現した。日本とスコットランド教育文化交流研究の第一人者加藤詔士がまとめているように、日本語試験が実現した背景には、成績優秀な日本人留学生の存在、その後の日英同盟（一九〇二年）に見るような日本と連合王国の友好関係があったからだと考えられる。[31] 資格試験は年二回で、春季四月、秋季一〇月の二回実施された。最初の試験委員には、夏目金之助（漱石）がロンドン駐在荒川巳次領事の推薦があって加わったといわれている。[32] 一九〇一年四月の資格試験には、福沢三八（数学、藤原工業大学教授）、鹿島龍蔵（造船学・鹿島建設理事）、佐藤恒二（順天堂医院長)、一〇月には岩根友愛が受験している。ちなみに、一九七一年三月の春季まで、日本語がグラスゴー大学の資格試験の外国語選択科目に加えられていた。[33]

その他、グラスゴーに所在した教育機関としては、工部卿など工学関連の重職を担った山尾庸三が学んだアンダーソン・カレッジもその一つで、彼はそのカレッジの夜学で学び、昼間はネピア(Napier)造船所に勤務した。理論と実務経験による成果が一つの評価に繋がり、当時は、山尾がグラスゴーで体験したような道を歩むものも少なくなかった。明治末までに、アンダーソン・カレッジ、西部スコットランド大学で学んだ日本人は二一人を数えるといわれている。[34]

そうしたグラスゴー、広くはスコットランドと日本の互恵(レシプロシティー)は、当面は、工学教育者としてのヘンリー・ダイアーの魅力と業績、日本での成果物をグラスゴー大学や西部スコットランド大学に持ち込んだこと、また、グラスゴー大学における資格試験の語学の選択科目に日本語が加えられたことなどによって、具体化したといえる。

相互の関係はそれだけではなく、このような土壌が醸成された背景には、日本とスコットランドとの史的関係、スコットランドとイングランドの合邦の特殊性、一国二教制(教育制度とスコットランド国教会)、そうした史的現実が「今日のスコットランドの独立問題」を包摂した土壌を培っていることにも結びついている。スコットランドの名門貴族エリギン伯による「日英修好通商条約」の締結、東アジアにおける巨大商社「ジャーディン・マセソン商会」と長州五傑、伊藤博文が依頼したヒュー・マセソンとグラスゴー大学の教授陣、グラスゴー大学の工学教育が「実学知識ノ徒」の養成を求めた日本の工学校のビジョンとの適合性、その工部大学校の都検として派遣されたヘンリー・ダイアーとスコットランド人教育者たち、スコットランドの実践教育を支えたプレスビテリアン(Presbyterian)の宗教思想等が、有効的に作用したことによって、レシプロシティーの土壌が培われたといえる。

[用語説明]

「一王二議会制」

この体制はイングランド王国とスコットランド王国の間で展開した同君連合時代の所産である。一六〇三年にイングランド女王エリザベス一世が死去すると、スコットランド王ジェームズ六世がイングランド王ジェームズ一世として、両王国の王を兼ねることになった。その後、クロムウェルの時代を除き、一七〇七年の合邦まで、一王による二国の統治が続いた。その間、議会は別々に存在し、イングランド王国議会はウエストミンスターに、スコットランド王国の議会はエディンバラに所在し、それぞれに議会が機能を担ったことから一王二議会制と称した。

「アンボイナ虐殺事件」

オランダとイギリスの香料資源地争奪戦に係わる事件で、一六二三年に、オランダがモルッカ諸島のアンボイナ（Amboyna）島にあるイギリス商館を襲い商館員全員を殺害した。この事件を契機に、イギリスは東南アジアから撤退を余儀なくされ、インドに矛先を向けることになる。

「第一次東禅寺事件」

一八六一（文久元）年五月二八日、高輪の東禅寺にあったイギリス公使館を、水戸藩脱藩の攘夷派浪士一四名が襲撃した事件をいう。第二次東禅寺事件は、その翌年の一八六二（文久二）年五月二九日に発生し、松本藩士伊藤軍兵衛がイギリス兵二人を斬殺した。第一次東禅寺事件では、赴任してまもない書記官ローレンス・オリファント（Laurence Oliphant）が負傷し、帰国を余儀なくされた。

「灯明台役所」

日本での灯台建設は、一八六六（慶応二）年五月の英・米・仏・蘭四国との改税約書（江戸条約）と翌年四月の連合王国との間の大坂条約で具体的になった。当初の灯台事務は神奈川奉行所が司ったが、その後、明治政府に移行したことで、灯台建設の所管も移動した。灯台技師ブラントン（Richard Henry Brunton）は、灯台建設の拠点として、一八六九（明治二）年に開設された灯明台役所（現在の中区北仲通六丁目）を活用した。

「修技校」

この施設は、一八七一（明治四）年、ブラントンが灯明台役所構内に設置した灯台技術者並びに灯台管理者養成のための教育訓練機関で、測量や土木建築学をはじめ数学、英語等を教え、灯台の建設や運営にあたる人材を育成した。この「修技校」は後に工部省工学寮、工部大学校、帝国大学工科大学へと発展する起点になった。ブラントンが開設したこの教育訓練施設は彼の数多くの業績の中でも高い評価を受けている一つである。

「トラス式鉄の橋」（吉田橋）

鉄の橋の歴史は、一八六八（慶応四）年に長崎市内に架けられた「くろがね橋」にはじまる。一八六九（明治二）年に架設された吉田橋は、鉄の橋としては二番目であるが、桁部分にトラス構造を用いた橋であり、トラス式の鉄製の橋としては日本最初のものである。当時の吉田橋は文明開化のシンボルとして錦絵に描かれるなど人気を博した。

「豚屋火事」

一八六六（慶応二）年一一月二六日朝八時頃発生した火災で、火元が豚肉店鉄五郎宅であったことから「豚屋火事」といわれた。この火事によって当時の横浜居留地（関内地区）内日本人居住地域の三分の二が、そして外国人居住区域の四分の一が焼失した。この火災を契機に、外国人の居留地整備に関する要求は一層強まり、同年一二月に、第三回地所規則（横浜居留地改造及び、競馬場、墓地等約書）の作成が行われた。この規則によって、山手地区の外国人居住地が整備されたばかりでなく、横浜が近代的な都市計画の下で再スタートする契機になった。その所産の一つが幅三六メートルを有する現在の日本大通り（当時は中央大通り）である。また、その大通りの道幅を三六メートルとることによって、日本人街で発生した火災の類焼を防ぐ手立てになるとしたことでは、日本大通りは日本最初の防災道路ということにもなる。

［註］

（1）唐澤一友『他民族の国イギリス―4つの切り口から英国史を知る』春風社、二〇〇八年、二二頁。

（2）この辞典の発刊年については一八一三(文化一〇)年説と一八一四(文化一一)年説がある。編纂には、本木庄左衛門(正栄)をはじめ馬場貞歴、末永祥守、楢林高美といったオランダ語通詞が担当した。そのためか、辞典は約六〇〇〇語を収録しているが、カタカナで表記された発音はオランダ訛りが強いといわれている。

（3）西川正臣・伊藤泉美共著『開国日本と横浜中華街』（あじあブックス）、大修館書店、二〇〇二年、二―三頁。

（4）スコットランド人の多くが長老派教会に所属していたことは周知の通りである。その結果、スコットランドでは教会組織の制度化が行き渡り、地方教会会議（kirk session）―長老会議―地域宗教会議（synod）―総会（General Assembly）といった強固な教会制度の下で、厳格なカルヴァニズムが堅持された。ところが、合邦後の一七一二年に、寛容法（Toleration）や牧師推薦法（Patronage Act）が制定されると、教会統治における俗人（特に地主）の役割が拡大し、そのことによって、スコットランド教会が軟化する傾向がみられる。しかしそれでも、合邦前に強固なカルヴァニズムの教会制度を有していたことが、合邦後のスコットランドの方向性を決める要件になったことは事実である。以上の論述は、小柳公洋『スコットランド啓蒙研究―経済学的研究』九州大学出版会、一九九九年、一六頁に基づく。その他、小林照夫『近代スコットランドの社会と風土―《スコティッシュネス》と《ブリティッシュネス》の間で―』春風社、二〇一一年、第一章が参考になる。

（5）J・ノックスが係わった『規律の書』（*The First Book of Discipline*, 1561）には、「罪を犯すことのない人間に育てる教育の制度なくして、規律の維持が不可能である」として、学校と大学についての一章が設けられている。そこには、全教区内の教師の任命、町の規模や知名度による学校教育機関や教育課程の編成、貧富の差に係わりない教育の義務化等が言及されている。長老派教会が説く教育問題については、田口仁久『イギリス教育史―スコットランドとアイルランド』文化書房博文社、一九九三年、二五〜三〇頁が参考になる。また、矢口貞行『スコットランド中等教育制度史』北大路書房、一九九七年、五〜六頁にも、スコットランドの教育の民主性について次のように言及した箇所がある。「スコットランドでは16世紀までに大学が4つ設立されており、オックスフォード、ケンブリッジ大学のように古典を中心とした思弁的教育に限られることなく、また、象牙の塔として孤塁を守るというようなこともなかった。『教区学校→文法学校→大学』という一貫した教育体系の下で、大学は貧富の差に関係なく、教育機会の門戸を均等に開いてきた。そして、当然これらの大学は、医学、自然科学ならびに社会科学の分野で時代の最先端にあった。また、そこでは実学の重視、科学技術教育の導入、実験と観察を中心とする実践的な教育が行われていたのである」と。この矢田の一連の論述は、角替弘志「スコットランド教育史」世界教育史研究会編『世界教育史体系八・イギリスⅡ』講談社、一九七四年、二二三頁、に基づき整理したものであるが、そこには一五六〇年のJ・ノックスらによる『規律の第一書』によって構想されたスコットランドにおける教育の特徴によるものだという主旨のことが記述されている。

（6）西川正臣、伊藤泉美共著、前掲書、一二頁。

（7）同書、一二頁。

（8）オリファントが日本人の英国留学生を温かく迎え入れた話、その記述の信憑性はともかくとしてWebに紹介されている。「www.geocities.jp/swedenborgjsa/satsuma.htm」や「ja.wikipedia.org/wiki/ローレンス・オリファント」などはその一例である。

（9）彼らは薩摩藩の留学生であっても幕府は海外渡航を容認していないために、その後の禍を恐れて、一九名全員が出国時に変名していた（森有礼⇒沢井鉄馬、寺嶋宗則⇒出水泉蔵、鮫島清蔵⇒野田伸平といったように）。

（10）石井寛治『近代日本とイギリス資本』東京大学出版会、一九八八年、一四〇頁。この叙述に関しては、犬塚孝明『薩摩藩英国留学生』（中公新書、一九七四年）が参考になる。

（11）寻田茂治『グラバー家の最期』葦書房、一九九一年、一五頁。

（12）同書、一五頁。そこにはオリファントについての記述もある。そのオリファントであるが、彼は一八二九年に南アメリカのケープ植民地で生まれた。その時スコットランド出身の洲務長官で、母は72ハイランド連隊長の娘、両親ともに生粋のスコットランド人。エルギン伯爵はオリファントの能力を評価し秘書にした。彼はエルギン伯爵が清国への特命大使として出発する際に同行し、訪日の同行の折には同行記録として、「戦乱の中国と平和の日本」という報告書を残している。以上のエルギン伯とオリファントの記述は、「第8代エルギン伯爵と大英帝国の世界」(『季刊創価経済論集』Vol.XXXIV、No.1・2・3・4、所収)、七頁を参考にした。

(13)……①条約港の設定：神奈川(横浜)(一八五九年七月四日(安政六年六月五日))、長崎(一八五九年七月四日(安政六年六月五日))、箱館(既に開港一八五四年三月三一日(嘉永七年三月三日))、新潟(一八六〇年一月一日(安政六年一二月九日) 実際には一八六九年一月一日(明治元年一一月一九日))、兵庫(一八六三年一月一日(文久二年一一月一二日) 実際には神戸開港一八六八年一月一日(慶応三年一二月七日))、下田の閉鎖(一八六〇年一月四日(六年一二月一二日))、江戸(東京明治元年一一月一九日中央区明石町(築地居留地))、大坂の開市(実際には一八六七年一二月七日(慶応三年)大坂川口居留地)となり、実際の開港では神奈川が横浜に、兵庫が神戸に変更をみた。しかし、新潟、神戸の二港の開港と江戸、大坂の開市に遅延が発生したことから、一八六二(文久元)年の文久遣欧使節団は延期陳情の使命を有しての派遣になった。

(14)一八四三(天保一四)年に幕府の道中奉行所が調査した五街道とその脇街道の宿場の記録『宿村大概帳』によると、神奈川宿は人口五七九三人、戸数一三四一戸、旅籠屋五八で、街道沿いには茶屋・煮売屋・飯売旅籠が軒を連ねていたとある。

(15)神奈川県編集兼発行『神奈川県史』(通史編3・近代2)、一九八三年、一一四二頁。それは横浜の開港場の状況だけではなく、彼らの行動範囲を居留地から十里四方と限定したことにもある。

(16)ジャーディン・マセソンの共同経営者の一人ウィリアム・ジャーディン(William Jardine)は、イギリスの名門エディンバラ大学医学部出身で、東インド会社の外科船医であった。もう一人のジェームズ・マセソン(James Matheson)もまた、スコットランドの名門校エディンバラ・ロイヤル・ハイスクールからエディンバラ大学で学んだ私貿易業者である。両者共にインテリーであったが、陳舜臣の著作『阿片戦争』(講談社、一九六七年)では、アヘン取引に携わった重要なキャラクターとして登場している。

(17)同社が長崎店を設置し長崎貿易を展開した背景には、対日貿易を統括していた上海にとって、長崎が香港本店より近距離にあったことや、自由貿易開始以前に長崎から取引に関する重要な情報を入手していたことなどによる。以上については、石井寛治、前掲書、一八～一九頁。

(18)同書、三一～三二頁。そこには高須屋清兵衛が一八六〇年から六二年にかけてジャーディン・マセソン商会から合計七六万ドルの前貸しを受けていたが、九万ドル余りが返済不能になり、訴訟事件が起こり、その後外商全体の前貸しが後退したといった記述がある。

(19)同書、二五頁。

(20)この行は多田茂治、前掲書、三一～三二頁、による。多田のこの著作はある部分では歴史小説的叙述をみるので、出会いの情景については定かではないが、グラバーがその時期に横浜にいたことは確かである。

(21) 三木俊克「工学の父。山尾庸三」工業所有権情報・研修館特許研究室『特許研究＝Patent studies』No.53、二〇一三年、巻頭言。

(22) 三好信浩「工部大学校都検　ヘンリー・ダイアー考」『教育学研究』第43巻第1号、一九七六年、二頁。三好は、加藤鉦治の論稿「英国Mechanics Institutes 運動の起源(1)、(2)」（『名古屋大学教育学部紀要』20、21巻、昭和四八年、四九年）に基づいて、このアンダーソン・カレッジは燎原に火のごとくイギリス全土にMechanics Institutesが広がる源になったと称している。

(23) 条約灯台は江戸、大坂条約を合わせて一三カ所、前者には、観音埼灯台、野島埼灯台、樫野埼灯台、神子元島灯台、剱埼灯台、伊王島灯台、佐多岬灯台、潮岬灯台の八カ所、後者の灯台は、江埼灯台、六連島、部埼灯台、友ヶ島灯台、和田岬灯台の五カ所である。

(24) 五十畑弘「明治初期における英国からの技術移植─R・H・ブラントンの業績を通じた一考察─」（『第7回日本土木史研究発表会論文集』一九九七年、所収）、八〇頁。

(25) 同稿、八〇頁。この論文には外務次官スタンレー（Stanley）とあるが、彼は一八六六年には外務大臣に就任している。その辺りの論述については判断がつかないので、ここでは外務省経由とした。また、トリニティ・ハウスは船主・船員のある種の組合としてヘンリー八世（Henry VIII, 在位 1509－1547）治世に誕生し、一九世紀には灯台業務を行う財団としての役割を担っている。トリニティ・ハウスはスコットランドにもあり、その名称はTrinity House of Leithといい、船主・船員の福祉協会的機能を果たした。詳細については、拙稿「リース・トリニティ・ハウスの機能と役割─「船主・船員組合」の福利厚生事業に関する史的考察」（（財）港湾労働経済研究所『港湾労働経済研究』（創立15周年記念号）年報No.10、一九八六年、所収）に論じられている。

(26) ブラントン自身、灯台保守は、航海者の安全にかかわる仕事である故に、保守員は信頼できる人物でなければならないとして、規則正しい生活習慣の指導からはじまり、英米の灯台保守の関係規則を日本語に翻訳してのテキストを通しての技能訓練を施したといわれている。

(27) 加藤詔士「日本・スコットランド教育文化交流の諸相─明治日本トグラスゴウ─」『名古屋大学大学院教育発達科学研究科紀要（教育科学）』第56巻第2号、二〇〇九年度、二頁には、「スコットランド人が少なからず含まれていた」との記述があり、マーシャル（David Henry Marshall、エディンバラ大学出身の数学教授）、クレイギー（William G.Craigie、アバディーン大学出身の英語・英文学教授）、エアトン（William Edward Ayrton、自然哲学教授）並びにペリー（John Perry、工学教授）はスコットランド人ではないが、グラスゴー大学でトムソン（William Thomson）教授の講義を受け、彼の研究室で働いたこともあると記されている。その後も、西欧の工業技術の導入にスコットランド人が関与した。著名人としては先述のブラントンをはじめ、メーク（Charles Scott Meik、港湾土木技師）や上下水道の土木技師で衛生工学教授のバルトン（William Kininmond Burton）等がいるが、その他多くの技術者が、造船会社をはじめ各種の事業所で雇われていた。また、専門的技術者として、灯台、電信事業、鉄道等で基礎的な専門技術を伝えたスコットランド人も少なくなかった。

（28）同稿、3.「日本研究の進展」には、これらの著作を通して見るダイアーの研究視点等がまとめられている。

（29）O・チェックランド著、加藤詔士・宮田共編訳『日本の近代化とスコットランド』玉川大学出版部、二〇〇四年、四〇～四一頁。その訳書四〇頁には、「しかし、スコットランドといっても政治的実体がないため、日本人（や他の多くの国民）には、スコットランドという言葉はめったに使われない。その時期のスコットランド人は、現在と同じく、いつもイギリス人（English）とかせいぜい英国人（British）と呼ばれることに慣れていた。また、日本政府の公式記録も役に立たない。というのも、日本で活躍したイングランド人とスコットランド人、それに実際はオーストラリアとニュージーランド人も、公式用にはすべて英国人と一括されたからである」と。また次頁には、「日本に残っている記録からは、何人のスコットランド人が来日したかを見つけ出すことはできない。スコットランド側の資料からは、日本で重要な地位を占め、活動成果の記録として書類や著書その他の書き物の多くを残していれば、経歴をたどることは可能であるけれども、経歴のたどれない無名のスコットランド人がもっと数多くいたかもしれないのである」と。そうした事情は当時のスコットランドの状況からは無理からぬことであった。また、スコットランド人の日本との係わりについては、伊藤哲「横浜文化の助っ人―英国お雇い外国人の素顔」（小林照夫・澤喜司郎他編『港都横浜の文化論』関東学院大学出版会、二〇〇九年、所収）第3節「スコットランドの歴史的位相―後進国としての彼らの決断」が参考になる。

（30）加藤詔士、前掲稿、一三頁。加藤がいう大学文書とは、「登録証（Matriculation Album）」、「受講者一覧（Class Catalogues）」、「大学要覧（Calendar）」等を指している。

（31）同稿、一七頁。日本語の試験は一九〇一年の四月から実施された。

（32）「ロンドン留学日記」（『漱石日記』岩波文庫）、加藤詔士、同上論稿、一七～一八頁、

（33）加藤、同稿、一八頁。

（34）加藤詔士は、同稿、一九頁で、彼らの修学記録を『学籍簿（Register）』に基づき分析したとしている。

［主要参考文献（［註］に記載した文献は除く）］

五十嵐弘「明治初期における英国からの技術移植―R・H・ブラントンの業績を通じた一考察―」『第1回日本土木史研究発表論文集』一九八七年六月。

植村正治「明治初期工学教育機関の設立―工学寮について―」同志社大学人文科学研究所『社会科学』第40巻、第3号。

北政巳「日蘇比較経済史の一考察―アンダーソン・コレッジの同級生、ダイアーと山尾庸三―」創価大学『創価経済論集』Vol.X,No.2.

北政巳『国際日本を拓いた人々―日本とスコットランドとの絆』同文館出版、一九八四年。

北政巳『スコットランドと近代日本―グラスゴウ大学と「東洋のイギリス」創出への貢献』丸善プラネット社、二〇〇一年。

木村正俊、中尾正史共編『スコットランド文化事典』（小林分担執筆）原書房、二〇〇六年。

小林照夫「日本人にとっての近代イギリス―近代化を視座とした市民革命と産業革命―」関東学院大学文学部比較文化学科編『比較文化をいかに学ぶか（増補改訂版）』明石書房、二〇〇九年。

第7章
グルントヴィと北海道酪聯の開拓者たち
―宇都宮仙太郎と出納陽一を中心にして―

松野尾　裕

はじめに

内村鑑三（一八六一－一九三〇）の講演録「デンマルク国の話」（一九一一［明治四四］年）は、北欧の一小国が実現した国民の精神性の高さと自作農業を基盤とした国富増大を日本に知らせることに貢献した。話の内容は、デンマークが一八六四年のプロイセン・オーストリア同盟との戦争（第二次スレスヴィ戦争）に敗北した結果、同国にとって最も豊穣な土地であるユラン半島南部のスレスヴィ、ホルステン両公国を割譲させられたが、その後ダルガス（Enrico Mylius Dalgas,1828-1894）によって指導された同半島北部のヒース地帯（ヒース灌木が生い茂った荒地）での植林・開拓事業が同国復興の原動力になった、というものである。内村はこの植林・開拓事業の成功の教えを、①国の興亡は戦争の勝敗によらないこと、②自然は無限の生産力を有すること、③信仰こそが力であること、とまとめ、「デンマルク人の精神はダルガス植林成功の結果としてここに一変したのであります。失望せる彼らはここに希望を恢復しました、彼らは国を削られてさらに新たに良き国を得たのであります」と語った。[1]「デンマルク国の話」は初め内村の個人雑誌『聖書之研究』に掲載されたから、これを読んだのはキリスト教関係者と一部の知識人であったであろうが、内村は一九二四（大正一三）年に『国民新聞』に「樹を植えよ」と題する一文と、さらに「西洋の模範国 デンマルクに就て」という一文を寄せたから、これらにより内村の主張が広く世に伝わった。日本でデンマークを理想の農業国、とりわけ酪農国とみる風潮はこの頃に生じたものと思われる。

デンマークにおける農業の発展には、一八世紀末の農民解放に始まり、一九世紀を通して取り組まれた自作小農創出、さらに二〇世紀に入って強化された自作小農維持の諸方策が土台にあった。ここで自作小農と呼んでいるのは耕作面積が七～一〇ヘクタール規模の家族経営による農業である。デンマークで先進的に取り組まれてきた協同組合や社会福祉、環境保全などの運動にはこの自作小農の力が大いに関わっている。[2] これらの農民の精神的支柱となったのがニコライ・フレデリク・セヴェリン・グルントヴィ（Nikolaj Frederik Severin Grundtvig,1783-1872）であった。グルントヴィはシェラン島南部にある都市ヴォーリンボーの近くの村ウズビュに牧師の子として生まれ、成長した後牧師となり、讃美歌の作詞者として、また歴史家として多くの仕事をした。特に彼を有名にしたのは、その国民主義の鼓舞によってである。著書『北欧神話記（Nordens Mythologi）』（一八〇八年）は北欧の英雄神話を復活させるのに功績があった。また彼は、デンマークへのドイツ語・ドイツ文化の侵入に対抗するために、教育機関フォルケホイスコーレ（Folkehøjskole）の理念をつくり、その創設運動に力を尽くした。スレスヴィ・ホルステン地方がプロイセンへ割譲された時には意気阻喪する国民へ向けて国民主義を訴え続けた。グルントヴィは今日に至るまでこの国の精神的師父として国民から仰がれている。(3)

フォルケホイスコーレは、英語で表せばナショナル・ハイ・スクールである。日本では「国民高等学校」と訳されている。(4)しかし英訳にしても和訳にしてもこの訳語だけではフォルケホイスコーレの意味を掴むことはできない。これフォルケホイスコーレの理念をひと言でいえば「フォルケオプリュスニング（Folkeoplysning）」だといわれる。これを訳せば「国民の啓蒙」となるが、こういわれてもフォルケホイスコーレの意味は掴めないままである。

そこでフォルケオプリュスニングという言葉を説明した清水満氏の一文を参照しよう。

「この言葉は、人々が対話と相互作用を通じて、共同性・歴史性に目覚め、人間の生の不可思議さ、尊厳を知り、みんなとともに力をあわせて生きることに覚醒し、自覚するといった内容をもっています。それが学校であったり、地域であったり、自治体や国であったり、あるいは国境をこえた民衆の連帯の場であったりと、いろいろですが、人々が草の根、底辺から、自分たちで自発的に共同性に目覚めていくということで、『民衆の社会的自覚』と意訳したいと思います。あるいは、最近の言葉を使って『共生の自覚』といえば、その雰囲気が少しはわかるかもしれません。」(5)

「民衆の社会的自覚」あるいは「共生の自覚」というグルントヴィの考えは、義務教育を終えた国民、とりわけ高等教育を受ける機会にめぐまれなかった農村の青年・成人を対象にした学校の設立へと向かい、一八四四年に最初のフォルケホイスコーレがユラン半島南部の町レディンに誕生した。それ以来今日にいたるまで全国で一〇〇を超える数のフォルケホイスコーレが開設された。それらのなかには消滅したものもある。フォルケホイスコーレは国家の教育行政の支配を受けず、公的な教育制度の外にあるいわばフリースクールである。そのことが農民の自治意識や草の根民主主義を育てることに重要な役割を果たし、デンマークの国民教育にとって重要な位置を占めるものとなったのである。

グルントヴィに畏敬の念をもって引きつけられた一人の日本人に出納(すいとう)陽一（一八九〇－一九七六）がいた。出納は北海道に酪農業を確立させるのに力を尽くした人々の一人である。彼の名は、日本における本格的なバター製造の発祥地である札幌市郊外の上野幌(かみのっぽろ)にあった「出納農場」――当初は「宇納農場」――の名によって知られている。出納陽一は大分県南海部(みなみあまべ)郡上野村（現・佐伯市）に生まれ、一九一六（大正五）年に東北帝国大学農科大学（旧・札幌農学校、現・北海道大学農学部）畜産科を卒業した。翌々年に宇都宮仙太郎の二女・琴子と結婚。一九二一年一月に宇都宮の支援の下に酪農を学ぶためデンマークへ渡った。宇都宮仙太郎（一八六六－一九四〇）は大分県下毛(しもげ)郡大幡村（現・中津市）の出身で、北海道における民間の酪農業の先駆者である。彼は一八八七年から三年間独力でアメリカへ行き、民間牧場及びウィスコンシン大学で酪農を学んだ。一九〇六年に再渡米した際に、再会したウィスコンシン大学の恩師ヘンリー博士からデンマークの酪農経営の優秀さを教えられた。それ以来、宇都宮はデンマークの酪農に強い関心を抱き続けた。彼自身はデンマークを訪れる機会を持たなかったが、娘婿の出納陽一が酪農に本格的に従事するにあたり、陽一と琴子にデンマークの酪農を実地に学ぶ機会を与えたのである。陽一は二四年四月に帰国するまでデンマークに二年余り滞在し、農家に寄宿して酪農経営と機械類の実習に励んだ。琴子は陽一より一年半ほど後にデンマークへ行き、農家の日常生活全般について実習した。(6)

以下本稿では、大正期から昭和前期に北海道において強靱な協同組合主義に基づいて自作小農による酪農業を確立させた一群の人々の行動について、特に宇都宮仙太郎と出納陽一を中心にして、グルントヴィの思想の受容という視点から考察する。(7)

1　協同思想の形成

(1) 宇都宮仙太郎の略農経営

宇都宮仙太郎は「北海道酪農の祖」と呼ばれている。(8) 官営（開拓使→北海道庁管理）の真駒内種畜場で一八八五（明治一八）年から牧夫として働いていた宇都宮は、八七年にそこを辞して単身渡米し、農家に住み込んで酪農と製酪を実地に学んだ。九〇年に帰国し、札幌（現在の北一条西一五丁目〜一六丁目付近）で牛一頭を借りて搾乳販売を始めた。その後東京へ移り搾乳販売業を拡大しようと試みたが、これは失敗に終わった。札幌へ戻った宇都宮は九八年に三町歩（一町＝約一ヘクタール）余りの土地（現在の大通付近）を借りて、五、六頭の乳牛を飼育し、搾乳した牛乳の半分を小売り販売し、残りの半分でバターを製造した。彼は自分の土地を持ちたいと思った。(9) 宇都宮は、一九〇一（明治三四）年、札幌郡白石村宇上白石（現・札幌市白石区）に約五町歩の土地を取得した。宇都宮に本格的に酪農業を実践する機会が訪れようとしていた。当時のことを彼はこう回想している。「そこで、明治三四年の春以来、札幌の牛舎から約一里（一里＝約三・九キロメートル）のこの農場へ、毎日のように、二〜三台あての糞尿を運搬して畑に撒き散らし、まず燕麦を蒔き、馬鈴薯を植え付けた。秋になってみると、何しろ開闢いらい肥料の恩典に浴したことのない土地であるので、厩肥の効験きわめて著しく、自他共に驚くばかりの収穫があった。しかして、三〜五年と絶えず厩肥の供給を続けた結果、いつとはなしに、かの貧弱きわまりなかった土地も、北海道ではあまり多くを見ることができない位の肥沃地に変わってきた」。(10) 〇三年にはサイロを建設した。このサイロは木造で、地下六尺（一尺＝約〇・三メートル）、地上一二尺、二間（一間＝六尺、約一・八メートル）四方の四角形のもので、「北海道地上サイロの嚆矢」であった。その後宇都宮は隣地を買い増し、農場は約二〇町歩になった。〇六年に宇都宮は乳牛を購入するため再渡米した。アメリカから上白石の農場に輸入された乳牛はホルスタインの種牡牛一頭と牝牛六頭、ジャージーの種牡牛一頭と牝牛四頭であった。ジャージーの牛乳は乳脂率が高いためバターに向いている。乳牛の飼育頭数は次第に増え、最も多い時には一〇〇頭を超えるまでになった。一一年には、地上・地下ともに三八尺、直径二〇尺の石造円形サイロを建設、翌年には長さ二〇間、幅五・五間、総二階の牛舎を建設した。製酪所では一日当たり四〇〜五〇斤（一斤＝六〇〇グラム）のバターを製造した。

　宇都宮仙太郎は札幌の酪農家たちと共に乳牛飼育の勉強会をつくった。札幌市乳組合、通称「四日会」である。同組合は一八九七（明治三〇）年に設立され、一九二一（大正一〇）年には創立二五年を祝っている。宇都宮は組合の創立メンバーであり、活動のリーダーであった。当初は約三〇人の組合員で始まり、その後五〇人ほどが加入した。組合の主要事業は飼料用としてビール製造会社からビール粕を共同購入し、それを組合員に配給することであった。それと同時に組合では、毎月四日に定例会をもち、乳牛飼育に関する学習を継続して行った。宇都宮にはアメリカでの酪農の実践経験があり、ウィスコンシン大学で学んだ知識もあったから、会合では参加者が自然と宇都宮の話に興味を持つようになった。関係者の回想によれば、宇都宮は参会者に「宇都宮翁独特の栄養食、臓物の料理」―彼の得意料理は豚レバーのソテーである―をふるまうこともあった。こうした四日会の活動について、「このように、明治三十年来連綿としてつづく会というものは、そんなに多くはないと思う。この四日会が、宇都宮翁を中心として、札幌附近酪農家の思想の動向が知らず知らずの間に出来上がり、北海道酪農発達の温床となったものである」と記されている。[11]宇都宮仙太郎は、この他にも、畜産・酪農をめぐる社会状況に応じて次々と設立された札幌区外五郡産牛馬組合（設立一九〇九年）、札幌産牛畜産組合（同一九一三年）、札幌酪農組合（同一九一七年）などの運営にリーダーとして参画した。宇都宮は一九四〇年に死去するまで一貫して自作小農による酪農経営にこだわった。

　一九二四（大正一三）年の『乳牛タイムス』五月号で、宇都宮仙太郎は酪農家としての理想郷を語っている。それは上白石の牧場の周囲に人家が増え始めた頃のことである。彼はこう語る。「そこで、自分も考えた。それはこの牧場の撤退、すなわち新しい牧場の建設と同時に、全然生活の様式を変えた新生活に入ろうと」。それは名付けて「狂人村の建設」である。彼の「狂人村」の構想を読んでみよう。

「村の戸数は十軒位でいいと思う。村人の資格としては、別に六づかしいことはないが、先ず西洋生活の理解者であることを要する。そして、簡易生活に耐え得なければならぬ。無論のこと手に鋤鍬を執る労働生活者である。一部が学校であり、一部が教会であり、一部が倶楽部である一個の建物を中心として、十戸の小さな洋式二階家が設けられる。一戸毎に五町歩から十町歩、或は分に応じそれ以上の農場地をもつことになる。乳牛を飼い、豚を飼い、雛を飼い、野菜を作る。農場地には、主として家畜の飼料を栽培し、日本人向の小農具、小機械をそろえてこれを耕作する。……自分等の狂人村では、能うだけ簡易生活を営むものだから、面倒な米飯はやめて、パン生活をやる。パンは、村人が共同で三日分なり、五日分なり、一週間分なり作つておく。牛乳を飲み、バター、チーズを食べ、豚を屠り、鶏肉鶏卵を食する。キヤベジ、トマト、ぢやが薯、それに一歩畑に入ると、新鮮な野菜が手当たり次第に得られる。つまり、自分は同好者、同趣味者と協力して、丁抹の百姓の生活を北海道でやろうというのだ……。

一部の批評によると、自分は丁抹心酔者であるそうな。自分は、あえてそれを、辞そうとは思はない。採るべきところがあれば、丁抹可なり、瑞西可なり、無論その心酔者であつても、一向差支えないのだ。要するに、自分は落着いた気分で牛を飼いたいと思う。駐米丁抹公使は、その著書の冒頭にこういつている。「丁抹の農民は働かんがために働くのではない。生活を楽しくせんがため働くのだ」と。味うべき至言ではないか。自分は、その境地を好ましいものに思う。

丁抹の牛では、バター年産八百斤位が大方最高記録であろうと思う。平均乳量が十七石（一石＝約一八〇リットル）、平均バター量三百斤、この程度の牛を持つていても、彼等は生活を楽しむことが出来る。乳量百石、バター千二〜三百斤の牛でないと、牛らしく思わぬ日本の人達は、平均十七石の乳牛を何と見るであろうか。しかも、彼等はこの乳牛で、優に経済を潤沢にすることができる。それは要するに、生産費の問題だ。農村の経済が、水も漏らさぬように組織立つているからだ。自分達北海道の乳牛家は、牛を虐げる記録の作製に同意し兼ねる。どうかその経営法を組織的にして、いわゆる生活を愉快にしつつ、落着いた気分で牛を飼つて行きたいと思う。」[12]

宇都宮仙太郎は、酪農経営にとって飼料の耕作と牛の飼育とはいわば車の両輪であって、「農耕がうまくいってないと、牛もよくいかない」と力説した。このことが「内地の牛屋さん」とは違うところだと。「牛は、本来自然物であるが、内地ではどうかすると、器械視する傾きがある。われわれ北海道の牛屋は、どこまでも自然物として取扱つている。それだから〔牛の〕能力検定にしても、おのづから根本の思想が違う。農業はその悠久なところに生命がある。……苛烈な方法を避けて、大局上の利益を目的とする。偉大なレコードを欲しないのではないが、それ以上の犠牲を払つてまでも、あえて行うことを欲しないのだ。勝つことを一時に決する競馬場裡の優勝馬よりも、夜を日についで千里の遠きに行く名馬がほしい。われわれ主畜農従主義は、われわれに賢明であるよりは、むしろ愚直であれと教えてくれる」[13]。この一文に宇都宮仙太郎の酪農経営思想が集約されている。

（2）出納陽一のグルントヴィ思想受容

宇都宮仙太郎が一九二一（大正一〇）年一月に娘婿の出納陽一をデンマークへ送り出した後、まもなくして、同年五月に北海道長官に宮尾舜治（一八六八－一九三七）が就任した[14]。宮尾はそれまでの米作第一主義による北海道農政の行き詰まりを反省して北海道農政の刷新を試みようとし、その中で畜産、特に酪農奨励の方針を打ち出した。北海道庁では二二年五月から翌年に三人の道庁農業技師と音江村（現・深川市）村長の深澤吉平をデンマークへ視察のため派遣した。宇都宮は官吏嫌いであったが、この時ばかりは、長官に酪農奨励に関する献策を行った。それはデンマークの農家を北海道に招聘するというものであった。学者や官吏ではなく農民を、それも一軒の農家そのものを招聘して、北海道で実地に酪農をしてもらおうという発想に宇都宮の真骨頂が示されている。宇都宮はこう述べた。「先ずわれわれは目のあたり丁抹農民の生活振りを見たい。それには、少々金が掛っても、丁抹農民を北海道に呼んで、五年なり七年なり丁抹通りの農業をやらせてみるのが一番である」。「五人や十人の視察員任せにするよりも、われわれ大勢の眼で見たのなら、必ずそれ相応の獲物があるに違いない」[15]。一二三年、宮尾はデンマーク農家招聘案を道会に上程し、賛否両論の審議を経てそれは成立した。このことがデンマークへ視察中の道庁職員へ伝えられ、出納陽一も加わって招聘農家の選考が進められた。そして同年、エミール・フェンガーとマーテン・ラーセンの二戸の酪農家が五年契約でもって来道し、それぞれ琴似農業試験場と真駒内種畜場において五～一五ヘクタール規模の酪農経営を実践することとなった。それは、アメリカの大農的な粗放経営ではなく、輪作経営であり、デンマークの中小農業の北海道への導入であった。これにより日本における自営酪農家育成の道が開かれたのである[16]。デンマークから帰国した出納陽一や道庁の農業技師らはフェンガーとラーセンの協力を得て北海道畜牛研究会を組織した。デンマークの農家に学ぶべきことは牛の飼育や製酪技術にとどまらず、むしろそこに流れる農民観、生活観、教育観であった。そのことを特に自覚したのが出納陽一である。

一九二四（大正一三）年二月一八日から一週間にわたり道議会議事堂を会場にして北海道畜牛研究会主催の「丁抹農業講習会」が開催された。デンマークを視察した農業技師の山田勝伴、相原金治、神田不二夫、そしてフェンガー、ラーセン、出納陽一、深澤吉平らが講演した。それらの講演は筆記録としてまとめられた。四二六頁におよぶ記録『丁抹の農業』には、デンマークの国情の紹介に始まり、飼料栽培、乳牛飼育、搾乳、製酪、それらに用いられる機械・設備等が説明され、さらに酪農と養豚・養鶏を一連の事業として行うべきこと、協同組合を組織すること、小農保護を徹底することなどが統計数値、写真、図版を盛り込んで詳細に述べられている。そのなかの一章に「丁抹の偉人グルンドビー」と題された出納陽一の講演が載っている。

『丁抹の農業』（北海道畜牛研究会、大正 13 年 10 月刊）の表紙カバー。同書は 1924（大正 13）年 2 月に同研究会（宇都宮仙太郎会長）の主催により開催された「丁抹農業講習会」の記録である。本文全 426 頁の立派な本で、北海道にデンマーク式の有畜農業を導入しようとする意気が漲っている。中央に配置されたモダンな絵が目を引く（著者所蔵）

グルントヴィの肖像画。同書 363 頁所収

出納陽一の講演「丁抹の偉人グルンドビー」同書 365 ～ 382 頁所収。なお、出納陽一の講演記録は、この他に、「丁抹の農業法」「丁抹農業発達史」「徹底せる小農保護法」の 3 本が収録されている

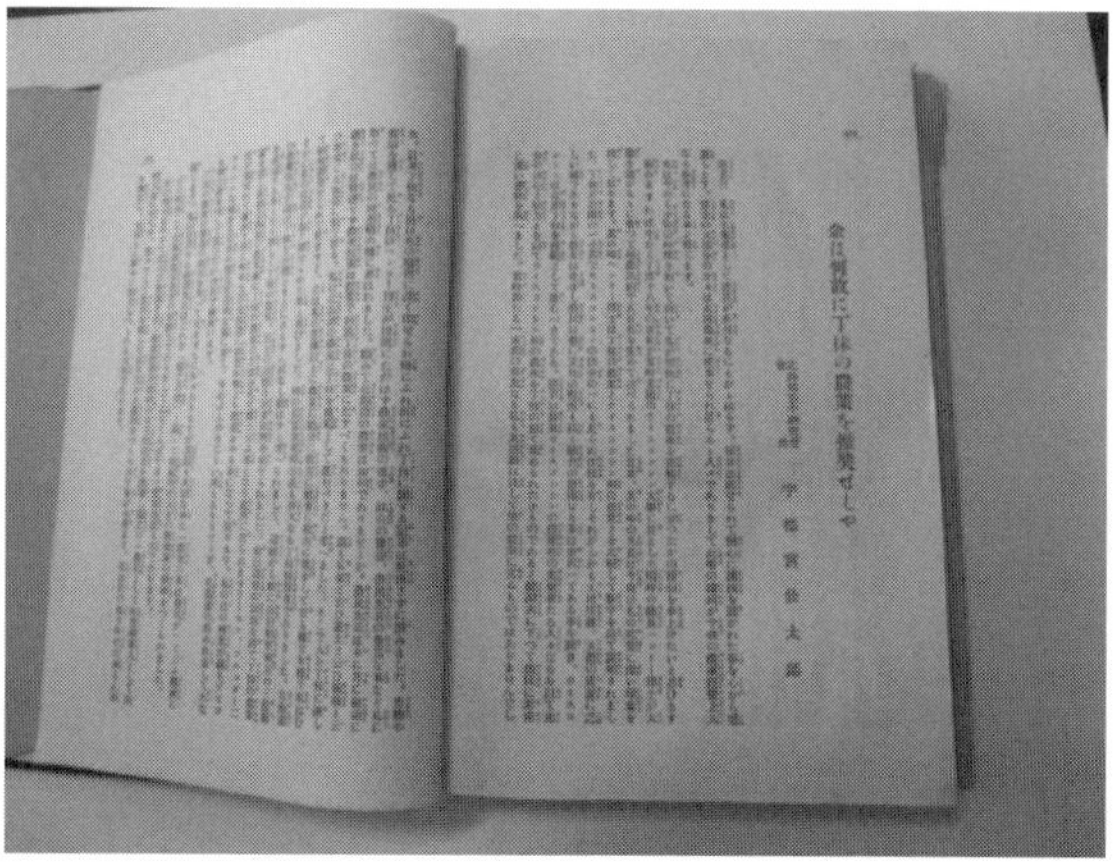

宇都宮仙太郎が閉会の辞として述べた「余は何故に丁抹の農業を推奨せしや」同書 424 ～ 426 頁所収

出納は「印度（インド）の聖哲ガンジーをして、世界中住むべき国は丁抹のみと詠嘆せしめ」たと述べ、次のように語った。

「私はガンジーの憧れである其丁抹に丁度二ケ年学んだのであります、そして世界に於いて最も秀逸せる農業の研究に専念没頭したのでありますが、彼が今日の隆々たる国運を築くに至りたる其背後には、世にも尊き、崇（たか）き農民精神農民文化の輝きつゝあることを発見し、而（し）かもそれらの農民精神が丁抹の偉人グルンドビーによつて植ゑ付けられたものであることを知るに及んで、私の小さき魂は忽（たちま）ち彼への憧憬（しょうけい）によつて火の如く燃えたのであります、私は深夜人定まりて後、独り孤燈を掲げて只管（ひたすら）偉人グルンドビーの思想と人格とを研究致しました、そして異常なる感激を以つて丁抹十九世紀史を耽読したのでありますが、遙かに振り返つて故国の現状を想ひ、更に転じて農民文化燦然たる丁抹に直面する時、そこには実に数限りなき尊とき教訓と啓示とが相踵いで湧き出づることを知つたのであります、私は今諸君と共に聊かグルンドビーの思想及び人格に就いて学び、この丁抹の偉人が果して何物を丁抹農民に与へたであらうかを考へて、将に澎湃として起こり来らんとする我が新しき農民文明に向つて、最初の波紋を描きたいと思ふのであります。」(17)

出納はグルントヴィの生涯を語った。出納が感激したのは何よりもグルントヴィの農民教育への深い思いであった。青年グルントヴィは古代北欧史研究を続けていた首都コペンハーゲンからクリスマス休暇を利用して疲れた体を休めるために故郷の村ウズビュへ帰省したとき、「農村の木訥な農夫達ちと親しくなるにつれて、何んともいへぬ暖かき人生味を感得すると共に、それらの人達が真の信仰から離れて居ることを知つて、どうかして其信仰を救うてやりたいと考へるに至つたのであります。是れ実にグルンドビーが農民に新文化を植え付けやうとした第一歩であつたのであります」。そして出納はグルントヴィの後年の文章を引いてその教育観を次のように紹介した。

「『従来の画一主義の学校では生徒は学問中毒によりて活動力を失ひ、元気消耗し、精神は萎縮した、この故に国民高等学校では青年に対し、生命と直接交渉あることを知らしめ興味と愉快とを以つて教へる、学校で教へたことによつて生徒は前よりも一層仕事に興味を深くせねばならぬ、そして人間として、農民として、将亦国民として祖国に対する見解を明瞭にし、歓喜と感謝とを以つて国民的共同生活をなさねばならぬ云々』と、之は取りも直さず彼の国民高等学校の精神であります。」(18)

このグルントヴィの思想にもとづく学校を出納は「民衆的国民高等学校」と呼んでいる。そして出納はこう述べてこの講演を終えた。「彼の魂は水にも溺れず、火にも焼けず、権勢と戦ひ、富貴と戦ひ、常に正義と自由と友愛の為めに全生命を委て毫も悔ひませんでした、彼の卓見は、彼の理想は彼の死と共に益々光輝を放つに至りました、今日燦然たる丁抹の農民文化、崇高なる農業精神は実に彼の人格の顕現其物であらねばなりません」。(19)

丁抹農業講習会を終えるにあたり宇都宮仙太郎が「閉会の辞」を述べた。その中で彼はこう述べた。「丁抹の農業の発達の原因を考へて見まするに多々ありますが其最も大切な事は『農民の事は農民が』と云ふ精神に帰します。……此の精神はやがて組合の発達を促し農業技術及農政の自主的改革を誘導し独立の一農民として社会国家人として俯仰(ふぎょう)天地に恥ぢず、悠々として生活を楽しむ底(てい)の力ある農民をつくり出す事が出来ます、私は此の如き時代の来らん事を熱望し、又来らん為めに努力しつゝある次第であります。如何(どう)か諸君も『農民の事は農民が』の精神を以て今後

宇都宮仙太郎と出納陽一が 1924（大正 13）年５月に開設した宇納農場の跡地。酪聯は 25 年７月に宇納農場に設けられた製酪所でバターの製造を開始した。現在は雪印種苗株式会社の構内になっている（札幌市厚別区上野幌）。2011 年８月著者撮影

宇納農場の一画に 1925 年に建てられた出納陽一・琴子（宇都宮仙太郎の二女）夫妻の住居。木造３階建の大きな建物である。２階が出納一家の部屋で、３階には酪農義塾の生徒たちが生活していた。現在は雪印種苗園芸センターの事務所として使用されている。2011 年８月著者撮影

の新農業時代の現出に努力せられん事を希望してやまない次第であります」[20]。宇都宮はフェンガーやラーセン、出納らの話を聴いて、デンマーク農業の優秀さへの確信を一層強めたに違いない。宇都宮と出納は、丁抹農業講習会が終わった後、同年五月に札幌郡白石村字野津幌（のっぽろ）（現・札幌市厚別区上野幌）に「宇納農場」を開設した。それは宇都宮にとっては「狂人村の建設」の第一歩であったのかもしれない。農場の一画に建てられた北欧風の大きな住居には出納一家に加え実習生と家事見習いの幾人かが住み込み、ここに日本人によるデンマーク式の酪農経営が開始された。

そして北海道畜牛研究会は協同組合の設立に向けて突き進んだ。一九二五（大正一四）年五月、北海道製酪販売組合が創設された。宇都宮が会長に就いた[21]。同組合は北海道全域で事業展開を可能とするために翌二六年三月に組織変更され、北海道製酪販売組合聯合会（以下、酪聯と略称）となった。同年七月、酪聯は宇納農場に設けられた製酪所を仮工場とし、佐藤貢（一八九八－一九九九）が中心となってバター――商標「雪印」――の製造を開始した[22]。

次章では酪聯の創業時の奮闘ぶりと、酪聯により一九三三（昭和八）年に設立された酪農義塾（現・酪農学園）についで考察することとする。

2　酪農事業の確立へ

(1)　酪聯の奮闘

酪聯は戦後雪印乳業（現・雪印メグミルク）と名称を変え、今日では日本国内におそらくその名を知らない者がいないほど酪農業界、消費者双方にとって大きな存在となっているが、その創業時には、農民間に揺るぎない組織を築くまでの大いなる奮闘があった。そのことについては『酪聯十年史』（一九三五年）に詳しく記述されている。

酪聯の設立を強力に推し進めたのは宇都宮仙太郎に加え、同じく酪農家の佐藤善七（一八七四－一九五七）と黒澤酉蔵（一八八五－一九八二）であった。二人とも宇都宮の酪農経営思想に深く共鳴した協同組合主義者であった。当時、北海道では大日本乳製品、極東煉乳、森永製菓煉乳部（一九二七年、森永煉乳）、明治製菓、新田煉乳の五つの煉乳製造会社が、原料となる牛乳の生産農家を直接的に支配していた。会社のいいなりにならざるを得なかった農家を会社の支配下から引き離すことは容易でなかった。農家の中には会社擁護を唱える者、あるいは会社擁護と組合設立の間で態度を決めかねる者も少なくなかったのである。

「かくの如く組合主義者、会社擁護派、形勢観望派等彼此相錯綜して居るのであるから……会合せる人々の心中を解剖せば頗る複雑したものであつた。かゝる混沌微妙の状態にある当時の酪農界を盤石不動の大信念を以て其の向ふ所を誤らず正しく指導した中心人物は宇都宮仙太郎氏、黒澤酉蔵氏、佐藤善七氏等であつた。宇都宮氏を主領（ママ）に戴き黒澤氏は参謀長格で佐藤氏は黒澤氏の刎頸の相談相手であつた。各々其の特長を有するこの三者が深く相信頼し、親子兄弟も啻ならざる情誼の下に三位一体となつて出現したのであるから、精神的に農村に与へたる衝動は蓋し鮮少にあらざるものであつた。即ち各地方の組合主義の純理想派は糾然之の傘下に集り雄々しくも酪農界の革新運動に参加するに至つたのである。」(23)

こうして酪聯は設立された。先に述べた通り宇都宮が会長理事に、そして黒澤は専務理事に、佐藤は理事に就いた。黒澤酉蔵は茨城県久慈郡世矢村（現・常陸太田市）の生まれで、北海道に移住する前の若き日には、足尾銅山鉱毒問題に命を懸けて取り組んだ田中正造に付き従って関東平野の農民による反公害運動に関わった経験があった。黒澤は一九〇九（明治四二）年に札幌郊外の藻岩村山鼻東屯田（現・札幌市中央区）で乳牛を借りて搾乳販売を開始し、酪聯設立の頃には三〇余頭を飼育する酪農家であった。黒澤には田中正造と同様に政治的才能もあり、道議会議員となって北海道の農政刷新論議の喚起にも力を発揮した。佐藤善七は北海道有珠郡伊達町（現・伊達市）の生まれで、山鼻村（現・札幌市中央区）で「自助園」と名付けた果樹（りんご）園を経営し、その後南沢（現・札幌市南区）に牧場を開いて酪農も行った。佐藤は札幌信用組合（現・札幌信用金庫）の理事長としてその経営にも力を尽くした。(24)

北海道庁による酪農奨励の方針と歩調を合わせて、酪聯は集乳所や製酪所の設置を拡張して行き、また同時に、製造するバターの品質改良、製品の販路開拓に努めた。営業経験のない黒澤が販路を求めて東京や大阪方面まで出向いた。しかしながら当初の事業は困難を極めた。『酪聯十年史』には、煉乳会社による組合事業への妨害や、道庁の組合に対する助成金支出への異議申し立て等、「幾多の難関障害相重なりて四面は全く楚歌の裡にあり」と記録されている。こうした中で宇都宮らが最も強調し、力を入れたのが「組合精神」の普及、徹底であった。「昭和二年に入り黒澤専務理事をはじめ宇都宮会長、佐藤理事は石狩、空知両管内参拾五ケ所に於て講演会を開催し本会の主義主張を明(あきらか)にすると共に本道酪農業の発達は一(いつ)に組合の製酪事業確立にある所以(ゆえん)を強調し大(おおい)に組合内部の結束に力を注いだのである」(25)。

酪聯が北海道農業の革新に決定的な力を発揮したのは一九三一、三二(昭和六、七)両年の異常低温と降霜による大凶作の時であった。二六(大正一五)年、二九(昭和四)年に続くこの凶作により、とりわけ道東、根釧地域の農民は「餓死線上をさ迷」う事態となったのである。当時の記録によれば、「標津(しべつ)村は大正十五年全道的凶作以来連年不況、不漁、凶作、霜害等連続し、疲弊の極にあり。……昭和七年度総戸数は二、一七五戸、要救済戸数は、農家一、四八九戸、漁家八八戸である。凶害の激甚なること、二、三の作物を除けば、収穫皆無にして、明年度の種苗はあくまでも外部にまたざるべからず、農家の苦慮や、思い知るべきである」。農民は「従来馬糧にしていた燕麦を食糧にするのはもちろん、わらび・ふき・ぜんまい・おおばこなど、口に入れられる野草ならなんでも採取して食べた」と述べられている。(26) 酪聯では三二年七月に佐藤善七が現地に赴き、窮状を調査した。同年九月、酪聯は北海道長官佐上信一に「北海道農業革新建白書」を提出し、「有畜農業の徹底」による根釧地域の穀菽(こくしゅく)農業からの転換を訴えた。建白書を読んでみよう。

「此秋(とき)に方(あた)り、一時的救済は元より急務なりと雖も、亦一面に恒久的農家安定方策を講ずるは、更に急務なりと思考す。即ち最近二カ年に亘る天来の教訓に鑑み、本道農業の根本的立直しを断行し、適地適産の天理を尊重し、酪農を主とせる有畜農業を徹底せしめ、先づ食糧自給の途を講じ、且其の製品たる乳製品は本邦内の需要を充すは勿論、更に進んで海外輸出の計画を樹立するは、実に有畜農業の安定を図る重点たらずんばあらず。」[27]

道庁は一九三三年度に始まる「根釧原野農業開発五ヵ年計画」を策定し、ただちに実施に移した。そこにはこう記されている。「同地方の農業経営は、同地方の自然条件に適合する適地経営を以て基本義とすべく、爰に経営面積を増加し、耕種上根菜類、牧草類等を安全作物となし、而して之を利用する家畜生産を主とする所謂主畜農業組織に改変し、自給自産以て農家経済を安定せしむるを要す」。そして経営法として「飼料並に地力の培養増進を図る為、三圃式輪作法による、即ち緑作休閑地を設定し、八乃至九カ年輪作を行ふこととし、大体三圃に区分し食料作物、飼料作物並に緑作休閑地に配当するものとす。而して馬二頭、畜牛二頭乃至七頭を飼養せしむ」。「将来一戸当耕地面積を十五町歩乃至二十町歩となす」とされた。[28] ここには基本的に酪聯の提言が受け入れられたと見てよい。

酪聯は、酪農をするにしても集乳上最も不利な根室地方へ集中的に事業展開を図った。三二年のうちに武佐にある大日本乳製品会社が閉鎖した製酪工場を入手して佐藤貢の指導により再開させると共に、中標津、計根別、川北、標津に集乳所を設置した。三四年には中標津に新規に製酪工場を建設し、九月から操業を開始した。輸送手段を馬に頼っていた当時、農家が搾った生乳を集乳所まで運ぶ苦労は大変なものであった。また集乳所から製酪工場への送乳にも困難が伴った。[29] 酪聯では集乳所と工場を増やして行き、四三年までに根室地方には三一の集乳所と七つの製酪工場が設けられた。こうして酪聯の率先のもとに根室原野に酪農郷が築かれていった。

『酪聯十年史』には次のように記されている。「而して組合精神の強調は単に牛乳生産者に対するのみに止らず同時に之を組合職員の上に及ぼし、酪農業の発達、北方文化の建設を以て指導精神となし禁酒禁煙、農民道に精進するを信条とし専ら志気の振作に努め内外相俟て組合使命の達成を企図したのであつた」。[30]

（2）酪農義塾の設立

宇都宮仙太郎が丁抹農業講習会で「『農民の事は農民が』の精神を以て」と語り、そして設立された酪聯の「組合精神の強調」や「組合使命の達成」の企図は、農民教育と協同組合職員養成の具体化へと発展した。かくして一九三三（昭和八）年、酪農義塾が設立された。開設に先立って公表された趣意書には二つの目的が明記されている。一つは「酪農業に関する指導殊に教育に関する施設」であること、もう一つは「産業組合主義の普及徹底」を図ることである。「而して……産業組合協同主義の教育を経となし、酪農業の教習を緯としこれを総合訓練して真に郷党の儀表（ぎひょう）たるべき農民を養成するを以て根本義とする」。[31] 塾長には黒澤酉蔵が就いた。塾舎は苗穂（現・札幌市東区）の酪聯用地内に建てられた。修業期間一年の酪農科（定員三〇人）と製酪科（同二〇人）が設けられ、その他に期間三カ月の補習科が置かれた。酪聯主事で酪農義塾の主事に就いた青山永が後に語った記録が残されている。

「酪農義塾の酪農科では農村青年を集め、実際に農場を拵（こしら）えて、そこで本当の酪農経営を体得させる。そして仕事を通して農民精神の確立もやる。当時、北方農業という言葉を使いましたが、北方農業の確立は「斯（か）くあるべし」という観念を実行によって体得させ酪農に対する信念の確立を計る。斯（こ）ういうことで始めたわけであります。同時に又、組合の職員についても、最初の一年間は本採用ではなく、酪農義塾の生徒として基礎学課を修めさせ、工場へ行ってからは工場の実習生として学理を現業と共に体得させる。斯ういうことで、進んでまいりました。又、冬期間、農村の暇な時には一週間、あるいは十日間というふうに短期の講習会を酪農義塾で開催する。というようなことで、本格的な酪農経営はどうあるべきか、ということがまだ判然としていなかった当時の業界に対して、明らかな指針を与えて行こう。農村の中堅青年を教育して酪農の発展を計りたい。〔原文〕……斯ういうようなことが、酪農義塾の趣旨であり、又その方法でありました。」[32]

デンマークのフォルケホイスコーレを手本とした教育がここに始まった。実習農場は当初十分に確保出来ていなかったが、三七（昭和一二）年に出納農場二一ヘクタールが実習農場として提供された。教員として中曽根徳二と野（の）喜一郎が着任した。中曽根は、二三年に道庁の招きでデンマークから来道し琴似農業試験場で酪農経営の実践を示したエミール・フェンガーの助手を務めた人で、同試験場農業教習所教官を辞して酪農義塾へ来た。野は永山農学校を卒業した後、手塩農事試験場助手、手塩中央青年訓練所指導員、上磯郡知内村農会技術員を経て酪農義塾へ来た。中曽根は二三歳、野は二二歳であった。そして中曽根は三五年一〇月～三七年六月に、野は三八年一月～四一年三月にそれぞれデンマークへ留学した。[33]

野喜一郎の留学先で見聞したことを日本へ書き送った記録が残されている。[34] それを読んでみよう。野は北九州門司から乗船し約五〇日をかけて三月上旬にコペンハーゲンに到着、直ちに目的地であるユラン半島のベステ村へ向かった。野はベステ村の酪農家ションナゴの家に寄宿することになっていた。ションナゴは真駒内種畜場でデンマーク式の酪農を実践したマーテン・ラーセンの助手として北海道に滞在した人である。野は同年三月から一〇月までションナゴ農場に滞在して、主に牛、馬、豚、鶏等の家畜管理を研究し、また圃場での農具の扱いを実習した。そして冬期の同年一一月から翌年三月までスベンボーにあるフォルケホイスコーレ、オレロップ体育学校に入学した。この学校で主に体操と水泳を学んだ。「丁抹は農村と云はず都会と言はず体育を中心にし、特に農民の娯楽の如きは、体育が主であって、丁抹の農村は体育と併行して居ると云っても良いでせう、何しろ体の出来たものが良き農業を成すのであるから、第一に体を作り、さうして農業の実際を行ふのであります」[35]と野は書いている。四月にオレロップ体育学校を去り、スコブレナ村のエレキル農場に入った。ここは体育学校で知り合った友人の父親が経営している農場で、ここでは主に圃場を研究した。六月中旬からは各地で催される家畜共進会を見学するなどしながら一カ月余り自転車旅行を楽しんだ。一一月から翌年三月までコリンツ農学校に入学し、さらに同校検乳科で一カ月間学んで「検定組合技術員」の資格を得た。五月にはロシキルドの家政学校に行き授業や実習を受けた。その後は体育学校や農学校の友人らに紹介された農場で実習に励み、また各種講習会、家畜共進会の見学をした。野はデンマークの農村家庭に強い印象を持った。彼は日記にこう書いている。「夜はお客さんが来られる。女の人は編物をもって一夜を語られる。手仕事しながら語ることは良いことである。これこそ農村婦人の務めを充分果せるかなと思う。デンマーク村の婦人、青年の人々の知識の高いことに感心させられる」[36]。野が農村家庭のあり方や農村婦人の生活に深い興味をもったことは、先に述べたように家政学校を訪ね、女子だけが入学できるところを無理をいって授業を受けさせてもらったというエピソードを残したことからもわかる。

野は後に書いた文章でこう述べている。

「デンマーク人には貧富の差はない。富がないからまずいものを食し富があるからうまいものを多く食べることはないのである。食生活においては、都会も農村も寒村の農人も都会の富者も食するものには差はないのである。それは人間としての基本的な生活のあり方を知っていてそれを科学的なものに実際的に結んで居るからである。彼らデンマーク人の食べるものはみな同じである。むしろ新鮮度によって貧富がきめられている。……新鮮度とは、今生産した新鮮な牛乳を、肉を、野菜を都会よりも一分でも一時間でも早く食卓にあげて一家が楽しい生活が出来るという理念があるのである。やはり日本人もこのような自然を愛せる人間になりたいものである。」(37)

酪農義塾では三六年から冬期学校(一週間の短期講習)を、三八年からは女子部を開設した。これらは道内各地の農家の要望にしたがったものである。三九年からは各地方に講師を派遣して酪農講習を実施した。冬期学校に参加した道北の女子は次のような感想を述べている。

「自分はこの講習に来るのは実は嫌だった。それでも無理矢理に出されて了(しま)った。けれども来てみて、大変よかった、と思います。これまでは家を継ぐような気持は全くなかったんだが、いろいろな食べるものなどの講習を受けてみると、実に農村の生活というものが楽しくて希望が湧いて来た。それで親のあとをついでやるということに希望が持てるようになった。」(38)

四一年五月に帰国した野は家族と共に上野幌の農場付設の出納陽一旧宅に入った。出納が自分の農場と共に酪聯に譲渡した建物である。この三階には塾生たちが生活していた。野は四時に起床し、朝礼に始まる農場実習の指導に取り組んだ。

むすび

出納陽一は前述の通り一九三七（昭和一二）年に自分の農場を酪農義塾の実習農場として酪聯へ譲渡し、酪農家を退いた。四一年には満洲拓殖公社の要請を受けて満洲国へ行き、同地で酪農経営の指導に当たった。四六年に帰国した後佐賀県で酪農塾を開設し、四九年に北海道へ戻るまで故郷の九州で酪農家養成につとめた。酪農義塾は戦時中からのいくつかの改編を経て四九年に酪農学園となり、五〇年に酪農学園短期大学が、六〇年に酪農学園大学が開学した。酪聯もまた戦時中の国策による企業合同等を経て戦後雪印乳業として再建された。北海道へ戻った出納は五三年から酪農学園短期大学教授、六四年から六九年まで酪農学園大学教授をつとめた。

出納は戦後、『グルンドビー―デンマーク復興の偉人』（一九四九年）と『真の人造り―デンマーク国民高等学校に学ぶ』（一九七〇年）という二つの本を著している。出納は渡満から九年間を経てグルントヴィに立ち帰った。『グルンドビー』のはしがきに出納は「グルンドビーの旧稿を引出しほこりを払つて整理し、此度世に出すことにしました」[39]と記している。同書はグルントヴィのコンパクトな評伝である。その粗筋は、まだ大正時代であった一九二四年に開かれた丁抹農業講習会で語った「丁抹の偉人グルンドビー」に拠っていると見てよい。グルントヴィの幼少の頃から晩年に至るまでの生涯をまんべんなく丁寧に描いており、グルントヴィを知るうえで今日でも読むに値する本である。同書の末尾に、グルントヴィの臨終を述べた後に、出納は「筆者の弔詞（ママ）」という一文を付けている。そこにこう述べられている。

「彼が深い信仰に入りながらも、なお人間性から離脱せず、人間的の（ママ）欲求をべつ視せず、宗教と人生をよく調和させたことは特筆すべきで、深い信仰に入つた人が、かえつて超人間的な生活態度を取つて、一種の精神分裂を思わしめるような所があるのに、グ翁はよくその点を調和せしめ青年達をして真に人生を楽しいものにさせたことは大きな賜であつた。……翁によつて農民の信仰が復活し、その隣人愛による連帯無限責任の観念は、デンマークの組合をして世界一のものとし、デンマークの農村文明をして世界一にしたのである。」[40]

出納が酪農学園大学教授を退いた翌年に刊行されたのが『真の人造り―デンマーク国民高等学校に学ぶ』である。出納の教育にかけた思いが述べられた著作である。出納は「多くの良い国民を造るためには、デンマークでグルントヴィによって創案され、多くの弟子たちによって実行に移され、今日の小国ではあるが、文化の面、あるいは社会福祉の面において、世界一の国を造りあげたデンマークの国民高等学校の教育が、最も有効適切な方法であると思う。……いまわが国で必要なことは、青年に正しい世界観、人生観を与えることで、それが健全な〝国造り〟につながるのである」[41]と述べ、日本に「真の国民高等学校」がまず一校、それに続いて数十校、数百校と誕生するように願った。同書には、野喜一郎がデンマーク留学の時に体験した体育学校、農学校、家政学校についても説明されている。出納はいう。「日本の中学校、高等学校等の体操が、きわめて不熱心に行なわれるのと比べて、生きた体操と、死にかかった体操ほどの差がある」[42]。「グルントヴィは書物に頼らない。『生きた言葉を、生きた耳へ』というのが、国民高等学校教育の基本方針である」[43]。生きた言葉を生きた耳へ。これがフォルケホイスコーレの教育である。青少年を「死んだ言葉」で苦しめる教育、「死んだ耳」をつくる教育はいらないという出納陽一の願いは決して古くはなっていない。

酪聯のバター製造を一手に担った佐藤貢は、その当初の頃を回想してこう述べている。

「出納氏の住宅の二階の一室に間借りし、毎日食事をともにしたので、家族同様の気持で一年余にわたって出納夫妻の御厄介になった。……私が特に感じたのは、北大出身の出納さんが朝早くから夜の搾乳まで、若者と一緒にオーバーオールを着たまま陣頭に立って働き続け、ほとんど疲労の色を見せないほど精力的な人であったこと、次はわれわれ大勢が厄介になっていることに対して一度も厭な顔を見せられたことなく、いつも同志的な気持で皆に接していただいたこと、また時々一同で賛美歌を歌って宗教的な雰囲気をいつとはなしに作り上げられたこと、さらに感心したのは一回たりとも人を叱ったり怒った顔を見たことがなく、常に明朗で希望に燃えた生活態度、一言にしていえば神様のような人で、すべてを善意に解釈される性格で、また物事に屈託がなく極めて磊落(らいらく)、しかも勤勉篤実なお方だという点にあった。」[44]

以上、グルントヴィの思想とフォルケホイスコーレの理念を精神的支柱として受容し、協同組合による酪農家の育成という日本では未開の農業分野を拓いた人々について論述した。教育思想と経済思想の両視点からグルントヴィとフォルケホイスコーレへの理解を深めることは、二一世紀の人間社会にふさわしい経済のあり方を構想するうえで大きな意味を持つに違いない。[45] それは日本が農業を大切にする社会を実現するということである。そうして初めてデンマークの農業と日本の農業との互恵的(レシプロカル)な関係が開かれるのではなかろうか。

[用語説明]

「農民解放」

領主制の下にあった農民を自由な農業経営者とするために一八世紀末から一九世紀にかけてヨーロッパ各国で行われた農業制度改革。デンマークでは一七八八年に土地緊縛制（農民の移動の禁止）が廃止された。

「真駒内種畜場」

一八七六（明治九）年に開拓使により開設された官営牧牛場。当初一〇〇ヘクタールだった牧場は三二〇〇ヘクタールまで拡大した。家畜改良に取り組むと共に実習生を受け入れ、畜産農家の育成に当たった。一九四六（昭和二一）年に駐留軍に接収され閉鎖。一九二三（大正一二）年にデンマークから五年契約で来道したマーテン・ラーセン一家がデンマーク式農業を実践した約一五ヘクタールの農場は現在の札幌市南区真駒内上町及び緑町あたりにあった。

「酪農」

牛などを飼育し、乳やバター、チーズなどの乳製品を生産する農業の一分野。乳牛は本来牧場で放牧して飼育するが、日本では現在、大部分が畜舎内での繋ぎ飼いであり、放牧による酪農は全体の数パーセントに過ぎない。牛の首を固定するなどの身動きの取れない繋ぎ飼いはアニマルウェルフェア（動物福祉）の観点から問題が多い。宇都宮仙太郎はこうした日本の酪農の行く末を予見していた。

「協同組合」

生産・消費などの目的のために主に個人が組合員になって共同で事業体を設立・所有・運営する非営利の相互扶助組織。一八四四年にイギリスで設立されたロッチデール先駆者協同組合が近代的な協同組合の嚆矢である。デンマークでは一八六六年に最初の消費組合が設立され、八一年に酪農組合が設立された。

「オレロップ体育学校」

デンマーク体操を考案した体操指導者ニールス・ブック（Niels Bukh,1880-1950）が一九二〇年にオレロップに設立したフォルケホイスコーレ。デンマーク体操は大正末頃から日本にも導入され、三一（昭和六）年にはブックが玉川学園長の小原國芳の招きで来日した。

「満洲拓殖公社」

満洲国（一九三二年から四五年の間、中国東北部にあった国家）の開拓支援を行った日本の国策会社。一九三六年に日本からの農業移民を受け入れる機関として満洲国政府、南満洲鉄道、三井合名会社、三菱合資会社の出資で設立された満洲拓殖株式会社が、三七年に日本政府の出資を加えて改組され満洲拓殖公社となった。本社は新京特別市（現・長春市）にあった。日本政府は五六年までの二〇年間に五〇〇万人の日本からの移民を計画し、公社では三九年までに約二〇〇〇万ヘクタールもの土地を確保した。四〇年に開拓協同組合法が施行され、開拓団の協同組合化が図られることとなった。四五年の敗戦時までに入植した日本人は八八一団、約三三万人余りであった。

［註］

（1）内村鑑三『後世への最大遺物・デンマルク国の話』ワイド版岩波文庫、一九九一年、九七～九九頁。スレスヴィ・ホルステン地方は、第一次世界大戦の結果ドイツが敗戦し、スレスヴィ北部がデンマークへ戻った（現・セナーユラー県）。スレスヴィ南部とホルステンは現在、ドイツのシュレスヴィヒ＝ホルシュタイン州である。

（2）御園喜博『デンマーク―変貌する「乳と蜜の流れるさと」』東京大学出版会、一九七〇年を参照。

（3）グルントヴィに関する本格的な評伝としてコック／小池直人訳『グルントヴィ―デンマーク・ナショナリズムとその止揚』風媒社、二〇〇七年がある。著者コック（Hal Koch,1904-63）は一九三七年から死去するまでコペンハーゲン大学の神学者で、教会史の専門家であると共にグルントヴィやフォルケホイスコーレに深い関心を寄せた。また第二次世界大戦時のナチス占領下では平和的な抵抗運動を主導した。同書訳者解題を参照。

（4）日本でフォルケホイスコーレを紹介した初期の文献としてホルマン／那須皓訳『国民高等学校と農民文明』同志社、一九一三年がある。

一九一〇～三〇年代の日本でデンマーク農業論と、フォルケホイスコーレを範とした国民高等学校運動が盛んになったことについて、野本京子『戦前期ペザンティズムの系譜―農本主義の再検討』日本経済評論社、一九九九年、第四章と第六章が論じている。

（5）清水満『生のための学校［改訂新版］―デンマークで生まれたフリースクール「フォルケホイスコーレ」の世界』新評論、一九九六年、六二～六三頁。

（6）「出納陽一氏の面影」刊行会編『出納陽一氏の面影』「出納陽一氏の面影」刊行会、一九七七年、三三～三四頁。

（7）北海道における協同組合による酪農業の成立をキリスト教思想との関連で論じたものとして、松野尾裕「二人の協同組合主義者 黒澤酉蔵と賀川豊彦―『乳と蜜の流るゝ郷』によせて」『日本経済思想史研究』第一三号、二〇一三年所収を参照。宇都宮仙太郎と出納陽一は共に札幌組合基督教会（現・日本キリスト教団札幌北光教会）で洗礼を受けたキリスト者である。なお、賀川豊彦のキリスト教信仰に基づく経済観を論じたものとして、松野尾裕「賀川豊彦の経済観と協同組合構想」『地域創成研究年報』第三号、愛媛大学、二〇〇八年所収を参照。

（8）黒澤酉蔵『私の履歴書』雪印乳業、一九七八年、三三頁。宇都宮仙太郎の経歴については黒澤酉蔵編『宇都宮仙太郎』酪農学園出版部、一九五八年に拠る。同書は宇都宮が口述した回想の筆記録に、関係者が宇都宮の思い出を述べた短文等を合わせて編まれたものである。原田津『酪農三徳―宇都宮仙太郎物語』雪印乳業、一九八一年をも参照。

（9）宇都宮は当時を回想してこう述べている。「かねて福沢先生の話として、独立自尊の人は例え（たと）土地は狭くともまた家は小さくとも、自分の土地の上に住まなくてはならぬ。借地、借家では独立自尊ではない」。前掲『宇都宮仙太郎』一一七頁。宇都宮は郷里の大分県中津の人として福沢諭吉に私淑していた。

（10）同右書、一一八頁。

（11）同右書、一四三～一四四頁。

（12）同右書、二一四～二一五頁。

（13）同右書、二〇八頁。

（14）宮尾舜治は、一八九六年に帝国大学法科大学（現・東京大学）を卒業後、大蔵省に入省し税務官僚として歩んだ後内閣拓務局に移り、愛知県知事を経て一九二一年に北海道長官となった。二三年九月に関東大地震があり、同月帝都復興院が設けられて同副総裁に就いたため、北海道を離れた。

（15）『乳牛タイムス』一九二三年四月号、五月号。浅田英祺・崎浦誠治『乳と蜜の流るる郷―北海道デンマーク交流史』北海道デンマーク交流史刊行会、一九八三年、九九、一一〇～一一一頁。

(16) 酪農学園編『酪農学園史』酪農学園、一九八〇年、九頁。浅田英祺『デンマークモデル』北海道デンマーク会、一九九一年を参照。
(17) 出納陽一「丁抹の偉人グルンドビー」北海道畜牛研究会編『丁抹の農業』北海道畜牛研究会、一九二四年所収、三二六六頁。
(18) 同右書、三八〇頁。
(19) 同右書、三八二頁。
(20) 宇都宮仙太郎「余は如何に丁抹の農業を推奨せしや」同右書所収、四二五～四二六頁。
(21) 宇都宮仙太郎は協同組合運動において禁酒を徹底した。事務所・工場落成の際には、「落成式の宴会も酒は用いず、宇都宮会長の手料理になる豚汁で、来賓一同舌鼓を打ち、和気あいあい裡に前途を祝した」と記録されている。前掲『宇都宮仙太郎』一六一～一六二頁。
(22) 農場はその後「出納農場」に改められ、一九三七(昭和一二)年に酪聯に譲渡された。農場内にある出納陽一・琴子夫妻の住居も酪聯に譲渡され、現在は雪印種苗の施設となっている。一九五八年に「酪聯発祥の地」と刻まれた碑が建てられ、八一年に同地に製酪所の建物が復元された。
(23) 北海道製酪販売組合聯合会編『酪聯十年史』北海道製酪販売組合聯合会、一九三五年、三七頁。大高全洋『酪連史の研究—北海道製酪販売組合連合会の生成・発展・消滅過程に関する史的考察』日本経済評論社、一九七九年を参照。
(24) 青山永『黒澤酉蔵』黒澤酉蔵伝刊行会、一九六一年、佐藤貢『佐藤善七と自助』デーリィマン社、一九六七年を参照。黒澤酉蔵と佐藤善七は共に札幌美以(みい)(メソジスト)教会(現・日本キリスト教団札幌教会)で洗礼を受けたキリスト者である。酪聯のバター製造を担った佐藤貢は佐藤善七の長男である。佐藤貢は戦後の雪印乳業の初代社長をつとめた。佐藤貢『蚯蚓(みみず)と牛乳 感謝の生涯』私家版、一九八五年、佐藤巌編『天地人 佐藤貢の生涯と追憶』同、二〇〇〇年を参照。
(25) 前掲『酪聯十年史』八一～八二頁。
(26) 根室酪農史刊行会編『牛群雲の如し—根室酪農の歩み』雪印乳業、一九七五年、一四五～一五七頁。
(27) 北海道製酪販売組合連合会「北海道農業革新建白書」同右書所収、一七二頁。
(28) 北海道庁「根釧原野農業開発五ヵ年計画」同右書所収、一七五頁。
(29) 同右書、一八二～一八九頁。
(30) 前掲『酪聯十年史』八二頁。
(31) 前掲『酪農学園史』二六～二九頁。佐々木隆介「北海道の農業協同組合諸活動における教育文化事業の地位とその振興に関する一研究—酪連教育活動の展開」『北海道大学教育学部紀要』第二号、一九五四年所収を参照。

(32) 前掲『酪農学園史』四三〜四四頁。
(33) 同右書、一四三〜一五四頁。
(34) 野みつ子『野喜一郎の歩み』私家版、一九八〇年、一三六〜一九一頁。
(35) 同右書、一五七頁。
(36) 同右書、一六一頁。
(37) 同右書、一九〇頁。
(38) 前掲『酪農学園史』一五九頁。
(39) 出納陽一『グルンドビー―デンマーク復興の偉人』酪農学園通信教育出版部、一九四九年、頁なし。同書には賀川豊彦が序文を寄せている。その中で賀川は「このグルンドビー伝の著作に当たつて、出納氏以上の適任者が、他にあるであろうか? 私は深くグルンドビーを研究することによつて、日本の農村を救い、日本再興の途を明確に把握し得ると思う」と述べている。同書、頁なし。
(40) 同右書、二一一〜二一二頁。
(41) 出納陽一『真の人造り―デンマーク国民高等学校に学ぶ』「真の人造り」刊行会、一九七〇年、頁なし。
(42) 同右書、一七一〜一七二頁。
(43) 同右書、三〇頁。
(44) 佐藤貢「出納陽一氏の事績と思い出」前掲『出納陽一氏の面影』所収、三九〜四〇頁。
(45) グルントヴィについては、近年その著作の翻訳が刊行され、原典に近づきやすくなった。グルントヴィ／小池直人訳『世界における人間―グルントヴィ哲学・教育・学芸論集』風媒社、二〇一〇年、同／同訳『生の啓蒙』同、二〇一一年、同／同訳『ホイスコーレ』(上) 同、二〇一四年。グルントヴィと同時代のデンマークでフォルケホイスコーレを最初に実践したコル (Christen Mikkelsen Kold, 1816-1870) については、コル／清水満訳『コルの「子どもの学校論」―デンマークのオルタナティヴ教育の創始者』新評論、二〇〇七年。

〔参考文献〕

青山永『黒澤酉蔵』黒澤酉蔵伝刊行会、一九六一年。

浅田英祺『デンマークモデル』北海道デンマーク会、一九九一年。

浅田英祺・崎浦誠治『乳と蜜の流る郷―北海道デンマーク交流史』北海道デンマーク交流史刊行会、一九八三年。

内村鑑三『後世への最大遺物・デンマルク国の話』ワイド版岩波文庫、岩波書店、一九九一年。

宇都宮仙太郎「余は如何に丁抹の農業を推奨せしや」『丁抹の農業』所収。

大高全洋『酪連史の研究―北海道製酪販売組合連合会の生成・発展・消滅過程に関する史的考察』日本経済評論社、一九七九年。

グルントヴィ／小池直人訳『世界における人間―グルントヴィ哲学・教育・学芸論集』風媒社、二〇一〇年。

グルントヴィ／小池直人訳『生の啓蒙』風媒社、二〇一一年。

グルントヴィ／小池直人訳『ホイスコーレ』（上）風媒社、二〇一四年。

黒澤酉蔵編『宇都宮仙太郎』酪農学園出版部、一九五八年。

黒澤酉蔵『私の履歴書』雪印乳業、一九七八年。

コック／小池直人訳『グルントヴィ―デンマーク・ナショナリズムとその止揚』風媒社、二〇〇七年。

コル／清水満訳『コルの「子どもの学校論」―デンマークのオルタナティヴ教育の創始者』新評論、二〇〇七年。

佐々木隆介「北海道の農業協同組合諸活動における教育文化事業の地位とその振興に関する一研究―酪連教育活動の展開」『北海道大学教育学部紀要』第二号、一九五四年所収。

佐藤巌編『天地人 佐藤貢の生涯と追憶』私家版、二〇〇〇年。

佐藤貢『佐藤善七と自助』デーリィマン社、一九六七年。

佐藤貢「出納陽一氏の事績と思い出」『出納陽一氏の面影』所収。

佐藤貢『蚯蚓と牛乳 感謝の生涯』私家版、一九八五年。

清水満『生のための学校［改訂新版］―デンマークで生まれたフリースクール「フォルケホイスコーレ」の世界』新評論、一九九六年。

出納陽一「丁抹の偉人グルンドビー」『丁抹の農業』所収。

出納陽一『グルンドビー―デンマーク復興の偉人』酪農学園通信教育出版部、一九四九年。

出納陽一『真の人造り―デンマーク国民高等学校に学ぶ』「真の人造り」刊行会、一九七〇年。

「出納陽一氏の面影」刊行会編『出納陽一氏の面影』「出納陽一氏の面影」刊行会、一九七七年。

根室酪農史刊行会編『牛群雲の如し―根室酪農の歩み』雪印乳業、一九七五年。

野みつ子『野喜一郎の歩み』私家版、一九八〇年。

野本京子『戦前期ペザンティズムの系譜―農本主義の再検討』日本経済評論社、一九九九年。

原田津『酪農三徳―宇都宮仙太郎物語』雪印乳業、一九八一年。

北海道製酪販売組合聯合会「北海道農業革新建白書」『牛群雲の如し―根室酪農の歩み』所収。

北海道製酪販売組合聯合会編『酪聯十年史』北海道製酪販売組合聯合会、一九三五年。

北海道畜牛研究会編『丁抹の農業』北海道畜牛研究会、一九二四年。

北海道庁「根釧原野農業開発五ヵ年計画」『牛群雲の如し―根室酪農の歩み』所収。

ホルマン／那須皓訳『国民高等学校と農民文明』同志社、一九一三年。

松野尾裕「賀川豊彦の経済観と協同組合構想」『地域創成研究年報』第三号、愛媛大学、二〇〇八年所収。

松野尾裕「二人の協同組合主義者 黒澤酉蔵と賀川豊彦―『乳と蜜の流る、郷』によせて」『日本経済思想史研究』第一三号、二〇一三年所収。

御園喜博『デンマーク―変貌する「乳と蜜の流れるさと」』東京大学出版会、一九七〇年。

酪農学園編『酪農学園史』酪農学園、一九八〇年。

［付記］　本研究はＪＳＰＳ科研費二三五三〇二四〇の助成を受けた。

第8章

東遊運動と東京義塾

―ベトナム・アンチ・コロニアリズムとレシプロシティ―

橋本和孝

1　東遊運動の背景とリーダー達

ドンコイ通りは、ホーチミン市の目抜き通りである。その角にシェラトン・ホテルが立地している。その正面玄関にある通りが、ドンズー通り（Đường Đông Du）である。この通りにはイスラム寺院であるインド・ジャミア・ムスリム・モスクがある。この通りの名称、ドンズーこそ本章が対象とする東遊運動の「東遊」のベトナム語読みなのである。では東遊運動とはなにか。これは一九〇五（明治三八）年から一九〇九（明治四二）年にかけて行われたベトナム版「日本に学べ」運動なのである。(1)

（1）東遊運動とリーダー達

この東遊運動の背景を述べる前に、運動のリーダー達について、簡単に述べておきたい。というのは、東遊運動は、一九八〇年代にシンガポールで行われた「日本に学べキャンペーン」(2)やマレーシアの「ルック・イースト政策」とは根本的に異なっており、フランス植民地からの民族独立闘争と結びついているのである。

東遊運動のリーダーは、何といってもファン・ボイ・チャウ（潘佩珠、Phan Bội Châu,1867-1940）である。ファン・ボイ・チャウは、ゲアン省ナムダン郡サナム村で、農業兼業の貧しい学者の家に生まれた。(3) 父親は塾の講師で、チャウは既に四〜五歳で『詩経周南』の幾つかの章を暗誦することができた。一八歳の時母を喪い、二〇歳で革命家となることを志し、やがて極秘に勤王運動に関わるようになった。その一方、郷試を目指したが、六度失敗し、七度目の一九〇〇年にゲアン省の科挙の候補者リストに載り合格した。(4) 同年父が死にチャウが革命計画に着手することが可能となった。運動の第一段階が勤王運動家と武装蜂起を求める志士・義兵との接触であり、目標はフランス支配への武力攻撃であった。運動の第二段階は皇室からリーダーを得ることであり、これがクォン・デの擁立に結びついていくのである。第三が外国からの援助を求めることであり、そのために誰かを海外に送り出すことであった。目標はベトナムの再興であり、独立した政府の樹立であった。一九〇三年に『琉球血涙新書』を執筆し、それは同郷の紳士、クアンナム（広南）やクアンガイ（広義）の知識人の間に広まった。その中には、もう一人のリーダー、ファン・チュウ・チンもいた。

改革派のリーダーであるファン・チュウ・チン（潘周楨、Phan Châu Trinh,1872-1926）は、クアンナム（広南）県、タムキー市タイロック村の出身である。父親は軍人で勤王運動に関与した。しかし、一八八七年敵に通じたという嫌疑で、勤王義会の志士によって殺害された。父の悲劇的な死がチンの穏健かつ非暴力の思想に影響した、と言われている。(5) チンは良家の出身である母の教育を受けたものの母が亡くなり、一四歳で学校に入った。しかし、武道をたしなみ文武両道の若者になったのである。彼は二二歳と二五歳で郷試を受けたにもかかわらず失敗し、一九〇〇年に合格、翌年会試に合格し、一九〇三年に礼部承弁として役人になった。(6) この年、チンはフエでファン・ボイ・チャウに会い彼の暴動礼賛の立場に反駁したという。また官吏登用試験の廃止の請願と政治改革を求めて、まずもって郷試の合格者達が結集し協力したのだが、チャウは会試に合格しなかったので署名しなかった。(7) 他方「新書」「新報」と呼ばれる中国からの（ないしは中国経由での）、人民の権利と自由を論じ、西洋文明を記した著作、特に梁啓超と康有爲のそれがベトナム知識人に多大な影響を及ぼしていたが、チンは一九〇四年頃、梁啓超のそれに接して自らの思想の進化に重要な影響を及ぼしたのである。

第三のリーダー、ある意味脇役がクォン・デ（彊柢、畿外候、Cường Để,1882-1951）である。阮朝初代皇帝の嘉隆（ザーロン）帝を引き継いだのは、第四子で第二婦人の息子である明命（ミンマン）帝であった。しかし、嘉隆帝には長男、早死した阮福景がいた。その四代目の子孫がクォン・デである。彼は少年時代、仏印総督が要請しても帝位に就くことを拒んだ経歴があり、「愛国思想」と「討賊救民の志」があった彼は、一九〇三年「会主」（党首）に推挙され承諾した。この「会」は翌一九〇四年「越南維新会」と命名された。(8)

（2）東遊運動の背景

一八五八年、フランス・スペイン連合艦隊がダナンに上陸し、やがてフランス軍はコーチシナ全域を併合した。ついには一八八四年ベトナムはフランスの保護国になった。一九〇五年、ファン・ボイ・チャウが横浜で執筆した『ヴェトナム亡国史』の中で「フランス人には、人民のためを計るなどという事はまるで念頭にはなく、……民の財、民の力、民の膏血を、あらゆる手段を弄し、あらゆるきっかけをとらえてしぼりとり、朝な夕なに取り立てない時とてない有様である」。「もし個人で海外に遊学し、外国人と接触して各国の言語学問を学ぼうとすれば、ひそかに外国人と通じ、反乱を計った廉で罪に問われ、……もし本人が逮捕できない時には家産を没収し、墳墓をあばき、父・母・兄弟・妻子を牢獄に閉じ込めて、その身代わりにした」と弾劾した。(9) この『ヴェトナム亡国史』については、ファン・チュウ・チンによって「兵隊の推論」と揶揄されたものであるが、フランスのベトナムに対する圧政を鋭く摘出した告発の書であった。(10) 苛斂誅求とベトナムの伝統を無視した植民地政策(11)に対して、反仏独立の闘争が生じるのは当然であった。

以上のフランスによる圧政が、東遊運動の客観的背景であるとすれば、運動を生み出す国際的背景があった。前述のように、ファン・ボイ・チャウは、外国からの援助を運動の第三段階に位置づけていたが、天津条約（一八八五年）によって、清はフランスによるベトナム支配を承認していた。そのため「越南維新会」は清に援助を期待することができなかった。そこへ降って沸いたのが、日露戦争「勃発の報」であった。(12) それはチャウ達の頭脳に「一新世界を開かしめたもの」であり、「爽快な想いをあらしめた」事件であったのである。「同文同種」の国以外にベトナムを援助することはないと見なし、日本は黄色人種で唯一近代化を進めた国と想定されたのである。日本に同情を求め、軍隊の派遣までは困難だとしても、その資金援助で武器を購入することは可能であろうと判断した。(13)

2　東遊運動の開始と隆盛

(1) 東遊運動の開始

ファン・ボイ・チャウは、二二歳の時結婚したが、子供に恵まれなかったので、第二婦人を持ち一男一女に恵まれ、さらに第一婦人との間に息子が生まれたものの、日本に出発する前に第一婦人と離婚した。[14] 一九〇五年、三八歳の時、新暦二月二三日、チャウはタン・バット・ホー（曽抜虎）とダン・トウ・キーン（鄧子敬）と三人でハイフォン港から船出した。[15] モンカイ、竹山を経て香港には三月到着した。

香港から上海への海上で、周椿という中国人留学生に会った。彼は横浜の梁啓超の住所を教えてくれた。チャウは、梁に傾倒しており、『新民叢報』の二、三篇を有していた。チャウは、訪日後、真っ先に梁に会うつもりであったので、とても喜んだ。[16] ここで留意しなくてはならないのは、チャウが梁の住所を聞いて大喜びしたのは、決して大げさではなく、実際知らなかった可能性があることである。というのは、『新民叢報』は創刊号から第三三号までは、山下町一五二番地で発行されていたが、第三四号、一九〇三（明治三六）年六月からは山下町一六〇番地に移っていたからである。

上海を旅立って一九〇五年五月末ないし六月始めに一行は神戸に到着した。神戸から列車で横浜に着いた。しかし、荷物がない。待っていると警官がやってきたので、筆談で事情を話すと、荷物は田中旅館に送られたとのことであった。荷物と乗客を区別し、車掌が荷物に気を配り、同時に乗客が「持っていかない」点について、チャウは「この単純なことでさえ、強国の政治と人々の行いの水準は、わが国の立場から見れば、天国と地獄のような差ではないか」と記している。[17]

数日後、チャウは自己紹介の手紙を携えて梁啓超を訪ねた。その時、梁は、次のようにベトナムの独立について示唆している。独立を回復するに際して、国の独立よりも民衆に独立心がないことに関心を持つべきで、現実的力は、貴国自体であり、広東と広西が援助し、日本は声援するだけである。広東と広西の援助は、軍事援助であるが、アジアの強国、日本の声援は独立の承認という外交の形であるべきである。チャウが望んでいた日本への軍事援助については、一度日本軍がベトナムに進行するならば、撤退させることは不可能で、国の回復ではなくて破滅を早めるものであると指摘した。

後日、梁は東京で犬養毅をチャウに紹介し、犬養を通じて大隈重信に会った。梁は一八九八（明治三一）年に日本に亡命したが、程なく犬養毅と交流する機会を得ていたし、柏原文太郎宅には東京に到着後寄寓する関係であったのである。[18] 犬養は、チャウによる「援助をもとめる要請に関して、国のリーダーの委任を受けているのであろうか。貴君の国が君主制であるならば、皇家のメンバーであるのが相応しい」。そのとき、チャウが示した名はクォン・デであり、犬養は、「敵の手に落ちる前に、貴国から彼を連れて来た方が良い」と述べていた。大隈、犬養、梁の主張は、

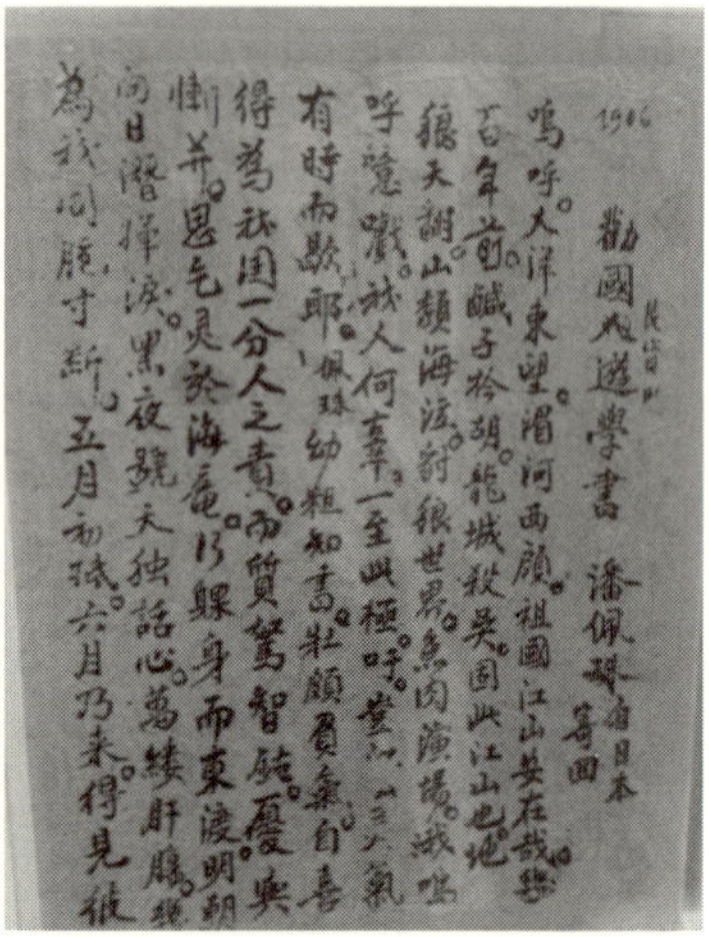

潘佩珠「勧国人遊学書」

軍事援助は時宜にかなっていない。今、日本に欧州全体と闘う力はないので、時期を待つべきである。大隈いわく、「貴君は貴国内の知識人を糾合し外国に送るべきであり、彼らの耳目は一新され、新鮮な空気に触れ、精神が行き詰まることはなかろう。これこそ救国の方策ではなかろうか」。また「貴党のメンバーを連れて来るのが良い。日本で生活を望むなら、住まいを提供しよう。……生計については憂いる必要はない。侠義と愛国は日本人の特性であるから」と好意ある申し入れを行った。

チャウは、こうして「会主を助けて海外に出でしめようとの計を私は決心した」[19]。彼はこの年の八月（新暦）一度帰国し、ゲティ

ン（乂静）地域のメンバーと会い、海外に送るメンバーの条件について議論した。その結果、三人の若者を連れて日本に旅立った。秋に梁と会い、留学生達の財政問題を解決すべく考案されたのが、「勧国人遊学書」であった。[20]

（2）東遊運動の隆盛

「勧国人遊学書」は、三千部以上印刷されたものの、まだ運搬される以前に、北部から六人の若者が到着した。その中には、東京義塾の塾長となるルオン・ヴァン・カン（梁公玕、Lương Văn Can, 1854-1927）の息子二人も含まれていた。極秘に海外へ出発した彼らは、横浜に到着した時には、お金がなく、チャウの借家は窮屈になった。彼らは飢えと寒さに耐えて梁の蔵書で勉学に励んだのである。

一九〇六年二月、クォン・デが香港に着き、国の状況について話し合った。また三月末か四月、ファン・チュウ・チンが香港に着いた。チャウはそこで「勧国人遊学書」をチンに示したが、それはとても良い出来栄えとの反応であった。チンが日本に向かったのは、第一にファン・ボイ・チャウの日本に留学生を送る考えには賛同していたが、その君主制的で、暴力是認で、外国の援助に頼る独立路線には賛同できなかったので、チャウと話し合う必要があり、第二に「近代化した」日本を見てみたいという点にあった。[21]広東でファン・ボイ・チャウとファン・チュウ・チンが、独立について話し合った時、チンは君主専制が廃止されないのであったならば、単なる国の独立の回復は幸せをもたらさないであろうと断言し、同席したクォン・デがとても興奮する場面もあったのである。

一行は、四月頃横浜の丙午軒（ビンゴウヒエン）と称する二階建ての日本家屋に定住した。そこは東遊（ドンズー）運動の拠点であり、日本人から日本語を学習するためのセンターであった。ファン・ボイ・チャウは、到着後犬養に留学生の入学についての手紙をしたため、犬養は東亜同文書院の院長細川護成、福島安正陸軍大将兼振武学校長、根津一陸軍少佐兼東亜同文会総幹事と相談した。その結果、振武学校には三名、東京同文書院に一名を入学させた。また彼らは、日本の給費留学生として受け入れられたが、クォン・デだけは、フランス政府との関係で皇族を公然と受け入れられないので、私費留学生として振武学校に入学せざるを得なかった。

その後、一九〇七年春には丙午軒は東京に移動し、秋には、一〇歳以下の子供三人を含む、一〇〇人以上の若者が到着した。既に丙午軒ではやはり一〇〇人以上が勉学に励んでいる状況であったので、若者たちは、目白の東亜同文書院に入学を許された。そこは中国人が学ぶ学校であったが、「一見して支那学生と安南学生との区別が付かなかったから、世間の者は之を支那の留学生であると思ふて何等注意をしなかったのであった」。[22]

カリキュラムは、午前中は日本文化と日本語に加えて、数学、地理、歴史、化学、物理、修身を学び、午後は軍事知識と軍事訓練であった。特に彼らは軍事訓練に熱心であり、退役将校難波田少佐が日曜日にも出かけて空き地で指導した。[23]

またベトナム留学生団体として、「越南公憲会」を一九〇七年一〇月に組織し、会長にはクォン・デが、事務局長にファン・ボイ・チャウが就任した。留学生の半数は南部出身で、彼らのクォン・デへの信望は厚かった。[24]

3　東遊運動から東京義塾へ

(1)　東京義塾の開始と展開

ファン・ボイ・チャウはファン・チュウ・チンを伴って、一九〇六年の初夏、東京の学校や名所、政治教育の殿堂を視察した。この東京の学校の中に慶應義塾大学が含まれていたかどうかは定かではないが、少なくともファン・チュウ・チン滞在中に、そこを訪れていたと考えるのは、後の東京義塾開塾という事実からして自然である。[25]

この視察の際、ファン・チュウ・チンはファン・ボイ・チャウに、「日本の国民のレベルはとても高く、ベトナムのレベルはとても低い。我々が奴隷にならない方法はあるのだろうか。日本の学校に入学した何人かの学生は、多大な達成を示してきた。貴君は東京に留まって休息し、執筆に専念して欲しい。フランスへの戦いを訴えないで欲しい。

ただ民権と大衆的啓蒙を呼びかけて欲しい。一度民権が達成されるならば、そうすれば他のことも考えられるであろう」と呼びかけた。民権を促進するためにフランスに依拠して君主制を打倒しようとするファン・チュウ・チンと、独立が達成されれば、それ以外のことを考えられるので、君主制を利用しようとするファン・ボイ・チャウの間に、目標は一致していても、手段の一致はなかった。またチンは振武学校でベトナムについてのセミナーを実施する機会があり、救国の一方法として一生懸命勉学に励むことを奨励した。[26]

チンはやがて帰国することになり、チャウは香港まで見送った。チンの日本滞在の経験は、近代化は独立を考える前に必要なことであり、近代化なしのベトナムの独立は、強固な力を保持するためには脆弱である、という確信となった。帰国後、学校づくり、学会の創設、商業団体、農業団体の創設、商業協同化の推進、地域の内発的な発展を奨励して、例えばクアンナムではシナモンの木やお茶、さとうきびの植栽、各種の砂糖製品や織物の生産を鼓舞した。また自ら商会を設立し、シナモンの木の農園を所有した。科挙の無駄を指摘し、民衆の知性と国民の才能を育成する必要があったので、近代技術を強調した新しいカリキュラムで教える学校を開学しようと考えた。究極的には、国内生産物と産業を発展させることで生活水準を改善し、生活条件を向上することが目標であった。一九〇六年には断髪を奨励した。短髪は勇気と近代化と反抗の象徴であった。理髪店は一九〇七年までにクアンナムではよく繁盛した。

一九〇七年三月、彼を中心に友人たちと東京義塾（Đông Kinh Nghĩa Thục）を開学した。絹織物商で中国学者のルオン・ヴァン・カンを塾長に、塾監はグェン・クエン（阮權、Nguyễn Quyền,1869-1941）であった。[27] 東京（トンキン）とはハノイの旧称であり、同時に文字通り東京をも意味していた。義塾は もちろん慶應義塾をモデルにしたものであった。

東京義塾広場（ハノイ市）

学校は当初ハノイの旧市街のハンダオ通り四番地のルオン・ヴァン・カンの家に設置され、後には拡大して一〇番地に移動した。学校には、教育部門、振興部門（学校の影響を拡大するための部門）、教材部門、財政部門の四部門が設置された。また目的は民衆の啓蒙にあり、無料で初等レベル、中等学校レベル、大学レベルの三段階の授業が実施された。初等レベルでは、ローマ字での国語（クォック・グー）が教えられ、中等学校および大学レベルでは、むしろ漢文や希望者にはフランス語が教えられた。(28)

ファン・チュウ・チンは、主にクアンナムで活動していたが、ハノイに出かけた際には、学校で演説会を開催した。その演説のスタイルは、ベトナムには見当たらないもので、一般向けの斬新で興奮を与えたる形だったのだが、明白に福沢諭吉の演説スタイルを模倣したものであった。「演説を聞く人々は見せ物のように群がり、演説の時間になると聴衆は雨のようにやって来た」と言われている。チンは、日本の文明開化を模倣して若者に断髪と洋装を勧め、国産品を購入することを奨励した。(29)

また機関紙「登鼓叢報」（Đăng Cổ Tùng Báo）を素材として、あるいはベトナム史や世界史、迷信の廃止など、毎月一日と一五日に演説会が開催され、『文明新学策』という教科書やファン・ボイ・チャウの『海外血書』（一九〇六年）(30)、ファン・チュウ・チンの『潘周楨投法政府書』（一九〇六年）などの漢文から国語への翻訳が行われている。

最初五〇人の学生で始まった義塾は、一九〇七年五月に五〇〇人に達し、ついに一〇〇〇人を超えたという。(31)さらに梅林義塾（Mai Lâm）、玉川義塾（Ngọc Xuyên）のように東京義塾をまねた学校も登場し、農村部の三カ所に分校が設置された。前述のように、ファン・ボイ・チャウの『海外血書』の翻訳がなされたわけだが、東京義塾は単なる民間学校であったわけではなくて、若者を海外に眼を向けさせ動員させるには、絶好の場所であったのであり、実際東遊運動の「秘密機関」としての性格を有していたのである。(32)

4　東京義塾と東遊運動の終焉

(1) 東京義塾の終焉

東京義塾が設立された時、フランス植民地当局は、当分の間、教育機関としてそれを許可していた。しかし、詩人で宝石商のドー・チャン・ティート（Đỗ Chân Thiết）と何人かの同僚達が、東遊運動を支援するため阿片を販売し、ファン・ボイ・チャウの指示で、ハノイにいる雲南の支援者と接触して、武器工場を設立しようとしたこと、銃器をハノイに送り込む計画や若者の軍事訓練計画があり、これらが東京義塾に危険をもたらすと判断された。そこでルオン・ヴァン・カンは、こうした活動は、極秘に行われるべきで義塾とは切り離されるべきであると提案した。(33) しかし、フランス当局は、若干の教師達が学校外での演説で、植民地行政を公然と批判したという名目で、一九〇八年一月で閉校を命じたのである。

短命で終わった東京義塾であったが、国語（クォック・グー）と、国家の発展についての学習を新しい方法で奨励し、封建道徳と儒教的習慣を批判し、若者が産業や資本制経済を発展させるよう奨励したことで、ベトナム近代史に深い影響を刻印したのである。(34)

(2) 東遊運動の終焉

フランスは、日露戦争後、ドイツに対する優位性を得るため日本を取り込むことが必要であると見なし、同時に日本は中国政策でフランスの信頼を得ておきたいと考えた。こうして締結されたのが日仏協約である（一九〇七［明治三九］年六月一〇日）。この中に「両締結国のアジア大陸における相互の地位と領土権を保持せむため前記諸地方における平和および安寧を確保する」という記載があった。この前記諸地方にはフランスの植民地であるインドシナが含まれており、これに基づいて、フランス政府は日本在住の「越南維新会」の首魁引き渡しと留学生の追放を要求してきた。これに対して、日本政府はクォン・デとファン・ボイ・チャウの国外退去と留学生の解散を命じることになる。日仏協約以前からフランス大使館は、クォン・デの動向を注視していたが、締結後、ある日警官が、内務省の命令で、学院に対して学生達の正確な氏名と住所を示すよう命じるとともに、フランス大使館の要請で、学生達は、日本の警察を通じて、郷里に手紙を書かねばならないことを通告した。そうでなければ、フランス大使館に引き渡されることになり、学院内はただちにパニックになったという。受け取った父母からの手紙には、彼らが拘禁され苦痛を味わっているので、帰国し当局へ出頭するよう記されていた。(35) 解散命令が出たのは一九〇八年秋のことであった。帰国の四～五千元という費用の捻出が難問であったが、犬養毅から二千元と香港への日本郵船のチケット一〇〇名分を受けとることになった。

南部からは日本に留まることを望んだ学生は五人だけであった。他方、北部および中部の学生達は、留まることを望んでいた。その中に一四歳で来日したホアン・ディン・トァン（黄廷珣、Hoàng Đình Tuân）がいた。彼は日本語が達者な優等生であった。学院が閉鎖後一年間苦学する一方、中国人留学生と親しくなり、中国大使に紹介された。その結果、廣西出身者と登録され、官費留学生となり、日本の高等学校を五年、その後師範学校に入学した。教師の資格を得た彼は、北京で中学教師となる一方、北京東亜同文報館の編集者となった。

またリ・チュー・バ、本名リュー・エン・ドン（李仲伯、Lý Trọng Bá、劉燕丹、Lưu Yên Đơn）は、一九〇八年に来日し、中国籍を得て、中国の官費留学生となった。名古屋高等工業高校を卒業後、東京帝国大学を卒業した。中国で技師として働いていたが、一九二八年フランス当局によって暗殺された。その一方、クォン・デは、一九〇八年一月に胃および泌尿器の病気と成績不良のため退学し、順天堂病院に入院した。その後早稲田大学にリ・カイン・タイン（李翼成）という中国人名で入学している。(36)

ここで国府津の開業医、浅羽佐喜太郎について触れねばなるまい。グエン・タイ・バット（阮泰拔、Nguyễn Thái Bạt）は、一九〇七年、中部から資金を持たぬまま、単独日本へ渡った若者であった。しかし、日本語ができないグエンは日本で働くことが困難で、路上で行き倒れとなった。そこで彼を助けてくれたのが、浅羽佐喜太郎であった。手当てをし、同文書院の学費まで払ってくれたのである。しかし、グエンは同文書院には入学せず、正則英語学校に入学した。李希亮と名乗っていたようである。(37) 金策に困ったファン・ボイ・チャウは、浅羽に援助を求めることをグエンに相談した。グエンが、その件を了解したので、浅羽宛の手紙を執筆し、グエンに使者として出向いてもらっている。朝手渡した手紙が、夕方には為替になって届いたのである。金額は一七〇〇円、現在の四七〇〇万円に相当するともいわれる大金であった。(38)「困窮に瀕している中でこれを得て、いかに喜んだか分かるであろう」とチャウは記している。その大金は、中華革命党と平民社の活動資金、印刷費、食費と家賃に化けたのである。すなわちその頃、チャウは大杉栄、堺利彦、宮崎滔天達と接触を持っていた。一九〇七年夏には、後に辛亥革命を起こす指導者達と東亜同盟会を結成し、英法革命党、朝鮮革命党、日本社会党に所属する者も参加した他、インド、フィリピン運動家も参加した。(39)

浅羽佐喜太郎との関わりで言及すべきことが、国府津の浅羽医院に一九〇八年秋から一九〇九年春まで、留学生達が生活していた可能性である。この点を孫の浅羽和子は、「汽車で来た人、船で来た人が集まって病院にかくまわれていたそうです。病院にはいつも数十人の貧しい人が住みついていて、その人々の中でベトナムの留学生がグループを作って生活していたそうです。母はベトナムの留学生がギターやバイオリンを弾いてくれるのが楽しみで、よく部屋へ遊びに行ったと話していました」という。いわば留学生の解散命令が出た時期から、浅羽医院に警察が調べに来た翌年三月頃まで留学生達が逗留していたと見なすのは、不自然ではない。(40)

かくして「自判」に基づくならば、ファン・ボイ・チャウに対しては一九〇九年春に一週間以内に国外退去命令が出され、クォン・デには二四時間以内の退去命令が出され、東遊運動は終焉した。クォン・デが門司から出国するのは一一月一日であった。チャウは、「獄中記」で「この時に蒙った失敗は、実に身体完膚なしの痛苦を感じたのでありました」と東遊運動の終焉を嘆いたのである。(41)

5　東遊運動のレシプロシティー

ファン・ボイ・チャウは、国外退去命令が出た後、国府津の浅羽佐喜太郎の下へ、受けた援助に対するお礼の訪問を行っているが、レシプロシティーとしての返礼はそれでは済まなかったのである。[42] 広東の山中に三年間監禁されていたチャウは、自由の身になって、一九一七（大正六）年第一次世界大戦での日独情勢について知るべく犬養毅と福島安正に会うことを望み、春に来日し三カ月間滞在した。その折に、国府津の浅羽医院を訪問したのである。しかし、一九一二（明治四五）年九月に佐喜太郎は病死していた。彼がチャウ達に差し出した大恩にまだ返礼していない。生涯の友人に感謝の意を表明できないことを恥じたチャウは、記念碑を建てることを誓ったのである。

翌一九一八年初春、チャウは、リ・チョン・バ（李仲伯）他もう一人とともに静岡に向かっている。石碑の作成に一〇〇円、さらに輸送と石碑の据え付けに一〇〇円以上を要することが分かったものの、財布には一二〇円しかなかった。東浅羽村長の岡本節太郎を訪問し、自分たちの意図を知らせると、村長は大変感激し、チャウの考えを推奨し、すぐに実行するよう奨励した。不足金を中国に戻って調達すると伝えると、村長は「村の出身者の記念碑を建てるのであるから、我々が貴方の志を援助すべきである」と述べ、チャウを喜ばせた。ある日曜日村長と小学校に行くと、村内の家長達が集まっていた。村長は、浅羽佐喜太郎の「義侠」の事業とチャウおよびリ・チョン・バを紹介した。

浅羽佐喜太郎公記念碑

そして、石碑作成の費用はチャウ達に求め、輸送費と設置については村人が負担すべきであろうと提案し、村人の大きな賛同を得たのである。

こうして完成した常林寺境内（現袋井市梅山）に建てられた浅羽佐喜太郎公記念碑には、以下の碑文が刻まれている。

われら国難のため扶桑に亡命した。公は我らの志を憐れんで無償で援助して下さった。思うに古今にたぐいなき義侠のお方である。ああ今や公はいない。蒼茫たる天を仰ぎ海をみつめて、われらの気持ちを、どのように、誰に、訴えたらいいのか。ここにその情を石に刻む。

豪空タリ古今、義ハ中外ヲ蓋ウ。公ハ施スコト天ノ如ク、我ハ受クルコト海ノ如シ。我ガ志イマダ成ラズ、公ハ我ヲ待タズ。

悠々タル哉公ノ心ハ、ソレ億万年。

大正七年三月

越南光復会同人(43)

本章の最後に、ファン・ボイ・チャウが一九〇七年に執筆した『新越南』（Tân Việt Nam）の「文明化の過程」の文章を紹介して、むすびとしよう。

すなわち、他の国々から学ぼうとするには、まずもって我々はその言語を、筆記法について一・二年習熟すべきであり、その国に訪れ、高い生活費と格闘し、多くの費用を支出すべきである。「まず彼らから学ぼう。その後、彼らは我々から学ぶであろう。今日の日本は明日のベトナムに似ているのである」(44)。東遊運動の真っ只中の状況での執筆であったとはいえ、見事にレシプロシティーを展望していたのである。

ファン・ボイ・チャウ記念館に建立（フエ市）

[用語説明]

「勤王運動」

ベトナムでは一八八五年から一〇年間に渡って勤王攘夷の反仏植民地闘争が生じ、様々な党派が結成された。しかし、それらの運動は、フランス植民地当局の弾圧によって沈静化させられた。

「郷試、会試」

ベトナムでは一〇七五年に科挙制度が始まったが、郷試は地方試験を指し、会試は全国試験を指す。さらに一四世紀から一五世紀にかけては殿試（廷試）が実施された。これらの三段階モデルは、明朝の科挙制度を模倣したものであり、殿試は明朝では皇帝の面前での試験であった。

「礼部承弁」

儀礼部（省庁）の書記官を指す。阮朝（一八〇二－一九四五年）の下で、省庁組織は清朝のモデルが参照され、兵刑礼工吏戸の六部体制が設けられた。

「同文同種」

当時のベトナム人、中国人、日本人が漢字を用い黄色人種であることを指している。

「『新民叢報』」

梁啓超が、横浜で創刊した中国語雑誌で、一九〇二（明治三五）年二月の第一号から一九〇七（明治四〇）年一一月の第九六号まで発行された。この雑誌は、『清議報』停刊後（一九〇一年、一〇〇期まで）に創刊されたもので、『新民叢報』第七号（明治三五年）には、西郷隆盛と福澤諭吉の遺像が掲載され、第三八・九号（明治三六年）には、「日本大儒福澤諭吉語録」が掲載されている。

「東亜同文書院」

東亜同文書院は、「東亜の保全と輯協」を目的とした東亜同文会（一八九八〔明治三一〕年発足）が、日本人学生の教育のために、上海に一九〇一（明治三四）年開設した学校であるが、本章で扱っているそれは、中国人留学生のために東京に開設した東京同文書院（一八九九〔明治三二〕年－一九二二〔大正一一〕年）である。

「振武学校」

一九〇三（明治三六）年、東京・牛込に中国人留学生を対象として陸軍士官学校等への志願者の養成学校として設置された。

「『登鼓叢報』」

東京義塾の機関紙としての性格を有する「登鼓叢報」は、最初「大南同文日報」として一九世紀後半に漢文紙として発行され、一九〇七年三月二八日に発行権を得た。漢文と国語（クォック・グー）の二言語新聞であったが、フランス当局によって東京義塾の影響があるとして発禁処分を受け、一九〇七年一一月一四日に第三四号で終刊した。

［註］

（1）東遊運動については、一九〇五年から一九〇九年までとする説と一九〇八年までとする説がある。

（2）橋本和孝『シンガポール・ストリート—超近代都市を見つめて—』ハーベスト社、二〇一〇年、一五四～一五七頁。

（3）ファン・ボイ・チャウ自身は、その出生場所を、東烈社、沙南村と記している（潘佩珠「自判」（一九二五年）、内海三八郎『ヴェトナム独立運動家　潘佩珠伝』芙蓉出版、一九九九年、二四二頁）。以下、ことわりがない限りは本章の記述は潘佩珠「自判」（The Autobiography of Phan-Bội- Châu ,[Vinh Sinh and Nicholas Wickenden,translated, *Overturned Chariot: The Autobiography of Phan-Bội- Châu*, University of Hawai'i Press, Honolulu, 1999]）に依拠している。

（4）ただし一九〇三年にフエで実施された会試には合格しなかった（Vinh Sinh and Nicholas Wickenden,translated, 1999, op. cit. p.7.）。

（5）Vinh Sinh ed., *Phan Châu Trinh and His Political Writings*, Cornell University, New York, 2009, p.11.

（6）Marr, D. G., *Vietnamese Anticolonialism, 1885-1925*, University of California, Berkeley, 1971, p.87, 今井昭夫「ファン・チュー・チンにおける『民主主義』と儒教」『東京外国語大学論集』四〇号、一九九〇年、一五五頁。

（7）Phan Châu Trinh, "A New Vietnam Following: The Franco-Vietnamese Alliance," 1911 Vinh Sinh ed., *Phan Châu Trinh and His Political Writings*, op.cit.p.71.

（8）小倉貞男『物語ヴェトナムの歴史　再版』中公新書、二〇〇四年、二三〇頁、白石昌也『日本をめざしたベトナムの英雄と皇子—ファン・ボイ・チャウとクォン・デ—』彩流社、二〇一二年、三一～三二頁、潘佩珠「獄中記」（一九一四年）、永岡新次郎・川本邦衛編『ヴェトナム亡国史他』東洋文庫、一九六六年、一〇九～一一〇頁。

（9）潘佩珠「ヴェトナム亡国史」（一九〇五年）、永岡新次郎・川本邦衛編『ヴェトナム亡国史他』東洋文庫、一九六六年、五二頁、六八頁。

（10）Phan Châu Trinh,1911, op. cit. p.74.

（11）例えば、本来は国王に属する土地をや村人の土地を奪ってフランスの所有権を設定し、フランス植民者に配分するといった施策が行われたが、これはベトナムの法律や慣習を無視した行為であったという（小倉貞男、前掲書、二九一～二九二頁）。

（12）白石昌也『ベトナム民族運動と日本・アジア』巌南堂、一九九三年、二九八頁。

（13）潘佩珠、前掲「ヴェトナム亡国史」、一一六～一一七頁、潘佩珠、前掲「自判」、二五〇頁。

（14）Vinh Sinh and Nicholas Wickenden,translated,1999,op. cit. p.27.

（15）ファン・チュウ・チンは『中圻民変始末記』（一九一一年）で、ファン・ボイ・チャウが一九〇三年会試に落ち、それからアンナン理事長官に不明の嫌疑で召喚されたものの、短期間で釈放された。五カ月後、書記官が彼の逮捕礼状を極秘で各省に回覧した。これを知ってファン・ボイ・チャウは、誰も知らない場所、日本へ逃げたと、別の事情を説明している（西湖潘周楨「中圻民変始末記」〔一九一一年〕、Phủ quốc vụ khanh đặc trách văn hóa xuất bản, Sài Gòn, 1973, Tr.XIV、Phan Chu Trinh, *A Complete Account of the Peasants' Uprising in the Central Region, 1912,* Center for Southeast Asian Studies, University of Wisconsin, Madison, 1983. p.58）。

（16）潘佩珠前掲「自判」、二五四頁。橋本和孝「ベトナム東遊運動と横浜中華街」http://bungaku.kanto-gakuin.ac.jp/modules/news/article.php?storyid=352。

（17）潘佩珠前掲「自判」、二五四頁。当時の田中旅館は、現在の料亭田中家の可能性が高いと見なされる。明治期田中旅館とも呼ばれていたとのことである。実際田中家は、一八六三（文久三）年旅籠料理屋として開業した。一九一八（大正七）年発行の『横浜近代史辞典（改題横浜社会辞彙）』には、劇場病院市場割烹店基他之部として蕎麦屋田中屋と料理店田中家以外に田中旅館の記載はない。

（18）馮實華「梁啓超と日本―福沢諭吉の啓蒙思想との関連を中心に―」repository.dl.itc.u-tokyo.ac.jp/dspace/bitstream/2261/.../CLC_14_005.pdf、五〇頁、田村紀雄・陳立新「梁啓超の日本亡命後の『受け皿』」『東京経済大学　人文自然科学論集』一一八号、二〇〇四年、一三頁、陳立新『梁啓超とジャーナリズム』芙蓉書房出版、二〇〇九年。

（19）潘佩珠前掲「獄中記」、一二六頁。

（20）「勧国人遊学書」は、「自判」では「勧国人遊学文」と記載され、「獄中記」では「勧遊学文」と記されているが、「勧国人遊学書」が正しい。フエ市「ファン・ボイ・チャウ記念館」所蔵。なお出版は一九〇六年と添え書きされている。

（21）Vinh Sinh,ed., 2009,op. cit.,16-17.

（22）黒龍会編、『東亜先覚志士記伝』中巻、原書房、一九六六年、八二〇頁。

（23）同書、八二〇頁。

（24）Trần Mỹ -Vân, *A Vietnamese Royal Exile in Japan: Prince Cường Để (1882-1951)*, Routledge, Abingdon, 2005,p.52.

（25）Marr, 1971, op.cit. p.159; Vinh Sinh ed., 2009, op. cit. p.18.

（26）Trần Mỹ-Vân, op. cit. p.48.

（27）Vinh Sinh ed., 2009, op. cit., pp.18, 20-22.

（28）Nguyễn Thị Thu Hà, Trường Học Hà Nội Xưa, Nhà xuất bản Thông Tin và Truyền Thông, Hà Nội , 2010,Tr. 25-26.

(29) Vinh Sinh, 2009, op.cit., pp.23-24, 和田博徳「アジアの近代化と慶應義塾」『慶応義塾大学商学部創立十周年記念 日吉論文集』一九六七年、九頁。

(30)『文明新学策』(Văn minh tân học sách)は、一九〇四年以前に執筆されたと推定されている(http://www.hoikhuyenhoc.vn/modules.php?name=News&op=viewst&sid=146)。ただ本書には、国学院(クオック・ホック)が八～九年前に設立されたと記されており、国学院は一八九六年に開設されていることを考えると一九〇四～五年頃である可能性もある(Anonymous,1907, "A New Method to Study Civilization," Truong Buu Lam ed, *Colonialism Experienced: Vietnamese Writing on Colonialism 1900 -1931*, University of Michigan, Ann Arbor, 2000.,p.149, 橋本和孝「東遊運動から東京義塾へ―『文明新学策を中心として』―」『国際シンポジウム紀要―日越交流における歴史、社会、文化の諸問題―』ベトナム社会科学翰林院東北研究所・国際日本文化研究センター、二〇一三年)また、ファン・ボイ・チャウの『海外血書』は、秘密に印刷されたという(川本邦衛『ベトナムの詩と歴史』文藝春秋、一九六七年、四二一頁)。

(31) Nguyễn Thị Thu Hà, 2010,Tr.27. ただしビン・シーンは約六〇〇人と推定している(Vinh Sinh,2009,op.cit., p.23)。

(32) Marr, 1971,op. cit., p.181, 川本前掲書、四二一頁、Bùi Văn Hào, Keio Gijuku ở Nhật bản và Đông Kinh Nghĩa Thục ở Việt Nam – Một cái nhìn so sánh, Nguyễn Tiến Lực (Tuyển chọn), Nhật bản và Việt Nam: Phong trào văn minh hoá cuối thế kỉ XIX Đầu thế kỉ XX, Nhà Xuất Bản Đại Học Quốc Gia TP. Hồ Chí Minh, 2012.

(33) ibid , p.181.

(34) Bauher, P. "Introduction," Phan Chu Trinh, *A Complete Account of the Peasants' Uprising in the Central Region*, Center fot Southeast Asian Studies, University of Wisconsin, Madison, 1983, pp.13-14; Nguyễn Thị Thu Hà, 2010, Tr. 29.

(35) ファン・ボイ・チャウの「自判」の記述(二七五頁)に対して、白石はフランス当局が、ベトナム国内の父母を強制して、息子宛に帰国を促す手紙を書かせ、自発的に帰国する者に対しては、寛容に処置することを示したので、ベトナム留学生達がパニックに陥ったと述べている(白石前掲『日本をめざしたベトナムの英雄と皇子―ファン・ボイ・チャウとクォン・デ―』一二九頁)。

(36) 白石前掲『ベトナム民族運動と日本・アジア』四一六頁、安浦幸甫編『「ベトナム独立への道」浅羽佐喜太郎記念碑に秘められた東遊運動の歴史』浅羽ベトナム会、二〇〇八年、一八頁、二五頁、森達也『クォン・デ―もう一人のラストエンペラー―』角川文庫、二〇〇七年、一一九頁、二〇五頁、Trần Mỹ-Vân,op. cit., pp.52-53.

(37) 安間編前掲書、一六頁、二三頁。チャン・ミー・ヴァンは、グエン・タイ・バットが正則高校(正則予備校)に入学したと記述しているが、安間編の記述に信憑性がある(Trần Mỹ-Vân, op.cit., p.50)。

(38) 田中孜『日越ドンズーの華―ヴェトナム独立秘史―潘佩珠の東遊(＝日本に学べ)運動と浅羽佐喜太郎―』明成社、二〇一〇年、一五一頁。

(39)ファン・ボイ・チャウは、東亜同盟会が一九〇八年秋（旧暦一〇月）に結成されたと記述しているが、白石昌也によれば、それは「亜州和親会」と同一組織で、当初は一九〇七年秋と推論していたが、一九〇七年夏に結成されたと推論している（Shiraishi, M. "Phan Bội Châu in Japan," Vinh Sinh ed. *Phan Bội Châu and The Đông- Du Movement,* Yale Center for International and Area Studies, New Haven, 1988, p. 72, 白石前掲『ベトナム民族運動と日本・アジア』四三五頁、四四三頁）。

(40)安間編前掲書、二〇頁、二四頁、Trần Mỹ-Vân, op. cit., p.57. 田中孜は、むしろ一九〇六年頃にベトナム留学生が浅羽医院に逗留していたという説を立てている（田中前掲書、一八二頁）。

(41)潘佩珠前掲「獄中記」一四一頁、長岡新次郎「日本におけるヴェトナムの人々」永岡新次郎・川本邦衛編『ヴェトナム亡国史他』東洋文庫、一九六六年、二六七頁。ただしファン・ボイ・チャウは、単に東遊運動の失敗を落胆しただけではなくて、一九〇九年一二月外務大臣小村寿太郎宛に抗議文を送りつけている。「クオン・デ候がいったい何の罪を犯したのか。……貴下はフランスとの交渉でその強権にへつらい、公理を圧殺した。……ヴェトナムでも罪を犯したことがないし、日本で治安を乱したことがない。善良なる外国人旅行者である。」と抗議したのである（田中前掲書、一四五頁）。

(42)東遊運動終焉後のレシプロシティーとして、クオン・デを中心とする日本の軍部と結びついた「負のレシプロシティー」があるが、本稿では対象としない。

(43)安間編前掲書、五〜七頁、袋井市教育委員会『浅羽佐喜太郎公記念碑』二〇一〇年。

(44)Phan Boi Chau, "New Vietnam," Truong Buu Lam ed, *Colonialism Experienced: Vietnamese Writings on Colonialism, 1900-1931,* The University of Michigan Press, An Arbor., p.121.

［出　典］

陳立新『梁啓超とジャーナリズム』芙蓉書房出版、二〇〇九年。

袋井市教育委員会『浅羽佐喜太郎公記念碑』二〇一〇年。

橋本和孝『シンガポール・ストリート―超近代都市を見つめて―』ハーベスト社、二〇一〇年。

橋本和孝「東遊運動から東京義塾へ―『文明新学策を中心として』―」『国際シンポジウム紀要―日越交流における歴史、社会、文化の諸問題―』ベトナム社会科学翰林院東北研究所・国際日本文化研究センター、二〇一三年。

馮實華「梁啓超と日本―福沢諭吉の啓蒙思想との関連を中心に―」repository.dl.itc.u-tokyo.ac.jp/dspace/bitstream/2261/.../CLC_14_005.pdf

日比野重郎編『横浜近代史辞典（改題横浜社会辞彙）』湘南堂書店、一九一八年（復刻版一九八六年）。

今井昭夫「ファン・チュー・チンにおける『民主主義』と儒教」『東京外国語大学論集』四〇号、一九九〇年。

岩月純一「20世紀初頭にハノイで発行された新聞についての予備的考察」『一橋大学言語文化』四三巻、二〇〇六年。

川本邦衛『ベトナムの詩と歴史』文藝春秋、一九六七年。

神奈川新聞社出版部編『よみがえった老舗料亭―ハマの「田中家」奮戦記』神奈川新聞社、二〇〇六年。

霞山会「霞山会の歴史」http://www.kazankai.org/info/dobun.html。

黒龍会編、『東亜先覚志士記伝』中巻、原書房、一九六六年。

森達也、『クォン・デ―もう一人のラストエンペラー―』角川文庫、二〇〇七年。

向井啓二「ベトナム教育史素描（I）」『種智院大学紀要』七、二〇〇六年。

長岡新次郎「日本におけるヴェトナムの人々」永岡新次郎・川本邦衛編『ヴェトナム亡国史他』東洋文庫、一九六六年。

小倉貞男『物語ヴェトナムの歴史　再版』中公新書、二〇〇四年。

潘佩珠「ヴェトナム亡国史」（一九〇五年）、永岡新次郎・川本邦衛編『ヴェトナム亡国史他』東洋文庫、一九六六年。

潘佩珠「獄中記」（一九一四年）、永岡新次郎・川本邦衛編『ヴェトナム亡国史他』東洋文庫、一九六六年。

潘佩珠「自判」（一九二五年）、内海三八郎『ヴェトナム独立運動家　潘佩珠伝』芙蓉出版、一九九九年。

白石昌也『ベトナム民族運動と日本・アジア』巌南堂、一九九三年。

白石昌也『日本をめざしたベトナムの英雄と皇子―ファン・ボイ・チャウとクォン・デ―』彩流社、二〇一二年。

西湖潘周楨「中圻民変始末記」（一九一一年）、Phủ quốc vụ khanh đặc trách văn hóa xuất bản, Sài Gòn, 1973.

田村紀雄・陳立新「梁啓超の日本亡命後の『受け皿』」『東京経済大学　人文自然科学論集』一一八号、二〇〇四年。

田中孜『日越ドンズーの華―ヴェトナム独立秘史―潘佩珠の東遊（＝日本に学べ）運動と浅羽佐喜太郎―』明成社、二〇一〇年。

和田博徳「アジアの近代化と慶應義塾」『慶応義塾大学商学部創立十周年記念　日吉論文集』一九六七年。

安浦幸甫編『「ベトナム独立への道」浅羽佐喜太郎記念碑に秘められた東遊運動の歴史』浅羽ベトナム会、二〇〇八年。

Anonymous,1907, "A New Method to Study Civilization," Truong Bu Lam ed, *Colonialism Experienced: Vietnamese Writing on Colonialism 1900 -1931,* University of Michigan, Ann Arbor, 2000.

Bauher, P. "Introduction," Phan Chu Trinh, *A Complete Account of the Peasants' Uprising in the Central Region,* Center fot Southeast Asian Studies,

University of Wisconsin, Madison, 1983.

Bùi Văn Hào, Keio Gijuku ở Nhật bản và Đông Kinh Nghĩa Thục ở Việt Nam – Một cái nhìn so sánh, Nguyễn Tiến Lực (Tuyển chọn), Nhật bản và Việt Nam: Phong trào văn minh hoá cuối thế kỉ XIX Đầu thế kỉ XX, Nhà Xuất Bản Đại Học Quốc Gia TP. Hồ Chí Minh, 2012.

ĐÔNG KINH NGHĨA THỤC VÀ PHONG TRÀO NGHĨA THỤC Ở VIỆT NAM, http://www.inas.gov.vn/159-dong-kinh-nghia-thuc-va-phong-trao-nghia-thuc-o-viet-nam.html

Marr, D, G., *Vietnamese Anticolonialism, 1885-1925,* University of California, Berkeley, 1971.

Nguyễn Thị Thu Hà, Trường Học Hà Nội Xưa, Nhà xuất bản Thông Tin và Truyền Thông, Hà Nội, 2010.

Phan Boi Chau, "New Vietnam", Truong Buu Lam ed, *Colonialism Experienced: Vietnamese Writings on Colonialism, 1900-1931,* The University of Michigan Press, An Arbor, 2000.

Phan Chu Trinh, *A Complete Account of the Peasants' Uprising in the Central Region, 1912,* Center for Southeast Asian Studies, University of Wisconsin, Madison, 1983.

Phan Châu Trinh, "A NewVietnam Following: The Franco-Vietnamese Alliance, " 1911, Vinh Sinh ed., *Phan Châu Trinh and His Political Writings,* Cornell University, New York, 2009.

Shiraishi, M. "Phan Bội Châu in Japan," Vinh Sinh ed. *Phan Bội Châu and The Đông- Du Movement,* Yale Center for International and Area Studies, New Haven, 1988.

Trần Mỹ -Vân, *A Vietnamese Royal Exile in Japan: Prince Cường Để (1882-1951)*, Routledge, Abingdon, 2005.

Tân Nam Tủ Nguyễn Vâ Vĩnh, http://www.tannamtu.com/a/news?t=25&id=982520.

Vinh Sinh, ed., *Phan Châu Trinh and His Political Writings,* Cornell University, New York, 2009.

Vinh Sinh and Nicholas Wickenden,translated, *Overturned Chariot: The Autobiography of Phan-Bội- Châu,* University of Hawai'i Press, Honolulu, 1999.

第9章

明治初期における日伊外交貿易の特質

―「彰義隊隊長」渋沢喜作の養蚕視察とイタリアの対日貿易需要―

伊藤 綾

1　日伊交流の契機

イタリアと日本との両国間における外交貿易の発端は、一九世紀にヨーロッパを襲った蚕の微粒子病が拡散したことにはじまる。このことから、イタリア商人による日本の健康な蚕種の確保を目的とした商取引が、その後の日伊交流のきっかけとなったとされる。

日伊国交のきっかけを欧州広範にわたる微粒子病の蔓延とすることについては、イタリアと日本のどちらの先行研究においても認められるものとなっている。例えばイタリア側の先行研究の例として、クラウディオ・ザニエル氏は「日米和親条約締結後のイタリア人と日本人の最初の交流が、蚕業商品の交易、とりわけ日本産の蚕種のイタリアへの輸入をおもな対象としていた」[1]としている。

ただしそれら先行研究の中でも、石井寛治氏のように微粒子病の蔓延が清国に次ぐ日本の蚕種（生糸）がイタリアおよびフランスへと殺到するきっかけであったと認めながら、微粒子病は「アジア諸国の生糸の世界市場への進出をいわば促進する役割を果たすにとどまったものとして位置づけられるべき」との見方があることにも留意しておきたい。[2]というのも現代にも続く両国間の交流が、ただ蚕業のみによって支えられてきたものではないにもかかわらず、両国間における交流史の発端が微粒子病によるイタリアの蚕種（および生糸）市場の救助策にあったという事実のみに注目されがちなためである。

微粒子病の発生による国交の契機をどのように位置づけるかはともかく、アメリカと日本の条約締結から遅れをとること八年ほど後の一八六六年、日本とイタリアはようやく日伊修好通商条約を結んだ。この条約が締結される以前からイタリア商人は密貿易という形で日本の蚕種を輸入しており、とくに一八六三年から毎年多くのイタリア商人らが日本に渡っていたとされている。[3]イタリアの良質な蚕種（および生糸）需要が増していくなか、日本国内においても、これに対応するための様々な対策が図られた。こうした対応は、例えば富岡製糸場などに代表されるように、国内における蚕業が他国の影響を大きく受けながら目覚ましく発展した点に現れている。

当時イタリア商人らは蚕種の輸入に加え、日本において自国の需要に伴った蚕業が進められているか否かを確かめるために、日本国内における蚕業の現状視察を行っている。また日本側からもイタリアへ視察に訪れた団体がいくつかある。その最も有名な団体は岩倉使節団であると思われるが、本章では、この岩倉使節団とは別に蚕業の視察のみを目的に行われた渋沢喜作（一八三八［天保九］年－一九一二［大正元］年）の渡欧を取り上げ、両国間の初期段階における交流史を検証しておきたい。この頃の日伊関係については、一八六六（慶応二）年から一八七三（明治六）年までを「通商時代」、一八七三年から一八九六（明治二九）年までを「黄金時代」と大別される例もあるが、[4]本稿はちょうどその中間点である一八七三年ごろの交流を検証する。渋沢喜作の一行ははじめにイタリアを訪問し、その後フランス・スイスなどに赴くが、欧州視察の拠点は常にイタリア・ミラノにおいている。この視察に関してはイタリアの蚕業技術が大きく影響しているものもみられ、一行の視察を考察することで、イタリアと日本との交流史の一端が垣間見えてくるのではないかと考える。また、イタリアの地元新聞においては渋沢一行の記事が確認できており、イタリアおよび日本側から彼らの視察を追っていくことにしたい。

なお、先述のクラウディオ氏が「アメリカのペリー提督が来航したあとに日本と初めて交流をもった他の西洋諸国とちがって、イタリアと日本の最初の交流は、外交でも軍事でもなく、多年にわたって商取引だったのであり、しかもそれはまったく民間の性質をもっていた」[5]と述べているように、当時の日伊関係が民間的性質のものであったことに注目しておきたい。というのも、ここで取り上げる渋沢喜作についても、渡欧そのものは大蔵省からの辞令によるものであったが、帰国後すぐに大蔵省を辞めており、その行動のほとんどを民間での働きによって活かしているためである。当時における両国の互恵性（レシプロシティー）を検証する上でも、両国間の商取引を中心とする特質は注目すべき点として挙げられる。

2　渋沢喜作について

本稿の中心的人物となる渋沢喜作について紹介しておきたい。

（1）戊辰戦争期の渋沢喜作

喜作は日本近代資本主義の父とも評される渋沢栄一（一八四〇［天保一一］年－一九三一［昭和六］年）の従弟にあたる人物である。現在でものどかな風景が残る現深谷市血洗島に生まれ、(6)父長兵衛母要子のもと、長男が早世したため次男の喜作は長男として育てられた。父長兵衛は養蚕・製藍を生業とし、幕末期においては海外貿易にも従事していた。豪農の家に生まれながら、喜作自身は文武を好み、時世の流れに乗っての攘夷を目的とした高崎城乗っ取りや横浜異人館焼き討ちの計画を共にするが、これらの計画は親族の説得により中止となっており、具体的に世間に影響を与えるような攘夷運動を起こせずにいた。そして一八六三（文久三）年、叔父の渋沢栄一と共に郷里を出奔し、翌年には一橋家に仕官することとなる。はじめは攘夷を唱えながら一橋家に仕官し、徳川慶喜の将軍職就任に伴い最終的には幕臣となるという一見矛盾した経緯をみせる。

幕末、徳川昭武に随行する形でフランスに渡航し江戸開城後に帰国した栄一とは違い、維新期のさなか奥右筆に任命され幕臣として日本で奔走していた喜作（幕臣期は成一郎）は、彰義隊の初代隊長を務め、のちに箱館に転戦するなど佐幕派として戊辰戦争に参戦することとなる。

奥右筆を命じられたことについては、喜作の手による親類宛ての書簡に「有難き仕合せ」と心情を表現しており、誇らしいことと素直に捉えていたようで、幕臣として昇進したことに関しては満足していたようである。また役職が重くなったことで、「今日者公然邦家大政江闘論も出来」る（今日においては公然と邦家〔幕府〕の政治に関わり討論もできる）状態であることが誇らしげに書かれており、郷里を離れてからの苦労にも触れ、ようやく自分の思い通りの働きができそうだとの期待が伺える。

この時期の喜作による書簡からは、当初は攘夷派として行動しながらも幕臣となったことに対する挫折や失望のような思いは一切見られていない。渋沢栄一と別れ日本に残り幕臣として過ごす喜作にとって、抜擢とも呼べる奥右筆登用は非常に喜ぶべきものとされ、幕府内部での自身の権限が高まったことで、大政奉還直後における幕府ないし徳川慶喜の威権回復に一層の働きかけをはじめるのである。

一八六八（慶応四）年二月上旬、江戸に戻った喜作は、慶喜の大政奉還に反対する運動を続ける中、新たな隊を発足しようと同志の招集をはかっていた須永於兎之輔（一八四二［天保一三］年－一九〇四［明治三七］年）や伴門五郎（一八三九［天保一〇］年－一八六八［慶応四］年）らに呼びかけられ会合を開き、有志の集まりによる隊の結成を画策する。(7) 喜作が彼らの同志糾合に応じたきっかけは、喜作と須永が親類関係にあったためと思われる。須永の母きいは渋沢栄一の父方の叔母にあたり、須永自身も喜作らと共に攘夷計画に参加していながら、隊長格ではなかったことから喜作や栄一のように郷里を離れるほどの影響はなかったのだが、結局武士になるといって自ら家を飛び出している。(8)

その後会合が度重なるにつれ、一隊を成立させるに十分な同志の招集に成功したこの有志による集まりは、同二十三日に喜作を頭取においてその名を「彰義隊」と名付け、幕府にも正式に認められた隊として発足した。なお、本隊における喜作の頭取就任は、

旧渋沢邸「中の家」（筆者撮影）

奥御右筆格
　渋沢成一郎

彰義隊頭取被仰付。席高之儀は是迄之通可相心得候。
右之通可被達候。(9)

〔右史料・筆者訳〕

彰義隊頭取を申付ける、役職についてはこれまでの通りと心得るように。

との幕府による正式な達しがあってのものである。なお、この達しは慶応四年三月上旬頃に下されたものとみられる。(10)頭取として彰義隊を率いる立場になったものの、喜作は彰義隊の討伐闘争である上野戦争が勃発する前に彰義隊を脱退している。隊を離れた時期としては、彰義隊が上野寛永寺を屯所においたとみられる四月十一日前後、また徳川慶喜が水戸へ発った直後と考えられ、屯所を上野に移す際、喜作は彰義隊とは別にそれまでの屯所である浅草本願寺に残る形で離れたものとみられる。

また、喜作はこの脱退理由について、「上様が水戸へ御退去された以上、この上野におってもしかたがない。或は又ここで一戦と云う場合に立ち至るかも知れない。それには第一地の利を得ない。かつ江戸市中に惨害を与えねばならぬ、故に一度屯所の場所、つまり根拠地を移転するほうがよろしい」とし、また隊士らの乱暴狼藉を目の当たりにして「配下の規律を整え、朝廷の施政方針を監督する位地に立たねばならぬ。さらにそれには暫く江戸を彼らの取締りを受けては労多くして功無きことである」として上野を退去すべきとしたとしている。(11)

その後飯能へと移動し「振武軍」を結成するも新政府軍に破れ、東北・箱館へと転戦し降伏した後は獄中での生活を余儀なくされた。獄中から親戚の福田家に送られた書簡が現存しているが、その一部には「万一にも再生し、笑ろうて往事を談じ候事もこれ有るべしと、空敷破窓（はそう）へ対坐（座）し心神を養い、朝夕相過ごし申し候」と書かれており、参戦したことを後悔するような回顧の内容ではなく、自身の将来を望む印象の手紙となっている。[12]

（2）明治期の喜作（渡欧に向けて）

一八六九（明治二）年に入獄した喜作は、一八七二（明治五）年一月六日に特命として赦され出獄した。その後の処遇については、渋沢栄一の力が大きく働いたようで、栄一自身が当時のことをこう語っている。

三年を越えて私が大蔵省に居る頃に聖世の余沢、大赦を得て、始めて放免されて、居士（喜作）は私の宅へ引取り得るということに相成つたのであります、それが即ち明治五年と覚えて居ります。続いて私が大蔵省に居りましたから、今更に多方面で働くは心苦しいやうに思ふて、等く官途に就くことを勧めまして、居士の好む所ではなかつたやうですが、終に大蔵省に出仕されましたのが明治五年であったと覚えて居る[13]（傍線筆者）。

喜作は「聖世の余沢」によって出獄が決まり、渋沢栄一のもとに引き取られると決まった。喜作の大蔵省入省は栄一自身の考えによるもので、栄一の配慮によって喜作が官途に就くよう手配されたとのことである。しかし傍線部にあるように、喜作は自分が官吏となることをあまり快く思っていなかったようである。この時すでに大蔵省に入省していた栄一自身も「私は官途に就かねばならぬ場合に相成りまして」と言っているように、新政府内部で自身が働くことには両者とも違和感を抱いていたようである。

なお、喜作が実際に大蔵省に出仕したことについては、赦しを得て出獄が決まり渋沢栄一宅に引き取られることが決定した後の同年三月二八日における辞令に認められる[14]。

戊辰戦争に参戦したのち、最後の戦地である箱館まで転戦し、その地で降伏し入牢した喜作だが、約三年間獄中の人として過ごすが、出獄後あまり間を置かずに渡欧の途についている。時期を断定する史料として、次の達しが残っているが、イタリア行の名目も伺えるものとなっているので全文を紹介したい。

十月九日五年
租税寮七等出仕澀澤喜作へ達
御用有之伊太利国へ被差遣候事
租税寮八等出仕中島才吉へ達
御用有之伊太利国へ差遣候事　誌

大蔵省伺
生糸蠶種ノ儀元来　皇国ニ於テ第一ノ物産ニ之有候□是迄製造方兎角區々且ハ貿易場ニ於テ賣込方モ御國内商人共各國形情不知、按ヨリ右両品製造方始適當ノ法方モ相立兼ネ連年御國損ニ相成候次第ニ御座候□此度小野善助ヨリ精選蠶種五万枚程イタリヤ國へ手代ノ者ニ為持同國ニ於テ賣捌方且実地形情試験旁ニ差送度趣申出候ニ付、手代ノ者ノミニテハ實際目撃試験ノ儀モ何トモ無覚束去迚御國第一ノ産物今日迄ノ姿ニテハ多少ノ御損益ニモ可有之、就テハ來癸酉年ヨリ確定ノ規則ヲモ取極可申付候間實際景況目撃トシテ當省官員ノ内別紙名前ノ者両人イタリヤ國へ實際景況目撃取調トシテ出張為致候上、同國政府へモ篤ト掛合相遂ケ後來ノ目途相立候、尤蚕種ノ儀ハ期節モ有之候儀當月十七日横浜出航ノ郵船ニテ出發候様致シ度至急御差圖伺之通り　十月八日
外務省へ達　仕官
租税寮七等出仕渋澤喜作同八等出仕中島才吉儀御用有之伊太利國へ被差遣候條此段為御心得申入候也　十月九日[15]　（傍線筆者）

〔右史料・筆者訳〕
生糸及び蚕種に関しては、これまで日本における第一の物産であったが、ここにくるまで製造にはとりわけ苦労

しており、貿易の面からみれば売込む日本人商人らは海外の状態を知らないこともあって、生糸・蚕種の製造を始めその手法も合わせて年々国が損をしている次第である。（そんななか）今回小野善助から選り抜きの蚕種約五万枚程を手代の者にイタリアで売り捌かせ、そのついでにイタリアの実地・形状・試験を経験させるために送り出したいという申し出があった。そこで手代の者だけが実際にそれらを目にしただけでは心許ないし、かといって日本の産物が今のままでは多かれ少なかれ損益が発生していくという目途が立っている。ついては、来る癸酉年に定められた条例も取り決められたことであるし、視察として当省官員の二名をイタリアに視察・調査に出張させようと思うので、イタリア政府にもこの旨よろしく伝え、後の目途も立てられればと思う。もっとも蚕種については季節もあるので今月一七日に横浜を出航する郵船に乗って出発させたいとの旨を外務省に伝える。租税寮七等出仕渋澤喜作、同じく八等出仕中島才吉は公用でイタリアに派遣するものとして申入れるものなり。

喜作の欧州行に同行した中島才吉の達しと併せてのものであるが、明治五年十月十七日に横浜港を出発する郵船に乗って渡欧させるとのことであり、喜作は出獄して一年を待たずにイタリアへと旅立ったことになる。喜作が出獄後早期の段階で渡欧した点のほかにも、この達しの内容に注目しておきたい点は、「小野善助」手代の用事が渡欧の前提にある部分である。周知の通りこの頃の小野組は製糸場の経営や、またそれに携わるものも含めて渋沢栄一と深く係わりを持ち、まさしく民間事業の発達に貢献していた。こうした事情によって、出獄後の喜作とも大きく関わりを持つこととなったものと推察される。このようなことからも喜作の行動には、イタリアとの関わりにおいて、民間的性格の一部を見出すことができる。

渋沢喜作などの日本人がイタリアに渡ることは、良質な蚕糸の需要が高まる当時のイタリアに対し、急速な近代化が進む明治期の日本が蚕業に付随するものに留まらない海外の技術・文化を取り入れようとしていたという背景がある。また日本がイタリアに接したことで得たものは蚕業のみでは無いという点については、イタリアにおいても同じことがいえる。こうして当時における両国が、お互い蚕業以外に求め得たであろう文化的影響も、国家間の比較史としては興味深いところである。蚕業を通じて、両者の間には今日にまで続く互恵（レシプロシティー）の精神が築かれたはずであり、その基盤が喜作のイタリア視察にも垣間見えてくるのである。

3　日本視察欧州商人・技師らとの接点

これまでにも述べてきたとおり、微粒子病の蔓延をきっかけにイタリア側が積極的に日本へ蚕種を求めたことで両国の交流が始まった。イタリアの日本ないしアジア進出については、一八五九（安政六）年に始まるスエズ運河開削工事からアジアへの通路短縮に伴い、多方面における交流の予見があったとの見方がある。その後のイタリア王国建国でイタリアはアジア方面と運行上欧州諸国の中で地理的に有利な条件であったことが、当時の日伊交流に大きく影響するものであるとも指摘されている。(16)

時代が進むにつれ無意識のうちに徐々に歩み寄りつつあった両国だが、交流の決定的きっかけとなった微粒子病の感染による蚕種の需要に伴い日本を訪れることとなったイタリア商人らは、日本国内に足を踏み入れたその当初、日本の国内調査にかなり苦労したようである。

たとえば、戊辰戦争の真っただ中に日本へ蚕種を求めてやってきたイタリア商人の例がある。これは一八六八年四月に開港予定であった新潟での蚕種確保を目指してやってきた一行の例だが、その頃ちょうど戊辰戦争が新潟周辺に北上しているところであり、ここでの仕入れは失敗に終わっている。(17)イタリア王国建国はイタリア新時代の契機として大きな起点となったであろうが、日本国内も大きな転換期を迎えており、この契機はイタリアと比べると若干の遅れをとって進んでいたといえる。

その後一八六九年の六月八日、イタリアの特命全権公使サリエ・ド・ラ・トゥール率いる一行は、上州の蚕業地域

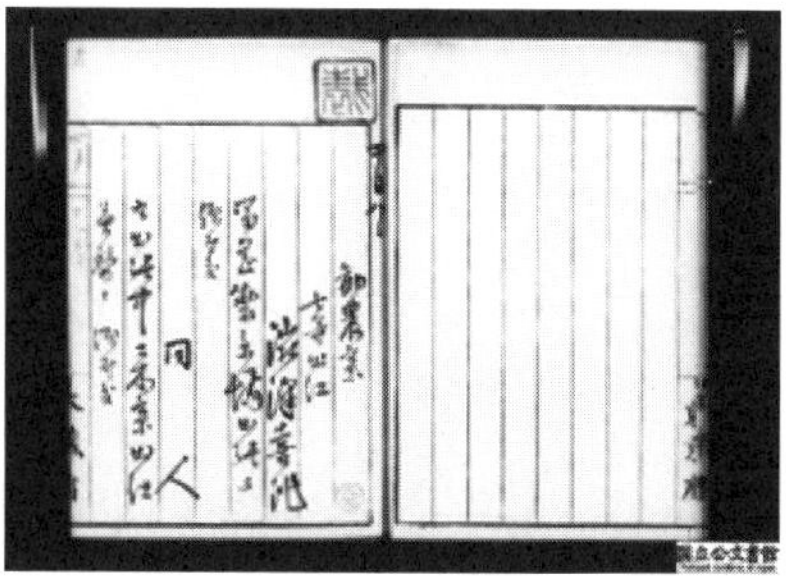

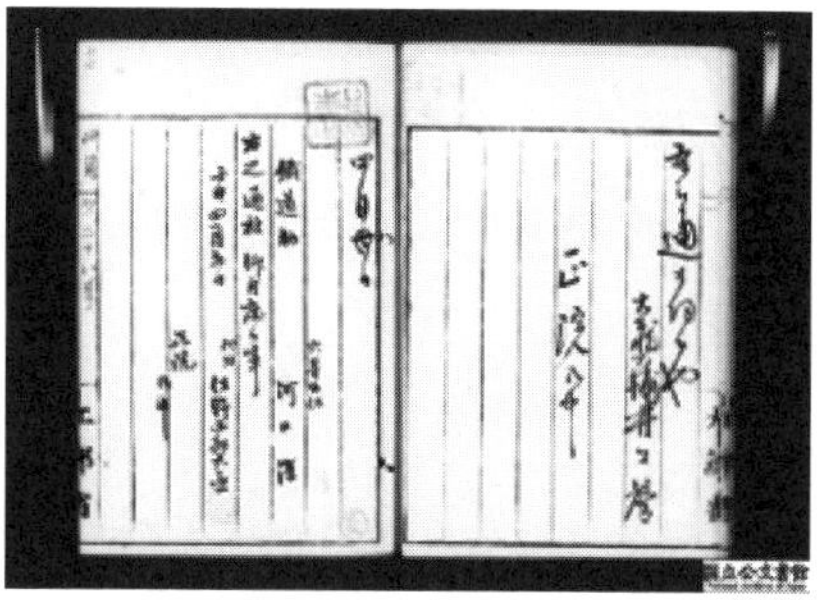

「勧農寮七等出仕渋澤喜作出張等被命ノ件」（国立公文書館蔵）

を視察する機会を与えられている。この視察に関しては公使夫妻とその書記官および前の臨時書記官と共に、イタリア商人の三人が随行したとされている。[18]これに随行した日本人は、通訳を務める中山醸造の他護衛兵十六人と雑役夫五人とされているが、[19]日本側による複数の人員については、援助の意味もあろうが日本側の外国人に対する警戒の度合もみてとれる。この視察の目的は、もちろん第一に日本の養蚕場で飼育されている蚕の状態の確認であるが、とりわけ微粒子病の感染が無いかどうかの確認であり、第二に日本の養蚕法および製紙技術を調べることにあったとされる。

その他の理由として、イタリア商人たちと蚕種産地との結びつきをはかることにあったとの見方もある。この見方に関しては、上州の豪農田島弥兵衛やほか七人の村民が蚕種を売り込むため横浜に赴き、サリエ・ド・ラ・トゥール一向に随行したイタリア商人らと直接的に取引した形跡によるものである。[20]田島弥兵衛は群馬の佐位郡島村（現伊勢崎市）を代表する蚕種家田島弥兵の父である。弥平と肩を並べて活躍した田島武平の父武兵衛と開港直後に欧州及び羽州（米沢）へ蚕種の切り出しと切り出し種の買付けに訪れるなどしており、当時の蚕種業において見逃すことのできない人物といえる。[21]島村の養蚕業が活性化を見せつつある時期に、そのキーマンともいえる人物がイタリア商人らと接触していたという点は非常に興味深い出来事である。

このイタリア公使一行による視察の直後、同年六月二十二日には、イギリス公使館の書記官であるF・O・アダムス率いる一行が上州・神州・甲州の視察を行っている。[22]その折、当時における日本生糸に対し不満が述べられているが、その内容はおおまかに四点あり、①日本生糸の質が年々粗悪化している。②奥州・甲州・その他の地方で生産される大量の生糸を良質な前橋・信州糸と似せるために真似ている。③提糸の多くが、巻き方が良くないと買い手に大きな損害をもたらしている。④提糸の巻紙が重すぎる、などであった。[23] これらの不満は微粒子病が収まった後、将来的に日本の蚕種に対する需要が急激に下がる要因になるとされ、需要のあるうちに改善が必要な点ではあった。

その後視察を終えたアダムスは、その報告書に日本に洋式の製糸機械を導入する必要性を説き、またこれに伴いその使用方法等を教えるといった意味で一定数のヨーロッパ人製糸工を雇うべきとしている。[24] こうして明治初期に日本において「洋式器械」として導入されたものは、欧州でいくつかある機械のうち、「蒸気繰(ど)り繰糸機」と呼ばれるもので、蒸気動力を利用した機械であった。[25]

ところで、渋澤喜作は出獄後、官僚となり新政府に入ることとなったが、その職務は主に蚕種業に関わるものであったようだ。官僚として蚕業に携わるにあたっては、正式な達しが現存しており、そこから富岡製糸場への出仕が定められたことが見てとれる。[26]

富岡製糸場設立の前後について、『木村長七自傳』では左のように書かれている。

私が上州を引上げて帰る頃、古河翁は築地へ機械製絲場を設けようとの計畫をされて丁稚の領事及び貿易商である横濱九十番のシーベルに、機械製絲の技師雇入れの相談をされました。遇々前橋藩でも機械製絲をやつて見たいとの希望がありまして、速水賢曹と云ふ人が工部省に相談しましたから同省からも此事をシーベルに談じました。シーベルは双方の懇請に依り翌年春伊太利人ミルンを欧州から呼び寄せました。[27] ……（中略）……ミルン氏は小工場ではありましたが小野組並に前橋藩機械製絲を日本に始めました人で、後には大蔵省勸業寮に機械製絲の顧問として雇はれました。この人の次に和蘭人でブレナ氏と云ふのも同寮に雇はれましたが、これはミルン氏よりも遙かに技術の優れた人でありまして、佛国式の機械製絲を伝授し富岡の製絲場を起こしました。此の製絲場の最初の場長は澁澤喜作氏でありました。[28]（傍点筆者）。

ここに紹介される「伊太利人ミルン」は、イタリアで機械製糸の技術を学んだスイス人のカスパル・ミューラー（Caspar Müller, 1834-?）とみられる。また、「和蘭人」の「ブレナ」についても、フランス人のポール・ブリューナ（Paul Brunat, 1840-1908）をさすものとみられ、彼は富岡製糸場の教師としてやってきている。[29] このように御雇外国人から多くの技術を得た富岡製糸場において、喜作は初代場長に就任している。なお、文中の「古河翁」は当時小野組において活躍をみせていた古河市兵衛（一八三二［天保三］年－一九〇三［明治三六］年）とみられ、ここからは小野組との固い結びつきをも伺える。

先進諸国の機械製糸技術を得る上でイタリアおよびフランスの技術を得ていることからもわかるように、この時期の日本では蚕糸貿易の需要度がいかに高かったかということが推察され、また、当時イタリアとフランスはとくに蚕種に関して重要な輸出相手国であったことがわかる。[30] なおイタリアについていえば、一八七〇年前後の期間において、日本からイタリアに向けて輸出された蚕卵は日本の総輸出総額のおよそ一六％を占めることもあったという。[31] 養蚕技術の向上を目指して欧州技術団の日本視察が行われたことは、フランス・イタリアに蔓延した微粒子病によって、日本からの蚕種輸出の需要が増えたことが大きく影響していることはいうまでもない。

4　イタリア視察

2－(1)で取り上げた「達し」の通り、渋沢喜作は中島才吉らと共にイタリアへと向かう。イタリア滞在中、喜作は親族の福田家に宛てて書簡を送っている。一八七三（明治六）年二月五日認「ミラン客舎にて」書かれたこの書簡は、喜作のはじめての海外視察による興奮や、今後の意気込みが読み取れる内容となっている。

（前略）扨て小生も兎角静居間散の質これ無くと相見え、御承察の通り屈指候えば、[①]漸く四五年来の幽邃困苦を

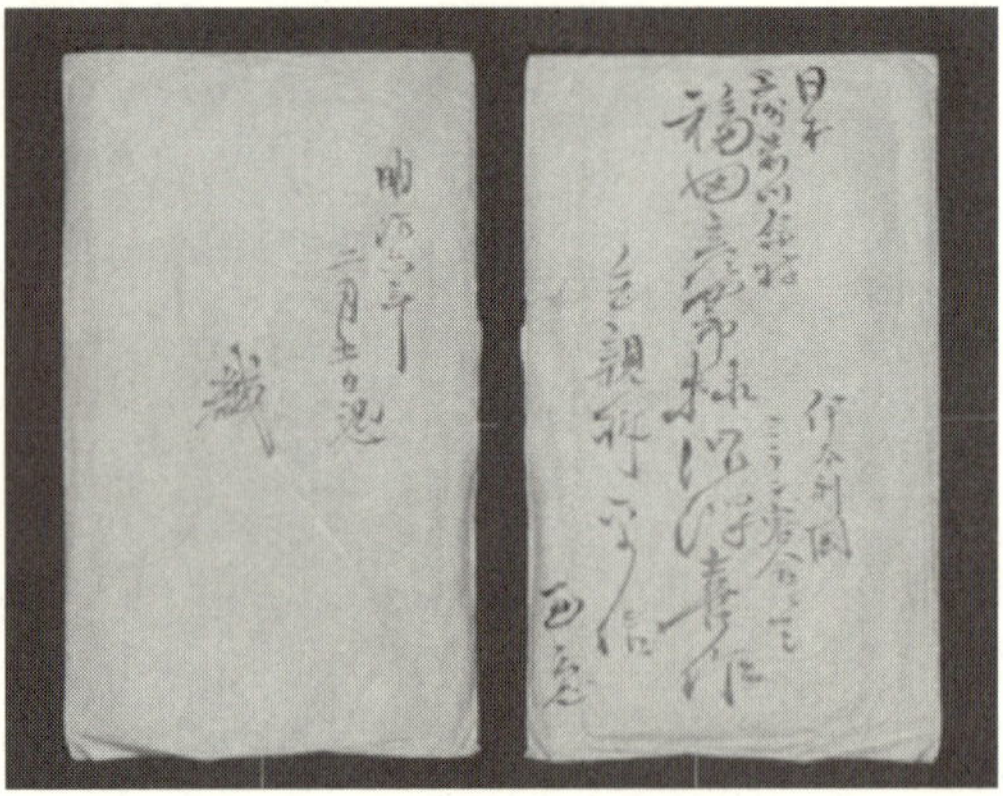

渋澤喜作日本宛書簡（写真は福田尚氏提供）

脱し、更に一と月の間を待たず御国にこれ有り候も上信始め他方に奔馳、帰府直ちに洋行と相変じ、真の天涯万里外に越年……（中略）……幸いに航海中も無事御国の港を発し、②兼程四十有六日ばかりにて欧州伊太利国に着き、本地都府羅馬と申す所へ参り、諸役筋長官の輩にも面語、夫より各地養蚕場始め製糸場且つは織物場など等を日々見物いたし、ミランと申す一の都会を先ず当国滞在中の本居と相定め、出没敵意いずれの地へ参り候も汽車あり、日に万里有余の遠堺も更に御国の隣村よりも容易なり……（中略）……扨、③養蚕の義は本地の義と御国と比較し候はば、幾倍出来数などは相増さり候か、未だ発揮とは計算も相立て兼ね候えども、大略五六倍は其の法方等に至り候ては、随分行届き候様存じられ候。次に、蚕種も御国出来の品の分は全国一円希望これ有り候えども、④両三年来、春夏の種始め粗悪濫製の種多く到来候より、下民一統に偽感を生じ、同様政府に於ても同様の様子。……（中略）……此の度⑤小野より持越しの種大凡5万枚ばかりこれ有り候処、かなりの仕上り三枚より四枚ばかり位に今漸く売払い申し候[32]（後略／傍線筆者）。

〔右史料・筆者訳〕

（前略）さて、私はいずれにしろ静かにひっそりと暮らす性質ではないようで、御存じの通り指折り数えてやっと四～五年来の深い困難を脱して、その上一月の間も開けず上信や地方に奔走し、東京に戻るとすぐに渡欧することとなり、本当に空の果て地の果てでの年越しとなりました……（中略）……幸い船旅も無事日本の港を出てからおよそ四十六日程で欧州のイタリアに着き、イタリアの首都ローマというところに行き、政府の役人・長官などに面会してから各地の養蚕場を始め製糸場または織物場などを毎日見学して、ミラン（ミラノ）というひとつの都市をとりあえずイタリア滞在中の拠点としました。行きたいところへはどこへ行くにも汽車があって、その日にどれだけ遠くに行こうとも日本の隣村を訪れるよりも簡単です……（中略）……さて養蚕については欧州と日本とを比較してみれば、どれだけ出来高が多いことか、まだきちんと計算はしていませんが、大体五・六倍はあるように思います。その方法などに至っては、随分（国中に）行届いたものとみられます。次に蚕種も日本から輸出したものは（これまで）全国的に需要があったものの、この三年で品質の悪い種が沢山輸入されたことにより、民衆は疑いを持つようになり、欧州政府も同様の印象を持っているようです……（中略）……次にこの度小野組から持ってきた種役5万枚ほどについては、良い仕上がりのものが三枚から四枚ほどあり、今ようやく売払うことができました（後略）。

まず傍線部①では、出獄から現在に至るまでの自身の変化に戸惑う様子が書かれている。出仕した直後における富岡製糸場への出張は、現存する達しなどで判明することだが、ここからは富岡以外にも地方を転々とし、その後東京に戻るとすぐに洋行が決まったことがわかる。

傍線部②からはイタリアに着くまでの日数は、四十六日程度ということがわかり、傍線部①にある「天涯万里外」での年越しはイタリア滞在中のこととわかる。ローマでのイタリア政府役人との面会後は養蚕場・製糸場・織物場を見学しており、拠点はどこへ訪れるにも便利なミラン（ミラノ）に置いている。ここでは汽車による遠方を訪れる際の便利さに非常に驚いている様子が読み取れる。

傍線部③において、はっきりとした数はわからないものの、こちらの養蚕の技術は日本のものとは出来高が上であり、しかも行届いたものであるとみている。そんななか日本から輸入したものについては、傍線部④にあるように、ここ三年は「粗悪濫製」の種が出回っており、市民も政府も困り切っている様子である。

傍線部⑤からは、浅野幸兵衛が持ち込んだものと思われる蚕種がようやく全て売払われたことがわかる。

書簡にはこの経験を日本に持ち帰り、今後の日本における養蚕技術に役立てようとする意気込みも書かれており、このイタリア行は喜作にとってかなり刺激的で後の事業に強く影響するものとなったようである。この後、喜作はイタリアだけでなく、フランス・スイス等を回っており、その足跡は当時欧州において出会った日本人の手記などにも度々出てくる。たとえば成島竜北の『船西日乗』においては、「ブーセイの家を訪ひ、グランドホテルに過ぎ渋沢誠一・中島才吉両氏に面す。両氏は伊太利より来たり」（幕臣時代の「成一郎」からか、「誠一郎」「誠一」などの名前で記載されることもしばしばある）などとたびたび喜作や同行している中島才吉、また浅野幸兵衛に面会したことが記されている。

また喜作らが一八七三（明治六）年の二月に北イタリアを訪問したことは、当時現地の日刊紙に大きく取り扱われたようで、(33) まだ外国人の自由な観光を許さなかった日本とは違い、現地では大いに歓迎され、かつ自由で充実した視察ができていたようである。歓迎された旨については、外務省の届からも読み取ることができ、内容は次の通りである。

租税寮七等出仕渋澤喜作等先般伊太利國へ被差遣候処、同國政府於テ厚ク周旋イタシ候趣別紙ノ通リ同國代理公使勤方ヨリ申立候至極ノ都合ニ付為御心得申進候、右書面大蔵省ヘモ御下ケ相成候様イタシ度、此段申進候也三月廿二日外務(34)

〔右史料・筆者訳〕

租税寮七等出仕の渋沢喜作らを先日イタリアに派遣したところ、同国の政府によく斡旋してもらっているようであることを別紙のとおり同国の代理公使を務めている者より申立があり、すばらしい対応と受け止め伝えておいた。右の書面は大蔵省にも渡しておくようにこの度申し渡しておく。

喜作の帰国は明治六年十月であり、その頃には喜作を大蔵省に呼び込んだ渋沢栄一自身が既に大蔵省を辞めていたこともあってか、喜作もそれに続く形で自らも官僚を辞している。よって、喜作は官僚時代の約半時を欧州で過ごしていたこととなり、官僚としての主とした職務は養蚕および蚕種・生糸貿易の調査であったといえる。

5　むすび

現代でこそピザやパスタなどの食文化において身近に感じることのできるイタリア文化だが、明治初期の日本人が1カ月以上もかけて訪れたその地を踏みしめて何を感じ取ったかについては、非常に興味深いものがある。蚕種いわば服飾に利用された絹による表現も、当時の日本とイタリアとではかけ離れた生活状況があり、渋沢らはその異様さに対し順応する必要性と新たな文化への憧れを抱くような感情を持ったものであろう。当時視察を行った渋沢喜作の一行や岩倉使節団また他の視察団は、日本が近代化を進めるにあたり必要不可欠であった海外の技術を含め、世界共通の理念や道徳をも日本に持ち帰ったことであろう。

封建制度の瓦解から世の中が一変し、社会を具現化する民間需要を中心とする国へと歩み始めた日本に対し、当初から日本との民間交流を求めたイタリア商人らは、自身のために蚕種を求めながらも、知らず知らずのうちに当時の日本に必要であった民間性を輸出していたように思える。

日本が幕末維新期を迎えていた同時期のイタリアは、イタリア国内においても非常に重要な局面を迎えていた。国の統一を迎え、政治の中核において様々な処理問題を抱えていた当時のイタリアは、それがために日本に対する需要がありながらも他の近代諸国より日本との条約締結が遅れている。徳川の時代が終わり新たな時代への転換を迎えた日本と、世界市場において統一国家としての新たな土台を必要としたイタリアとは、時期を同じくして世界に向けた挑戦を強いられていたともいえる。そういった事情を抱えていた両国が、民間交流といった特徴を持ちつつ、蚕業を通じて相互間での便宜・恩恵のはかりあい、すなわち互恵性（レシプロシティー）の関係をこのころに築いていたことは、現代の目からみても明らかであり、今後の国際交流のあり方にも役立つ先例といえよう。

〔用語説明〕

「微粒子病」
ここでいう微粒子病は、一八五〇年代にヨーロッパを中心に猛威を振るった蚕の病をさす。この病は中国にまでその病を広めたが、日本は島国であることもあって、辛うじてその感染を免れていた。

「岩倉使節団」
一八七一（明治四）年に海外一二カ国を視察した、岩倉具視を中心とする使節団。

「戊辰戦争」
一八六八（明治元）年に起こった国内戦争。大抵同年一月に起こった鳥羽伏見の戦いから明治二年の箱館戦争終結までをさす。

「攘夷運動」
主に日本が開国した直後、外国人を追い払い国内から排除しようとした運動。

「彰義隊」
瓦解直前における徳川幕府の幕臣から派生した最初の隊。明治元年二月に結成されるも、同年五月一五日の戊辰戦争によって新政府軍に対し敗北を喫する。

「上野戦争」
戊辰戦争の一部で、明治元年五月一五日に上野寛永寺を中心に行われた戦い。

「振武軍」
彰義隊を脱退した渋沢喜作が飯能にて結成したとされる隊。

「富岡製糸場」
渋沢栄一らの尽力により一八七二年に群馬県において設立された官営模範工場。二〇一四年、世界遺産への登録が確定した。

「小野組」
初代小野善助に始まる、江戸時代は「井筒屋」として名を馳せた豪商。

［註］

（1）クラウディオ・ザニエル（廣石正和訳）「絹貿易と初期の日伊交流」（日伊協会『日伊文化研究　第三六号』）五三頁。管見の限りでは、日伊どちらに関してもクラウディオ氏の研究を汲んでの考察が図られている論考が数多くあるのが現状である。

（2）石井寛治『日本蚕糸業史分析』一九七二年、一二三頁。

（3）ベルテリ・ジュリオ・アントニオ「日伊蚕種貿易関係における駐日イタリア全権公使の役割（一八六七－一八七七）」（『イタリア図書㊲』イタリア書房、二〇〇七年、一九頁）。

（4）デマイオ・シルヴァーナ「航路なき旅―伊太利亜王国海軍の艦隊と明治初期日本の伊太利亜観」（『立命館言語文化研究二〇巻二号』三三頁）。

（5）クラウディオ・ザニエル（廣石正和訳）前掲、五三頁。

（6）渋沢喜作の経歴に関しては、新井慎一・小林敏男・増田泰之・吉橋孝治編『渋沢喜作書簡集』深谷市郷土文化会、二〇〇九年、山崎有信『彰義隊戦史』大空社、一九九七年、小高旭之『幕末維新埼玉人物列伝』二〇〇八年を参照。山崎書と小高書については、喜作の出生地の旧名が「武州大里郡八基（やつもと）村」、「（旧）榛沢郡血洗島」と表記が異なっている。これについては、喜作が生まれた当初の地名は「武蔵野国榛沢郡血洗島村」と呼ばれており、後の明治初期において近隣八村が合併する際、渋沢栄一が「大八洲（おおやしま）」の「八」と、日本の基礎となるようにとの思いを込めて「八基村」と名付けたとされており、山崎書が書かれた当時（初版一九〇四年）においては「武州大里郡八基村」とされていたものとみられる。

（7）山崎前掲書、六〇頁。

（8）稲村得寿『芦の湖分水史考　波瀾に満ちた須永傳蔵の生涯』有隣堂、一九七七年、一〇～一二頁、なお須永の弟才次郎は後に栄一の代わりに養子となってその家を継いでいる。

（9）山崎前掲書、二五一頁、これは元隊士小川椙太の妻りてが原本所有となっているが、これは現台東区教育委員会蔵のものとみられる。

（10）天野八郎は「斃休録」（日本史籍協会編『野史台　維新史叢書　雑五』東京大学出版会、一九七五年、一七二頁）において、その日を三月一日と記しているが、「斃休録」は日付の誤差が数多いため、本稿では三月上旬頃とした。

（11）塚原蓼州原著・吉岡重三現文約『新藍香翁』青淵澁澤栄一記念事業協賛会・八基公民館建設推進協議会、一九七九年、一〇七～一〇八頁。

(12)新井慎一・小林敏男・増田泰之・吉橋孝治『渋沢喜作書簡集』博字堂、二〇〇九年、二三頁。
(13)『渋沢栄一伝記資料　第三巻』
(14)辞令書には、「辰年四月中旧籍脱走、巳五月中北地箱館表にて悔悟謝罪仕、兵部省糾問所ニ於て禁留罷在、壬申正月六日特命ヲ以御赦免被仰付、親類共御取調之上、大蔵省三等出仕渋沢従五位方江御引渡しニ相成候、其後三月廿八日御役被仰付候事右ニ付御府下平民籍ニ御差加へ被下度、此段願上候」とある〔「芝崎猪根吉氏所蔵文書」『渋沢栄一伝記資料　第三巻』三〇六頁、（現渋沢栄一史料館蔵）〕。
(15)「租税寮七等出仕渋澤喜作外一名伊太利国へ差遣」国立公文書館蔵、太〇〇三〇八一〇〇。
(16)河上眞理「イタリア王国建国期の対日本政策―養蚕外交から美術外交へ―」（『イタリア図書㊲』イタリア書房、五九頁）。
(17)このイタリア商人が新潟に仕入れに来た件に関しては、ベルテリ・ジュリオ・アントニオ氏の研究〔「新潟を訪問するイタリア人蚕商人と戊辰戦争（1868年）―駐日イタリア外交官の活躍を中心に―」（『香港第九回国際日本語教育・日本研究シンポジウム』二〇一二年、一一月報告など）〕に詳しい。
(18)ベルテリ・ジュリオ・アントニオ「未刊史料に見る初代駐日イタリア公使・領事の活動（1867-1870）」（『イタリア学会誌』、一三八頁）。
(19)服部一馬「英公使館員アダムズの蚕糸業地域視察（一八六九年）」（横浜開港資料館・横浜居留地研究会編『横浜居留地と異文化交流―19世期後半の国際都市を読む―』山川出版社、一九九六年、一八六頁）。
(20)服部前掲、一八六頁。
(21)鈴木芳行『蚕にみる明治維新　渋沢栄一と養蚕教師』吉川弘文館、二〇〇一年、二三頁。
(22)服部前掲、一八七頁。
(23)服部前掲、一八七頁、『横浜市史　三巻上』七一〜七二頁など。
(24)服部前掲、一九四頁。
(25)瀬木秀保「イタリア式繰糸機の技術発達略史（前編）」（『岡谷蚕糸博物館紀要3号／1998』岡谷蚕糸博物館紀要編集委員会、一九九八年、一六頁）。これによると、糸繰機は他五種類に分けられ、「直焚き竈式糸繰り機Ⅰ」「省エネ型直焚き竈式糸繰り機Ⅱ」「機械式糸繰り機」「半自動繰糸機」「自動繰糸機」があるという。
(26)「勧農寮七等出仕渋澤喜作出張等被命ノ件」国立公文書館蔵、任A〇〇〇六一〇〇。

（四月八日

勧農寮　　七等出仕　　渋澤喜作

富岡製糸場出張被仰付度
同人
右出張中土木寮出仕兼務被仰付度
右之通相伺候也
大蔵大□井上馨
正院御中）

(27) 茂野吉之助編『木村長七自傳』一九三八年、四五～四六頁。
(28)『木村長七自傳』六七頁。
(29) 大蔵省勧農寮にて、「佛ブリュナ　月給六百元　庚午十一月ヨリ五个年　富岡製絲場教師」として雇われている（「御雇外国人一覧」中外堂、一八七二年）。
(30) たとえば、荒井幹夫「日本蚕糸業における資本主義の形成」を参考に、生糸輸出に関してみると、幕末から「一時的に減少傾向を示し、明治初期にはいちじるしく減少している」ものの「幕末明治初期には蚕種の輸出が相当量みられたため蚕糸関係の減少傾向は、生糸のみについて少ないとは考えられる」と前置きされた上で「このような傾向を示した生糸の輸出先は、幕末では、最初は上海向が主であったが（これは上海からロンドンへ送られたもようである）その後、次第にロンドンへの輸出がふえ、ついでフランスのマルセイユへの輸出がふえてきている。アメリカはまだわずかである。蚕種は表示していないが、フランスとイタリアへの輸出が主であった」とされている（河野健二・飯沼次郎編『世界資本主義の形成』岩波書店、一九六七年）。
(31) ベルテリ・ジュリオ・アントニオ「日伊蚕種貿易関係における駐日イタリア全権公使の役割（一八六七－一八七七）」二九七頁。
(32)『渋沢喜作書簡集』三四～三九頁。
(33) ベルテリ・ジュリオ・アントニオ「日伊蚕種貿易関係における駐日イタリア全権公使の役割（一八六七－一八七七）」三二一頁（註（14））。
(34)「伊太利国政府ノ接遇方報知」国立公文書館蔵、太〇〇三〇八一〇〇。

第10章

一九三〇年代（満州事変・日中戦争期）における中国留学生たちの日本見学旅行

見城悌治

はじめに

一九三一（昭和六）年九月の満州事変、一九三七年七月の日中全面戦争へと続く歴史過程は、日中関係に甚大な禍根を残していく。しかし、この困難な時期に、日本で学び続けていた中国留学生がいたことは忘れられがちである。たとえば、満州事変直前の六月に、中国留学生は三千名余もいた。さすがに翌年は半減したが、停戦協定と為ったことや傀儡政権からの派遣もあり、数値は漸次回復し、日中開戦直前の六月には、六千名余にまで増えていた。同年七月の開戦により、翌年は三千名余、三九年には二千名余へと減少したものの、その後も中華民国籍の留日学生数が千名を割り込むことはなかったのである。(1)

清朝政府が、日本へ一三名の留学生を初めて派遣したのは、日清戦争後の一八九六（明治二九）年のことである。その後、日露戦後期には一万人を越え、それは近代日本の留学生受け入れのピークであったとされる。(2)この中から辛亥革命（一九一一年）を担う人物が輩出され、またそれを支援する動きが日本国内に生まれる(3)など、留日学生は近代日中交流史上において、積極的かつ重要な役割を果たすことになる。

ところが、一九一五（大正四）年の対華二一カ条要求以降、両国関係は悪化していく。留日学生たちは、この要求へ猛反発を示し、さらに五四運動（一九一九年）でも、抗議行動を展開した。(4)そうした中、外務省は、それに善処する意図を持って、義和団事件（一九〇〇年）で得た賠償金を基金とした「対支文化事業」(5)を、一九二三年から開始する。この事業には、中国での図書館や研究所など文化施設建設のほか、中国留学生支援団体への補助金拠出、また留学生への奨学金付与などが含まれていた。

この「対支文化事業」からの経費により、一九二六年から実施されたのが、中国留学生たちの日本見学旅行である。(6)旅行後に留学生たちが提出した「報告書」の一部が、外務省の外交文書中に残されているが、(7)なかには、きわめて興味深い内容も含まれている。そこで、本稿ではこの史料を用いることによって、日中関係が悪化していく一九三〇年代[8]に、日本政府が中国留学生に期待した事、その一方で、中国留学生が受けとめた日本観を確認するなかで、近代日中の融和や軋轢の一端を考察していくことを課題としていきたい[9]。

中国留学生たちは、一九三〇年代の日本各地で何を見、何を感じたのだろうか。

1　中国留学生の見学旅行の目的および概要

中国留学生の日本見学旅行は、一九二六（大正一五／昭和元）年から一九四一年までの一六年間に、八二の高等教育機関が企画している。実施回数が多かったのは、東京帝大二七回、東京高等師範二四回、東京工大二〇回、京都帝大一八回、広島師範一七回、九州帝大一四回、北海道帝大一二回、明治大一一回、長崎高商一一回、東京鉄道局練習所一〇回などで、帝国大学などの官立大学、および東京地区の大学が目立っていた[10]。

この見学旅行の実施目的を端的に言えば、中国留学生の「日本」理解を深化させることにあったが、もう少し詳しい意図を、官立千葉医科大学（現千葉大学医学部・薬学部）が行った二回の事例から窺っていこう。まず一九二七（昭和二）年の東北・北海道旅行を引率した教員の報告書には、「（留学生が）再び接するの機会少なく、かつ学術研究の方面よりは、東北・北海道の両帝国大学を有し、なお日光・松島および定山渓・登別両温泉等の名所を合せて、旅行の目的上遺憾なきものと認めたるに依る」[11]とあった。すなわち、留学生が行く機会がなく、かつ学術研究を深められる場所、さらに温泉を含む名所旧跡を訪問することが、「遺憾なきもの」と捉えられていたことが分かる。

次いで、一九三六年の実施報告書にはこうあった。「なるべく多くの碩学、名士の声咳に接せしめて、その修養に資し、各方面における我が特色ある最新の施設を見学せしめ、あるいはまた時に随い、経費の許す限り、高級の旅館を選びて、我が良風美俗を知らしめ、あるいは風雅なる日本料理を味わしめて、日本の作法を学ばしむる等、各般に亘る現代日本および我が生活の様式・長所を充分に体得せしめ、また所に随いては、教育、歴史、産業等に関する彼等の質疑に対し、正確なる説明を与えて、彼等の常識涵養に努めた（略）この十日間の小旅行により彼等留学生をして、我が千葉医科大学の特長を自覚せしめ、かつ幾分なりとも新興日本の正しき姿を、さらに日本国民の優秀性をより多く感知せしめ得た」[12]云々。

最先端の学術研究や名所旧跡に接することで、学生に感化を与えたいとした点は、九年前と同じである。しかし、日中開戦前年の一九三六年だったためか、「新興日本の正しき姿」や「国民の優秀性」を知らしめるという政治的意図も前面に押し出されている。また両国関係の緊張を背景にしてか、旅行を実施することの意味づけも過剰気味に思える。

こうした実施目的がどこまで達成され得たのかは、後に見ることとし、留学生旅行の旅程（見学先）例を確認しておきたい。**表1**は、東京女子医専留学生などが一九二七年に十一日間かけて訪問した関西・九州見学旅行である。参加学生の感想を一つだけ挙げておくと、京都大学病院の「内科では特に感心した所はありませんでした。否、むしろ東京大学病院のより、遥かに劣っているように思われました。廊下も不潔で病室も狭苦しく、看護婦の患者に対する態度も不親切のように見受けられました。（略）眼科は前の数科と反対に、大層完全な設備で建築物も新しく、いたるところ清潔でした」[13]のような是々非々の評価が下されている。一方、**表2**は、先に挙げた千葉医大生の東北・北海道方面旅行の行程である。こちらは一九三六（昭和一一）年五月二二日から三一日までの十日間だったが、参加者Aは、東北大学病院の「本館および外来は昔の建物で、本学のそれよりみすぼらしいものであった。産婦人科および外科を主に見学する。産婦人科は全部コンクリートの新建築ですばらしいものであった。（略）また病院の廊下は床がモザイク式のコルク張りであり、処々両側にガラス張りの待合室を突出させているのも、面白い設計であった」[14]との感想を残している。すなわち、医学を学んでいた両校生は、見学先と在籍校の設備比較をしたほか、看護師の態度や建築デザインといったソフト面までを、熱心に観察していたことが分かるのである。

日時	行程、主な見学先
4月6日	東京発、京都着。京都大学および史蹟見学
7日	京都史蹟見学（平安神宮、清水寺、京都博物館、金閣寺、嵐山他）
8日	京都発、倉敷着。岡山医大（現岡山大学医学部）病院、後楽園、倉敷中央病院
9日	倉敷発、宮島着。厳島神社
10日	宮島発、博多着。福岡大学（現九州大学）病院、箱崎神社
11日	博多発、別府着。別府および史蹟見学
12日	別府付近史蹟見学
13日	別府発、船中泊。大阪着
14日	大阪医科大学（現大阪大学医学部）病院その他。奈良着
15日	奈良公園、桃山御陵。名古屋着。名古屋医科大学（現名古屋大学医学部）
16日	名古屋発、東京着

表1　1927（昭和2）年　東京女子医学専門学校留学生の見学旅行行程

日時	行程、主な見学先
5月22日	千葉発、上野駅から夜行列車
23日	仙台着。東北帝大理学部、医学部、附属病院。松島、仙台市内見学
24日	仙台発、浅虫着。東北帝大臨海実験所
25日	浅虫発、青森経由、札幌着
26日	北海道帝大農学部、医学部、附属病院。札幌神社、真駒内農場
27日	札幌発、苫小牧下車。王子製紙工場、白老アイヌ集落、登別温泉
28日	クッタラ湖、大湯沼。北海道帝大登別温泉研究所
29日	登別発、大沼公園。函館を経て、青森着。青森駅から夜行列車
30日	新潟着。新潟医科大学（現新潟大学医学部）、市内見学
31日	新潟医科大学見学。新潟発、千葉着

表2　1936（昭和11）年　千葉医科大学留学生の見学旅行行程

中国留学生は、このように見学先で出会った様々な「日本」についての感想を残している。そのすべてが興味深いものだが、本稿では、①伝統や歴史、②近代化、③社会および民衆、④日中関係の四点に絞り、留学生たちが、それぞれにどのような眼差しを向けていたのかを追っていくこととする。

2　伝統文化・歴史的遺産に対する眼差し

見学旅行の実施目的の一つに、日本の「良風美俗」や「優秀な国民性」への理解深化が挙げられていたことを、先に見た。その中核とされたのは歴史旧跡だが、東日本への旅行では、日光や松島が、西日本方面では、熱田神宮・伊勢神宮・奈良京都等が、当然のように旅程に組み込まれていた。それらを見学した留学生の反応は様々で、日本の「歴史文化」を積極的に理解しようとする者、対応に苦慮する者などに分かれた。

「日光は風光明媚な山水美の鐘まる所にして、峯岳瀑布渓流湖水等の天然の秀麗と楼閣殿堂等の人工的精華とに依りて、日本一の佳境として盛名を成しております。金碧輝皇の諸建物中、陽明門や唐門等は皆東洋美術建築の代表的なもの」[15]云々。千葉医大生Bが書いたこの作文は、陽明門が「東洋美術建築の代表」と位置づけられるなど、「正しき」理解を示した典型と言えるだろう。

関西旅行の模範作文としては、東京医専留学生の熱田神宮・伊勢神宮訪問記を挙げておきたい。「(熱田神宮の)苑内の静けさや、屋根に緑苔が生えていることは日本古代の情景を推察することが出来、尊い感じが致します」。一方、伊勢神宮は「大きな古杉が青々と茂げって、実に神秘的なもので奥ゆかしく感じました。私達は日本のお宮に参りまして、うやうやしく感じたのは、今度こそ最高潮だと思う」[16]と、その比類なさを称賛した。別の企画で訪問した第一高等学校生Aも、「西洋の模倣文化に満ちみちた東京から来た我々は、ここに初めて真の日本の姿に接したような気がした。柔らかな、清い、そして長閑な境内は平和の象徴そのものだ。世の現実にのみ執着する人々にとっては、けだし良き修養の場所となるであろう」[17]と、西洋文化の模倣にあくせくする日本の現状を省みる鏡として、伊勢神宮を捉え直すことさえ提起した。

橿原は「皇紀二千六百年の発祥地として意義深い地であるだけに、なお一層感激いたしました。（略）奈良および京都においては、日本の古代美術の偉大さおよび建築の様式と宗教に対する日本古代国民の精神がうかがわれました」。この作文は、東京女子医専留学生による奈良・橿原神宮訪問記（一九四一〔昭和一六〕年）だが、当時、「万邦無比」が強調されつつあった日本の歴史文化の卓越性について、ひたすら感銘するかの叙述に見える。しかし、この女子医専生は、「これらの美術建築宗教等を見て（略）支那と日本はもう昔から密接な関係を有していた事を、一層はっきりと知る事が出来ました」と特記する。そして、その上で、「だから、これからも両国間は昔に劣らぬ様に、なお一層密接に協力して世界に向って進んで行かねばならぬ」[18]と宣言するのである。泥沼化した日中戦争が太平洋戦争に転じようとする時期に、京都奈良の古跡が、中国留学生にそう決意させる契機になったとするならば、いずれの形であれ、日本側が求めていた「成果」の一つと見なせるだろう。

一方で、長崎市を訪問した留学生の「崇福寺は唐の時代、我が国の福建省の高僧が初めて創立したもので、今でも寺内の仏像や建物は全部中華式で、見て懐かしく思いました」[19]との感想、あるいは神戸市を訪れた東北帝大生Aの「湊川神社の朱舜水の『嗚呼忠臣楠氏ノ墓』の墓碑銘は立派なものです」[20]などは、中国の歴史文化と結びつけることによって、日本歴史を何とか理解しようとする姿勢に思える。

そもそも、中国留学生すべてが、日本の歴史文化そのものに強い関心を持っていた訳では勿論ない。したがって、見学先に選定された歴史史跡にいつも「感激」を示すことは難しい場面もあった。夜行列車を降り、ただちに熱田神宮を訪問した学生は、次の本音を漏らしている。「愛知医科大学と熱田神宮に見物に出かけました。前の晩汽車の中で疲れたので、その日の見物は、みな元気が無かった様です。もっとも、特別に我等に趣味を引くものも無かったんです」[21]。また、医学留学生を引率し、奈良・春日大社を訪問した東京大学副手は、留学生が皆「余り乗り気でも無いように、私に従って歩いているに過ぎない。（略）『たくさん鹿を飼っているのは何の為ですか』と言う問いだ。私は適当な説明を与えた筈だが、それに対して『随分無駄ですね。何の利益にもならないのに』。私には何とも言えなかった」[22]と、彼らに対する失望感を包み隠さず吐露していた。

日本が満を持して見学させた歴史史跡に興味を持てない中国学生も現実には少なくなかったろう。しかし、公的記録として提出された「報告書（感想文）」が、主催者の期待に応える内容に整えられていくのは仕方ないところである。よって、背後に見え隠れする真実に迫る読みが必要になってくる。

3　近代化評価と北海道開拓への眼差し

見学旅行を引率した日本人教員の一人が、「見学すべき箇所は、寺院等は余り好まない様である。なるべく工場を多く見せる様にした方が好い」[23]と率直に述べた記録が残るが、確かに留学生は、日本の歴史史跡よりも、「工場」＝近代的文物に魅力を感じていたと思われる。それを端的に表す事例に、日華学会[24]が「皇紀二千六百年」記念として実施した茨城県水戸市および大洗海岸への見学旅行がある。同地が見学先に選ばれたのは、戦時下において、日本の卓越性を強調し、また反西洋主義的な言説に利用されていた「水戸学」の誕生地と位置付けられていたためである。しかし、留学生は「一番感興の深かったものは、すなわち孔子廟でありまず」と語り、中国との関連においての理解を強調した。さらに、この学生の眼差しは、「大洗のような片田舎でも、電車やバスが通っていて、これは本当に文明国家に生きる農民の福音である」、「農漁村諸般の設備も完全」である、「交通発達の全国化と農村の振興」が進展している、のように「近代化」方面の評価に向かうのであった[25]。

同様の視点は、多くの感想文から看取できる。たとえば、第一高等学校留学生Aは、「近代化」の成果物をこう絶賛する。「まず驚きの目を瞠ったのは、名古屋の駅である。さすが日本第三の大都会の玄関であるだけに、堂々たる近代式建築で、いかにも名古屋市の情勢を物語っているかの如く、明るい感じを我々に与えた。今まで奈良、京都の如く、とかく古い雅やかな奥床しい、そして保守的で封建的な所ばかりを見て来た我々の目に、一種の新鮮感を与えた。躍進的、動的、進取的、発展的姿が随所に見られた。（略―駅前通りの）広々とした、そして清らかな、いかにも島国的でなく、何か欧州大陸的気分を与える造りは、設計者の嗜好を物語っているように思われた」[26]。

日本の「近代化」を評価し、それを吸収するため来日した留学生であればこそ、日本側が推奨したい「雅やか」な京都奈良を「保守」「封建」と断じ、「躍進」「発展」の名古屋を高く評価するのである。

名古屋のような大都市はもちろんであるが、北海道の地も、留学生に日本の「近代化」をアピールする場として位置づけられていたと筆者は考える。たとえば、「寒い新開地にはあまり見るべきものはないと言うことは百も承知しているが、兎に角その開拓ぶりを実地に見、その上、もし何か得る所があったら」と、京都帝大法学部生Aは北海道旅行の期待度を低く見積もっていた。しかし、一緒に札幌訪問したBは、「安政万延の頃には林丘藪沢相交わり、数戸の土人と二戸の和人が居住してほとんど無人の境であったが、明治二年に開拓使が置かれ、政務総攬の地と定められてから、漸次市街の体裁を成しはじめ、遂に現在に見るような北海道の商業工業等の大中心都市となった。吾々はその発展ぶりに驚くばかりであり感心せざるを得ないのである」[27]と急速な発展に対する驚愕を示すことになる。

一方、「北海道移民拓殖館」を訪れた千葉医大生Dは、「明治初年から今日まで北海道開拓の成績を陳列し、その他また各種農産物海産品の見本もあるから、これらを見ても、北海道の進歩の速さは人をして驚く」、Eも「北海道発展の経過とその現状の記載、出産物の標本などを見て、経営の毅力、発達の迅速について驚かざるを得なかった」[28]と吐露している。

そして、さらに重要なのは、これらの北海道開拓言説が、アイヌ民族評価と表裏の関係をなすと考えられることである。留学生の北海道旅行が、白老のアイヌ集落を訪問する事例はきわめて多かった。たとえば千葉医大生Fは、「北海道は日本固有の領土であるが、開発以来、日なお浅い。即ち、彼ら（引用者注―北海道民）は無意識中に植民地であると意識している。意識していればこそ、北海道が今日隆盛を来したのである。アイヌ族は北海道樺太を混ぜて全数三万に満たず、北海道においても、散見するに過ぎない。民族滅亡の危機に瀕しているとし、双方を対極的存在とする視点があった。別の感想中にも、「山を平げ海を埋め空を操縦する事もできる時代に、なおそんな所にそんな人間がいるのを考えると、本当に珍しいと思いました。彼等は一時間百キロ以上に走る流線の汽車とか、何んとかの事が分からないでしょう」[30]。「原始的な頭脳の単純さ、および彼等の伝説はなかなか興味があった。アイヌには言語があっても文字がない。文字のない所には文化があるはずがないと思った」[31]などがある。これらの感想はともに、「文化・文明が何ものかも知らず、滅亡の哀れを留めているアイヌ民族」という憐憫的かつ偏見的な眼差しと言える。

しかし、日本人の引率教員は、異なった見解、否それらと表裏をなす見解を残している。「現在アイヌはほとんど内地人化し、その生活状態、一般内地人と異なるところなきが如し。衣服の如きもアッシを着るものなく、ジャンパーを着、洋服を着せり。訛あれど、流暢なる日本語にて、いささか支那留学生を苦笑せしめたり。（略）アイヌ出身者より、軍人あり、飛行家あり、官公吏、文学士、牧師、会社員、教員と各層に亘りて活躍しありときく。アイヌは亡びたりと言うも、かく同化し、展開して、亡びたるは大に喜ぶことならずや」[32]。すなわち、アイヌ民族が完全に文明化されたことは慶賀すべきだ、という考え方である。

こうして、中国留学生たちは、近代日本が積極的に開拓し尽したはずの北海道に、アイヌの人々が暮らしていることに驚くとともに、一方では、彼らが近代日本に「同化」し、文明化しつつあることを理解させられたのである。

北海道だけでなく、さらにその北の樺太にも足を伸ばしたのが、一九三九（昭和一四）年の京都帝大生旅行である。工学部生C・Dは、首府・豊原の街並みは「整然としている。家屋がおおむね木造で、耐寒施設も内地とほとんど変らぬ。ここでさえ人口三万余といふのだから、内地に比して樺太の発展ぶりも思い半ばに過ぎるであろう。（略）工場見学ならわざわざ樺太まで行かなくとも、近処にいくらもある筈だから、とにかく吾々は樺太にやって来ただけでも鼻高々である」[33]と書き残した。「思い半ば」ながらも、漸次「発展」しつつある未踏査の地を訪問できたことを自慢する彼らは、樺太にまで連れて行かれた意味をきちんと理解していたと言えるだろう。

4　現代日本社会・一般民衆への眼差し

中国留学生たちは、国際情勢・社会情勢にも強い関心を有していた。一九二七（昭和二）年に北海道の室蘭製鉄所を見学した千葉医大生Bは、「室蘭の製鉄所は主として軍用品、特に大砲等を製作しております」と、さらにHは「聴く所に由ると、軍縮の影響を受け、此処では三分の一に縮小された」[34]との情勢をメモしている。また、一九三九年に関西を訪問した一高生Bは、「我々一同全部が、京都は東京よりいい町だと言った。私の推察ではその外にもう一つ大事な力が作用していると思われる。即ち、京都はまだ「純」である。この近時の利益追求のみの資本主義経済制度ないし独占を最高理想とする金融産業の手が、まだ京都にはそれ程深く入っていないだろうと想像する」[35]と、マルクス主義流の理解に基づいた観察を書き残している。

さらに興味深いのは、当時、「皇国」の歴史や伝統を説く中核と位置づけられていた吉野山を訪れた一高生Aによる以下の感想である。「吉野よ！あまりに俗化するな。吉野は俗化するにはあまりに悲しい貴重な、そして幾多の日本の名誉たる諸忠臣を生んだ歴史を持っている。旅館、土産物店、飲酒店、紙灯篭、電線……一つとして吉野の歴史に合致するものがない。その点、非常に遺憾に思う」と、「俗化」に堕した現状を心から悲しむ。その一方で、Aは、「ほとんど俗化されていない叡山は我々を非常な親しみをもって、千年前の時代につれていく」[36]と比叡山を絶賛した。吉野山の現況への批判は、近代日本が自国の歴史や伝統を過剰に喧伝しながらも、実際はそれらがないがしろにしている矛盾をえぐり出していると言えるのではないだろうか。

以上は、近代日本社会における社会発展と伝統保持の不均衡を指摘する卓見だが、見学先で出会った女子工場労働者、また車窓から捉えた農民に対するコメントにも鋭い視点が提示されている。

一九三九（昭和一四）年に大阪の東洋紡績神崎工場を見学した一高生Bは、「東京の文化団体が婦人問題を云々する時に、大阪では工場の中でもう実施されているのではないか。かかる工場内に於ける勤労な女工を見て、女性の能力は育児のみにあらずということがハッキリ分かる様だ。日本の資本主義を今日の如く発展せしめ、世界的な綿業をリードする紡績工場、その莫大なる輸出、その経済的価値を持つ紡績業の職工が、大部分女工である」と好意を持った指摘をしている。[37]

また、東北帝大生Bは農村の状況をこう観察した。「最も私の注意を惹いたものは、田園中に働く人達はほとんど全部婦人であり、男は見えない程のことであった。従って私は農村婦女の勤労ぶりを感心しながら、男は何故に農事に従事せぬかの疑問を持ったのであるが、結局これは恐らく工業の発達、工場の増出の為に、多数の男子がこれに吸収されてしまった為であろうと思った」[38]云々。さらに、京都帝大法学部生Aも「畑の中では（略）女の人が一生懸命に作物の手入れをしているのである。男よりは女の方が多い。全く我々の考えているのとは反対の現象である。なるほど事変の為に男子が多く召集されているからと考えられないでもないが、それは根本に触れた見方ではない。だいたい日本の女は男がいなくても、この位の事は出来るようになっているのである」[39]との感想を残している。前者は盧溝橋事件直前の一九三七（昭和一二）年三月、後者は「事変」が拡大していた一九三九年一〇月の見聞である。工業の発展、男性の戦場への召集等への観察とともに、女性を評価する視線がここにもある点に注目される。

こうした民衆の勤労ぶりについては、京都帝大医学生E・Fが、北海道・稚内駅で「感ぜざるを得なかったのは、こんな寒くて淋しい処で、ただコツコツと自己の職務を忠実に果すことを生活とする駅員等の黙々たる態度の中に、如何にも立派なものを持っていることである」[40]と、日々の労働を確実丁寧にこなす鉄道員の姿をしっかりと目に焼きつけていたことも特記しておきたい。

5　日中関係悪化への不安・懸念

一九三一（昭和六）年九月の満州事変、そして一九三七年七月の日中全面戦争開始は、留学生はもちろんであるが、日本側にも動揺を与えていく。医薬系留学生の支援をしていた同仁会[41]が、一九三三年三月に関西・九州方面の旅行を企画した際に引率者となった日本人は、「現在の日支関係によって生ずるあの人達の気持ちは、素直にこの好意（引用者注―旅行企画）を受け入れるであろうかとの疑いの心」を持っていたが、参加者が「欣びを直截簡明に現し、真に学徒らしい純真さと明朗さに終始し」たことが嬉しかったと、報告書に書いた。しかし、留学生と大阪城見学をした際、城に隣接する師団司令部が「ちょうど朝の将官連中の出勤時にあったので、それらの人などの堂々たる態度および軍国的の周囲の気分には、一同何か慄然たる気持ちを受けた様である。私としたら、一種の快感を覚えた」[42]とも漏らしている。留学生たちの「慄然たる」心中を察する感性があるならば、「快感」とは異なる感情は湧いてこなかったのだろうか。見学旅行の引率者は、日頃から留学生に接している各学校の教職員が当たることがほとんどで、その記録は良くも悪くも無難なものが多かった。しかし、この引率者（医学士の資格を持っていた）のように、本音をはっきり出す感想は珍しく、ある意味で貴重な証言となっている。

同仁会の主催の別企画の引率者（東大医学部副手）が一九三二（昭和七）年四月に書いた報告書も、旅行中、中国学生と自身の間に生じた数えきれぬ文化的衝突を包み隠さず書き残している。それは中国人への偏見的眼差しの典型例とまで言ってよいほどのものだった。たとえば、出発時、夜行列車の乗務員に寝台券が欲しい、と「支那人一流の執拗さ」で無理やり交渉を続けた。京大病院では「病院の経済的方面に盛んに質問を発する」。「彼等の知識欲は日本人に比して、甚だ少ない」。清水寺・円山公園を散策したが、「日本人のみが知る渋い風致には、彼等の少しの感興も呼び興す力がない」[43]等々を次々と書き連ねるこの人物には、異文化を有する人を理解しようとする姿勢が微塵もないように思える。この時の旅行は、第一次上海事変の直後だったが、留学生たちの事変への反応を、彼らしい「率直」さで、次のように記録している。「号外の鈴が聞こえる。ある者が『号外だ』と言う。留学生が『ヤッチョルヨ』と舌打する。日支事変に対して、一行のすべてが心を引かれて居るとは見えない。ただ浙江省の連中と軍医である学生とが、私に気を配りながら、新聞の第一面に読み入って居るのを時々見た。恐らく彼等の家郷を案ずると言うだけだ」。また、大阪道頓堀を「散歩中、四人ばかり、旅館へ帰りたいと言う。松竹のレビューを、と言っても肯かない。芝居や活動（映画）の立看板にある『大満洲国』『爆弾三勇士』に憤慨した訳でもない。後で聞くと、麻雀をやりに帰ったのだと言う」。(44)

この引率者は、日中が戦闘状況に入った以上、それに「心を引かれて」、「憤慨」くらい示すべきと、気楽に言い放つのだが、彼らがどのような想いで日本に留まっているのか、その心中を察しようとする態度は見えない。

一方で、日中開戦前の一九三七年三月末、関西を訪問した東北帝大法文学部生Cは、次のような見解を表明している。「京都や奈良の古跡を探じて、随分に感慨が深かった。思うに中日両国の両千年以来の関係が今までに時と共に変化しつつあったが、両国の文化の交流及び相互の影響の重大さによってみれば、実に不可解の縁を結び付けたと感じる。個人の友情の樹立は相互に了解する事が非常に大切である如くに、二つの国家の親善は了解と言う事が、さらに必要である。何故か両千年の国交を有するにも拘らず、中日両国は現在相互の認識について、理解の程度が浅い様な感じが認められる。いわんや華北の風雲低くして、毎日の新聞紙上に不愉快なデマが乱飛するをや」。(45)

このように両国の歴史的文化的関係を通じ、友情や親善を育もうと努めた留学生を「不愉快」にさせたのは、軍事的緊張の高まりのみでなく、日本社会から受けた差別的視線や待遇にも原因があった。東京在住の一高生Aは、旅行中の体験を次のように告白する。「地方民の留学生に対する態度が重大な役割を演じる事は到底否定できない事実である。殊に旅館における待遇が重大な影響をもつのである。何となれば、他の所では、我々を留学生だとは知らないから、ごく普通に人並みにありのままの態度で待遇する。しかるに、旅館においては、我々を留学生だと知っているが故に、彼等女中なり主人なりの、留学生しいて我が国家に対する気持ちが如実に態度の上に現れるからである」[46]。

この旅行とは別の回だが、「汽車の中で、『あの宿屋は親切ですね』と述懐して居る者がいた。彼等は日本でそれ程不親切な待遇を受けたのか。『日本ではあまり警察辺で下宿などへ喧しく調査などに来るので、下宿ではつい我々を宿めるのを嫌う様になる。それが不愉快だ』とある者が言っていた」[47]という不満を日本人引率者が書きとめている。

日中関係悪化に伴い、警察による監視が強められていったのは、確かであった。一九三七（昭和一二）年三月末、九州帝大生が見学旅行に出発する前には、「箱崎警察署の川上巡査が見えたので、『旅行中たびたび警察官から尋問されると、旅行気分をそぐから、あまり途中で尋問せぬ様に！いわんや下関駅構内で尋問されて、発車に間に合わない事等があったら困るから、宜しく頼む』と申したら、翌日また学生課を訪れて、『昨日の件は外事係の者に申しておいた』」と巡査が答えた、との遣り取りが、引率者の記録に残されている[48]。

一九三九年五月の見学旅行に参加した一高生Aは、感想文の一ページ目を次のように書き出している。「盧溝橋における銃声一発が、今や中国全土を覆い、我が敬する国日本と我が愛する祖国とが、互いに干戈を交すようになってから、早や二十三ヶ月の日月を閲し、何時消えるとも知れない低気圧が、我々留学生の上にのしかかり、自分等の責任の重大さに心臓の高鳴を覚えるのである。平和！二国間に於ける真の平和！我々が如何にそれを翹望している事であらうか。けれども翻って見れば、平和とはそんなに簡単に出来あがるものではない。俗論を繰り返すようであるが、真の意味の親善は、互いに平等の上に立っての相互の理解と相俟って、初めて達せられるものである」。さらにいわく「東京駅の雑踏は我々に一種の緊張を覚えさせる。非常時という大きな見えざる手が、ひしひしと我等に迫って来るように感ぜられる。そうだ！学生が太平の夢日に耽っているべき時ではもうないのだ。我々青年が立って、二国の平和の為、世界平和の為に尽すべき時が来たのだ！車窓に靠れて、血の逆流するを覚えた」[49]。

この留学生は、日中が「互いに干戈を交す」状況に至ったにも関わらず、「互いの平等」や「相互の理解」を進めることにより、「親善」「世界平和」を達成できるのではないかとの意志を強く示している。この提言を日本の関係者はどこまで理解し、彼と手を携えることができたのだろうか。

おわりに

一九三七（昭和一二）年に勃発した戦争は、中国側にとっては、まさに「抗日戦争」であった。それゆえに、中国が勝利した後、元留学生たちが、戦時下の日本で学んでいた体験等を積極的に語る史料はあまり残されていない。現代中国の研究書は、彼らが置かれていた状況について、こう説明する。一部は先進的技術を学ぶことで、祖国への復興貢献を目指した。また中国の大学が、日本軍によって破壊され、あるいは内陸に移転したため、日本で学ぶ道を選ぶ人もいた。さらに、公費受給の可能性が高かったこと、中国で一年学ぶ費用があれば、日本で二、三年学べたこと、逆説的ではあるが、母国よりも安全であったこと、一部は、「敵国の強さ」を知る目的を持っていたことなどが、中国人の日本留学を後押ししたと言う。「だからこそ、多くの留学生は、矛盾と複雑な心理を終始抱えていた」。「その行為が中国国民の理解を得られないことを懸念していた」。「苦悶の心境は言葉に尽くすことができなかった」[50]云々。

本稿で用いてきたのは「日本側があつらえた国内見学旅行への感想文」というきわめて制約の多い史料ではあるものの、留学生たちの複雑な心境を読み取れるものもあった。とりわけ、第一高等学校生A・Bの見学旅行記（一九三九年）は鋭い観察や指摘が多く、何度も本稿で紹介してきた。「おわりに」に当たり、さらに引用したい文章がある。

A「我々留学生はすべからく明治御維新当時の日本の気風を味わい、採長補短、もって危機に直面せる祖国を救わなければならない。そこにも留学生の責任の一端があるように思われる」[51]。

B「本当に日本のすべてが立派になれば、全東亜の福であり益であるということを思えばこそ、我々留学生は日本を批判するのである。またそういう態度で批判しなければならぬ」[52]。

清朝末期に来日した中国学生たちの一部が、辛亥革命を遂行して行く際、明治維新をモデルとして新国家建設に取り組もうとしたことはよく知られる。[53] 日中交戦下でも、Aが「明治御維新当時の日本の気風を味わ」うことにより、留日学生が救国に向かうべき責任がある、と考えていたこと、Bも、「近代」を先導してきた日本であればこそ、「全東亜」の責任あるリーダーになって欲しいし、そのために中国留学生たちが日本批判をしていることを理解して欲しい、と訴えていたこと、これらの意味はきわめて重いだろう。

第1節で、中国留学生の見学旅行を企画した日本側の意図を掲げたが、それはどの程度果たされたのだろうか。専門に関わる学術面では得るところが大きかったことは間違いないだろう。その一方で、名所旧跡訪問については、日本側の期待に応える模範的感想も少なくなかったが、素朴な感慨を示すものもあった。また主催者側には「新興日本の正しき姿」や「国民の優秀性」を知らしめようとする意図があったが、社会の諸相や民衆生活については、たとえば稚内駅の勤勉な鉄道員の姿などから、狭義の政治的意図を越えた「正しき姿」を捉えていた学生がいたことは確認できた。

千葉医専附属病院（1921年）
出典：『千葉大学医学部百周年記念誌』（1978年）

これらの見学旅行に参加した中国留学生たちが、帰国後、その経験を中国でどのように活かしていったのかは、史料の残存も少なく、不明な点が多い。直接の代替にはならないが、筆者がかつて調査した千葉医専・医大を卒業した帰国留学生（一九〇〇年代から一九四〇年代まで）の就職概況に依れば、帰国後の職業は、開業医よりも、医科大学教員になった者が最も多く、その意味では中国医学の発展に確実に貢献していく。[54] 一九三三年の大阪城見学で、留学生と軍人とが鉢合わせになる椿事を紹介したが、そこに居合わせた千葉医大生も、のちに中国の医科大学の教員になっている。おそらくはこの事例のように、在籍校における坐学と実地見学を、それぞれの将来に活かした学生が少なくなかったと想像するが、詳細は今後の課題である。

中国留学生たちが願っていた日中親善の夢は、戦争の激化により頓挫してしまう。さらに、その問題は尾を引き、現在までその不全が継続している状況である。こうした中、筆者は、戦時下の日本で学んでいた留学生の日本体験や日本認識を検討していく中から、現在の日中関係の融和、相互理解の深化、互恵的関係の促進に繋がるヒントを捜したいと考えている。本稿は、その試みの一部にすぎない。

［追記――「互恵」に関わる後日談］

本稿全体の主旨からやや横道に逸れるものの、「互恵」に関わると考えられる事例があるため、それを「追記」として紹介しておきたい。

近代日本で医学薬学を学んだ中国学生たちの多くは、辛亥革命後の中国に新たに誕生した近代的（西洋式）医学校に就職していく。一九二六年に開校した上海東南医学院（のち医科大学）も、千葉医専・医大への元留学生が中心となり、創設した医学校である。同校教員経験者のうち、留日経験を持つ人は全部で五八名にも上るが、千葉で学んだOBは半数の二八名もいた（一九三三年の大阪城見学で、留学生と軍人とが鉢合わせになった時、居合わせた千葉医大生も同校の教員となっている）。その意味では、日中学術交流のシンボルとも言える同校であったが、一九三七年の第二次上海事変の際、日本軍によって、校舎が破壊されるというまさに「慄然」たる悲劇に見舞われる。

上海東南医科大学は、戦争が終わり、新中国が誕生した際、「優秀な高等教育機関は地方にも分散されるべき」という方針の下、一九五二年、安徽省合肥市に移転し、「安徽医科大学」として再出発をしていく。この安徽医大が、「創立八十年」（二〇〇六年）を祝うため、諸史料を整理する中で、千葉医大との深い関連が改めて確認された。教員に千葉ＯＢが多かったこと、千葉医大から、ベッドや医薬品などの寄贈があったことなどである。安徽医大は、その「縁」を重視し、千葉大学医学部に代表団を派遣し、二〇一〇年交流協定を締結することになる。

戦前期に日本留学をした学生たちが創設した医学校が、日本軍によって破壊されたのは、事実である。しかし、安徽医大は、戦前・戦中期の日中関係を理解した上で、留日学生の存在を媒介とし、未来志向の友好関係を改めて築くことを二一世紀に向けて決断したのである。この事例は一般的とは言えないかもしれないが、たとえこうしたきっかけであれ、日中の相互交流・理解と互恵的関係が深められていくことに期待したい（以上については、註〔54〕の拙稿を参照のこと）。

［用語説明］

「辛亥革命」

一九一一年、清王朝を倒し、共和制をとる中華民国が樹立された政治変革のこと。当初、孫文が臨時大総統に就いたが、のち、軍閥の総帥・袁世凱が実質的な権力を握っていく。

「対華二一カ条要求」

第一次世界大戦中の一九一五年、日本が中国政府に対し、山東省の旧ドイツ権益譲渡や満蒙権益拡大などを要求したこと。中国側は猛反発したが、その多くを受け入れざるを得なかった。

「五四運動」

一九一九年五月、第一次世界大戦を終結させるベルサイユ講和条約の内容に不満を持った中国の学生や市民が、反日・反帝国主義を訴えた大衆運動。中国現代史の起点をここに置く見解もある。

「義和団事件」

一九〇〇年、欧米列強のキリスト教布教などに反発した秘密結社「義和団」が激しい反発運動を起こすと、清王朝はこれを支持し、列強に宣戦布告した。しかし、日本を含む八カ国連合軍により、北京は制圧され、清は多額の賠償金を連合国側に支払うことになる。

「皇紀二千六百年」

初代の天皇と見なされていた神武天皇の即位年が紀元前六六〇年であると、明治初年に定められた。その年から二六〇〇年目が一九四〇年となるため、全国で様々な記念行事が行われた。たとえば、東京オリンピックの開催も決定していたが、日中戦争悪化で中止となった。

「湊川神社の朱舜水『嗚呼忠臣楠氏ノ墓』墓碑銘」

朱舜水は、中国の明王朝が清に滅ぼされた後、日本に亡命してきた知識人であるが、その尊王思想を高く評価した徳川光圀が水戸藩に招聘した。光圀は、一六九二年、楠木正成の墓所に顕彰碑を建てたが、その「墓碑銘」作成は朱舜水に任せた。明治維新後の一八七二年、この墓所周辺に、楠木正成を祭神とする湊川神社が創建されることになる。

「第一次上海事変」

一九三二年一月から三月に、上海の共同租界で起きた日中の軍事衝突。前年九月に起きた満州事変に対する列強の批判をそらすためであったとされる。

「爆弾三勇士」

第一次上海事変の際、敵陣に突入するため、鉄条網を破壊する作戦に参加した三名が爆死した事故があった。軍部はこれを英雄として喧伝し、一カ月足らずの間に映画が公開されたほか、歌謡曲や劇なども矢継ぎ早に作られた。

［註］
（1）日華学会編『昭和一九年四月現在　第一八回中華民国留日学生名簿』一九四四年。同書には過去十年間の数値が掲載されている。
（2）実藤恵秀（さねとうけいしゅう）『中国人日本留学史』くろしお出版、一九六〇年。
（3）小島淑男『留日学生の辛亥革命』青木書店、一九八九年。見城「辛亥革命と千葉医学専門学校留学生」『中国研究月報』七六九号、二〇一二年三月。
（4）小野信爾『五四運動在日本』汲古書院、二〇〇三年。
（5）阿部洋『「対支文化事業」の研究』汲古書院、二〇〇四年、山根幸夫『東方文化事業の歴史』汲古書院、二〇〇五年。
（6）初年度は、全国の二〇校が企画し、総計一八四名の留学生が参加している。一人当たりの補助金は、一二五円と一〇〇円であったが、翌年から三二年までは一〇〇円が中心となり、一九三三年から一九四一年（史料が残る最後の年）までは、七〇円を基本としての支給が行われた。（見城「一九二〇〜三〇年代における中国留学生の日本旅行記―千葉医科大学留学生はキャンパスの外で何を見、何を感じたか」『人文研究（千葉大学）』第四〇号、二〇一一年。なお、この拙稿は、千葉医科大学留学生が参加した三回の見学旅行（一九二七年、一九三〇年、一九三六年）の見聞を分析紹介したものである。）

（7）本稿で使用する史料は、断りのない限り、外務省外交史料館所蔵外交文書中の『在本邦留学生本邦見学旅行関係雑件』第一巻（一九二六年）〜第七巻（一九三八年）、『在本邦留学生本邦見学旅行関係雑件／補助実施関係』第一巻（一九二七年）〜第一四巻（一九四〇年）である。これらはすべて国立公文書館・アジア歴史資料センターのウェブで閲覧できる。以下、前者の第一巻から引用する場合は、「雑一」と略記する。後者の第一巻の場合は、「雑補一」と略記する。

（8）本稿のタイトルは、「一九三〇年代における」とし、多くはその十年間を扱うが、一九二〇年代末および一九四〇年代の史料も一部含んでいる。

（9）このテーマについて、筆者は、註（6）に掲げた論稿のほか、「『日華学報』にみる留日中国学生の生活と日本認識」（大里浩秋・孫安石・見城監修解説『日華学報』（復刻版）第一六巻、ゆまに書房、二〇一三年、所収）、「太平洋戦争下における留日中国学生の夏季錬成団」『人文研究（千葉大学）』第四二号、二〇一三年、などをまとめている。

（10）前掲、見城「一九二〇〜三〇年代における中国留学生の日本旅行記」。六〇頁。

（11）この史料は、「千葉医科大学」『在本邦留学生本邦見学旅行関係雑件　補助実施関係　第一巻』に含まれ、ウェブ上でのレファランスコードは「B05015813700」、資料コードは「H-620」、該当頁は、「p298」に当たる。この場合は、「千葉医科大学」雑補一、一九二七年、B05015813700、H六二〇、二九八頁、と略記して示すこととする。なお、これらの感想や報告には、執筆した留学生、日本人引率者の名前がすべて明記されているが、戦時下の留日学生の作文というデリケートな問題もはらむ史料であるため、本稿で引用する際は、匿名ないし記号化により示す。

（12）「千葉医科大学学生」雑補九、一九三六年、B05015832200、H六三一、二六四頁。

（13）「東京女子医専」雑補二、一九二七年、B05015824000、H六二一、二七〇〜二七二、二八一頁。

（14）註（12）「千葉医科大学学生」に同じ。二六二〜二六三頁、二六九〜二七〇頁。千葉医科大生の感想は、この筆者以外のそれも多く引用するため、区別のため「A」「B」などとする。以下において、他校でも「A」「B」等とする場合は、異なる学生であることを示す。

（15）註（11）「千葉医科大学」に同じ。三三四頁。

（16）「東京医学専門学校」雑二、一九三二年三月、B05015801400、H六一三、一五五頁。

（17）「一高特設高等科生徒」雑補一三、一九三九年、B05015836700、H六三五、三二一頁。

(18)「日華学会」雑補一四、一九四一年、B05015837600、H六三六、九八～九九頁。
(19) 註(16)「東京医学専門学校」に同じ。一五七頁。
(20)「東北帝国大学」雑補一〇、一九三七年、B05015833300、H六三二、二六五頁。
(21)「千葉医科大学」雑補六、一九三〇年、B05015817900、H六二六、一三八頁。
(22)「同仁会主催」雑二、一九三二年、B05015801500、H六一三、二一七頁。
(23)「九州帝国大学」雑補一〇、一九三七年三月、B05015833200、H六三二、二四〇頁。
(24) 一九一八年五月に小松原英太郎（文部官僚）を会長とし、渋沢栄一等の財界人を顧問として設立された財団で、中国留学生に対する寄宿舎提供、経済援助、東亜学校（日本語予備校）の経営などを行っていた（砂田實編『日華学会二十年史』、一九三九年）。また機関誌として『日華学報』を発刊していた。同誌は、大里浩秋、孫安石および見城の監修・解説を付した上で、ゆまに書房から、二〇一三年、復刻版が出されている。
(25)「水戸大洗旅行の印象」『日華学報』第八三号、一九四一年二月、二九～三三頁。
(26) 註(17)「一高特設高等科生徒」に同じ。三三四～三三五頁。
(27)「京都帝国大学留学生内地見学」雑補一二、一九三九年、B05015835300、H六三四、四七、四九頁。
(28) 註(11)「千葉医科大学」に同じ。三〇八、三二五頁。
(29) 註(12)「千葉医科大学学生」に同じ。二八〇頁。
(30) 同右、二九九～三〇〇頁。千葉医大生Gの感想。
(31) 註(27)「京都帝国大学留学生内地見学」に同じ。七二～七三頁。京大生Bの感想。
(32)「東亜学校」雑補十四、一九四〇年、B05015837500、H六三六、八四頁。東亜学校は、日華学会が経営していた日本語予備校である。
(33) 註(27)「京都帝国大学留学生内地見学」に同じ。五一頁。
(34) 註(11)「千葉医科大学」に同じ。三〇四、三三五～三三六頁。
(35) 註(17)「一高特設高等科生徒」に同じ。三九五～三九六頁。
(36) 同右、三二五、三三四頁。
(37) 同右、三九六～三九七頁。
(38) 註(20)「東北帝国大学」に同じ。二六〇頁。

(39) 註（27）「京都帝国大学留学生内地見学」に同じ。四七頁。
(40) 同右、五〇頁。
(41) 同仁会は、一九〇二年、日本の医学界がアジアに対する医学技術の普及などを目的に創設した団体である。日中戦争時には、軍部の協力団体になったという批判もあり、敗戦により解散した。同仁会編『同仁会三十年史』、一九三二年、『同仁会四十年史』、一九四三年。丁蕾「近代日本の対中医療・文化活動―同仁会研究 ①～④」『日本医史学雑誌』四五－四～四六－四、一九九九～二〇〇〇年、などを参照。
(42) 「同仁会主催」雑三、一九三三年、B05015804100、H六一三、三七、四一頁。
(43) 註（22）「同仁会主催」に同じ。二〇九～二一一頁。
(44) 同右、二一二、二一八頁。
(45) 註（20）「東北帝国大学」に同じ。二五七頁。
(46) 註（17）「一高特設高等科生徒」に同じ。三四〇頁。
(47) 註（22）「同仁会主催」に同じ。二一五～二一六頁。
(48) 註（23）「九州帝国大学」に同じ。二二五頁。
(49) 註（17）「一高特設高等科生徒」に同じ。三一九～三二〇頁。
(50) 曹必宏・夏軍・沈嵐『日本侵華教育全史』第三巻（華東華中華南編）の「留日教育」節、人民教育出版社、二〇〇五年、三九六～四〇三頁、を筆者が適宜日本語に翻訳した。また、王奇生『留学与救国―抗戦時期海外学人群像』広西師範大学出版社、一九九五年、も参考になる。
(51) 註（17）「一高特設高等科生徒」に同じ。三三一頁。
(52) 同右。三九七頁。
(53) 見城『近代の千葉と中国留学生たち』千葉日報社、二〇〇九年、二五～二六頁。
(54) 見城「明治～昭和期の千葉医学専門学校・千葉医科大学における留学生の動向」『国際教育』二号、二〇〇九年、同「戦前期 留日医薬学生の帰国後の活動と現代中国における評価」『国際教育』三号、二〇一〇年。

[付記]
読みやすさを考慮して、原史料の旧漢字は新漢字に、旧かなづかいは新かなづかいに、一部のカタカナ表記はひらがな表記に、難読漢字はひらがなに、適宜変えた。

第11章

幸田成友の国際交流にみられるレシプロシティー

―ヨーロッパ留学ならびにCharles Ralph Boxerとの交流を中心として―

宮田　純

はじめに

幸田露伴が文豪と称されるのであれば、その弟、幸田成友は〝史豪〟なる呼称がふさわしい人物であろうか。我々は、この名を知ってか知らでか、彼から発信された数多の学恩を享受しながら、知的好奇心を充たし、研究活動、創作活動、あるいは社会活動など様々な営みを続けている。とはいえ、この名を目にした時に、彼の肖像を想起しうる人々は稀有であろう。

詳細は後に譲るが、幸田成友（一八七三－一九五四）とは日本経済史、日欧交流史、書誌学（図書館情報学）のエキスパートであり、極めて正当な研究方法に該当する実証史学の徒としてこれら専門分野に関する成果を社会に発信し続けた人物である。こうした簡略的な紹介文を目にしたときに、幸田成友なる人物とは一体何者なのか、どのような経歴の持ち主なのか、具体的な社会的影響とは、など様々な問いを浮かべる人々が大多数であろう。こうした我々の探求心が充たされるためには、その生涯を明らかにしながら、独特な環境下における彼の活動とその影響について検討を加えなければならない。しかしながら、彼が残した業績の多大さからすれば、分析対象として採りあげるべき素材は極めて広範である。したがって、幸田成友の活動ならびに思想に関する全容を体系的側面から理解することは現段階では難しいといわざるを得ない。ただし、成友の学問的足跡に焦点を合わせながら、そこから幾つかの個性的側面を抽出する作業ならば、過分ながらに筆者の力量の範囲内である。

こうした見通しを考慮したうえで、本稿においては、幸田成友のヨーロッパ留学という出来事と、それとの関連下における人的資源との交流について検討を加えてゆく。この場合の人的資源とは、日本の歴史学者である成友とは異空間の人物、すなわち、イギリスの歴史学者チャールズ・ラルフ・ボックサー（Charles Ralph Boxer,1904-2000）を指すが、両者の交錯におけるヨーロッパ留学の役割に着目してみると、相互の学術交流が展開された場としての特徴が垣間見える。こうした抽象的な理解の明瞭化こそ筆者に与えられた課題である。その場合に、互いが互いになんらかの恩恵を蒙る意を内包する「互恵性」、すなわちレシプロシティーという側面に着目しながら、交流関係にまつわる経緯とそこから波及した多彩な効果について整理を行い、そのうえで、両者の関係性の意義を鮮明化する方法が妥当である。こうした指針に則りながらの具体的な論旨展開は、成友の生涯を略歴として概括したうえで、ヨーロッパ留学ならびにそれとの関連下におけるイギリス人歴史学者チャールズ・ラルフ・ボックサー（以下、ボックサーと略記す）との関係性に検討を加えてゆくという順序となる。このような段階的な分析に基づきながら、両者の国際交流を通じた発露に該当するレシプロシティーを見出したい。

1　幸田成友の略歴

〝はじめに〟において検討すべき課題が明示されたが、本格的な分析を試みる前に、幸田成友とはどのような人生を歩んだ人物なのか、あるいは、学者としてどのような個性を持つ人物なのか、という点について触れておかなければならない。したがって、本節では、後の検討に対する準備として、一九四八（昭和二三）年に刊行された自叙伝『凡人の半生』（共立書房）[1]や、生前または死後にまとめられた人物解説[2]、あるいは著作目録[3]などに依拠しながら、その略歴を簡潔に紹介しておきたい。

幸田成友（一八七三－一九五四）は、一八七三（明治六）年三月九日に東京府神田区山本町において父成延（しげのぶ）、母猷（いう）の五男[4]として生を受けた人物であり、先述のように実兄に文豪として知られる幸田露伴（一八六七－一九四七）がいる。幼少時から青年期にかけて、東京師範学校付属小学校、東京府中学校（中退）、共立学校、第一高等学校における修学期間を経た後、一八九三（明治二六）年に帝国大学文科史学科に入学した成友は卒業後に同大学院に進学し、日本史・東洋史・西洋史の研究に携わる。[5]このような教養を土台としながら、一八九六（明治二九）年にはロバート・マッケンジー（Robert Mackenzie ,1823-1881）が著した西洋史研究書 The Nineteenth Century : A History[6] の翻訳にあたる『十九世紀史』[7]を、一九〇〇（明治三三）年にはアレキサンダー大王の歴史譚である『歴山大王』[8]を、翌一九〇一（同三四）年には徳川時代の経世済民論者である熊澤蕃山の評伝にあたる『熊澤蕃山』[9]を順次に刊行し、翻訳や史伝に重点を置いた業績が残されることとなる。

その後、一九〇一（明治三四）年から一九〇九（同四二）年までに大阪市史編集主任として『大阪市史』刊行事業に携わった[10]成友は、同年に京都帝国大学文科大学講師を務めた後、翌一九一〇（同四三年）年に帰京し、慶応義塾大学文学科講師に就任する。同校においては国史・徳川時代史等の講義を担当し、実証史学の伝統を固める役割を担いながら[11]自身の研究を進展させ、一九二八（昭和三）年に主著の一つである『日本経済史研究』（大岡山書店）を刊行する。なお、在職中の一九二八（昭和三）年三月から翌一九二九（同四）年一二月の間には文部省在外研究生としてヨーロッパに留学し、オランダのハーグを拠点として一〇カ国以上を訪問する機会を得ている。

帰朝後の一九三〇（昭和五）年七月には「武家金融に関する研究」により慶応義塾大学から文学博士の学位が授与されることとなり[12]、研究者としての評価を高めつつ、一九四〇（昭和一五）年には教授に就任し、文学部史学科の中心的存在として国史・書誌学等を担当しながら、一九四二（昭和一七）年には諸外国との交流に関連する資料の紹介に力点を置いた『日欧通交史』（岩波書店）を刊行する。一九四四（昭和一九）年に慶応義塾大学を退職した後も[13]、一九五四（昭和二九）年五月一五日に逝去するまで、日欧交流史・書誌学といった諸分野に関する研究活動を精力的に行い続けた。

このような経歴を有する幸田成友の研究者としての功績は日本経済史・日欧交流史・書誌学の分野に求められ、これらの社会科学ならびに人文科学双方の専門領域に及んだ研究活動は帝国大学文科大学史学科在籍時において醸成された研究スタイルの影響下にあった。それについて、成友は、「大学で国史科に入らずに史学科を選んだのは、何の為かと問はるれば、これは返事が出来る。従来の日本歴史は研究法も著述法もすべて支那を手本としている。欧州の新しい研究法によって、これを補ふ所は無いか、出来ることなら一度は欧州に留学して、史料の保管及び使用の実際を目撃したいといふ野心を抱いていたからで、その野心は幾度か蹉躓し、三十余年後の昭和三年に至って成就しようとは、自分の夢にも思はなかった所である」[14]と記しており、同大学において、近代歴史学の祖といわれるレオポルド・フォン・ランケ（Leopold von Ranke,1795-1886）の流れをくむルードウィッヒ・リース（Ludwig Riess,1861-1928）との接触[15]がここに示唆されている。ヨーロッパ実証史学の真髄[16]を成友にもたらした、と一般的にいわれるリースの下での授業風景は、

「講義の外に演習があった。これは史学科の学生だけで、一年生も二三年生も一緒であった。先生から演習用として自分共に最初に交付せられたは、『日本亜細亜協会報告』の抜刷で、伊達政宗の遺欧使節一件につき、メリウェザーの書いた論文で、論文の末に挙げてある参考文書の中、政宗からローマ教皇に宛てたラテン語の文書をテクストとし、我々一年生にこれを読めと命ぜられた。一同順次頭を下げてお断をすると、お前方は高等中学でラテン語を習った筈だと言はれ、返す言葉も無かった。この演習は卒業するまで連続し、与へられたテーマも色々あったが、史料の蒐集分解から最後の結論に至るまでを、先生の温味ある奨励と鋭い批判との下に、学生自身の手で遣るのだから、苦しいには苦しかったが、後日に至り大きな利益があったと確信する」[17]

と後に回顧されており、抽象的な描写ではあるものの、リースからの少なからぬ影響が垣間見える。このような知的刺激を素養の一部としながら、無責任な孫引きを排し、「原典にかえれ」をモットーとしながら資料を博探追求[18]する学問的態度が育成されることとなるのである。その点について、成友から教えを受けた日本近世史研究の泰斗である林基氏は、「田中さんは慶應ではリースを一番よく理解した弟子だといわれますが、幸田成友は東大でのリースの最大の弟子だった」[19]という感想を述べ、また、西洋経済史学の碩学である増田四郎氏は、「博士の歴史学は、先入主や理論的要請をもって史実にのぞむのではなく、あくまでも原史料をして語らしめる徹底した実証史学の先駆的なもの」[20]と歴史学研究における成友の基本方針を評している。

以上のような研究姿勢に基づきながら誕生した成果を幾つか列挙しうるが、その一つとして、『大阪市史』編纂事業への参加を契機とした『大阪市史』（一九一一―一五年）の刊行がある。本文二冊・史料四冊・付図一冊・索引一冊に及ぶ同書は成友による膨大な資料収集とそれに基づいた分析をベースとした成果であり、「わが国においておよそ『市史』と名づけうるものの先駆であり、しかもその最も模範的な傑作、不朽の名著」[21]、あるいは、「市史として日本最初の光栄を有し、今日なお市史中の白眉模範として重きをなしている」[22]と評価されている。この自治体史編纂事業への関与は「『大阪市史』の編纂に従事せしことは、学者としてその一生の運命を決定し、特に日本経済史研究の先駆者として、我が経済史学界に多大なる功績を印し、その名を不朽ならしむるに至ったものというべきである」[23]と後に指摘されているように、制度・交通・金融・株仲間等の実態の解明へと連綿し、ひいては、長年に渡り資料調査を行った都市大阪を分析対象の中心にすえた『日本経済史研究』（大岡山書店、一九二八年）や、成友自身の故郷であった都市江戸に対する分析を組み込んだ『江戸と大阪』（冨山房、一九三四年）の刊行へと結実することとなった。[24]

こうした一連の日本経済史の分野における発展的研究は、「大阪が日本経済史上重要なる大都市であることという（ママ）云うまでもないから、その市史が幸田博士の如き優れた史家によって編纂せられ、不朽の多史料として我々に与えられたことは大なる幸福であった。この後も多くの価値高き『市史』、『県史』、『郡史』が現われたが、『大阪市史』がこれらに大なる刺激を与えたことも認めなければならない」[25]、あるいは、「株仲間だとか、札差だとか、蔵元だとかいうものに就いての部分的研究が先ず成りて然る後でなければ、資本制組織の全体の絵がかけないところが、この部分的研究たるや中々容易の業ではない、その原資料たるべきものには、写本物が数少くない。到底素人くさい手つきでは手のつけられないものであるどうしても専門家の考証に待たねばならぬ。史家的考証に於いて令名高き本学の幸田成友教授の近業『日本経済史研究』は右の如き要望に答ふるものとして、その学界に寄与すること極めて大いなるものがあると思う」[26]、と評価されているように、原資料に基づいた経済動態の分析による成果であり、徳川時代の社会や経済事象を立体化するうえでの実証的な研究方法が提起されたことを意味している。

他方、成友は日欧交流史についても関心を抱き続けており、とくに、日本とキリスト教布教の関係史に着目したキリシタン史の研究というテーマの下での学究活動も進められることとなる。その作業との関連として、ヨーロッパ留学時（一九二八年三月～一九二九年一二月）に各国の文書館・図書館を探訪し、日本関係の古文書などの諸資料を意欲的に探索・調査・収集した活動は極めて重要な経験であり、ポルトガル人の来朝以降の約一〇〇年間を対象に、「ポルトガル、スペイン、オランダ、イギリス四国の来朝者とわが国とが、朝野をふくめ、政治・経済・宗教・文化等の面で、いかなる交渉をもったかを、可能な限り原史料に即して逐一吟味し、再構成し、みごとな叙述にまとめたもの」[27]と後に評価されることとなる『日欧通交史』（岩波書店、一九四二年）の刊行に多大な影響を与えるのみならず、『和蘭夜話』（同文館、一九三一年）ならびに『和蘭雑話』（第一書房、一九三四年）といった論説や、訳著に該当する『日本大王国志』（東洋堂、一九四八年）の成立を促進させることとなった。これらの成果は、後に「『日本経済史研究』、『江戸と大坂（ママ）』など専攻の論考が多いが、28-29年渡欧して日欧交渉に関心を抱き、関係史料を集め日欧交渉史関係論考を相次いで発表。（中略）特にサンデ・D編『天正遣欧使節記』を招来（現天理図書館蔵）、『おらしよの翻訳』の紹介など、キリシタン版研究にも寄与した」[28]と概括されているように、実証的な資料分析に基づいたキリシタン史研究の下地を創成した日欧交流史研究者[29]としての評価を成友に与えることとなった。

以上に紹介してきた成果の成立過程において、正本・写本・刊本など多種多様な形態をとる和書・洋書・漢籍といった資料を収集し、また、それらに対する直接的な分析を試みたという経験は、幼少時より抱き続けていた書物そのものへの愛着と相まって、書誌学、現在でいうところの図書館情報学という専門分野の創成へと連綿することとなる。具体的には、一九四一（昭和一六）年から慶應義塾大学文学部において書誌学講座が開設され、書誌学についての知識が成友本人から直接後進の徒へと伝えられる空間が誕生し、『書誌学　1・2』（慶應義塾大学通信学部　慶應通信教材、一九四八－一九四九年）の刊行へ到達する。この事績は「わが国の大学で、書誌学の講座を置いた嚆矢」[30]に相当する画期的な出来事であり、大学教育における書誌学のパイオニア、換言すれば、図書館情報学のパイオニアとしての評価を成友にもたらすこととなった。

以上のように列挙しうる、日本経済史[31]、日欧交流史[32]、書誌学[33]といった多彩な分野における代表的成果や学術上の啓蒙活動、さらには、それらに対する学術的評価に鑑みれば、学者としての成友は歴史研究における実証史学の徒としての分析視角を保持し続けながら、上記の諸分野に関連する各種資料との直接的な対峙を試み、そこから導き出された見解について体系化を図りつづけた歴史家という理解が適切であり、既出の「原典にかえれ」といった信条そのものが擬人化された存在として受けとめるべきだろう。[34]

2　幸田成友のヨーロッパ留学

前節において概説的に紹介した幸田成友の略歴を踏まえつつ、多々残された事績の中からレシプロシティーを抽出しようと試みるならば、成友と諸外国の智慧との交流、とくに、欧米圏の人物や古文書資料との接触に着目する必要がある。その場合に、ヨーロッパ留学中の経験の整理を試みることは、現地の雰囲気の中に身を置いた成友の体験を通じて醸成された要素の抽出に繋がると予測される。本節では、こうした観点に基づきながら、成友のヨーロッパ留学の大概を紹介し、それについての大枠的な位置づけを提示する。

幸田成友のヨーロッパ留学は、慶應義塾大学在職中の一九二八（昭和三）年三月から翌一九二九（昭和四）年一二月の間にかけてのものであり、文部省在外研究生[35]としての立場により、オランダのハーグを拠点としながらの調査研究活動期間として認められる。なお、この旅程はオランダ一国のみに限定化されたものではなく、成友は一〇カ国以上に及ぶ他のヨーロッパ諸国を訪問する機会を得ている。

まず、成友がオランダに出発した経緯からみてゆくと、それは、次のコメントに明らかである。

「和蘭と日本との関係は長くして且つ深い。従って同国ヘーグ府の国立文書館には日本関係の文書が極めて豊富にある。一部分でよいからそれを読みたい。出来ることなら或る時代の日蘭交通の史料を捜査して、多少なりと日本側の史料を補足したいと兼々存じて居った所、先輩諸氏の尽力で、一昨年の春、文部省から和蘭留学を命ぜられた。海外留学は若い学徒の斉しく希望する所で、自分も嘗て之を夢想した一人であったが、今五十何歳になって、始めてそれが実現したのですから、人一倍欣喜踊躍して出掛けた次第です。マルセーユに上陸してから、何となく気忙しく、巴里もブラッセルも素通りして、一直線にヘーグに入った」(36)

これは帰朝後の一九三一（昭和六）年に刊行された単著『和蘭夜話』（同文館）の冒頭に記された一文であり、留学へと至った契機と現地到着直後の様子が回顧されている。ここから、成友の留学目的は、オランダのハーグ（「ヘーグ」）の国立文書館に所蔵される日本関係資料、とくに徳川時代の資料に対する調査が主であり、日本とオランダの史的交流の研究に資する材料、すなわち、オランダに残存する日本側の資料との直接的な接触を要望していたことがわかる。この、五十半ばの年齢にして、かねてから切望していた外国体験の実現は、積年の願望が現実化したものであり、日本を出国してから地中海に面するフランスのマルセイユ（「マルセーユ」）に渡った後、同国パリ（「巴里」）や、ベルギーのブリュッセル（「ブラッセル」）を観光することなく経由し、「一直線」に目的地であるオランダのハーグへと到着した、という表現にその時の成友の心情が凝縮化されている。

このような動機に基づいたハーグ滞在時における活動は、

「ヘーグに於ける自分の生活は如何にも単調であった。毎日昼間は文書館へ通って古帳面を捻くり、夜分は小学校の先生某氏に就いて語学を練習する、ただそれだけでした」(37)

と記されているように、昼間は資料調査を目的とした国立文書館への訪問、夜間はオランダ語習得にむけた学習に終始したものであった。ここには、留学そのものを学識の研鑽の機会と自覚した学究の徒としての一途な姿勢が示されている。ここで、成友のいうところの「単調」な生活における重要な目的は、当然のことながら資料調査に求められるが、それについて、成友は、

「私は毎日そこへ通いまして、そうして平戸や長崎に和蘭の商館のあった時代の日記とか、往復の手紙とか、会計帳簿とか云うものを、充分には分らぬ乍ら繰拡げて居ました」(38)

と詳述している。このコメントから、成友が「そこ」に該当するハーグの国立文書館において接触した「古帳面」とは、オランダ商館が平戸や長崎にあった時代、すなわち徳川時代の日記、往復書簡、会計帳簿といった、歴史的価値の極めて高い資料を指しており、オランダ側が作成した日本に関する情報を「原典にかえれ」という言葉さながらの態度により積極的に獲得しようとしていたことがわかる。なお、成友はこの作業について、「充分には分らぬ乍ら」と記しており、これを謙遜としてとらえることも可能であるが、ハーグにおいて小学校の教師からオランダ語を学習していた点を考慮すれば、読解力の不足についての自覚ととらえることのほうが案外と的を得ているのかもしれない。

こうした成友のコメントは、一見、資料の閲覧作業に終始していたかのような印象を我々に与えるが、成友の作業はその段階に留まっていたわけではない。それは、

「自分の研究は歴史の研究ですから、参考書籍を買入れたり、史料を写したりまた写真にとることが必要である。写字料は中々高い。大判一頁特別に負けて貰って四十セント、百頁写させるとすぐ四十グルデンになる。写真はフォトスタートといって種版を使はないのですから、これは割合に安く一枚四十セントでした」(39)

という引用に明らかである。ここには、閲覧を通じたうえでのさらなる作業内容が記されており、資料の複写作業についても意欲的に取り組んでいたことがわかる。その場合の具体的な手段は、資料の筆写と写真撮影の二通りあり、とくに筆写に関しては成友自身の手によるものと、作業への対価を支払いながらの写字生の手によるものとに分担されていたことがわかる。なお、写真撮影について、成友は「フォトスタート」という用語を使用しているが、種板（「種版」）を未使用としていた点を考慮すれば、種板を意とするスライドの状態ではない写真を指している可能性が高く、直接的に紙焼きの写真を撮り溜めていたと考えられる。

これらの作業は、あくまでもハーグの国立公文書館における主要な研究活動であるが、「参考書籍を買入れたり」

と記すように、研究において参考となる書物を現地調達していたことも併記されている。これは、古文書といった情報資源を集積した国立公文書館の内部のみでの研究調査活動に終始していたわけではないことを示唆している。その点については、

「ここ十年ばかり自分は日本の歴史に関する外人の著述を集めている。非常に得難いものもあるが、それは図書館で見ることとして、大抵のものは本屋で買調えることが出来るから、自分はハーグに居る間は勿論、旅行中も常に本屋廻りを怠らなかった」(40)

といった述懐を見れば明らかである。ここでは、自身の学識をさらに高めるために、国立公文書館以外の機関に該当する「図書館」や「本屋」にも頻繁に足を向けており、さらには、その行動はオランダのハーグのみに留まらない範囲にまで及んでいたことが記されている。

以上から、成友のハーグにおける活動は、国立公文書館、図書館、本屋を情報収集の要所としながら、日欧交流史に関する資料の調査に力点を置いたものであり、その成果は、資料の閲覧を通じたうえでの複写物の確保、現地において調達した参考書籍の購入、といった理解となる。

これまでの指摘から、成友の行動範囲は、あくまでもオランダのハーグを拠点としながらも、それ以外の諸国に及んでいたことは明らかであるが、その他にどのような国を訪問したのかについても整理しておくべきであろう。それは、先に触れた引用における「旅行中」という表現をさらに詳述した次のコメントから看取しうる。

「旅行はどうかというと、一年半の留学期中に前後四回試みました。第一回は仏蘭西を通って西班牙葡萄牙行、セビルまでは学習院の板沢教授と同行、セビルからリスボンまでは台湾大学の村上教授と同行、リスボンで村上教授と別れ、それからは単騎独行でした。第二回は独逸瑞西を通って伊太利に下り、ローマに一月ばかりいて希臘に渡り、そこにも一月ばかりいて、今度は土耳古に渡り、コンスタンチノープルから二昼夜余り汽車を乗通して墺地利のヴィーンに出でミュンヘンを見て帰りました。これが一番長い旅行で三月と一日かかりました。第三

回はベルリンの日本学会で勉強するために独逸に行ったのですが、甥夫婦がフィンランドに居るので一寸会いたくなり、同所へ出かけた所、一週間の休暇を得たから北欧を見物しようというので、これ幸と同行し、瑞典、諾威、丁抹を一巡し、ハムブルヒで別れました。去年芝浦で興業して好評を博したハーゲンベックの動物演技を、自分は本家本元で見た次第です。第四回は英吉利行ですが、これはロンドンのブリチシュ・ミュゼアムで勉強するためで、和蘭を夜船でたって一寝入すればロンドンに着くのです。同地滞在中オックスフォードへ行った位で、英国の内地は一向承知致しません。留学期限が短いのに余儀なくされたとはいえ、霧の深い十一月という悪い時候に出掛けたので、つい外出も鈍り勝になったのでしょう」[41]

この長い引用には、留学中における旅行体験が簡潔にまとめられており、一年半という短期間に四回の遠征が試みられていることが記されている。それぞれについての旅程について整理すれば、まず一回目は、オランダからフランス（「仏蘭西」）を経由しながらのスペイン（「西班牙」）のセビリア（「セビル」）ならびにポルトガル（「葡萄牙」）のリスボン訪問といった行程である。ここで注目されるのは、セビリアに到着するまでは板沢武雄教授[42]と、セビリア～リスボン間においては村上直次郎教授[43]と同道であったという点である。この事実は、ヨーロッパ留学時において、成友が常に孤独な状況に置かれていたわけではないことを示唆している。また、現地において日欧交流史の専門家であった板沢・村上両氏と時間を共有する機会が得られていたという歴史的事実も強調しておかなければならない。この旅に続く二回目の旅程は、ドイツ（「独逸」）やスイス（「瑞西」）を経てイタリア（「伊太利」）のローマやギリシャ（「希臘」）を訪問し、その先のトルコ（「土耳古」）のイスタンブール（「コンスタンチノープル」）からオーストリア（「墺地利」）のウィーン（「ヴィーン」）へと向い、折り返しミュンヘンを経由してハーグへ帰着、という行程である。この旅において着目されるのは、イタリアならびにギリシャでの滞在期間が一カ月と長期に及んでいる点であり、両所は成友の研究意欲をより喚起させた空間であったと推測される。それに続く三回目の旅程は、本来的にはベルリンにおける学会への参加を目的としていたものであるが、同地を訪問した後、フィンランドに在住する甥夫婦との再会を果たすために同国へと赴き、彼らとスウェーデン（「瑞典」）、ノルウェー（「諾威」）、デンマーク（「丁抹」）といった諸国を巡見したうえで、ハンブルク（「ハムブルヒ」）にて単身となり、ハーグへと帰着といった行程である。この旅行に関する記録については、身内との再会や、彼らの同道による北欧諸国訪問、さらには、『ハーゲンベックの動物演技』[44]観賞といった話題が喜々として記されており、研究に一途な姿勢を常々公言していた成友にしては珍しい一面が示されている。したがって、成友にとっての旅行とは、調査研究のみだけではなく、遊覧としての側面も少なからずあったということとなる。最後の旅行に該当する四回目の旅程は、ロンドンにある大英博物館（「ブリチシュ・ミュゼアム」）訪問を目的としたものであるが、オックスフォードに足を延ばした以外は、気候の影響下に外出を控えざるをえないこととなり、見聞を広げることが困難であったという悔恨の気持ちが描写されている。

以上の、四度に及ぶ旅行を大概的に整理すれば、イベリア半島旅行、地中海の諸国への旅行、北欧旅行、イギリス旅行、というように分別化しうるが、これらは、すべてオランダのハーグへの帰着でもって終了している。ここには、オランダのハーグを研究活動の拠点とする方針を根幹に据えながらも、自身の興味関心の拡充化をはかるためにその他のヨーロッパ諸国への積極的な訪問を自身に対して励行していた姿勢が示されている。このように理解しうる旅行の全体像について、成友は、

「旅行といっても何も景色を見て歩行くというのではない。自分の研究に関係のある材料を和蘭以外に求めるためで、真実の修学旅行です」[45]

と総括しており、遊覧が組み込まれた北欧旅行というようなレアケースはあるものの、「真実の修学旅行」と強調しているように、総じて調査研究が主目的であったことは確実である。そうした学問的態度を証すべく、具体的な訪問先を『和蘭夜話』[46]などによりながら幾つか紹介すれば、ハーグ国立文書館（オランダ）、ライデン大学附属図書館（オランダ）、リスボン国立図書館（ポルトガル）、バチカン図書館（イタリア）、大英博物館（イギリス）といった諸機関への訪問や、「旅行中も常に本屋廻りを怠らなかった」というコメントを裏づけるように、ハーグ（オランダ）、ラ

イデン（同）、パリ（フランス）、ベルリン（ドイツ）、ロンドン（イギリス）、マドリード（スペイン）、フィレンツェ（イタリア）、ヘルシンキ（フィンランド）、ストックホルム（スウェーデン）、コペンハーゲン（デンマーク）といった諸都市の本屋への探訪が認められる。[47]このような資料調査活動に邁進し続けた結果、シーボルト関係の公文書（ハーグ）、同関係の私文書（ベルリン）、伊東マンショから教皇に宛てた二通の書簡（バチカン）、日本殉教者図（ローマ）などの歴史的価値を有する情報資源との接触が果たされ、[48]これらは、

「帰朝後は留学中に集めた材料を整頓発表すべき覚悟で、不文拙弁を承知しながら、求められゝば辞せずという方針を採りました（中略）留学中並びに帰朝後に得た材料によって研究を継続するのは、自分共読書生の本分で、何時を限りといえませぬが、帰朝後一年半即ち留学期限と同様の年月を経過したことを機会とし、従来発表した十数篇の小論文を集めてこの一冊といたしました」[49]

と記されるように、一九二九（昭和四）年一二月の帰朝後に発表された諸論説や講演録の成立に資することとなる。それらをまとめたものが、右記のコメントを「緒言」として記した『和蘭夜話』（同文館、一九三一年）であり、ヨーロッパ留学の経験が反映された著述としての理解が適宜である。

こうしたおよそ一年半に及ぶヨーロッパ留学という成友の経験を概略化してまとめれば、この期間は、主として古文書や書籍といった様々な情報資源との接触の機会を成友へ与え、また、それらが筆写、写真撮影、購入されることにより成友自身の学識の増幅化を促し、さらには、それらが帰朝後の研究成果の成立へと活用されることにより成友の日欧交流史研究の進展化を誘導する役割を担ったといえる。このような一連の過程に鑑みれば、五十歳半ばにして到来したヨーロッパ留学という経験は、自身のかねてからの願望の現実化を意味するのみならず、その後の研究活動をさらに発展的に促進させたという経緯からすれば、学者人生における画期的な出来事の一つであったと位置づけることができる。

3　ヨーロッパ留学の影響にみるレシプロシティーの醸成 ―ボックサーとの交流―

前節において触れた成友のヨーロッパ留学の内容は、主として成友個人の経験を史実としてまとめたものである。その全体像は研究活動により彩られているが、その期間内にレシプロシティーを抽出するうえで重要な人的資源との接触が果たされている。本節では対人関係の構築とそれに基づいた交流に関する事例を採り上げながら、そこに内包される互恵的側面について触れてゆきたい。

ヨーロッパ留学中に成友が出会った人々は、板沢武雄氏や村上直次郎氏のような日本人研究者やヨーロッパの現地人など多彩であるが、帰朝後の研究活動の展開を見据えた場合に、注目しなければならないのはイギリス人歴史学者チャールズ・ラルフ・ボックサー（Charles Ralph Boxer,1904-2000）との交流であり、この人物こそが重要な人的資源に該当する。

このボックサーとは、折田洋晴氏による簡潔かつ適切な紹介によれば、

「ワイト島生まれのイギリス人で、軍人でありながら東西交渉史の研究者でもあった。一九三〇－三三年には日本語担当将校として日本に滞在し、日本人研究者と交流した。本のコレクターでもあり、一九三七年には **Bibliotheca Boxeriana** という蔵書目録を刊行している。この年からイギリス諜報機関員として香港に滞在し、一九四一年に負傷、終戦まで日本軍の捕虜となった。彼の蔵書は一時、日本側に接収されたが、終戦後取り戻したという。戦後は東西交渉史の第一人者として教職につき、多数の著作を刊行した。また、彼の蔵書の大部分はインディアナ大学が購入した」(50)

と概括されている人物であり、イギリス軍人でありながらの、国際的な文化交流史に関心を寄せた歴史学者として位置づけられている。こうした理解を補強すべく、成友自身から発せられた認識についても紹介すれば、

「一九〇四年に英国南部のドルセットに生まれ、陸軍士官学校を卒えてリンコルンシャイヤ連隊附となり、累進して少佐となり、戦争中は香港駐屯軍の参謀であった。昭和の初年日本陸軍の研究生として来朝、東京、奈良、豊橋等の諸連隊に勤務すること数年、奈良を去るに方り、同連隊の将校団から左陸奥守包保の刀一口を贈られた」(51)

という一九四六（昭和二一）年段階の回顧が一つとしてある。ここには、ボックサーの生誕年が一九〇四（明治三七）年であり、イングランド南西部に位置するドーセット（Dorset）の出身であること、後にリンカンシャー連隊（Lincolnshire Regiment）に属す英国軍人となったこと、その経緯により来日を経験していることが示されている。このコメントにおいて、ボックサー氏の出身地が折田氏の記すところの「ワイト島」（Isla of Wight）と記されていない点について付言すれば、「ワイト島」がドーセットに隣接するハンプシャー（Hampshire）の対岸に位置しているところからの抽象的な理解と受けとめるべきである。

また、いま一つの回顧として、同じく一九四六（昭和二一）年段階に記された、

「君は一九三七年マカオで蔵書目録を出版し、その序文において自分の蒐集目的は（一）十七、八世紀東洋に於ける葡人の歴史を研究するに必要なもの、（二）日本と西欧諸国との初期の関係、（三）和蘭東印度会社及び十七世紀の英蘭海戦に関するもの」(52)

ならびに、

「君の著述は一九二六年以来一九三八年までに五十一点に達し、その中単行本が少なくとも六部ある。是等の大部分は刊行の都度恵贈せられたので、自分は鄭寧に保存している」(53)

という記載もある。これは、ボックサーの学者としての側面に触れたものであり、一七～一八世紀の東洋におけるポルトガル人の活動についての歴史、日欧交流史の初期段階、オランダ東印度会社について、一七世紀の英蘭戦争について、といった各テーマを研究対象としていた人物としての理解が示されている。さらに、同氏の研究業績は

一九二六年以降から蓄積され続けており、その数は一九三八（昭和一三）年段階において五一点に及ぶと把握されている。

以上の軍人ならびに学者としてのボックサーに対する成友の認識は、折田氏の人物紹介の妥当性を裏づけており、ボックサーに対する一般的な理解は成友ならびに折田氏の見解に則るべきである。このような経歴を持ち、数多くの業績を有するボックサーについて、成友は「歴史家また蔵書家としてのボックサー君」[54]と呼称している。この一文を見る限り、成友にとってのボックサーの存在価値とは、既述の研究テーマに取り組み続ける「歴史家」ならびに資料収集に尽力する「蔵書家」としての特性に求められており、成友も終生を通じて「歴史家」ならびに「蔵書家」であった点を考慮すれば、両者の関係性は歴史研究を志向し続ける学者同志という共通の属性により成立していたといえる。

このような類似性が認められる両者の初対面について、成友は、

「ボックサー氏と知合になったのはハーグの国立文書館で、文書館バイルスマ氏の紹介による。当時氏は年齢二十四五歳青年紳士と言わんより寧ろ大学生と言うべき風采をして居られた」[55]

と述懐している。この記載から成友とボックサーの初めての対面交流が行われた場所は、前節において詳述したオランダのハーグ国立文書館であり、当然のことながら、成友のヨーロッパ留学時の成果の一つにこの瞬間が相当している。ここで、留学以前における両者の知的交流の有無についても明らかにすべきであるが、「知合になった」瞬間の以前にあたる一九二六（大正一五）年の段階からボックサーの研究者としての業績が残され、その大部分が刊行の度に同氏から成友の手元へと「恵贈」されていたという点を考慮すれば、留学以前より手紙や郵便を交信の手段とした知的交流が既存であった可能性が高い。ただし、成友の留学が一九二八（昭和三）年三月〜二九（同四）年一二月、ボックサーの来日が一九三〇（同五）年以降であることから、直接の対面による交流が、成友のヨーロッパ留学期間に該当する一九二八年三月以降であることは確実であり、「その後氏は吾が陸軍への留学生として本邦に来り、麻布に寓

居せられたので、氏と自分との接触は頻繁に行われた。」(56) という回顧に集約化されているように、その後も、オランダから日本へと共有する空間を移しながらの接触が継続化された、と考えるのが妥当である。

以上において触れてきたボックサーの略歴、ならびに成友の視点に基づいたボックサー観、および両者の交流過程を、成友のヨーロッパ留学という画期に着目しながらまとめれば、三つの段階性を看取しうる。まず、第一段階に該当するヨーロッパ留学以前（一九二八［昭和三］年三月以前）においては、日欧交流史の研究者であるボックサー本人から同氏の研究成果が成友へと伝達される、といった遣り取りがあり、対面に拠ることのない関係性の既成化が認められる。つづく、第二段階はヨーロッパ留学時（一九二八［昭和三］年三月～一九二九［同四］年一二月）であり、成友とボックサーによる直接の対面が初めて果たされた時期といった理解が適切である。さらに、第三段階は、帰朝以後（一九二九［昭和四］年一二月以降）の交流であり、第二段階において形成された本人同志の直接対面による交流を踏まえた関係性が頻繁な接触へと深化し、それを基調としながら、更なる相互の学術的交流が図られた時期という位置づけとなる。

こうした理解に基づけば、成友のヨーロッパ留学は、成友の学者人生における画期に該当するのみならず、学者成友と学者ボックサーの関係性を明瞭化するうえでの看過しえない出来事であり、学問的な知識という媒介役を通じた互恵的な交流の展開に大きく寄与する役割を担い、その形成過程を段階的にとらえるうえでの分岐点としての意義を内包する経験であったといえる。

このように、学術的な価値の一つに数えられる成友のヨーロッパ留学はボックサーとの交流の深化に大きく寄与する役割を担うこととなった。ただし、この関係性は終生に亘り永続化されていたわけではなく、断絶期も含んでいる。その時期とは、第二次世界大戦中である。この期間に、日本国の敵国に該当するイギリスの軍人でもあったボックサーとの交信は必然的に途絶えることとなり、さらに、同氏自身が日本国の捕虜となったことから、両者の意志とは裏腹に接触の機会が完全に喪失する。こうした時勢的な要因により隔絶化された交流が再開するのは終戦を迎えてからであり、その時期における遣り取りの幾つかを事例として紹介するならば、一九四六（昭和二一）年時ならびに一九四八（昭和二三）年時の出来事が注目される。

まず、一九四六（昭和二一）年のケースとは、正確には同年一月一四日の出来事であり、日本軍の捕虜から解放された後、極東委員会の一員として来日したボックサーとの再会が果たされた時の交流である。具体的には、東京に滞在中のボックサーを訪問した成友に、

「日本軍が個人の蔵書にして戦争に全く関係の無い文化財を没収したのは不法である。仍って自分はその返却を求める、若し日本側で不承知ならばマッカーサー司令部に訴訟を提起すといい、支那人某が英文で書いた証拠書類一通を示した」[57]

というボックサーからの主張が突きつけられ、それに対する成友の、

「自分等は同君に向い、君は蔵書を取戻せば宜いではないか、訴訟に勝つことを主眼とするのではあるまい。先ずマッカーサー司令部の役員と同伴して某図書館に到り、果たして君の蔵書が大部分移管されているかを確かめ、それから徐に文部の大官に向って返却を要求したらよかろうと勧め、同君も納得した（中略）ボックサー君は某図書館での調査交渉が順調であったと見え、甚だ機嫌能く、三月になったら書物を英国大使館に引取るといった。小善と雖も為は為さざるに勝る」[58]

といったアドバイスによりボックサーは納得へと至ったという一連の遣り取りを指す。この問答について解説すれば、日本軍に没収された自身の蔵書の返却を法的手段により強行しようとしていたボックサーの意向に対して、蔵書の有無を確認したうえで、裁判を行わない手続きを経ることにより個人の所有物に該当する知的財産の返却を求めるやり方が望ましい、という建設的な諫言が成友から寄せられ、ボックサーはこのアドバイスに従い、結局のところ、蔵書は「帝国図書館に搬送されていた事が分かり、一部は失われていたものの、持ち主の処に戻ってきた」[59]、と収束化された経緯として纏めることができる。

このケースにおいて、我々が注視すべきは、この時のボックサーに対する、

「我々は英国陸軍少佐としてまた極東委員会の一人として、本日君を迎えたのではなく、大きな歴史家にしてまた大きな一蔵書家として君を迎えた」[60]

という姿勢である。この成友の言葉には、戦勝国の一軍人に対して敗戦国の一日本人が畏怖の念を抱きながら応接するといった態度は見受けられず、むしろ、学者同志という対等の立場を意識しながらの再会を嬉々とし、そのうえで建設的な対話を志向する姿勢が表れているといえる。また、こうした日本人学者サイドからの指南を即座に受け容れたボックサーの態度も学者としての属性に立脚したものであり、相互に信頼し合う関係性が既成化されていたからこそのスムーズな遣り取り、といった理解が適宜である。

つづいて、一九四八（昭和二三）年時の出来事について触れてゆきたい。ここでのケースは、ボックサーが離日した後の交流に関するものであり、直接の対面には相当しない遣り取りである。その内容は、

「終戦になってやれ嬉しや、と思ったが、それも糠喜で、為替レートはまだ定らず、送金は出来ず、従って書籍雑誌の註文は出来ず、出来ないづくしでいらいらするばかりである」[61]

という成友の学問的境遇に対して、

「そこで、自分は多年の知己で現在はロンドン大学の教授であるシー・アール・ボックサー氏に一書を呈し、氏の手許に集る古本目録中、用済の分を割愛してくれるよう懇請した所、氏は之を快諾し、本年になって二回に左の五点を送附せられた。第一回はニュー・ヨークのオリエンタリヤ、第二回は和蘭ハーグのナイホフ、ロンドンのケガン・ポール、アーサー・プロプスタイン、及びマッグスの目録で、孰れも本年刊行の分である」[62]

と記されるように、ボックサーの配慮により知の充足化が図られた、というものである。具体的には、通商経路の不整備により欧米諸国に流通する洋書の入手が困難であった戦後の混乱期を背景として、せめて欧米における古書の出品状況を把握しておきたいという意図のもとで、ロンドン大学教授へと転身したボックサーに対して無償による古書

目録の送付が打診され、その結果、同氏から五点の目録が提供されることとなり、成友の希望が成就したという内容である。

ここで着目されるのは、成友の「懇請」に対して、ボックサーが「快諾」という姿勢により呼応し、なおかつ、「本年刊行の分」という最新の情報が提供されている点である。この交流は、労力への金銭的な対価を相手に要求することなく、相手の学問的境遇を配慮しながら、最新であることに学術的価値が置かれる古書事情という情報が齎された経緯として理解すべきである。この出来事は、一見、単純な遣り取りのように見えるが、相手の境遇を思いやるのみならず、学問の発展をも考慮に容れたエピソードであり、お互いの学者としての信頼関係が形成されていたからこそ成立しえた知の交錯として理解すべきである。

以上のような、一九四六（昭和二一）年、一九四八（昭和二三）年における二つの事例は、戦後の混乱期といった時勢下における、互助的な遣り取りが展開されたエピソードであるが、そうした様相を成立させた要因は、先述した三つの段階的な交流に沿いながら確立化された、互いが互いを学術交流に資する価値を有する学者として認めあう関係性の展開に求められ、その場合に、キリシタン史を含む日欧交流史研究に関する学問的な知識が両者にとっての媒介役に位置していることはいうまでもない。

これまで触れてきた、幸田成友とボックサーによる学者として知識を授受しあうといった姿勢からすると、両者の協力関係は確かに認められるところである。しかし、レシプロシティーが確立していた、と明確に主張する場合には、相互の関与が認められる有形化された学術的成果を提示しなければならない。その場合に、幸田成友の訳著『日本大王国志』（東洋堂、一九四八年成立）、ならびに、ボックサーの訳著であるA True Description of the Mighty Kingdoms of Japan & Siam By Francois Caron & Joost Schouten（1935）[63]の内容にこそ目を向けるべきである。

両書は共に、徳川時代初期の日本を訪問したオランダ商館長フランソア・カロン（Francois Caron,1600-1673）の記録記事〈Beschrijvinghe van het machtigh coninckrijek Iapan, gestalt door Francoys Caron, directeur des compaignies negotie aldaer, ende met eenige aenteekeningen vermeerdert door Hendrik Hagenaer.〈1645〉[64]の翻訳を主としながら、成友・ボックサーそれぞれの解説を補足したものであり、日本語と英語と言語は違えども、形態としての同一性が認められるのみならず、内容面において、成友・ボックサーそれぞれからの指摘や資料提供により補完しあっているといった共通項がある。

その形跡について、まずは成立年の早いボックサーの訳著から幾つかの事例を紹介すれば、一つとして、

I am further indebted to Professors S. Koda and T. Itazawa for guiding my footsteps through the bewildering sea of Japanese historical works[65]

といった序文の記載が挙げられる。これは、謝辞の文面であるが、カロンの観察記録という日欧交流を描写した歴史的資料の紹介を通じた日本研究の進展化に大きく寄与した日本人の研究者として、板沢武雄（T. Itazawa）とともに幸田成友（S. Koda）の名が記されており、同書の成立に成友の果たした役割の大きさを証している。いま一つ、内容面についても見てゆけば、例えば、次のような記載がある。

Still, with all its misprints and imperfections, this list remains of great value and importance, and Professor Koda, who has made a profound study of it, assures me that it forms one of the most valuable sources for the study of the Daimyo and their revenues circa 1639[66]

これは、カロンが記録した、徳川時代の各領主の領地名・居城名・収入石高の目録（list）に関してボックサーが註解として補記した部分であり、約一六三九年頃の日本における大名や石高の研究を進展させるうえでの資料的価値が幸田成友から事前に指摘されていたことがわかる。

このように、ボックサーの残した有形の仕事の中に幸田成友の知見が活字を通じて明記され、なおかつ、格別の扱いとして謝辞が伝えられているということは、ボックサーが幸田から学術的恩恵を受けていることを証しているが、果たして、幸田成友の訳著『日本大王国志』についてはどうだろうか。

「巻頭に載せたカロンの生涯・附録二篇・及び本文随所に施した註解は、友人シー・アール・ボックサー氏がマンリーの英訳複（ママ）刻本に追加せられた記事に拠るものが多い。自分は本書印刷の件愈々決定するに及び、一書を裁してその旨を同氏に通じ、之が承諾を請いしに、同氏は折返して、「君の好むまゝに翻訳摘録したまえ、当方毫も異議無し」と答へられた。自分は氏の好意に感激し、思わず老眼に涙ぐんだ」[67]と同書の序に記された幸田の告白は、同書の成立を組成する要素の一つにボックサーの訳著の内容が大きく関与していることを明示しているのみならず、ボックサー自身も幸田の仕事に好意的な理解を寄せていた、という事実を我々に伝えてくれる。こうした序に刻まれた謝辞の他にも、非常に興味深い記載がある。それは、

「原本・三訳本・一二の蘭語辞典を左右にして、一心不乱、日夜翻訳に没頭するもの数旬、辛うじて一応脱稿した。自分が霧積に携えた原本は、ハーヘナールの旅行記その他の六篇と共に、イザーク・コンメリン編輯の「和蘭東印度会社の起源及び進歩」の下巻から引抜いた本で、ボックサー氏が日本留学を終えて帰国せられるに当り、記念として自分に贈られたものだ」[68]

と、翻訳化に際して、成友が向き合った資料そのものについての回顧された部分である。この文言は、一六四五年にアムステルダムにて刊行されたアイザック・コンメリン（Isaac Commelin,1598-1676）の編纂書『和蘭東印度会社の起源及び進歩　第二巻』[69]に所収されていた、ヘンドリック・ハーヘナール（Hendrick Hagenaer, 生没年不詳）の補注を附したフランソア・カロン（Francois Caron,1600-1673）の記録、すなわち、幸田の訳によれば『強き王国日本の記事、同所に交易せる会社の支配人フランソア・カロン著、ヘンドリック・ハーヘナール補註』[70]の部分を抜粋したものをボックサーから贈られ、それを原本としながら翻訳作業が進められた、という事実の公表である。この記載と、先述の序の内容の双方を踏まえれば、幸田の訳著『日本大王国志』は、ボックサーから原本に該当する資料の提供と、同じくボックサーの発した見解や指摘の享受に基づいて成立した労作であり、換言すれば、両者の知が融合した有形の学術的成果とみなすことができる。

以上にみてきた両書の内容からすれば、ボックサーの訳著には幸田の、幸田の訳著にはボックサーの知がそれぞれ含有されていることは明白であり、こうした特徴を持つ有形の書物の刊行にこそ、両者によるレシプロシティーの確立を見ることができる。その場合に、この成果へと両者を誘導したのは、これまで紹介してきた交流に関するエピソードにより構築された相互の信頼関係そのものであることは言うまでもないだろう。

おわりに

最後に、幸田成友ならびにボックサー両者の国際交流に基づいた成果に内在するレシプロシティーの特徴を簡潔に纏めておわりとしたい。その場合に、成友のヨーロッパ留学の意義ならびに、イギリス人歴史学者ボックサーとの関係性を念頭に置かなければならない。

まず、成友にとってのヨーロッパ留学（一九二八［昭和三］年三月〜一九二九［同四］年一二月）の意義とは、一つとして、古文書や書籍といった様々な情報資源に接触する機会が得られたことであり、いま一つはそれを通じて自身の学識が増幅化したことである。さらには、帰朝後のキリシタン史研究を中心とする日欧交流史研究の進展化が準備されたということも加えられる。これらは、活字媒体を通じた研究成果の発信へと波及していることから、ヨーロッパ留学は成友の学者人生における発展性を促進した画期的な出来事として位置づけられる。

続いて、ボックサーとの関係性を簡潔に明瞭化すれば、両者の交流はキリシタン史などの日欧交流史を専門とする歴史研究を志向し続けた学者という共通の属性に基づきながらの国際的な学術交流として展開されており、ヨーロッパ留学以前・留学中・帰朝後といった段階に基づきながら信頼関係が構築され、その過程の中でも、とくに、ヨーロッパ留学における対面が「後の頻繁な接触」を喚起することとなった、という理解となる。

このように纏められる、成友とヨーロッパ留学・成友とボックサー、それぞれの位置づけを念頭に置きながら、本

『日本大王國志』

論の重要課題に位置するレシプロシティーとの関わりにおいて総括化するならば、ヨーロッパ留学という出来事によりボックサーとの互助的な関係性がより一層と深化し、その影響下に歴史研究に関する知的財産が両者に蓄積され、ひいては、相互の知が融合化され、なおかつ有形化された『日本大王国志』（幸田成友）ならびにA True Description of the Mighty Kingdoms of Japan & Siam By Francois Caron & Joost Schouten（ボックサー）の成立にこそ両者のレシプロシティーが確立化された姿をみることができる、という理解となる。さらにいえば、両者が世に送り出したこれらの学術的成果は、彼らの学者としての価値を高める役割を少なからず担うこととなり[71]、その学恩を自由に享受しうる環境に置かれている現在の我々は、成友とボックサーのレシプロシティーと常に向き合える状況にある。

［用語説明］

「リース（Ludgwig Riess, 1861-1928）」
　ドイツの歴史家。お雇い外国人として一八八七年に日本に招かれ、帝国大学文科大学にて教鞭をとる。世界史講義などの授業を行っていた。

「幸田露伴（一八六七－一九四七）」
　明治初期から昭和期に活躍した、日本の作家。本名は成行。理想主義的な作風で尾崎紅葉とともに一世を風靡した。代表作に『五重塔』がある。

「キリシタン版」
　イエズス会が金属活字により印刷した出版物であり、徳川時代の日本において残存がみられるが、『平家物語』（ローマ字）や『伊曾保物語』（ローマ字）などがある。

「オランダ商館」

徳川時代にオランダ東インド会社が設置した商館。一六〇九年に平戸に開設された後、一六四一年に長崎出島へ移転し、そのまま幕末を迎える。長崎貿易に尽力するのと同時に、日欧の文化交流ルートの一つとしての役割もあった。

「極東委員会」

連合国の日本占領政策最高決議機関としてワシントンに設置された(一九四六―一九五二)。米国・英国・フランス・ソ連・中国を中心に一一カ国により構成される。

［註］
(1) 幸田成友「凡人の半生」『幸田成友著作集』第七巻、中央公論社、一九七二年、九~九九頁。同論説は一九四八(昭和二三)年に共立書房より単著として刊行されている。なお、本稿で使用する成友の成果については、幸田成友著『幸田成友著作集』第一巻~第七巻・別巻、中央公論社、一九七一―一九七二・一九七四年からの引用に基づくものとする(以下、成友の論説の引用については、幸田成友「論説名」『集』第~巻、~頁と略記する)。ただし、論説の発表時についての時系列的な理解が重要であることから、諸論説の初出時における発表媒体ならびに発表時期を脚注において補記する。
(2) 幸田成友を主題とした研究は幾つか散見されるものの、本格的な体系的研究は皆無である。
(3) 太田臨一郎「幸田成友著作目録」『幸田成友著作集』別巻、中央公論社、一九七四年、四〇五~四五四頁。
(4) なお、幸田家の三男は夭折していることから、戸籍上は四男である〈西垣晴次「幸田成友」今谷明・大濱徹也・尾形勇・樺山紘一編著『20世紀の歴史家たち(1) 日本編』上巻、刀水書房、一九九七年、八三頁〉。
(5) 少年から青年期にかけて感銘を受けた本として、成友は「小生十六七歳の頃感銘を受けた本は、スマイルズのセルフヘルプ(中村敬宇先生訳西国立志編)に有之候。但し今日の青少年が果して本書に興味を感じ得るや否や」という見解を一九四〇(昭和一五)年段階で残している〈太田臨一郎「幸田成友著作目録」『幸田成友著作集』別巻、中央公論社、一九七四年、四三九頁〉。
(6) Mackenzie. Robert (1880), The Nineteenth Century : A History, Edinburgh and New York: T. Nelson and sons.
(7) 幸田成友訳『十九世紀史』博文館、一八九六年。
(8) 幸田成友著『歴山大王』(博文館、一九〇〇年)は世界歴史譚の第十七編に該当する。なお、同書の「序」における幸田の記述、「余は今少年諸子の為に大王の伝を語らんとするに当り、主として故伯林大学史学教授ヨハン・グスターフ・ドロイゼンの歴山大王伝に拠り、力めて着実の筆法を用い、功過併せ記して憚る所なし」（同書、二頁）はドロイゼン（Johann Gustav Droysen, 1808-1884）の歴史研究法と幸田のそれとの関連性についての分析を試みるに際し、興味深い。

（9）幸田成友『熊澤蕃山』（博文館、一九〇一年）は少年読本の第三五編に該当する。同書刊行の経緯について、成友は「私共は学校で三上参次先生から題を戴いて、論文を書いたものですが、私はその時熊沢蕃山のことを調べました。そうしてその材料を土台に致しまして、博文館から少年読本の一つとして『熊沢蕃山』という一冊を出版した」（幸田成友「井上通泰先生」『集』第七巻、二二九頁）と回顧している。なお、同論説は『国史回顧会紀要』第四六号（国史回顧会、一九四三年）における井上顧問追悼会記事に収められたものであり、後日、タイトルを付されて『凡人の半生』に収録されている。

（10）成友は嘱託として一九一四（大正三）年頃までは大阪市史調製事務を兼務しており、編纂事業との関わりが完全に途絶したわけではない。

（11）井奥成彦「幸田成友」慶応義塾史事典編集委員会編『慶応義塾史事典』慶応義塾、二〇〇八年、六六一～六六二頁。

（12）幸田成友の学位論文「武家金融に関する研究」についてのエピソードとして、吉田小五郎氏は「先生はかつてこれ（筆者注：『大阪市史』）を大学に博士論文として提出した。しかるにこの市史には大阪市参事会編とあって幸田成友著とはない。その理由によってそれは却下されたという。それで先生は終生自ら学位を請求されなかった。しかるに先生が後年五三歳にして学生時代からの夢であったオランダ留学が実現した。その先生の不在中、慶応での弟子どもが相謀り、『日本経済史の研究』を博士論文として義塾に提出し、博士になっていただいたのである」〈吉田小五郎「幸田先生のこと」幸田成友訳著『東洋文庫90　日本大王国志』平凡社、一九六七年、三〇八～三〇九頁〉と記している。

（13）太田臨一郎氏の整理〈太田臨一郎「幸田成友著作目録」『幸田成友著作集』別巻、中央公論社、一九七四年、四〇五～四五四頁〉によれば、慶應義塾大学における職務の他に、一九一四（大正三）年～二七（昭和二）年の間には日本図書館協会評議員を務め、また、一九一八（大正七）年～二二（大正一一）年の間には、宮内省臨時帝室編修官として『明治天皇紀』の編纂事業に参加し、さらに、一九二二（大正一一）年～三九（昭和一四年）年の間には東京商科大学の助教授・教授職を歴任する等、多彩な要職を兼務している。

（14）幸田成友「凡人の半生」『集』第七巻、七〇頁。

（15）リースの教師としての来日は一八八七（明治二〇）年である〈金井円『お雇い外国人⑰人文科学』（鹿島出版会、一九七六年）、一三四頁〉。ランケ→リース→幸田成友という学問的系譜の指摘は常々に見かけられるものであるが、ランケとリースの関係性や、日本の史学研究に関するリースの影響、成友にとってのランケならびにリース、といった点についてはさらなる検討を通じたうえでの真相の究明が要望される。

（16）増田四郎著「幸田成友」永原慶二・鹿野政直編著『日本の歴史家』日本評論社、一九七六年、一九五頁。

（17）幸田成友「凡人の半生」『集』七巻、九二頁。また、成友は「史学科においてはリース先生の史学演習が学生自身の研究を主としたもので、現在各大学で行われるセミナリーの濫觴と称すべきであらう」(同書、七七頁)とも述懐している。なお、引用における「メリウェザーの書いた論文」とは、C. Meriwether (1893), A Sketch of The Life of Date Masamune and an Account of His Embassy to Rome, Transactions of The Asiatic Society of Japan, vol. XXI, pp.3–105を指しており、掲載誌名は『日本アジア協会紀要』とも呼称されている。

(18) 太田臨一郎「幸田成友」国史大辞典編集委員会編『国史大辞典』第五巻、吉川弘文館、一九八四年、四三六頁。「原典にかえれ」というフレーズは、「歴史家は須らく原本に還れ」(幸田成友「嘘か実か」『集』七巻、四八四頁)とも表記されているケースがある。なお、同論説は『苦楽』第二巻四号(苦楽社、一九四七年)に所収されている。

(19) 林基「三田の国史学と幸田成友」『史学』第六〇巻二・三号、三田史学会、一九九一年、二七頁。なお、「田中さん」は慶應義塾大学において成友の同僚であった田中萃一郎(一八七三–一九二三)を指しており、同氏の史学研究者としての位置づけは佐藤正幸氏の成果〈佐藤正幸「歴史学家としての田中萃一郎」『歴史認識の時空』知泉書館、二〇〇四年、三四八～三七二頁〉に極めて詳しい。

(20) 増田四郎「幸田成友」永原慶二・鹿野政直編著『日本の歴史家』日本評論社、一九七六年、一九五頁。

(21) 増田四郎「幸田成友」永原慶二・鹿野政直編著『日本の歴史家』日本評論社、一九七六年、一九六頁。

(22) 吉田小五郎「幸田先生のこと」幸田成友訳著『東洋文庫90　日本大王国志』平凡社、一九六七年、三〇八頁。

(23) 橋本増吉著「幸田成友博士の思い出」『社会経済史学』第二〇巻三号、社会経済史学会、一九五四年、九三頁。『大阪市史』編纂事業との関わりについて、成友自身は晩年近くに「『市史』編纂事業が、端緒となって、自分の後半生の研究題目を示唆誘導し、先づ江戸時代の日本経済史、次に日欧通交史の研究に自分を没頭せしめたのである」〈幸田成友「姉と妹と自分」『集』第七巻、一二〇～一二一頁〉と述べている。なお、同論説は『千代田』第七号(千代田銀行親交会、一九五一年)に所収されている。

(24) なお、成友が『大阪市史』編纂事業に関与していた時期からすれば、後年になるが、一九二三(大正一二)年から七代目の大阪市長に就任した関一(一八七三–一九三五)は成友の学友である。こうした経緯を考慮すれば、両者の知的交流についての分析を試みることにより、成友の作業と大阪市の発展の関係性が浮き彫りになる可能性がある。なお、一九二五(大正一四)年に開催された大阪文化史講演会における講演を纏めた成果〈大阪毎日新聞社編『大阪文化史』大阪毎日新聞社・東京日日新聞社、一九二五年〉に、幸田成友の二つの講演「維新前の大阪市制」・「日本経済史上の大阪」のみならず、関一による「大阪の現在及将来」も所収されている点は、壮年期における両者の交流を示唆しているといえる。

(25) 土屋喬雄「社会経済史」『研究評論　歴史教育』第七巻九号〈臨時増刊号―明治以後に於ける歴史学の発達―〉歴史教育研究会、一九三二年、六四～六五頁。

(26) 関栄吉「「日本経済史研究―幸田成友氏の近業」『一橋新聞』第八四号、一橋新聞部、一九二九年一月一日、六面。なお、『江戸と大阪』については、「幸田博士の日本経済史研究が徳川時代の研究家特にその経済史研究家に与える貢献は実に大なるものがあると思う（中略）日本経済史の上から徳川時代の江戸と大阪を比較し、両市間の関係を研究したものであって、町人の都である大阪と、武士の都である江戸との比較研究に於ては、この両市に関する造詣の深い博士をおいて到底他人の企て及ばない所である」〈今宮新「江戸と大阪（幸田成友著冨山房発行）」『史学』第一四巻一号、三田史学会、一九三五年、一七三頁～一七四頁〉と評されている。

(27) 増田四郎「幸田成友」永原慶二・鹿野政直編著『日本の歴史家』日本評論社、一九七六年、一九八頁。

(28) 海老沢有道「幸田成友」日本キリスト教歴史大事典編集委員会編『日本キリスト教歴史大事典』教文館、一九八八年、五〇三～五〇四頁。

(29) 宮崎賢太郎による「昭和14年2月5日、東京と長崎で柳谷武夫、片山弥吉を中心としてキリシタン文化研究所が発足した。姉崎正治、村上直次郎の協賛を得、新村出、幸田成友、太田正雄、土井忠生を初め、内外のキリシタン研究者及び同好者を網羅した会であった。同会は『キリシタン研究』第3輯まで刊行したが、太平洋戦争によって中断し、昭和22年キリシタン文化研究会と改称して再出発した」〈宮崎賢太郎「最近のキリシタン研究動向」『東京大学宗教学年報』第Ⅱ号、東京大学文学部宗教学研究室、一九八五年、八七頁〉といった整理から、キリシタン史研究の代表的研究者の一人として幸田成友が認識されていたことが窺われる。

(30) 太田臨一郎「幸田成友著作集の編纂」『三田評論』第七一〇号、慶應義塾、一九七一年、五六頁。

(31) 日本経済史の分野における成友の主著を再出も含めて以下に列記しておく。①『日本経済史研究』大岡山書店、一九二八年。②『江戸と大阪』冨山房、一九三四年。なお、この分野における幸田成友の位置を考えた場合、「『大阪市史』の場合には、本文（筆者注：通史編二冊）は幸田成友が一人で全部を書いたとされている」〈堀田暁生「大阪市の修史事業」大阪市史編纂所・大阪市史料調査会編『大阪市史編集の100年』創元社、二〇〇二年、三九頁〉点を考慮すれば、『大阪市史』も代表的成果の一つに位置させるべきであろう。

(32) 日欧交流史の分野における成友の主著を再出も含めて以下に列記しておく。①『和蘭夜話』同文館、一九三一年。②『和蘭雑話』第一書房、一九三四年。③『史話東と西』中央公論社、一九四〇年。④『日欧通交史』岩波書店、一九四二年。⑤『史話南と北』慶應出版社、一九四八年。また、この研究領域における重要な訳著として、⑥『日本大王国志』東洋堂、一九四八年がある。

(33) 書誌学の分野における成友の主著を以下に列記しておく。①『番傘・風呂敷・書物』書物展望社、一九三九年。②『書誌学　1』慶應義塾大学通信学部　慶應通信教材、一九四八年。③『書誌学　2』慶應義塾大学通信学部　慶應通信教材、一九四九年。②と③の詳細については、「A5判六十一頁の第一分冊は昭和二十三年十一月三十日発行され、六十七頁より百五十一頁にいたる第二分冊は、昭和二十四年十月十五日に発行された」（太田臨一郎「編集後記」『幸田成友著作集』第六巻、五三一頁）と指摘されている。なお、②と③を合本としたものが、その後に『書誌学』というタイトルで教材化されている点を補足しておきたい。

(34) なお、幸田成友が収集した膨大な蔵書は、慶應義塾大学図書館ならびに一橋大学付属図書館に託されており、前者には、「8500冊(和装本4000冊、洋装本2000冊、洋書800冊、地図260部)」〈慶応義塾大学三田情報センター編『慶応義塾図書館史』非売品、一九七二年、二二八〜二二九頁〉、後者には、「和書163点850冊、洋書12点13冊」〈高橋菜奈子「幸田成友の経済史研究とその史料―一橋大学附属図書館所蔵幸田文庫を中心に―」『経済資料研究』第三三号、経済資料協議会、二〇〇三年、二九頁〉が収められている。

(35) 辻直人氏による「近代日本において留学生を派遣することの大きな目的は、高等教育機関における教員を養成することであった。文部省は明治八年に制定された貸費留学生規則に基づいて留学生を派遣して以来、何度かの法令的変化を経つつ毎年度昭和一五年まで官費留学生を派遣し続けた」〈辻直人「明治30年代の文部省留学生選抜と東京帝国大学」『東京大学大学院教育学研究科紀要』第四〇号、東京大学大学院教育学研究科、二〇〇一年、二七頁〉という指摘によれば、成友の留学はこのシステムを利用したものであると考えられる。

(36) 幸田成友『和蘭夜話』同文館、一九三一年、一〜二頁。本引用は一九三〇(昭和五)年十一月の時点で脱稿化されている。なお、この引用における「一昨年の春」とは、一九二八(昭和三)年三月を意味している。また、同様の見解を示した回顧として、「やがて留学の命は下った。留学先は和蘭、期限は一ヶ年半とある。昭和三年三月数え歳五十六歳の自分は人一倍怡喜踴躍して和蘭のデン・ハーグに向った。之は同市の国立文書館にある日本関係の古文書類を閲読し、多少なりとも日本側の史料を補充したいと兼々心掛けて居ったからです」〈幸田成友「姉と妹と自分」『集』七巻、二二二頁。同論説は『千代田』第七号(千代田銀行親交会、一九五一年)に所収されている〉というものもある。

(37) 幸田成友『和蘭夜話』同文館、一九三一年、二頁。なお、本引用は一九三〇(昭和五)年十一月の時点で脱稿化されている。

(38) 幸田成友「欧州の図書館と古本屋」『集』第六巻、二七九頁。同論説は『訪書会穠誌』第一輯(訪書会、一九三七年)に所収されている。

(39) 幸田成友「欧州一覧」『集』第七巻、一七七頁。同論説は『旅と伝説』第七巻三号(三元社、一九三四年)に所収されている。

(40) 幸田成友「西洋古本屋覗き」『和蘭夜話』(同文館、一九三一年)、一〇八頁。同論説は『書物と装釘』第三号(装釘同好会、一九三〇年)に所収されている。

(41) 幸田成友「欧州一覧」『集』第七巻、一七八〜一七九頁。同論説は『旅と伝説』第七巻三号(三元社、一九三四年)に所収されている。

(42) 板沢武雄(一八九五―一九六二)は成友同様に日蘭関係史の研究を進展させた研究者であり、代表的な成果として『日蘭文化交渉史の研究』(吉川弘文館、一九五九年)が挙げられる。

(43) 村上直次郎(一八六八―一九六六)は、帝国大学文科大学史学科における成友の同級生である。日本関係の欧文資料の収集などに尽力した点においては、成友と同様に日欧交流史の専門家として位置づけられる。その業績として、『耶蘇会士日本通信』や『長崎オランダ商館の日記』の編訳作業は特筆に値する。なお、成友との同道が認められるヨーロッパ訪問以前に、村上は一八九九年から三年間にわたって「南洋語学及び同地理歴史学研究」のためにスペイン・イタリア・オランダ留学を命ぜられている〈土肥恒之『西洋史学の先駆者たち』中央公論社、二〇一二年、二〇頁〉。

(44)「ハーゲンベックの動物演技」とは、ドイツの動物商人カール・ハーゲンベック（Carl Hagenbeck,1844-1913）が創設したサーカス団による公演を指していると考えられる。なお、ハーゲンベックサーカス団は一九三三（昭和八）年三月～九月の間に来日公演を行っており、成友による「去年芝浦で興業して」という文言が論説「欧州一覧」〈『旅と伝説』第七巻三号、三元社、一九三四年〉に記されている点を考慮すれば、同団の来日公演と成友のコメントは時系列としての整合性がある。

(45) 幸田成友「欧州一覧」『集』第七巻、一七七頁。同論説は『旅と伝説』第七巻三号（三元社、一九三四年）に所収されている。

(46) 幸田成友『和蘭夜話』同文館、一九三一年、九三～一〇七頁および一〇八～一三四頁。

(47) 成友はフィレンツェを「フローレンス」と記している。

(48) 留学中にヨーロッパ諸国の諸機関を実際に訪問したからこその指摘として、成友は「スペイン、ポルトガル、ローマ、等の日本関係の文書を見たが、欧州人の日本語に関する知識も低く、日本語の文書が支那語の部にあったりして散逸の恐れが多いから早く適当の処置があってほしい」〈豊田武「和蘭国立文書館に就いて　幸田成友君」『史学雑誌』第四一編第七号（史学会、一九三〇年）、八七頁〉といった建設的な批判を残している。

(49) 幸田成友『和蘭夜話』（同文館、一九三一年）の「緒言」部（頁番号は未記載）。

(50) 折田洋晴「日本関係洋古書の我が国での受容について」『参考書誌研究』第六八号、国立国会図書館主題情報部、二〇〇八年、四～五頁。なお、**Bibliotheca Boxeriana** とは **C. R. Boxer**（1937）, **Bibliotheca Boxeriana: Being a Short Title Catalogue of the Books and Manuscripts in the Library of Captain 1937** の略称である。

(51) 幸田成友「シー・アール・ボックサー氏に再会す」『集』第七巻、二九五頁。同論説は『芸林間歩』第一巻一号（蜂書房、一九四六年）に所収されている。

(52) 幸田成友「シー・アール・ボックサー氏に再会す」『集』第七巻、二九六頁。同論説は『芸林間歩』第一巻一号（蜂書房、一九四六年）に所収されている。

(53) 幸田成友「シー・アール・ボックサー氏に再会す」『集』第七巻、二九七頁。同論説は『芸林間歩』第一巻一号（蜂書房、一九四六年）に所収されている。

(54) 幸田成友「シー・アール・ボックサー氏に再会す」『集』第七巻、二九六頁。同論説は『芸林間歩』第一巻一号（蜂書房、一九四六年）に所収されている。なお、ボックサー自身が幸田成友の「弟子」〈太田臨一郎「解説」『日本書誌学大系7　書誌学の話』（青裳堂書店、一九七九年）、三二〇頁〉と自認していた形跡もある。

(55) 幸田成友「知己の外人作家五名」『集』第四巻、四九一頁。同論説は『学鐙』第四七巻一二号（丸善、一九四三年）に所収されている。なお、バイルスマ氏はオランダ国立文書館部長である〈幸田成友「シー・アール・ボックサー氏に再会す」『集』第七巻、二九四頁。同論説は『芸林間歩』第一巻一号（蜂書房、一九四六年）に所収されている〉。

(56) 幸田成友「知己の外人作家五名」『集』第四巻、四九一頁。同論説は『学鐙』第四七巻一二号（丸善、一九四三年）に所収されている。なお、成友は「日本史及び日本研究をしている外国人と懇意にしており、特にイギリス人ボックサーとは昵懇の間柄であった」〈土肥恒之『西洋史学の先駆者たち』中央公論社、二〇一二年、二六頁〉という土肥恒之氏による指摘もある。

(57) 幸田成友「シー・アール・ボックサー氏に再会す」『集』第七巻、二九八頁。同論説は『芸林間歩』第一巻一号（蜂書房、一九四六年）に所収されている。

(58) 幸田成友「シー・アール・ボックサー氏に再会す」『集』第七巻、二九八～二九九頁。同論説は『芸林間歩』第一巻一号（蜂書房、一九四六年）に所収されている。

(59) 中砂明徳「Dauril Alden 著 Charles R.Boxer:An Uncommon Life」『東洋史研究』第六一巻四号、東洋史研究会、二〇〇三年、一七二頁。ボックサー蔵書の返却について同氏は「松本剛『略奪した文化　戦争と図書』もこの話に言及している」（同論文、七五六頁）という紹介も行っている。同氏と同様の見解として、Dauril Alden 氏は「Ultimately Charles successfully traced it to a library and museum in Ueno. Except for a few missing volumes, most of his collection of over a thousand mostly rare items was still crated his name on the boxes. By 1947 his library had been retruned to him in Grate Britain.」〈Dauril Alden（2000）, An Ending affair Charle R. Boxers Fascination with Japan, Bulletin of Portuguse - Japanese Studies, Vol.1, Poltugal: Universidade Nova de Lisboa, pp154〉と詳述している。なお、Dauril Alden 氏は、成友の論説「シー・アール・ボックサー氏に再会す」の抄訳を同論文に掲載していることを補記しておきたい。

(60) 幸田成友「シー・アール・ボックサー氏に再会す」『集』第七巻、二九四頁。同論説は『芸林間歩』第一巻一号（蜂書房、一九四六年）に所収されている。ここでいうところの「我々」とは、成友の他に、石田幹之助（一八九一－一九七四）（東洋文庫職員）ならびに神田（東京の書肆一誠堂の主人を指している。なお、石田幹之助については『石田幹之助著作集』全四巻（六興出版、一九八五－八六年）が刊行されている。

(61) 幸田成友「欧州最近の出版界読書界―古本の値段」『集』第六巻、三六八頁。同論説は『読書展望』第三巻九号（読書展望社、一九四八年）

に所収されている。成友は戦時中の研究環境について、「我等のように多少は兎に角、外国が書籍雑誌を取寄せて研究の資料とするものは、大戦の開始によって水の手を絶たれた籠城者と同じ運命に置かれた。昭和十七年春までは細々ながら輸入の道筋もあったが、春以後は全然杜絶した」〈同論文、同頁〉とも回顧している。

(62) 幸田成友「欧州最近の出版界読書界―古本の値段」『集』第六巻、三六八～三六九頁。同論説は『読書展望』第三巻九号（読書展望社、一九四八年）に所収されている。なお、洋書の意義についての成友の考えは「日本の史料に無い事実、また日本の史料を補うに足る事実も多少あるように存じます。広く「知識を世界に求め」で、日本のことを調べるにも、時と場合とによっては西洋の本まで見る必要があるということを御了解下さるれば幸であります」〈幸田成友「西洋の古い資料に見えた大阪」『集』第四巻、四〇九頁。同論説は『社会経済史学』第六巻九号（社会経済史学会、一九三六年）に所収されている〉というものであった。

(63) Charls Ralph Boxer（1935）, A True Description of the Mighty Kingdoms of Japan & Siam By Francois Caron & Joost Schouten, Reprinted from the English Edition of 1663 with Introduction, Notes and Appendixes, London: The Argonaut Press. なお、ボックサーの訳著はロジャー・マンリー（Roger Manley, 1626?-1688）の英訳版 Roger, Manley（1663）, A True Description of the Mighty Kingdoms of Japan & Siam, London: Samuel Broun & John de l'Ecluse. にボックサーの解説を付した英訳版である。

(64) 永積洋子「カロン日本大王国志」加藤友康・由井正臣編『日本史文献解題辞典』吉川弘文館、二〇〇〇年、一七〇～一七一頁）。カロンの記録は、観察当時の日本の様相を立体化させるうえでの重要資料に該当するのと同時に、数多くの言語に翻訳化され、広汎に及び流布していたことから、ヨーロッパにおける日本の受容のされ方の変遷をたどるうえでも看過しえない資料である。その点については、島田孝右氏の「モンテスキューが『法の精神』を著すにあたって、ケンペルの『日本誌』（一七二七）と『東インド会社旅行記集』を利用したことは、脚注からも明らかである。その他のソースとして、カロンの『日本大王国志』のオランダ語版が利用された可能性がある」〈島田孝右「モンテスキュー著『法の精神』と日本」『専修商学論集』第八四号（専修大学学会、二〇〇七年）一九〇頁〉とした分析視角が参考となる。

(65) Charls Ralph Boxer（1935）, A True Description of the Mighty Kingdoms of Japan & Siam By Francois Caron & Joost Schouten, Reprinted from the English Edition of 1663 with Introduction, Notes and Appendixes, London: The Argonaut Press, pp.viii.

(66) Charls Ralph Boxer（1935）, A True Description of the Mighty Kingdoms of Japan & Siam By Francois Caron & Joost Schouten, Reprinted from the English Edition of 1663 with Introduction, Notes and Appendixes, London: The Argonaut Press, pp 118.

(67) 幸田成友訳著『日本大王国志』東洋堂、一九四八年、一頁。

(68) 幸田成友訳著『日本大王国志』東洋堂、一九四八年、三六一～三六二頁。先に紹介した折田洋晴研究によれば、原本が幸田成友の手に渡ったのは、一九三三（昭和八）年である、と推定される。

（69）幸田成友訳著『日本大王国志』東洋堂、一九四八年、九四頁。なおコンメリンの書はIsaac Commelin（1645），Begin ende voortgangh van de Vereenighde Nederlantsche Geoctroyeerde Oost-Indische Compagnie, Amsterdam. をさす。

（70）幸田成友訳著『日本大王国志』（東洋堂、一九四八年）、九四頁。Beschrijvinghe van het machtigh coninckrijek Iapan, gestalt door Francoys Caron, directeur des compaignies negotie aldaer, ende met eenige aenteekeningen vermeerdert door Hendrik Hagenaer. を指している（出版元・刊行年不明）。

（71）幸田成友は『国史大辞典』・『日本キリスト教歴史大事典』にて項目化される一級の実証史学の碩学として、ボックサーはキリシタン史研究の泰斗として認められている。日本の研究者サイドから発せられたボックサーについての評価として、宮崎賢太郎氏は、キリシタン研究の第一人者姉崎正治（一八七三－一九四九）による『切支丹伝道の興廃』と比肩しうる業績として、「これに匹敵するのはボクサー（C. R. Boxer）の「The Christian Century in Japan」1951、位のものであろう」〈宮崎賢太郎「最近のキリシタン研究の動向」『東京大学宗教学年報』第Ⅱ号、東京大学文学部宗教学研究室、一九八五年、八六頁〉と指摘している。なお、Charls Ralph Boxer（1951），The Christian Century in Japan, 1549-1650, California: University of California Press Berkeley and Los Angeles, London: Cambridge University Press. は、戦後に刊行された研究書であり、同書のPreface（ppvii）にはKodaの名が、Bibliography（pp515）には幸田成友著『和蘭雑話』（同文館、一九三一年）ならびに『和蘭夜話』（第一書房、一九三四年）が紹介されている。

第12章

近代経済学を構築した「京都学派」とその国際性

西　淳

はじめに

ここでいう「京都学派」とは、高田保馬から柴田敬、青山秀夫、そして森嶋通夫にいたる高田保馬が育てた近代経済学者によって構成される〝経済学における〟学問的集団を意味する。(1) もちろん他にも含まれ得る人物がいるかもしれないが、本稿において問題とするのは戦前から戦後にかけて活躍したこの四人である。

彼らが日本の近代経済学、とりわけ一般均衡論の発展史のなかで重要な役割を果たしてきたことは論をまたない。高田が日本に導入した一般均衡論を、柴田、青山、森嶋はそれぞれ独自の視点から発展させていった。このような集団が一般均衡論研究における「京都学派」とでも呼ぶべき偉大な、そして大きな人脈を形成してきたのである。

彼らはメイド・イン・ジャパンの経済学の構築を目指した。だが独自なものといっても、それはあくまで欧米の経済学との徹底した学問的対話によって獲得し得るものであったことはいうまでもない。とりわけ経済学においては、方法論的個人主義をその基底にすえる考え方を欧米より輸入しなければならなかった。

彼らが残した成果のなかには、実際に国際的に評価されたものもあるし、そこまではいかなかった［充分それに値すると考えられるにもかかわらず、さまざまな理由によって認知されなかった］ものもある。しかし、以下にみるように、京都学派の国際性とは、独自の研究成果の輸出によって示されるといえる。それはまさに、日本と世界の学問的「国際交流」ということができよう。

日本の経済学は、現在において「も」、輸入学の枠から抜け出ることができていない、としばしばいわれる。その見解の当否を判断することは筆者の能力をはるかに超えているが、少なくとも経済学の導入期においてすでに日本に固有の経済学的伝統が育まれていたのであり、また日本に固有なものが生み出されていたのであり、またそのための血のにじむような努力がおこなわれていたことは以下で述べるように明らかである。よって少なくとも、「も」の部分に関しては否定されることができると思われる。経済学自虐史観に陥ることなく、我々はこのことにもっと止目すべきであろう。

本稿においては、このような「京都学派」の経済学がどのような外国の経済学との学問的対話によって成立し得、またその内容はどのようなものであったかを考える。それによって、独自の学問形成による国際交流に尽力していた人々が戦前・戦中の日本にもいたことが明らかになるであろう。

なお本書のキーワードである「国際交流」とは、外国への留学体験や実際の外国の学者との生身の人的交流を指すのが通例である。しかし本稿においてはそのようなことは扱わず、あくまで彼らがどのような外国の経済学の議論から学びそれを発展させていったかに議論を集中させることとする。もちろん生身の人的交流も重要であるが、国際的な研究成果の交流もそれにおとらず重要な「国際交流」であると考えられるのであり、本稿においてはそのような観点から、彼らの学問の国際性をみる。

1　京都学派の創始者としての高田保馬

（1）高田と一般均衡論

高田保馬（一八八三－一九七二）は、京都帝大では社会学者として出発し、社会学の業績は当然のことながら多い。しかし以下では、彼の経済学における業績について述べる。

高田は一九一二（大正元）年という、日本のワルラス研究史においてもきわめて早い時期に、エンリコ・レオーネのワルラス追悼論文 Enrico Leone "Léon Walras und die hedonistisch-mathematische Schule von Lausanne" (Archiv für Sozialwissenschaft and Sozialpolitik XXXII Band) の翻訳、「レオン・ワラア及ビロザンヌ学派」（「国民経済雑誌」第一三巻第五・六号）を出している。もちろん当時、高田は京都帝大の大学院で社会学研究をしていたのであり、経済学研究に本格的に取り組んでいたわけではなかった。

しかし彼が、一九一二年という早い時期にワルラスの一般均衡論に関心を示しその紹介に尽力したということが、その後の日本の近代経済学における一大潮流、ここでいう「京都学派」を生み出し、さらには日本における数理経済学の発展に大きく貢献することとなったことが重要なことである。[2]

その後、彼自身が回想しているように、河上肇（一八七九－一九四六）などのマルキストとの論争に巻き込まれるなかで経済学に興味を示すようになる。とりわけワルラス（Léon Walras,1834-1910）、パレート（Vilfredo Frederico Damaso Pareto,1848-1923）の一般均衡論にいち早く取り組み、その成果は『経済学新講』全五巻（高田［一九二九－一九三二］）などに結実することとなった。

しかし、高田にとって一般均衡論自体はあくまで輸入品にすぎず、そこに新たなものをつけ加えない限り、経済学に独自の貢献をしたとは考えられなかった。このような高田の姿勢が、経済学における京都学派を生み出したということができる。もし高田が外国の学問をただ受け入れるだけのような人物であったならば、そのような学問的集団は形成されなかったであろう。

高田はワルラスやカッセル（Gustav Cassel,1866-1945）の一般均衡論が、経済科学が到達しえた最高の成果であることを信じて疑うことはなかった。しかし他方、それが①静学的な形式にとどまっており経済の変動を分析する力が不足していること、②仮定によって経済における一切の摩擦要素を捨象することにより、社会的な勢力的要素を無視し、二〇世紀における社会構造の変化［労働者階級の台頭など］について十分な分析力を持たないこと、などに不満を抱いていた。この二つの問題は、欧米の経済学においても十分解明されてはおらず、それを解決することこそが独自の貢献になりうると高田は信じた［もちろん細かくみていけば高田の一般均衡論に対する問題提起は多々あろうが、本稿においてはこの二つの論点に限定する］。

高田は、①の問題については、一般均衡［それは高田においては静態と同義なのだが］論の適用によって解決できる部分とそれによっては解決できない部分があると考えた。そして彼の経済変動理論を、おおまかには前進変動理論と景気変動理論の二つに分けて考えた。そして前者を主には相対価格や利子率などが一定で、生産量の比率が一定でその規模のみが拡張していくような、現代的な表現でいえば均斉成長理論として構想した。それはワルラスの動学理論のカッセル的変奏でもあった。(3)

しかし、彼にとって重要なのは景気変動理論であった。それは、経済変動を人口の変動などの勢力的要因によって説明しようとする試みであったのである。高田はここに景気変動理論でのみずからの独自性があると考えた。そして勢力によって経済が一般均衡［静態］から乖離することをもって景気変動が生じると考えた。よって①のなかにもこれから述べる②の問題が関係していることになる。

（2）一般均衡論と勢力説との関係

②の問題についていえば、高田は、純粋経済学と、現実社会に作用する勢力的要因と経済学との関係を分析しようとする勢力経済学との関係について、独自の視点からアプローチした。彼は、最初は、一般均衡は勢力による影響なくしては成立しえないとする見解をとっていた。しかしその後見解を修正し、一般均衡論と勢力経済学を、現実への第一次接近と第二次接近という形で区別することになる。つまり、勢力という摩擦を除去した完全競争状態を記述するのが一般均衡論であり、そこに現実に生じている労資対立や消費者間や労働者間における、他者に対する優位性を求める態度にある勢力的な要因を取り入れると、一般均衡論における均衡がどのように変化するかを考えるのが第二次的接近としての勢力経済学である、というように考えるようになった。

しかし彼はそのような態度変更以前においては、勢力のみが作用している状態が競争の作用によってどのように変化するかという、逆の問題にも興味を示していた。もちろん高田における競争と勢力の関係は非常に複雑かつ曖昧であるが、彼が「第二次接近説」をとるようになってからはその逆の関連を理論的に追及することはなかった。

いずれにせよ、高田には一般均衡論が経済学の最終到達点であることを主張する一方、それが現実の問題、とりわけ世界大恐慌によって生じた大量失業という現象や、勢力的要素が色濃く残存している日本社会のあり様を十分説明できないことを批判するという、ある種のアンビヴァレンツともいうべき感情が存在するのである。

以上のように高田は、輸入学であった一般均衡論を単に受け入れるにとどまらず、そこに独自なものをつけくわえようと腐心したのであった。残念ながら、そのような努力はそのままの形では、かならずしも後の経済学研究の流れにつながっていくものではなかったかもしれない。しかし、それは日本における近代経済学の独自な受容形態として人々の間で記憶されていくものとなった。しかも高田が生み出したものはそれだけではなかった。彼が一般均衡論を紹介するだけでなく発展させていこうとしたその姿勢が、それに続こうとした人々を生み出していったことが重要である。

もちろん、柴田も青山も森嶋も、師が提起した問題をそのまま継承していくような従順な弟子というわけではなかった。もしそうであれば、京都学派の形成はありえなかったであろう。そのような意味で、京都学派における国際性の基礎は高田が形成したといえるが、と同時に、高田が提起した問題は彼が輩出した三人の弟子それぞれによってその独自の個性により独自の視点から練り上げられ、また洗練されていくことによって成立しえたといえる。

2 「真の」メイド・イン・ジャパンの探求者としての柴田敬

(1) 一般均衡論と「数理マルクス経済学」

柴田敬(一九〇二‐一九八六)は、世界に認められた最初の日本人経済学者であるという評価があるように、欧米の経済学から学びつつも独自の手法で経済学研究をおこない、その成果が欧米に認められた最初期の日本人経済学者であった。

柴田の経済学研究の特徴は、みずからが考案したモデルで諸経済学説の妥当性を吟味しそこに独自の見解を付け加え、その成果をみずからの理論構築に結び付けていくというものであった。それは、マルクス（Karl Heinrich Marx,1818-1883）の提出した命題をローザンヌ学派的な手法を用いて厳密に検討するという研究プロジェクトを生み出した。このように高田によって導入された一般均衡論は、柴田によってマルクス経済学との総合がはかられることとなった。それは高田の意に沿うものではかならずしもなかったかもしれないが、国際的には独創的という評価を得ていった。(4)

しかし、近代経済学［非マルクス経済学］とマルクス経済学とは水と油のように本来相容れないものである、という当時の国内における思想的状況においては、このような学問的姿勢は受け入れられるべくもなかった。他方、海外では近代経済学者でありながらマルクス経済学を評価する一群の研究者がおり、そのため柴田の業績は先に海外において評価を受けるようになったのである。その代表的な人物がオスカー・ランゲ（Oscar Lange,1904-1965）であったことはよく知られている。そのため柴田の業績の国内における評価は、外国における評価の逆輸入のような形で行なわれることとなった。

彼のマルクス研究は、ワルラス流の一般均衡論の単純化という作業から出発した。一般均衡論が、市場経済を分析する手法としては当時においてもっとも厳密な理論であることを柴田は評価する。しかし同時にそれは非常に複雑である。そのため理論の操作性［たとえば体系における与件の変化が変数にどのような変化をもたらすのかといったことを調べることが容易かどうかといったこと］が低く、現実の資本主義の運動法則を分析するには無力であると柴田は考えた。そしてその根本の理由は、一般均衡論においては「資本主義的生産の構造に参与する各個人の心理の構造の分析に主力が注がれてゐる事」(5)にあると彼は判断した。そのため柴田は主体［労働者や資本家など］の行動原理を簡略化し「簡単化されたワルラス方程式」(6)を生み出すこととなり、それがマルクスの経済学の吟味に役立てられることとなった。

その業績には、有名なところでは、価値から価格への転化の問題や利潤率の傾向的低下論に対する批判がある。前者は、マルクス経済学における労働価値と価格との関係をどうとらえるかという問題であり、後者は技術革新と利潤率との関連の問題である。

柴田は価値計算と価格計算の体系を明確に区別し、それらの関係を厳密に考察した。もちろんそれはボルトキヴィッツ（Ludwig.von.Bortkiewicz,1868-1931）など先学の研究に支えられていたことはいうまでもない。また後者については、有機的構成が高度化するようなものであっても利潤率が低下するような技術は、実質賃金率が上昇しない限り資本家によっては採用されないということを示した。いわゆる「柴田＝置塩の定理 Shibata-Okishio Theorem」と今日において称される成果である。この研究は、技術革新は実質賃金率の上昇なしに利潤率を低下させうるかを問うたツガン・バラノフスキー（Tugan-Baranowsky,1865-1919）などの業績を発展させたものといえる。

それだけではない。さらに再生産表式論の領域においても独創的な業績が生み出された。残念なことに、この部分に関して書かれた一連の論稿は英訳されることがなかったため世界的には「よって国内においても！」正当な評価を受けることはなかった。しかし西（二〇一三b）においても述べたように、それまでマルクス派の人々によっては十分に解明されていなかった拡大再生産表式についての諸問題を柴田は解明した。それは、先のようなマルクス経済学の基礎論とでもいうべき価値—価格論やそれと物量体系との関連が十分に解明されていたからこそなされえた仕事であった。

これらは、まさに日本が経済学においてはじめて世界に発信しえた独創性であった。柴田が形成したこの数理マルクス経済学とも称すべき潮流は、その後、戦後の日本の独自な流れとして受け継がれ、また海外の研究者たちにも影響を与えていくこととなる。

その代表は「数理マルクス経済学」に代表される、マルクスの諸命題を数学によって厳密に理解し、その誤りを正し、かつ現代の経済の分析に資するようにそれを改変しようとする一群の研究であろう。日本においては置塩信雄（一九二七－二〇〇三）や後に述べる森嶋通夫が有名であるが、それらの学問の産みの親は柴田であるということがいえるのである。

（2）「日本的経済論理」の構築に向けて

しかし柴田にとって、経済理論研究の究極的な目的はマルクス経済学の吟味ではありえなかった。彼にとって以上のような成果はあくまで中間生産物にすぎず、それらを材料として、現実の資本主義の運動法則を解明しうる独自の理論を構築することこそ最終的な目的であった。しかしそれを『理論経済学』（柴田［一九三五／一九三六］）ではなしえなかったと考えた柴田は、学問的な袋小路に陥り、そこから彼にとっての「長い間の学問的彷徨」(7)が始まることとなる。

柴田は『理論経済学』完成後、欧米へ留学する。ハーバードにはスウィージー P.Sweezy やレオンティエフ W.Leontief のように柴田の論文に興味をもっていた人々がおり、柴田にとってそのこと自体はたいへん喜ばしいことであったが、自分の問題関心と彼らのそれとは根本において違っていたということを後に述懐している。柴田にとって最大の問題関心は、先にも述べたように資本主義の運動法則を明らかにすることであったが、彼らの関心は、柴田のマルクス批判に対する反批判の問題や、一般均衡体系を実証分析に役立ちうるように改良するというようなところにあったからである(8)。

帰国後、柴田の研究は、欧米的な資本利潤率最大化に基づく経済原理を超える、純生産物を最大にする「新経済論理」を追求するというものにかわった。その試み自体が非常にユニークなものであるといえる。しかしこのような柴田の方向転換は、決して偶然の産物であるとはいえない。なぜならば、そのような研究の方向性はすでに『理論経済学』執筆の時点で構想されていたものだからである。

柴田は『理論経済学』の末尾において、資本主義という生産関係について次のように述べている。以下、少し長くなるが引用しておこう。

「資本主義的なる生産関係体系は、相互主義的なるものであり、且、「単なる相互主義的なるもの」ではなく、経済の指導の特権を可及的高率の利潤を目ざして行動せんとする個々の企業に委ねたる上に於ける、相互主義的なるものである。斯くの如き生産関係体系は、一、人類の物質的諸生産力が増加して広範囲に亙る分業を必要とするに至つた事、二、広範囲に亙る分業を計画的統制的に行ふに足るだけの統制力が成熟してゐず、広範囲に亙る分業を相互主義的に実現するに足るだけの貨幣の増加と普及とが有つた事、三、資本力及び地力に対する支配力が不平等に分配されてゐたる為、それを有せざる者はそれを有せる者と相互主義的に対立する時には、劣者の地位に立たされた事、等の事情の下に、必然的に生じたのである」[9]。

つまりこのような傾向が支配的な歴史段階において資本主義は成長し発展した。しかし、このような傾向はやがて破れることとなる。つまり、

「けれども、資本主義的生産関係体系の下に行はれる所の経済は、それが進展するに連れて、次第に、一、諸種の資本家的統制体や労働者的統制体やの結成を促し、従つて、広範囲に亙る分業を計画的統制的に行ふに足るだけの統制力を次第に成熟せしめ、又、それを相互主義的に実現するに足るだけの貨幣の増加、の程度を越えた範域に亙る分業を要請し、二、資本力乃至地力を有せざる者の団結力闘争力を強固ならしめるやうになる。斯くして、資本主義経済は、それが進展するに連れて、従来それが其の下に行はれ来つたところの、其の資本主義的生産諸関係、とは異つたところの生産諸関係を孕み、斯かる新しき生産諸関係は、今や、漸く資本主義的生産関係体系自体を破つて新しき生産関係体系を作らんと、しているのである」[10]。

このように柴田は、資本主義はやがてみずからが生み出した要因によって別の生産関係体系へ変化していくと考えたのである。そしてそのプロセスは平和的に推移するかもしれないし、あるいは暴力的にかもしれないと述べて、最後に、

資本主義にとって代わられる新しい生産関係体系は「或は比較的共同主義的に、或は比較的個人主義的になる」[11]と述べているのである。

このように柴田は資本主義がより計画化された経済体制に移行する可能性について言及しているのであり、そこから彼が資本主義を超克する経済体制を模索することとなったのはごく自然であったといえよう。

柴田のそのような思想は、彼をして資本主義的な利潤最大化原理に基づいて生産量が決まる経済原理［それを柴田は「資本主義的経済論理」と呼んだ］の批判へと向かわしめることとなった。そしてそれに対置されたのが、純生産物の最大を目的とする「日本的経済論理」[12]である。このように外国の経済学との対話は、柴田をして、マルクス的な社会主義・共産主義とは異なる、資本主義を超える経済体制の構想という壮大な研究計画にまで進ませることとなったのである。この試みは、結果的に、第二次大戦の終結と柴田の公職追放などの出来ごとのなかで頓挫してしまったのであったが。

先にも述べたように、柴田のマルクス研究はたいへん優れたものであるしそのことを自認もしていたものであったが、先にも述べたように、彼にとって、それはあくまで欧米の経済学研究の延長上にあるにすぎないとも考えられたといえる。そういう意味では、柴田が求めた真の独自性は、以上に述べた戦中の試みにあったといえるかもしれない。このように、柴田は経済学における真のメイド・イン・ジャパンを探し求めた最初の日本人であったといえる。[13]

3　経済学の数理化を推し進めた青山秀夫

(1) ワルラス均衡の特性化

高田が蒔いた一般均衡論という種は、青山秀夫（一九一〇－一九九二）によって、柴田とは別の方向へ育てられていくこととなった。青山は、柴田とは異なりマルクスにはまったく関係せず、いわゆる近代経済学における独占理論や経済変動論の研究によって一般均衡論の基礎論やその動学化の研究をおこない、日本の近代経済学の歴史に名を残すこととなった。[14]その後、マックス・ウェーバーの研究に方向を転換し、『一般社会経済学要論』（岩波書店）の翻訳を黒正巌（一八九五－一九四九）とおこなった。戦後は、経済社会学研究を進め、また法人企業時代のビジネス倫理の問題などにも取り組んだ。

青山は、京都学派では、経済学の数理化を推し進めた人物として位置づけることができる。柴田は世界に輸出できるような独自の理論を構築した人物ということはできるが、その議論は基本的には数値例によってなされており、経済学の数学化という発想を日本の経済学会に広め、みずからもそれに貢献したという点では青山秀夫のほうに軍配が挙がる。

青山は一九三七年に『独占の経済理論』（青山［一九三七］）を発表する。この書で青山はロビンソン（Joan Violet Robinson,1903-1983）＝チェンバレン（Edward Hastings Chamberlin,1899-1967）の独占的競争理論をはじめとする独占理論についての詳細な検討をおこなった。しかし、この書において最も注目すべきなのは、そのエッジワース（Francis Ysidro Edgeworth,1845-1926）研究であろう。それは今日においては「ワルラス均衡の特性化 characterization」の研究と呼ばれる種類の分析を含んでいた。それは青山にいわしむれば「競争現象と独占現象とは、又競争理論と独占理論とは、如何なる点に於て相違するか」[15]という問題であった。

これはワルラス的な価格を所与とする計画主体が、どのような前提条件のもとで正当化されるのかを考える研究である。特性化についてはいくつかのアプローチが考えられるが、青山が検討したのはエッジワース的なアプローチ、つまり経済主体の数とワルラス均衡との関連を解明しようとするそれである。そのような研究は、現代においてはラージ・エコノミー large economy 論として知られている。なぜプライス・テーカーの前提が成立するのか。それは経済主体の数が多い、つまり競争者が多いがゆえに価格に対する影響力を何人ももち得なくなるからにほかならない。

エッジワースはその理論を説明するのに孤立交換［一対一の交換］の事例から出発して、徐々に交換における双方の主体の数を増やしていく形で考えれば交換可能な配分の範囲は徐々に縮小し、最終的にはワルラス均衡のみが残ることを示した。しかしエッジワースはその厳密な証明を残したわけではなかった。よってその仕事は後進のものに残された形になっていたのだが、青山以前においては誰もそれに手をつけることはなかったのである。

青山はエッジワース同様、最初に孤立交換から出発する。そこにおいては双方とも初期の保有量が与える満足の水準によって取引が可能な範囲が制限されているだけである。しかし二人対二人になると様相が変化する。そのことによって三人対一人という形での結託（coalition）が可能になるからである。

結託の可能性によって交換双方の合意可能な範囲は孤立交換に比べて狭まる。もちろんこの段階においては単に狭まるだけであって均衡が不確定であることはかわりがない。しかし交換の双方において主体の数を増やすという操作を反復していくと、交換可能な範囲は徐々に狭まり、最終的にはワルラス均衡、つまり一般均衡論における価格と配分だけが残ることとなる。それを青山は数学的に証明して見せたのであった。この業績は青山自身がそれほどその独自性を主張しなかったという問題もあったため、世界的に認知されるところまではいかなかったかもしれないが、高く評価されているものである。[16] そしてそれは欧米においては一九五〇年代になってようやく注目されることとなるエッジワース問題にいち早く取り組んだ業績として人々の記憶に残ることとなった。

そしてそれは、先に述べた高田が提起した勢力と一般均衡論との関係についての考察をさらに進めたものと評価しうる。なぜならば価格操作性がなくなるということはそれだけ経済主体の勢力的要素の経済に及ぼす影響が減退するということを意味するからである。

青山には高田のように経済変動論に勢力の問題を入れるというような関心はなかった。しかし高田の競争と勢力という問題関心を継承し、静学理論の範囲で、ワルラス的な均衡と、勢力が均衡に影響をおよぼしうるような経済における均衡との関係を突き詰めていったということができる。

（2）経済変動論への関心

その後、青山は経済変動論へと関心を移していった。その研究は一連の経済変動論の諸論稿に結実し、それは八年間ほどで約四〇編に及んだ。またその研究対象は英語圏の経済学者はいうまでもなく、オーストリアやスウェーデン、フランス、イタリアのそれにまで及んだ。それらの著述をしばしば原語で読み解きながら批判的に摂取していったのである。もちろん、それらのなかには非常に独創的な業績もあり彼独自の理論に発展しうるような萌芽を含むものもあったが、基本的には独自の理論構築のための準備作業という意味合いが強いといえよう。

青山の動学研究の理論的営為は、三つの論文集（青山［一九四九］、［一九五〇］、［一九五三］）と『北欧学派』（青山［一九四一］）という小冊子に集約されているということができるが、論文集ということもありさまざまな時期に書かれた論稿が集められているので、その関連がつかみにくいものもある。さらにいえばこれも先に述べたように、基本的にはその特徴は海外の動学理論の批判的摂取とでもいうべきものであり、彼独自の動学理論構築のための準備作業という性格の強いものである。

その研究に関してはいろいろと興味深い論点はあるが、その業績の国際性を語るうえでは彼の動学理論の新しいアプローチの開発について述べないわけにはいかない。このことは、彼がこの仕事についての論稿を英文にしなかったこともあり、世界的に認知されているとはかならずしもいえない。しかし青山による「ワルラス理論の動学化」の試みは国内における一般均衡論のオーソリティーからも高く評価されているのである。[17] そしてそれは、当時動学研究を推し進めていたヒックス（John Richard Hicks,1904-1989）やリンダール（Erick Robert Lindahl,1891-1960）の構想と同様なものであった。

青山は、高田による一般均衡論の動学化の方向性をさらに推し進めた。ただしその動学理論を静態経済の一バリアントである均斉成長の方向から考えるのではなく、ワルラスの解釈という形をとりながら短期的な均衡の時系列として表現することを構想した。それは静学的なものにとどまっていた一般均衡論を予想や惰性的要素［資本ストックの量や分布状況など」を考慮しつつ、均衡の系列として動学を構想するというものであった。

これは所与の資源のもとで主体がそれぞれ最適化問題を解くことにより成立する均衡という、ワルラスの一般均衡論にあったアイデアをうまくいかすものであったのであり、またそれはある意味では静学理論における方法を動学理論にも適用しようとする試みでもあった。後に述べることとなるが、その理論は彼の弟子である森嶋によって取り組まれ、さらに精緻化されていくこととなった。青山自身は述べていないが、それはまさにワルラス理論のマーシャル（Alfred Marshsll,1842-1924）的変奏であったということができる。

青山が日本の近代経済学における金字塔とも呼べる論文「静学的均衡理論と動学化の問題」（青山［一九三七］）において、ワルラスの資本の一般均衡モデルの批判的検討の形をとりつつ提示した構想とは次のようなものであった。最初に、ある短い単位期間が設定される［時間が連続的に流れるならばそれは瞬間となる］。その間において価格は速やかにすべての財の需給を一致させるように動き、均衡価格に到達すればその期間の中において価格は動かない。つまりこの単位期間の長さは価格の変化が無視できるくらいのものとして設定される。そしてこの価格に変動がないということをもって静学における方法論を適用することができる。つまり所与の生産資源や技術、選好体系のもとでの資源配分を考察するという方法である。

さらにこの分析が静学と異なるのは、その単位期間が二つのものに制約されている、つまり一つの単位期間が決して自足的ではないということである。それは過去の成果と将来への予想から制約を受けることとなる。

静態においては、単位期間のようなものを想定したとしても、それはおのずから自足的なものとなる。もちろん静態は動学的概念であり時間が止まってしまうというわけでないが、資本ストックの量は内生的に決定されて変化がなく、経済主体の予想も将来に向かって変化がないという形でなされるので、その経済の分析はある単位期間の分析によって済むこととなる。これがヴィクセル（Knut Wicksell,1851-1926）やヒックスが解釈したワルラスの資本を含んだ一般均衡論であった。

それに対して、青山の構想した動学においては単位期間の自足性の否定から出発する。ある単位期間はそれ以前の期間から受け継いだ資本ストック［を含んだ固定的生産要素］の量やその所有の分布状況などを与件とする。資本量を与件としているのは資本財の懐妊期間とでも呼ぶべきものを想定し、投資が生産能力に付け加わるには一期間を要すると仮定することによる。逆にいえば、単位期間の長さが価格の変化が無視できると同時に、あらたに生産された資本財が生産能力化しないような時間幅が想定されていることになる。

以上は前期との関係が明確な与件である。しかしそれだけではなく、経済体系にはそれ以前の期間と明確な因果関係が認められないような、人々の選好体系や本源的生産要素の量などの与件が存在する。それらの二種類の与件を所与としたうえで経済主体は将来にわたる効用や利潤を最大にするように今期の消費、生産計画をたてる。[18]

可変的な生産要素、つまり一定の価格を支払えば基本的にはいくらでも市場から調達することができ移動も自由な諸要素については、それらの技術的な限界代替率が要素価格比に一致するように、そしてその報酬率はそれがいかなる場所で雇用されようとも均等になるように毎期調整されることとなる。

しかし固定性の強い生産要素についてはその限りではない［というよりも先にも述べたようにそのような時間幅が単位期間として設定される。つまり報酬率の正常化は一期間内によっては達成されない］。よってその生産要素の報酬率が異なりある種の余剰［準地代］が発生することとなるので、それが資本移動や企業数の変化などを引き起こす誘因となる。つまり均衡は破られることとなる。その意味で一時的均衡は過去からの要因によって自足的ではありえない。[19] よって、その期間内においては所与であった資本ストックは他の生産要素との協働により新たな資本財を産出し、それが今期の投資によって来期にむけて資本ストックは変化する。つまり与件はそのようにして期から期へと変化していく。

さらに経済主体は所与の価格を受け入れて生産や交換などの行動をおこすが、さらには将来のことを考慮して行動する。そのため人々が将来をどう予想するかによって予想に関する単位期間の自足性は破られ、それが唯一開かれている現在の市場の状況を変化させることとなる。場合によっては、経済体系の安定性が危うくなるかもしれない。[20] このような意味で一時的均衡［つまり今期の均衡］は将来についての予想から自足的ではありえないのである。また、いわゆる期間を通じての代替の問題なども生じうる。

以上のように青山の動学的一般均衡論は構想される。これは先にも述べたように同時代におけるヒックスやリンダールといった人々の構想した動学理論とまさに同工異曲であった。

4　京都学派の集大成者としての森嶋通夫

(1) 二つの動学理論：均斉成長論と一時的均衡論

森嶋通夫（一九二三－二〇〇四）は、高田や青山の研究指導を受けつつ一般均衡論の動学化を目的とする書、『動学的経済理論』を完成させ、その後、戦後日本の近代経済学研究において指導的役割を担うことになった。以上の四人のなかでは、国際的にはもっとも有名な人物といえよう。また、森嶋の仕事は、高田が提起した一般均衡論の動学化という課題を受け継いだ青山の理論［それはあくまで素描に止まるものであった］を、より数学的に精緻化し、一般均衡論の動学化を推し進めたと評価することができる。

先にも述べたように、高田は一般均衡論に動学的要素が欠如していると考えたが、それが認められるものの一つとして考えたのはワルラス＝カッセル流の均斉成長論であった。それに対して青山が構想したのは、経済の変動を短期均衡の時系列として概念化する一時的均衡論であった。それに対して森嶋は、一般均衡論の動学化という問題については、まずヒックス理論の数学化という文脈では青山のアプローチをさらに推し進め、その後、高田的な均斉成長的なアプローチについても再考することに心血を注いだといえる。

まず後者について考えてみよう。ただし森嶋はカッセルではなく、フォン・ノイマン（John von

Neumann,1903-1957）の理論に取り組んだ。そしてその前提をあらため、より一般化することを試みた。

周知のようにフォン・ノイマンはすべての財が体系内の財から生産されるような経済体系を考え、その均斉成長解の存在について研究した。森嶋はノイマン・モデルの欠陥を修正することからはじめる。Morishima（1964）において説明されているように、フォン・ノイマンの原モデルは、「（a）規模に関する収穫一定、（b）生産の本源的要素（労働）が無限に拡大可能であること、（c）賃金は生存水準にとどめられること、（d）すべての資本家の所得は自動的に再投資されること」[21]が前提されていた。最後の（d）は、資本家は消費せず、利潤をすべて投資にまわすという仮定であるが、これらの仮定について森嶋は次のような仮定に変更することによって理論を一般化した。つまり、「（b'）労働人口は有限の率で成長する。（c'）労働者の消費財への需要は賃金所得だけでなく、価格にも依存する。（d'）資本家は彼らの所得の或る定率の部分を消費し彼らの消費財への需要は価格の変化に応じた代替を許容する」[22]。

このような修正によって、ノイマンの理論に失業の理論がとり入れられ、経済の均斉成長率、人口増加率［自然成長率］、実質賃金率の関係が分析された。またそこに消費者需要の選択理論が統合されることとなったのである。

さらにノイマン・モデルを用いて長期の最適成長についての計画理論が厳密に証明されることとなった。ターンパイク定理である。周知のようにターンパイク定理を提示したのはサミュエルソン（P.Samuelson,1915-2009）らであったが、その証明は不十分なものであり、その誤りを森嶋は指摘した。さらにサミュエルソンらがいわゆる変分法的手法などを用いることによって定理を証明したのに対して、森嶋は多部門分析の線形経済学的手法を用いて定理を証明した。それは森嶋の名声をさらに高める業績となった。

しかしそれだけではなく、彼は青山によって構想された一時的均衡理論の精緻化にも貢献したのであり、それは先に述べた『動学的経済理論』において行なわれ、さらにMorishima（1969）などにおいて完全予見などの条件のもとにその動学経路の効率性などが吟味されることとなった。

一時的均衡論においては短期均衡の時系列が問題となる。森嶋自身の解説（Morishima［1969］）により説明するならば、一時的均衡理論においては、ある特定の時期における三つの変数に注意が向けられる。それは（一）期待内生変数 expected endogenous variables、（二）現行内生変数 current endogenous variables、（三）ラグのある内生変数 lagged endogenous variables である。これらの変数によって現在は過去と未来に結び付けられることとなる。これはまさに先に述べた青山の考え方をさらに厳密に定式化したものといえよう。[23]

さらにはそこに生じる再帰的な関係によって、つまり過去の意思決定によって決まった内生変数が次の時期の経済活動の与件となり、また将来の予想［それは過去や現在の諸価格に依存する］によって今期の需給が決まり、今期の純投資によって決まった資本ストックを所与として時期の経済活動が展開され、……という関係によって経済モデルは進行していくのである。そのために現在の諸財の価格によってどう将来の価格が予想されるかという期待関数（expected function）と貯蓄と投資の関係を示す貯蓄＝投資方程式が明示的に体系に導入される。

需給計画については経済主体の計画期間の時間地平全体へのそれが立てられるが、現実に市場が開かれるのは今期のみである。よって将来についての予想が外れるならばそれが修正されなければならないが、その分、現在と将来への資源の誤配分がおこる。そのため次の時期は前期の期待とは異なった投資がなされることとなり、それを所与としてまた模索が開始されることとなる。まさに一時的な均衡なのである。

また一時的均衡理論における予算制約の問題が分析された。ヒックスはすべての期間を通じての一つの制約を想定し、また経済主体の毎期の収入と支出の差額は、債券保有の増減という形でなされると考えた。つまり購買力は安全資産である債券の形ですべての期にわたって自由に移し替えることが可能なわけである。[24]しかし青山は、それでは予想の問題や貨幣需要の問題、つまり交換の媒介手段としてではなく資産としての貨幣需要の問題を扱うことはできないと考えた。そしてそれらの問題を扱うためには各期ごとの制約を考えねばならないと主張したのである。森嶋はその考え方を取り入れ、ストック需要や流動性関数などを動学分析に組み込んだ。そのことによって投資というフロー面と資産選択というストック面の関連の問題が動学理論において拡充されることとなった。

このような方法論によって、過去の投資によって蓄積された資本ストックが現在にどういう影響を与え、また将来への予想が現在にどう影響するかが明らかとなり、またある歴史的な時点において与えられた前提から出発した系列の運動経路が、その前提が変わることによりどのように変化するかという問題なども明らかにできるようになったのである。

以上のような形で一般均衡論の動学化における高田的アプローチと青山的アプローチは洗練されていったといえよう。そしてそれらの業績は戦後における日本の経済学の国際化に大きく貢献したことはいうまでもあるまい。

(2) 勢力説による経済変動論への一時的均衡理論の適用

さらに、高田の経済変動に勢力説を導入するという試みは、森嶋によって一時的均衡論の枠組みから再理論化されていった。

高田とは異なり、森嶋はむしろ均衡論的アプローチによってそれを果たした。森嶋のそれは景気変動論というよりもより広く経済変動論と呼ぶべきものであるが、動学理論に勢力説を取り入れるということを、高田のような均衡点からの乖離ではなく一時的均衡の運動経路の安定・不安的という形で議論しようとしたのであった。

先にも述べたように高田は勢力の経済に対する影響を経済の均衡化過程からの逸脱、つまり過小・過剰適合としてとらえようとした。そしてそれがもたらす波動を経済の循環的変動とみなした。それに対して森嶋は、動学理論の文脈においては勢力の影響を経済の均衡からの乖離としてはとらえなかった。すなわち森嶋は、各期経済体系は所与の資源のもとで均衡する［よってこの場合の均衡とは、あくまでその期間内においては、変動の誘因が存在しないということを意味する］のだが、勢力が作用する場合と作用しない場合では経済の運動経路が異なってくるという観点から、つまり運動経路の安定・不安定という観点から、勢力の経済に対する影響を考えようとしたのである。

ここには先の『動学的経済理論』で示されていた「運動の安定性」論の適用がある。そこでは一時的均衡論は次のように考えられた。一時的均衡点が存在するならばその安定性は短期均衡論において最低限、要請されなければならない。それは週末において価格が均衡点に漸近しないような経済は、そもそも議論することができないからである。[25]しかし経済の一時的均衡の期を越えた（equilibrium over time）運動については不安定性も議論になりうる。[26]静学理論においては均衡とはあくまで点であり、かつ安定的である必要があったが、動学理論においては、安定性は点についてではなく、運動経路について吟味される。

さらに分析手法についていえば、与件の変化による波及効果が単位期間の中で出尽くすものについては比較静学、つまり静学的な均衡点の比較がおこなわれる。そしてその場合の所与の変化は仮想的なものである。それに対してある期間における与件の変化の反作用が一期間の時間スパンでは出尽くすことができない変化については比較動学的な分析、つまり運動経路の比較が重要となるのである。そしてそこにおいては不安定性の分析もありうる。これは運動不安定性論と呼ばれる。

興味深いことにこの運動の安定性についての議論が、ふたたびMorishima（1992）において取りあげられた。そこにおいて森嶋は､経済と勢力との関係だけでなく､シュムペーター（Joseph Alois Schumpeter, 1883-1950）のイノベーションがもたらす軌道の質的変化やヴィクセルの累積過程の議論［ヴィクセルの議論は一時的均衡の議論ではない］を運動の安定性の観点から分析している。

このように運動の安定性という理論的枠組みから森嶋は、高田が目論んだ勢力説と経済変動理論とを統合という仕事をなしとげたと評価できるのである。

このようにみてくると、高田によって提起された一般均衡論の動学化という問題と一般均衡論と勢力論との関係という問題は、青山によって一般均衡の短期化とワルラス均衡の特性化という研究として発展させられ、さらに森嶋によって均衡の短期化による経済変動論の理論的確立と、勢力論のそれへの適用として展開されていったと評価することができるだろう。そしてこういったことが、輸入学であった一般均衡論に対して日本の学問が新しいものをつけくわえるということの意味であった。

しかも森嶋は、柴田の直接的な影響はなかったものの柴田が出発点である数理マルクス研究をさらに進めていった。そのような意味で森嶋は、高田一般均衡論の批判的発展としての位置づけをもつ柴田の仕事をさらに拡充することに尽力したと評価することができる。その研究が国際的に高い評価を得、また大きな影響を与え続けてきたことはいまさらいうまでもあるまい。そのような意味で森嶋は、まさに高田からはじまる京都学派の集大成をおこないその学問を国際的な水準に引き上げ、また京都学派の国際性を世界中に知らしめた人物であるということができる。

おわりに

以上のように、経済学における京都学派の国際性とは、世界の学問を取り入れつつそれを独自の思考によって新たなものにしていくという形で実現された。なかでも柴田と森嶋のそれは、さらに海外においても研究対象になったという意味で、論文の乗数効果をも生み出したのであった。最後に、本文ではふれられなかったことも含め、彼らの西欧世界への影響を示すことがらについて記しておこう。

勢力説などの業績は必ずしも世界的な評価を受けたとはいえないが、高田はその研究領域の広さから、M・ブロンフェンブレンナー（Martin Bronfenbrenner,1914-1997）によって「ジャパニーズ・マーシャル」と称された。柴田のマルクス研究は、その後世界的に研究されることとなった数理マルクス経済学発展の礎を形成したことはいうまでもない。また青山の独占理論研究は独創的な貢献を含み、また本稿ではふれることができなかったが、ロバートソン（D.H.Robertson,1890-1963）についての研究は、第一回のノーベル経済学賞受賞者であるR・フリッシュ（Ragner Frisch,1895-1973）によって高く評価されていた。(27) また森嶋は早くから海外の一級雑誌に論文を発表し、日本人の経済学の成果を海外に輸出するという活動の流れを生み出したことは改めていうまでもないであろう。

以上のように、彼らの学問的な「国際交流」とは、学問に対する普遍的なレベルでの貢献を意味するといえる。そしてそれが示すものとは、国家や民族などといった枠組みを乗り越える真の国際性をもった経済学を世界に提供する、あるいはそのために全力を尽くす姿勢そのものであったといいうるのである。

なお、最後に、筆者が考える、京都学派における研究上の継承関係を以下のようにチャート化しておこう(なお、本文ではふれられなかった部分もある)。

もちろん、本稿でとり上げたすべての論点について継承関係があるわけではないことは注意しておきたい。

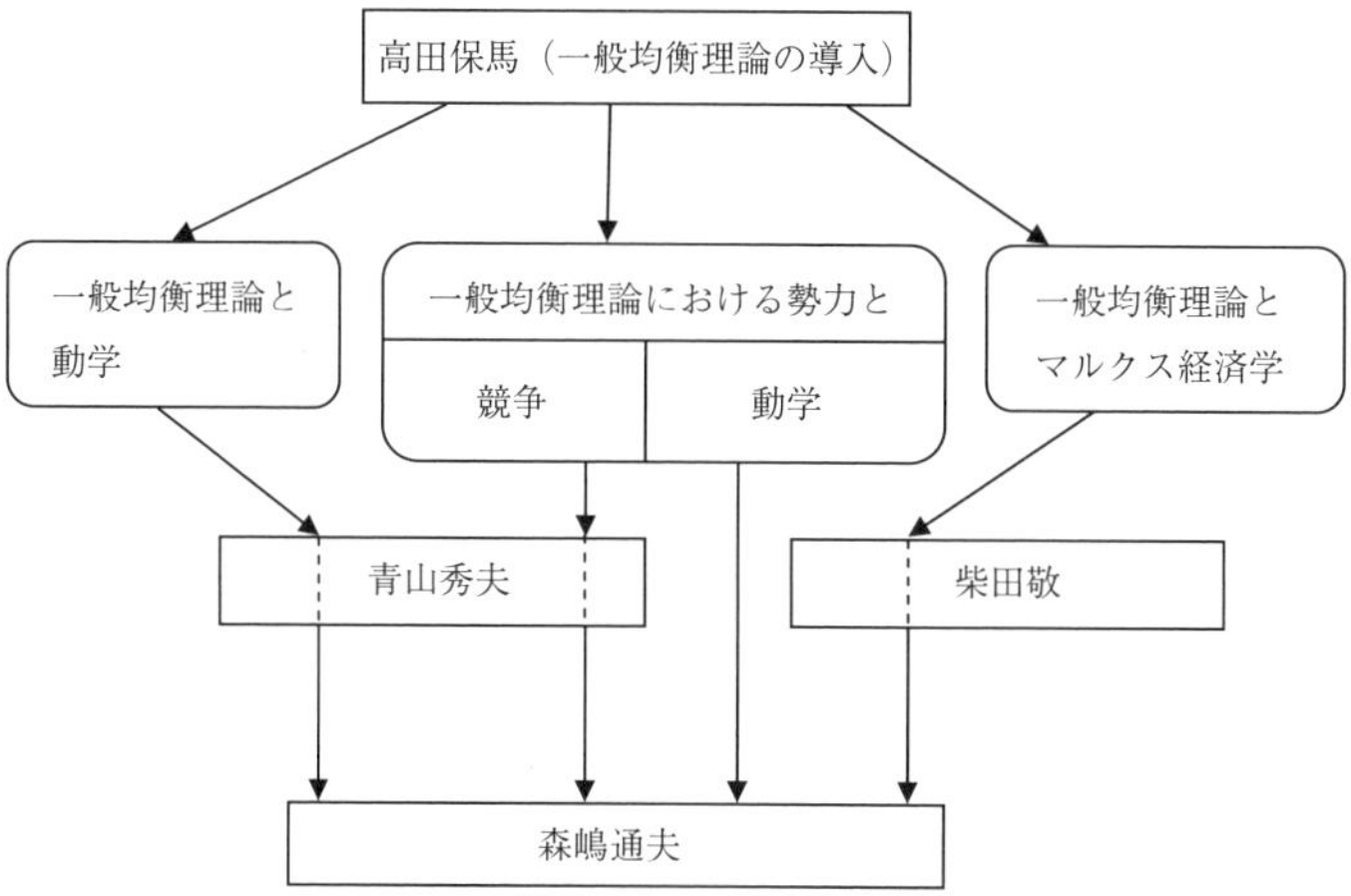

経済学における京都学派の学問的展開

[用語解説]

「一般均衡論」

経済学において、特定の市場、財だけでなく、すべての市場、財を考慮したうえで、それらの相対価格や取引量、産出量等を同時に決定する理論。ワルラスが創始者であるとされる。

「勢力説」

人間間に生じる力関係や慣習的な要因を中心として、経済を考えていこうとする議論。

「数理マルクス経済学」

マルクス経済学を非マルクス経済学的手法（数理的手法等）で、再定式化することによって、マルクスの提出した諸命題を厳密に論じようとする議論。

「均斉成長論」

相対価格や利子率を一定としてすべての生産量が比例的に成長していく（つまり生産量の相対比が一定で成長していく）ようなあり様を、経済変動の中心にすえて考える、動学理論における均衡分析の考え方。そのもっとも初期の代表的なものが、マルクスの再生産表式論である。

「一時的均衡論」

資本ストックや予想の問題を考慮して、ある単位期間についての均衡を考え、また、経済変動をその均衡の推移として考える、動学理論における均衡分析の考え方。よって、相対価格や利子率、生産量などはある期間においては決まって一定となるが、時間の推移とともにそれらは変化していくこととなる。

［註］
（1）ここでの「京都学派」という名称は早坂（一九八一）、Negishi（2004）に依っている。通常は、京都学派とは、哲学において戦前京都帝大で活躍した西田幾多郎や田辺元、高山岩男などの人々のグループを指すが、そこにおいては、戦前において一般均衡論の紹介、発展、深化に貢献した京都帝大の人々が経済学における京都学派と呼ばれている。
（2）なぜ高田が一般均衡論に興味をもつにいたったか、についてはよくわかっていないが、一つの試論として西（二〇一三a）を参照されたい。
（3）なおここでは詳しくは述べることはできないが、高田以降、「京都学派」の経済学者たちにとって、動学理論を考える際、ワルラスの資本理論をどのように解釈するかということが非常に重要な問題となった。
（4）そしてさらに重要なことは、これらの業績が師である高田との論争を通じて形成されていったことである。柴田のマルクス研究は、高田のマルクス批判の吟味によってその完成度を増していったといえる。
（5）柴田（一九三三a）、八一頁。
（6）柴田（一九八三）、三二頁。
（7）柴田（一九三八）、七八頁。
（8）柴田（一九八三）、五二－五三頁。
（9）柴田（一九三五）、九七二頁。
（10）同、九七二－九七三頁。
（11）同、九七三頁。

(12) 柴田（一九四一）。
(13) 経済論理に「日本的」という言葉が冠されているということだけで、柴田の学問的試みをローカルなものととらえるのは正しくない。そこでは、いわゆる計画経済に関する普遍性を有した理論が目指されていたのである。戦中の柴田の研究についての評価は慎重に行われねばならないが、それを単なる時局迎合と一蹴するのは、日本の経済学の歴史の意味を貶めることになろう。
(14) ここで「動学化」とは、静学的、つまり時間的な流れを考慮せず、同時的な関連性についてのみ分析していた一般均衡論を、初期保有量や生産、消費、そして投資などの関連を、それが生起した時点（date）との関連を考慮しつつ分析できるツールに発展させることを指している。
(15) 青山（一九三七）、序、三頁。
(16) この点については根岸・池尾（一九九九）を参照されたい。
(17) この点についても根岸・池尾（一九九九）を参照されたい。
(18) このような二つのパラメーターの区別は後に森嶋が強調したものであった。森嶋（一九五〇）、一四九頁。なお第四章も参照されたし。
(19) 青山がこのようなプロセスを体系的に記述することはなかった。しかし彼はリンダールによる均衡動学理論構築の試みを批判し、「吾々は此場合、リンダールが考へた無利潤の均衡の系列の代りに、マアシャル的な、利潤を含む均衡の系列をも考へ得る筈である」（青山［一九四二］、六〇頁）と述べているから、動学的一般均衡論を以上のように考えていたことは明らかである。他方、動学理論について同様の構想を抱いていたヒックスは予想の問題は詳細に分析したが、前期から受け継いだ与件の変化の効果が出尽くすのに単位期間を超える時間を要するような現象（たとえば利潤率均等化プロセス）の分析はほとんどおこなわなかった。
(20) よって一時的均衡自体は、期間を超えたover week運動とは異なり安定的であることが要請される。ヒックスはヴィクセルの累積過程を一期間の中での出来事であると解釈し、その運動が不安定であると判定した。このようなヒックスのヴィクセル解釈は後に森嶋によって修正された。
(21) Morishima（1964）、p.135、邦訳一六一頁。
(22) ibid、p.135、邦訳一六二頁。
(23) Morishima（1969）、p.105、邦訳一三一頁。
(24) このような市場は完全であるといわれる。
(25) もちろん、ある市場を含めた一時的均衡点が存在しないということはありうる。たとえば完全雇用均衡や貨幣的均衡（貨幣の価値が正である均衡）が存在しないというような事例である。

(26) 青山は一時的均衡の期を超えた運動が安定的であることを想定していた。
(27) この点については根岸・池尾(一九九九)を参照されたい。

[参考文献]

*青山秀夫について

青山秀夫(一九三七)『独占の経済理論』日本評論社。

青山秀夫(一九三八)「ワルラスに於ける動学化の問題」『経済論叢』第四七巻第二号、一〇五－一一七頁。

青山秀夫(一九四一)『北欧学派(一)』(新経済学全集第八巻)日本評論社。

青山秀夫(一九四九/一九五〇)『経済変動理論の研究　第一巻/第二巻』創文社。

青山秀夫(一九五三)『劔橋学派及び北欧学派の経済変動理論』創文社。

*柴田敬について

柴田敬(一九三五/一九三六)『理論経済学　上/下』弘文堂。

柴田敬(一九三八)「純粋理論経済学と日本国民主義的理論経済学との間の距離」『経済論叢』第四七巻第二号:七八－八八頁。

柴田敬(一九四一)「日本的経済論理」『経済論叢』第五三巻第一号:一－一六頁。

*高田保馬について

高田保馬(一九二九－一九三二)『経済学新講』全五巻、岩波書店(高田(一九二九)『第一巻:総説・生産の理論』、高田(一九三〇)『第二巻:価格の理論』、高田(一九三一a)『第三巻:貨幣の理論』、高田(一九三一b)『第四巻:分配の理論』、高田(一九三二)『第五巻:変動の理論』)。

*森嶋通夫について

森嶋通夫(一九五〇)『動学的経済理論』弘文堂。

Morishima,M.,(1964) *Equilibrium, Stability, and Growth*, Oxford University Press(久我清監訳、入谷純、永谷裕昭、浦井憲訳『均衡・安定・成長』岩波書店、二〇〇三年)。

Morishima,M.,(1969) *Theory of Economic Growth*, Oxford University Press(安冨歩、武藤功、西部忠、遠藤正寛訳『経済成長の理論』岩波書店、二〇〇五年)。

Morishima,M.,（1992）*Capital and Credit*, Cambridge University Press（安富歩訳『新しい一般均衡理論』創文社、一九九四年）。

［二次的文献］

西淳（二〇一三a）「高田保馬の勢力説と経済学」『阪南論集　社会科学編』第四八巻第二号：一四七～一六五頁。

西淳（二〇一三b）「柴田敬のマルクス研究―一般均衡論との綜合に向けて―」『日本経済思想史研究』。

根岸隆・池尾愛子（一九九九）「青山秀夫教授と経済学」（青山秀夫著作集刊行会編『青山秀夫著作集別巻　青山秀夫先生の学問と教育』創文社、所収）。

早坂忠（一九八一）「日本経済学史における高田保馬博士」（高田保馬博士追想録刊行会編（一九八一）『高田保馬博士の生涯と学説』創文社、所収）。

Negishi.T,（2004）"Kyoto School of Modern Economic Theory," Kyoto Economic Review,73,p.1-10.

（＊なお、京都学派の経済学に関する入門的通史は存在しないが、日本の経済学研究（とりわけ、いわゆる近代経済学）の歴史についての詳細な解説としては池尾愛子（二〇〇六）『日本の経済学』名古屋大学出版会が、京都学派の経済学を理解するために必要な学説史についての知識を得るためには三土修平（一九九三）『経済学史』新世社が、それぞれよいように思われる。）

第13章

日本軍「慰安婦」問題に取り組むアジア市民の交流と連帯

林　博史

はじめに

アジア、特に東アジアの人々の連帯という問題意識は、近代の始まり以来、日中韓などの知識人の間で生まれていたが、実際の歴史はその願望とは正反対の方向に進んでしまった。近代の東アジアの諸地域は、大日本帝国の軍事大国化をうけて、日本によるたび重なる侵略戦争と植民地支配によって、支配―従属、加害―被害、宗主国―植民地、という関係におかれていた。東アジアの民衆は、欧米帝国主義の進出に対して、共同で対処するどころか、相互に分断され、大日本帝国を頂点とする支配の下におかれた。日本の敗戦によってその構造は大きく変わったが、アメリカの軍事力を背景とした強い影響の下で、日本、韓国、台湾などはアメリカの覇権下におかれ、他方、冷戦構造のなかで中国、北朝鮮とは敵対関係にあった。同じ西側陣営といっても、韓国は軍事独裁政権、台湾は国民党による戒厳令下の一党支配、沖縄は米軍の軍事支配下におかれ、日本だけが一定の民主主義と平和を享受したが、それらの諸国・地域の民衆は分断されていた。つまり近代以来、冷戦下にいたるまで東アジアの民衆は、一九四五年以前は日本、それ以降はアメリカの覇権の下で、分断され続けてきたのである。(1)

しかし一九九〇年前後の世界的な冷戦構造の解体のなかで―東アジアにおける冷戦が終わったといえるかどうかは、北朝鮮問題があるなかで議論があるが―、東アジアにおいても大きな変化が生まれてきた。そうしたなかで日本の戦争責任・植民地責任がクローズアップされてくる。そのなかで最も大きな問題の一つが日本軍「慰安婦」問題だった。(2) そしてこの問題の浮上は、戦争責任を取ろうとしない日本政府と日本国家への厳しい批判を生みだしたが、同時に東アジアの民衆にとって新しい連帯と交流を生み出す契機となったのである。

ここでは、日本軍「慰安婦」問題に関して、被害者を支え、日本政府に責任を取らせ、戦後補償を実現する運動が、そうした交流と連帯の運動となっていった経緯を紹介し、東アジアの民衆の連帯にとって貴重な経験となってきていることを明らかにしたい。そしてそうした連帯と交流が、近代の日本の覇権、大戦後のアメリカの覇権を克服し、東アジアの民衆が支配—従属関係ではなく、平等の関係のなかで連帯を作り出しつつあるという側面を見ていきたい。

1　なにが元日本軍「慰安婦」を沈黙させてきたのか

日本軍が日中戦争から太平洋戦争において、日本軍「慰安婦」を組織的に利用していたことは旧軍人や研究者にとっては周知の事実であったが、それが深刻な戦争犯罪であるという認識には欠けていた。

一九九〇年六月、参議院予算委員会において、日本政府は、従軍「慰安婦」は「民間業者が軍と共に連れ歩いているもの」という答弁をおこない、日本軍・政府の関与を否定した。この答弁が韓国のテレビでも放映され、それを見て、ウソの言い訳に怒って金学順（キム・ハクスン）さんが九一年八月に名乗り出て、日本政府を厳しく告発した。彼女の勇気ある行動はアジア各地で息を潜めて生きていた女性たちに勇気を与え、韓国をはじめ北朝鮮、中国、台湾、フィリピン、インドネシア、マレーシア、東チモールなど各地の被害者たちが次々に名乗り出ることとなった。

同時に研究者にも大きな衝撃を与え、吉見義明氏は一九九二年一月に軍関与を示す資料を発表した。その結果、日本政府は軍関与を認めざるを得なくなり、直後に訪韓した宮沢喜一首相は盧泰愚大統領に「お詫び」を表明した。

その後、日本政府は関連資料の調査をおこない、同年七月に第一次発表、翌九三年八月に、河野洋平内閣官房長官（当時）が第二次調査結果の発表と共に軍関与と強制を認め、「お詫びと反省の気持ち」を表明する談話を発表した。その後、日本政府は、いくらかの措置はおこなったが、法的責任は解決済みとしてあくまでも認めることを拒否し、今日にいたるまで問題は解決していない。この点については本稿の範囲外であるので詳細は触れることができない。ここで考えたいことは、なぜ被害者の名乗り出が戦後四六年もたってからなされたのかということである。

第二次世界大戦直後の占領政策ならびに東京裁判など戦犯裁判への対応において、アメリカは、天皇の戦争責任を免責しただけでなく、七三一部隊の情報を入手する代わりにその構成員を免罪し、あるいは将来の米軍の軍事行動が制約されないようにするために、毒ガス戦、無差別空襲などの戦争犯罪行為を意図的に免責した。つまり非人道的な戦争犯罪を処罰することよりも、米軍の軍事行動の自由を優先したのである。同時に植民地支配に対する反省も、そのなかでおこなわれた非人道的行為の追及も棚上げされた。

さらに冷戦の下で、日本を同盟国として確保利用しようとして、サンフランシスコ平和条約では日本の戦争責任や軍備制限などの規定を入れず、賠償も大幅に軽減された。日本の侵略戦争によって最も深刻な被害を受けた中国はサンフランシスコ講和会議に招待されず、植民地だった韓国・北朝鮮も共に排除された。その後、日本はフィリピンなど東南アジア四カ国と賠償協定を結ぶが、国家間での役務の提供（事実上の経済援助）に限定され、被害者はまったく無視された。

日本はアメリカの圧力をうけて中国政府を認めず、台湾の中華民国政府と国交を結ぶが、国共内戦に敗北して大陸から追い出された国民党政権は、自らの生き残りのために賠償請求権を放棄して日本政府の支援を求めた。当然のことながら被害者は無視された。

中国とは一九七二年にようやく国交を回復するが、中国共産党は、一九五〇年代以来、日本との関係改善を求めて、日本に対しては寛大な政策を追求しており（文化革命期を除いて）、被害を受けた民衆の怒りを抑えようとしてきた。日中国交回復にあたってもソ連に対抗するために日米の協力を必要とした中国政府は被害者の声を抑えた。一党支配の下で、被害者は声を上げられないという状況がずっと続いてきたのである。

フィリピンではアメリカの強い影響下で、一九六五年に権力を握ったマルコス大統領は七二年には戒厳令をしき、八六年に失脚するまで独裁政権を維持した。その間、植民地支配の清算が進まず、日本軍支配下での被害者の声は抑圧され続けた。インドネシアでは、かつての対日協力者が軍部を握り、さらに一九六六年にクーデターで権力を掌握したスハルト独裁政権は、日米の支援を受けて反体制派を抑圧して政権を維持した。この独裁政権は一九九九年に倒れるが、その間、日本軍による被害者は声を挙げることができなかった。

韓国との関係を見ても、平和条約締結前後から日韓の国交正常化交渉がおこなわれるが、植民地支配を反省するどころか正当化する日本政府代表の姿勢もあり、いずれも失敗に終わり、ようやく一九六五年に日韓協定が締結され、国交が回復した。この背景には一九六一年に軍事クーデターによって民主化を圧殺して生まれた朴正煕軍事政権を支援しようとする日米両政府の思惑があった。戦前、日本軍の陸軍士官学校を卒業して満州で抗日運動を取り締まっていた対日協力者だった朴は、植民地支配に対する賠償請求権を放棄する代わりに日本から経済援助を得て、政権基盤の拡充に努めた。さすがに植民地支配、特に戦時中の徴兵あるいは労務者として徴用されて死亡した遺族の声は無視できず、日本から得た無償資金の一部を配布したが、日本から得た無償資金三億ドル（一〇八〇億円）のうち、被害者に渡されたのは、計九一億ウォン（五八億円）にすぎず、元日本軍「慰安婦」の女性たちは含まれていなかった。国交正常化交渉のなかでも「慰安婦」問題はまったく取り上げられなかった。

独裁政権下の韓国では、国民の怒りもあり、日本の植民地支配に対する批判は許されたが、政権中枢を担っている対日協力者の役割に触れることは許されず、被害者が自らの声を挙げることも許されなかった。メディアなどでの対日批判は、国民の怒りと不満のガス抜きにすぎず、独裁政権は日本との関係を重視したのである。

他方、北朝鮮とは国交はなく、北朝鮮の被害者はまったく無視され続けている。

このように日本は独裁政権を支援することにより、被害者の声を抑えてきたのである。(3) 賠償交渉にあたっても、日本もそれらの政権も国家賠償という観点しかなく、被害者の人権という視点はまったく欠けていた。冷戦構造の下で、反共という理由がそうした独裁と人権無視を正当化する口実とされた。そうした独裁政権を頂点で支えていたのはアメリカであるが、日本は側面から経済面でそれを支えていた。こうしたなかで東アジアの民衆、特に被害者たちは分断され、お互いの状況もわからず、抑えられる状況が続いていたのである。

さらに日本軍「慰安婦」の女性たちが名乗り出られなかった理由としては、それぞれの社会の、性犯罪被害者を差別する体質がある。つまり性犯罪の被害女性は、周りから穢れた女性とみなされ、被害者であるにもかかわらず、かえって差別・迫害されるという事態である。これは韓国や日本、中国など東アジアではその傾向が強い。そのため被害者は自らの体験を誰にも、しばしば家族にも話すことができず、結婚を断念することも多かった。そのことは彼女たちの精神的苦痛を一層強め、苦しめることになった。彼女たちの被害は、「慰安婦」だった時期の被害だけにとどまらず、戦後も何十年にもわたって続くことになる。

韓国においては、「慰安婦」は汚れた女性だ、あるいは民族の恥だという男性中心主義の考えがあった。つまり日本軍の残虐行為は非難するが、被害者も穢れた存在だとして表に出ることを許さないという発想がある。こうした女性の人権を無視した、国家主義的男性中心主義的な発想は、被害女性を支える市民から厳しく批判されるようになった。このことは、日本を批判すればよいというものではなく、韓国社会のあり方そのものを自省しようとする動きにつながっていく。そしてそのことが国家の枠を超えた市民の対話と連帯が可能な状況を生み出していくことになる。

なお日本政府が、自らの責任・関与を否定したことは、一層彼女たちの苦しみに塩を塗ることになった。今日においても日本政府がこの問題は解決済みだとしてなんらの謝罪行為を拒否し、あるいは心無い右翼・政治家・「知識人」が日本の責任を否定し、彼女たちを売春婦呼ばわりしていることが、セカンドレイプ、サードレイプとして彼女たちを苦しめ続けている。

2　日本軍「慰安婦」研究の成果

一九九二年以来、日本軍「慰安婦」研究は急速に進んだ。これは研究者や市民による日本国内外における徹底した資料調査はもちろんであるが、元「慰安婦」女性たちや関係者からの詳細な聞き取り調査、現地調査などもおこなわれ、それらが総合されて日本軍「慰安婦」制度の実態が解明され、被害の実相が彼女たちの戦後の苦しみも含めて浮き彫りにされていった。また国際法や国内法に照らしての法的責任や、女性の人権の観点からの個人補償のあり方の提言などもおこなわれた。さらに日本軍「慰安婦」制度だけでなく、他国の軍隊による戦時性暴力の研究、あるいは平時における公娼制や性売買、性犯罪、人身売買との関係など、広がりのなかでこの問題を捉えようとする研究も進められている。こうした研究において、ジェンダーの視点が大きな役割を果たしていることは言うまでもない。

ここではそれらの研究全体を紹介することはできないので、実証研究に関しての主な成果をまとめておきたい(4)。

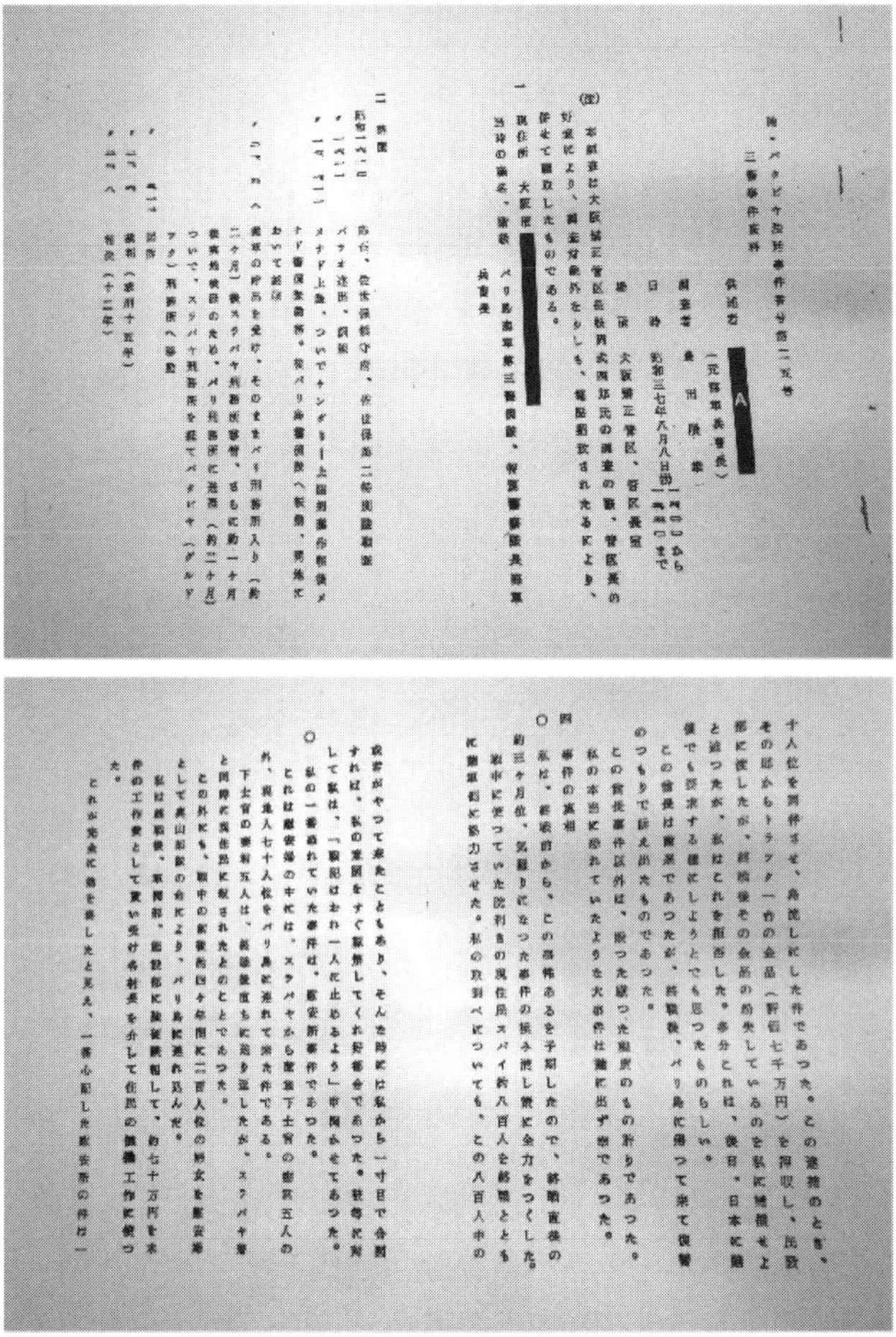

次々に発見される日本軍「慰安婦」関係資料。「慰安婦」強制事件を軍資金で隠蔽工作を図ったことの証言

第一に日本軍「慰安婦」制度の計画、設立、運営に日本軍と政府が組織的に関わっていたことである。関与していた日本政府関係機関としては、陸軍海軍だけでなく、県知事や警察幹部を含む内務省、外務省、朝鮮総督府や台湾総督府も含まれる。第二に日本軍はいわゆる慰安所を、占領したほとんどの地域で設置したことである。また連合軍を迎え撃つために大量の兵力を配備した日本本土や沖縄などにも設置された。そこに

は、日本、植民地だった朝鮮と台湾からだけでなく、占領地域の地元女性たちも「慰安婦」に徴集され被害を受けた。

第三に日本軍「慰安婦」制度は軍によって組織され管理された、明確な性奴隷制であり、性差別、民族差別、階級階層差別など差別の複合であり、女性の人権に対する重大な侵害であった。日本の植民地主義が生み出した制度であった。

第四に日本軍が「慰安婦」制度を導入した理由の一つが、兵士による地元女性への強かんを防止することであったが、強かんはなくならず、むしろ慰安所と強かんは並存し、慰安所の存在がかえって兵士の強かんを増長させることもあった。「慰安婦」制度は、制度化された慰安所から、拉致監禁下の輪かん、個別の強かんなど多様な戦時性暴力のなかの一つのタイプであることが明らかにされた。

第五に日本軍「慰安婦」制度は、婦女売買禁止条約や奴隷制禁止条約、強制労働禁止条約など当時のいくつもの国際法に違反する行為であり、さらに戦時国際法にいう通例の戦争犯罪であるとともに人道に対する罪にあたるものである。また日本刑法二二六条の国外移送罪（国外移送目的の略取、誘拐、人身売買罪を含む）にもあたる。すなわち多くの国際法だけでなく国内法に照らしても違反であり犯罪であった。

第六に「慰安婦」にされた女性たちの苦しみは戦争中だけでは終わらなかったことである。連れて行かれた地に放置された「慰安婦」もいたし、故郷に帰ることができなかった女性も少なくなかった。病気やけが、精神的なトラウマ、ＰＴＳＤ（心的外傷後ストレス障害）に悩まされ、さらには社会的な差別も受けた。

こうした研究成果はアカデミズムの研究によって得られたものというよりは、被害者を支援する多くの市民の努力と、第三者的なアカデミズムに批判的な、一握りの研究者との共同作業のなかで得られたものと言える。(5) 元「慰安婦」の女性たちの証言は、彼女たちを支え、日本政府による謝罪と賠償を勝ち取るための訴訟支援などの運動を担ってきた人々（多くが女性である）が、被害者に寄り添いながら聞き取っていったものであり、運動と研究は不可分であった。(6)

もちろん実証的な研究だけでなく、哲学、社会学、心理学、言語学、精神医学、法学などさまざまな分野からの研究もなされているが、それらは省略する。

ここでは日本軍「慰安婦」研究が、日本の戦争犯罪問題という枠を超えて、世界的な関心になってきている点に触れておきたい。後で触れることになるが、二〇〇七年にEU議会は「慰安婦」について決議を挙げた。そのなかで、「『慰安婦』制度は輪姦、強制堕胎、屈辱及び性暴力を含み、障害、死や自殺を結果し、二〇世紀の人身売買の最も大きなケースのひとつであり」と触れられている。この決議はヨーロッパのアムネスティが推進力になったこともあり、現在の世界が抱える問題との関連が意識されている。

なお一九九〇年代に国連人権委員会（二〇〇六年より人権理事会）で「慰安婦」問題が取り上げられるようになった大きな理由の一つが、旧ユーゴスラビアなど今日の紛争下における性暴力との関連である。二〇世紀における最大の組織的な戦時性暴力である日本軍「慰安婦」制度を、国際社会が犯罪として裁かなかったことが、今日の戦時性暴力の横行を招いてしまったという反省からである。

こうした精神は、同じ二〇〇七年の米下院決議など諸外国における一連の「慰安婦」問題の議会決議に受け継がれている。たとえば米下院決議を推進したハイド元下院国際関係委員会（現在の外交委員会）議長は、「慰安婦」決議採択にあたっての声明のなかで、「女性や子供を戦場での搾取から守ることは、単に遠い昔の第二次大戦時の問題ではありません。それはダルフールで今まさに起こっているような悲劇的状況に関わる問題です。『慰安婦』は、戦場で傷つく全ての女性を象徴するようになったのです」と語っている。また決議の提案者であるマイク・ホンダ議員を支えたアメリカのNGO団体「アジア・ポリシー・ポイント」のミンディ・カトラー代表は、二〇〇七年二月におこなわれた下院公聴会において、「日本軍の慰安所は、ボスニア、ルワンダ、ニカラグア、シエラレオネ、ダルフール、ビルマなど、今日の戦争や市民紛争の議論で頻繁に取り上げられる性奴隷制・戦時性暴力・人身売買など全ての問題の前身ともいうべきものでした」と証言している。[7]

こうした認識は、一九九〇年代以来積み重ねられてきた国連人権理事会での議論とつながるものであり、今日の戦時性暴力を解決するためにも日本軍「慰安婦」問題を国際社会として取り上げ、その解決をはかるべきだという姿勢である。すなわちこの問題は日本を批判すればすむ問題ではなく、人類が世界各地で直面している、戦時性暴力を克服する課題として認識されてきている。それを単に「反日」としか受け止められない日本社会の心の貧しさが際立っているが、この問題を国家の枠を超えて共通に議論できる条件が生まれてきていることも示している。

3　戦時性暴力を克服する国際連帯―国家賠償から女性の人権へ

次に一九九〇年代以来の「慰安婦」問題の解決をめざす運動を、東アジアさらには世界的な市民の連帯という観点で考えてみたい。その運動の中心は女性たちだった。

日本政府に謝罪と賠償を求める裁判は、一九九一年一二月に金学順さんら「慰安婦」被害者が原告に加わった「アジア太平洋戦争韓国人犠牲者補償請求訴訟」を皮切りに韓国、在日韓国人、フィリピン、オランダ、中国、台湾の元「慰安婦」を原告とする訴訟がおこされた。

しかし、すべて原告敗訴という結果で終結した。ただ多くの判決のなかで日本軍「慰安婦」の被害の事実を認め、さらに立法による解決を訴えた判決も出されたことは大きな成果だった。(8) 例外的な判決と言える、一九九八年四月の山口地裁下関支部判決では、元「慰安婦」二人の訴えに対して、「慰安婦」制度が「徹底した女性差別、民族差別思想の現れ」であり「極めて反人道的かつ醜悪な行為」であったとし、さらに「今日まで同女らを際限のない苦しみに陥れている」ことも認定し、立法不作為により国に三十万円の賠償を命じた。こうした韓国、フィリピン、中国、台湾、オランダの元「慰安婦」の訴訟を支えるために、日本の市民たちが各国の市民グループとの提携協力を進め、国際的な市民運動として展開していったことも重要である。

「慰安婦」問題が初めて国連人権委員会で取り上げられたのは一九九二年だった。それ以来、日本や韓国、北朝鮮、フィリピンをはじめ各国のNGOが「慰安婦」問題を提起していった。アジアの女性たちの連帯行動として、一九九二年八月にソウルで開かれた第一回日本軍「慰安婦」問題アジア連帯会議が挙げられる。日本、韓国、台湾、フィリピンの市民グループが参加したこの会議において、「慰安婦は、家父長制と軍事主義と戦争があわさって女性を蹂躙し、その人権を侵害した例である」とし、さらに会議は、この問題の解決が戦争犯罪の再発を防ぎ、平和な世界を建設するうえで重要なステップになるだろうと決議した。こうした認識が、国家を超えた女性たちの連帯のなかで生み出されていった、その後、この連帯会議は日本、韓国、フィリピンにおいて二、三年おきに開かれている。二〇一一年にソウルで開催された第一〇回会議には、日本、韓国、台湾、フィリピン、東チモール、ドイツ、カナダ、アメリカの市民が参加し、北朝鮮は文書で参加している。二〇〇八年に東京で開かれた第九回会議には中国、インドネシアも参加している。日本の市民グループという場合、日本人のグループもあれば、在日韓国人・朝鮮人のグループ、あるいは両者がともに含まれるグループもある。

ほかにもたとえば一九九八年に東京で開催された「戦争と女性に対する暴力」国際会議には、アジア各国のNGOや欧米など二〇カ国から参加者があり、日本軍「慰安婦」問題を含め、旧ユーゴスラビア、東チモール、カシミール、ソマリアなど各地の性暴力が取り上げられ議論されている。ここでも「世界的に（戦時性暴力の—筆者注）不処罰が支配的であることが暴力を再発させており、それはグローバルな現実であり今後の課題である」ことが提起されている。(9)

日本軍「慰安婦」制度が女性に対する重大な人権侵害をおこなった戦争犯罪であるという認識が各国・各グループの共通の認識であるが、フェミニズムが共通のベースにありながらも、帝国主義日本と植民地韓国・朝鮮という植民地支配を強調する認識、侵略国日本と被侵略国中国というような対立軸を強調する認識、つまり被害国から見ると民族主義あるいはナショナリズムを強く打ち出す場合もある。あるいはフェミニズムを重視して、女性の被害を強調する人びともいる。民族主義とフェミニズムのバランスによってそれぞれ微妙な違いがあるが、フェミニズムの視点が、国家の枠を超えた連帯を可能にしたことは間違いない。

この問題が国際的に関心を集め、特に国連人権委員会をはじめとする国際的な人権機関が積極的に取り上げるようになった背景には、一九九〇年代の旧ユーゴスラビアにおける戦時性暴力の深刻な被害があった。つまり二〇世紀末になってもなぜこのような深刻な戦時性暴力がおきるのか、という歴史的背景を考えると、日本軍「慰安婦」制度を大戦後、連合国が戦争犯罪としてきちんと裁かなかったことが重要な要因としてあるのではないか、すなわち戦時性暴力の不処罰が、現在にいたるまでの戦時性暴力の横行を招いてしまったのではないかという反省が生まれたのである。さらに「慰安婦」にされた女性の被害は戦時中だけにとどまらず、戦後数十年を経た今日にいたるまでその苦しみが続いているにもかかわらず、いまだに解決されていないことが明らかにされた。こうしたことからこの問題は国際社会として今まさに取り組むべき課題として認識されたのである。また日本政府がきちんとした責任を取る措置をおこなうことが、こうした戦時性暴力を加害国（加害者）が反省し償ううえで、世界の模範になりうるという期待もあった。日本軍「慰安婦」制度はたしかに日本の独自の特徴が顕著な犯罪であるが、類似のものはほかにもあり、日本だけの犯罪ではなく人類が犯した、さらには侵しうる犯罪であって、その再発をいかに防ぐのかという問題は人類全体が共同で解決しなければならないと考えられた。

人権委員会が設置した「女性に対する暴力、その原因と結果に関する特別報告者」に一九九四年に任命されたラディカ・クマラスワミ氏は、九五年の予備報告書のなかで、「慰安婦」問題について「第二次世界大戦後、約五〇年が経過した。しかし、この問題は過去の問題ではなく、今日の問題と見なされるべきである。それは、武力紛争時の組織的強姦及び性奴隷の加害者訴追のために、国際的レベルで法的先例を確立するであろう決定的な問題である。象徴的行為としての補償は、武力紛争時に犯された暴力の被害女性のために補償による救済への道を開くであろう」と述べている。(10)

クマラスワミ氏は一九九六年に包括的な「日本軍『慰安婦』報告書」を付属文書として提出、日本政府の法的責任を指摘し、賠償、真相究明、謝罪、教育、責任者処罰など六項目にわたって取るべき措置を示した。このなかで「ドメスティック・バイオレンス」、「共同体における暴力」、「国家による暴力」を分析の柱にしていたが、日本軍性奴隷制は国家による暴力の具体的なケース・スタディだった。[11]

こうした視点は、南京大虐殺をめぐる国際社会の認識とも共通している。二〇〇七年、南京事件七〇周年にあたり、中国や韓国、日本だけでなくアメリカ、カナダ、イタリア、フランス、スウェーデン、ドイツなど欧米のいくつかの国でこの事件をテーマにしたシンポジウムが開催された。[12] そこでの欧米の研究者たちの関心は、なぜ日本だけがそのような残虐行為をおこなったのかというのではなく、南京における大規模かつすさまじい虐殺、強かん、略奪、放火などの残虐行為は日本だけのものではなく、規模の大きさはいろいろあるにしても、人類が各地でおこなっているものであり、なぜ人間はそのようなことをおこなってしまうのか、どのような条件がそうしたことを引き起こすのか、それを防ぐためには何をすべきか、という問題を人類の共通の課題として考えようとするものだった。それは他者を一方的に非難して済ませるという姿勢ではなく、自らの社会のあり方を自省しようとする姿勢であり、そこに国家・民族の違いを超えて対話が成立する条件があった。また近年では中国の研究者もイデオロギーにとらわれない実証的な研究をおこなうようになり、資料に基いた建設的な議論が可能になってきている。しかしその一方、残念ながら日本では、そうした議論に対して、もう終わった過去のことをいつまで蒸し返すのか、それは金ほしさの「反日」キャンペーンだとレッテルをはって頭から拒否する議論が絶えない。あるいはなんらの根拠もなく他の国もやっていたと言って自らの反省を回避しようとする議論も少なくない。[13] 笠原十九司氏があるフランスのジャーナリストから「歴史事実が国民の歴史認識として定着せず、むしろそれが歪曲され、あるいは抹殺されるような社会は民主主義国家として未熟か、さもなくば危機的状況にあるのではないか」と言われたことを記しているが、[14] 後ろ向きで内向きの自己陶酔的な言説が横行している日本の知的頽廃は深刻であると言わざるを得ない。

さて国連人権委員会の取り組みは、その後、人権小委員会による「武力紛争下における組織的強かん、性奴隷制、及び奴隷制類似慣行に関する特別報告者」に一九九七年に任命されたゲイ・J・マクドゥーガル氏が「武力紛争下における組織的強かん、性奴隷制、及び奴隷制類似慣行に関する最終報告書」を九八年に提出、そのなかで加害者の訴追を含め日本政府に対して「十分な救済のために不可欠な決定的措置をとる責任がある」と勧告している。[15]

その後、国連の自由権規約委員会が二〇〇八年一〇月に日本政府の報告書に対して、「当該締約国は『慰安婦』制度について法的責任を受け入れ、大半の被害者に受け入れられ尊厳を回復するような方法で無条件に謝罪し、存命の加害者を訴追し、すべての生存者に権利の問題として十分な補償をするための迅速かつ効果的な立法、行政上の措置をとり、この問題について生徒および一般公衆を教育し、被害者の名誉を傷つけあるいはこの事件を否定するいかなる企てにも反駁し制裁すべきである」という最終所見を発表している。[16]

国際的な、特にアジアの市民の共同の取り組みについては、二〇〇〇年一二月に東京で開催された「日本軍性奴隷制を裁く女性国際戦犯法廷」を抜きには議論できない。[17] 法廷は加害国日本と被害国六カ国の女性たちや国際的な人権活動家たちによる国際実行委員会によって組織され、旧ユーゴ国際戦犯法廷前所長ら四人が判事団を構成、検事団は、南北コリア、中国、台湾、フィリピン、インドネシア、マレーシア、東チモール、オランダ、日本の一〇カ国・地域から構成された。この法廷の背景には、九〇年代以来、日本軍「慰安婦」問題について国連人権委員会への働きかけを通じて国際的な女性のネットワークが作られていったこと、旧ユーゴやルワンダの経験から戦時における女性への性暴力が今日においても世界的に広がっており、その根本的な原因の一つとして日本軍「慰安婦」問題を不処罰のままに放置していたことが認識されるようになったことが指摘できる。そして日本政府が一貫して法的責任を拒否し、日本の裁判所も政府の姿勢を追認している状況のもとで、民衆の手による裁判をおこない、戦時性暴力の不処罰→再発の悪循環を断ち、正義を回復し、被害者の名誉と尊厳を回復しようとする試みこそがこの法廷であった。

証拠に基づいた裁判をおこなうために日本軍・日本政府の公文書、被害者などの証言、ビデオ記録、専門家証言・意見書など各国による証拠収集がおこなわれ、膨大な証拠が提出された。首席検事がまとめた共通起訴状において、昭和天皇を含む一〇人の国家・軍の指導者を人道に対する罪の容疑で起訴した。八カ国六四人の元「慰安婦」など日本軍による性暴力の被害者も出廷して証言をおこない、連日一〇〇〇人を超える人々が傍聴に詰めかけた。法廷の最終日に「認定の概要」が出され、そのなかで「被告天皇裕仁有罪」と読み上げられたとき、場内は拍手と歓声で興奮に包まれた。昭和天皇が歴史上初めて裁かれた瞬間だった。最終判決は一年がかりで作成され、二〇〇一年一二月ハーグにおいて下された。性奴隷制（日本軍「慰安婦」制度）について、昭和天皇以下九人に人道に対する罪として有罪、フィリピンのマパニケでのレイプ事件については、山下奉文に有罪、昭和天皇に一部有罪（実行責任は証拠不十分で無罪）という判決であった。また日本政府に対しては公的謝罪や個人補償、資料公開などが、旧連合国に対しては「慰安婦」についての犯罪を裁かなかったことの説明を求めるなどの勧告もおこなわれた。

このような東アジア地域における市民レベルでの国家を超えた連帯と協力は九〇年代以降の大きな特徴である。帝国主義の近代から冷戦下におけるアメリカのヘゲモニー下にいたる民衆の分断の時代を乗り越える動きが始まった。

4　国家・ナショナリズム・人権

このような国家を超えた民衆の連帯という場合、必然的に問題になるのは、国家の枠組みをそう簡単に超えられるのか、あるいは超えてよいのかという問題である。

帝国主義国であり侵略国であった日本国民と、その帝国主義によって侵略され支配された元植民地・元被侵略地の国民が、まったく国籍を無視して連帯できるのだろうか。日本国家の責任を問うこと自体が、ナショナルな枠組みにとらわれた議論だといって否定できるのだろうか、という疑問が生じる。

一九九〇年代に日本「慰安婦」問題がクローズアップされるようになってから、一つの論点となったのがフェミニズム（あるいは国家を超えた連帯の思想）とナショナリズムとの関係だった。この点について、一九九七年に日本の戦争責任資料センターが主催して開催したシンポジウム「ナショナリズムと『慰安婦』問題」において、上野千鶴子、吉見義明、徐京植、高橋哲哉の四人のパネリストの間で大きな議論になり、それに関わる議論も広がった。[18] ここでは「日本人としての責任をとる」とはどういうことか、「フェミニズムはナショナリズムを超えられるか」など今日まで続く論点が議論されている。ここではその論争に立ち入る余裕はないが、なかには、日本の植民地支配責任を問う韓国の主張そのものをナショナリズムとして批判する議論もある。ジェンダーの視点だけで物事を捉えると、そのような傾向になりやすいように思われる。

しかし日本軍「慰安婦」制度は、性差別であるだけでなく、帝国主義と植民地・被侵略国という関係を利用した制度であり、民族差別、階級階層差別もともなうものだった。朝鮮半島や中国、東南アジアの女性たちを「慰安婦」として利用することは、対等な国家間の関係があれば不可能だった。帝国主義国としての国家責任、その国民の責任は免れないだろう。フェミニズムの視点に立つことによってナショナリズムを批判すれば、帝国主義―植民地・被侵略国の関係を超えて連帯できるのだろうか。

どのような優れた視点も一つの視点からだけ見ていると、ほかの重要な要素を見落としてしまう。複合的な視点で、総合して見ることが必要だろう。そういう意味で、宋連玉氏が「ジェンダー、民族、階級の複合的な視点を手放すと、フェミニズムの可能性を失ってしまう」[19] と述べている通りである。フェミニズムはもともと帝国の中産階級の女性たちのなかから生まれた思想であることに注意を払い、その植民地主義的な側面を克服することが必要である。

こうした複合的な視点の必要性は、最近の公娼制などの研究に対して、小野沢あかね氏が「言説分析という手法が採用されることが多いこととも関連し、人々の暮らしとの有機的な関係の下での運動分析が捨象され、公娼制度や廃娼運動をめぐる、ジェンダー関係以外のさまざまな社会的諸関係が捨象されてしまう傾向があった」[20] と、ジェンダーの視点だけで見ることの危険性とともに、言説分析のはらむ問題性も指摘している。

この点は、近年、フェミニズムの議論のなかでよく使われる概念である、軍事主義や家父長制などの言葉についてもあてはまる。それらの概念によってこれまで見落とされていた側面に光を当てたという意味はあるかもしれないが、時代を超えて、どの国にでも適用される概念は、逆に切り落としてしまうものも多い。第二次大戦中の日本やドイツと、アメリカやイギリスを一緒にして軍事主義で説明してしまうと、なぜ日本とドイツだけが、あれほど大規模かつ組織的な「慰安婦」制度を作ったのか、何も説明できなくなってしまう。

家父長制概念は、近代国民国家に共通する問題として提起されたもので、その意義は大きいと考えているが、明治民法下と現在の日本の家族を同じものとして説明できるのだろうか。その家父長制にしても、日本の植民地支配とそれへの抵抗のなかで変容あるいは再編されてきた韓国（あるいは在日社会）の家父長制と、日本の家父長制を同じものとして議論するのは乱暴だろう。その相互関係を見ることなしに、日韓の家父長制の克服を議論できるのだろうか。

この間、ブームとなっている「和解」という議論にもさまざまな問題が含まれているように見える。一つは、事実の究明は抜きにした「和解」の動きであり、また日本国家による謝罪と個人補償を抜きにした「和解」である。両側面は重なって展開しているように見える。

これらと重なっているのが、ナショナリズム批判というポーズをとりながら、日本の戦争責任問題・植民地問題を終わらせようとする議論である。そこでは、日本はすでに謝罪したのだから、問題は被害国（民）の側にあるという議論もなされる。[21] こうした議論は、事実を軽んじた傾向とフェミニズム一元主義の（両方または一つの）生み出したものではないかと思われる。

しかしながら、前節で見たような市民の取り組みは、日本国家ならびに日本国民としての責任を取ることを通じて、言い換えれば帝国主義の侵略と植民地支配、そのなかでの重大な人権侵害の事実を明らかに、それへの反省と償いを実行することを通じて、帝国主義国—植民地、侵略国—被侵略国の分断を克服しようとする思想と運動であると言ってよいだろう。つまり、日本という加害国の一員であることを見すえ、その戦争責任の解決が日本国構成員としての責任であることを自覚し行動することを通じての、アジア女性との連帯であるということが重要である。女性であれば、フェミニストであれば国家を超えられるかのような、安易なナショナリズム批判とは異なる。

韓国においても安易なナショナリズム批判とは別に、自国の民族主義的な姿勢を批判する取り組みが進められていることも指摘しておく必要がある。

たとえば戦後長期にわたって元「慰安婦」の女性たちが韓国社会のなかで差別され苦しめられてきたこと、「売買春」問題を女性の人権問題として考えず依然として「売春婦」への差別意識が強いこと、そうした韓国社会のあり方が韓国軍によるベトナム女性へのレイプなどの性暴力を生み出したこと、などが議論されるようになってきた。さらに米軍占領下の沖縄を思い起こすような在韓米軍による韓国女性に対する性暴力も取り上げられてきている。[22] 近年の例でいえば、二〇一一年にソウルで「東アジア米軍基地問題と女性の人権」をテーマにした日韓合同のワークショップが開かれ、そこでは米軍と韓国政府の政策による被害者である基地村の女性たちの実態やその人権回復の取組み、米軍の性暴力や性売買政策などが扱われ議論された。軍隊による性暴力に韓国政府が加担していることが問題にされた。筆者は日本側の代表として参加し、米軍の資料に基いた報告をおこなった。韓国側の主催団体は「基地村女性人権連帯」であったがそのなかで中心になってこのワークショップを準備したのは、日本軍「慰安婦」問題に長年にわたって取り組んできた挺身隊問題対策協議会であった。[23]

韓国では民主化が進んだ九〇年代末以降、過去の見直しが政府レベルでも進んだ。その内容は次の三つに整理できる。第一に、日本の植民地支配による被害である。軍人軍属や労務者の強制連行・強制労働、日本軍「慰安婦」など強制動員された被害者の真相究明と名誉回復の課題である。第二に、戦後の分断の過程さらには朝鮮戦争のなかで生じた問題であり、具体的には韓国軍や警察、あるいは米軍による民衆虐殺、迫害である。第三に、軍事政権下になされた、民主化運動に対する弾圧、人権侵害である。[24]

これらの人権侵害について、真相を究明し、被害者の名誉回復を図ろうとするもので、一部では被害者への補償もなされつつある。これらの課題を見ると、日本の植民地支配から九〇年代にいたるまでの軍事政権のほぼ二〇世紀全体が対象となっていることがわかる。そこでは韓国自身も対象とされている。民間レベルでの取り組みでは、ベトナム戦争における韓国軍による住民虐殺、性暴力、朝鮮戦争の際の韓国軍向けならびに米軍向けの慰安所を韓国政府が斡旋して作ったことも取り上げられ、自国の加害行為もきちんと認め、韓国自身を変えていこうとする取り組みがなされてきている。

韓国のなかでも、軍事政権を支えた韓国とそれに対して民主化運動を闘った韓国とに分かれているという認識は、日本もけっして一枚岩ではないという認識につながる。

二〇〇一年に日本において、重要な事実を否定し、日本の侵略戦争と植民地支配を美化しようとする教科書が登場し、良識ある日本の市民が厳しく批判した教科書問題があったが、このときはほとんどの自治体がこの問題ある教科書を採択しなかった。その結果に対して、韓国の市民団体が日本の新聞に意見広告を出したが、その見出しは『あぶない教科書』不採択という結果は日本国民の良識の勝利です」というものだった。(25) つまり日本政府は検定でその教科書を認め、自民党がその採択を組織的にバックアップしたにもかかわらず、日本の民衆は拒否したということである。これまで「日本人」「日本国家」が一つのものとして認識され批判されてきたが、国家と民衆は必ずしも一体ではないことが韓国のなかで認識されるようになったことを意味している。市民の日韓共同の取り組みを通して、政府と市民は異なることが共通の認識となるようになり、市民同士の連帯が生まれ広がりつつあることの表れだったと言えよう。

また韓国における軍事政権がかつての親日派によって支えられていたという認識が広がるなかで、東アジアで問題になっているのは、単に昔の過ぎ去った歴史の精算ではなく、戦前、戦中、戦後を通した、二〇世紀の日本が犯した数々の行為とそこで作り上げた構造、すなわち日本の帝国主義、植民地主義のあり方全体を精算するという課題である。なぜならその構造・体質が冷戦のなかで戦後の韓国においても維持・利用されてきたからである。こうした認識が、東アジアの民衆の連帯の条件となってきている。

韓国ほどではないが中国にも変化が見られる。たとえば二〇〇〇年三月に中国上海で初めて「慰安婦」問題のシンポジウムが開かれ筆者も参加した。そのシンポのなかで、日本に留学していた中国人研究者が、元「慰安婦」の人たちを助け、彼女たちの証言を真っ先に取り上げ紹介していったのは日本の研究者や運動家たちであった、「慰安婦」問題は日本の心ある人たちの活動がなければ、ここまで多くの人たちの認識、理解を得るまでにはいたらなかったのではないか、中国人は日本人に感謝すべきだ、中国社会は「慰安婦」の人たちに冷淡だったことを反省すべきだと、中国人の参加者に訴えていたのが印象的だった。

また二〇〇一年に南京で開催された「南京大虐殺研究国際シンポジウム」では中国側の基調報告において、原爆体験などに基づく日本人の戦争体験と被害者の立場から戦争の苦しみを理解する日本人の心情を理解すべきこと、そのことを理解したうえで日中の対話と理解が可能であることを主張する報告がおこなわれた。(26)

筆者の経験でも、八〇年代から九〇年代にかけてマレーシアをたびたび訪問し、日本軍の住民虐殺からかろうじて生き延びた方々の聞き取りをおこなったが、(27)日本軍の残虐行為を否定しようとする暴論に対してはかれらは強く非難していたが、事実を認める日本人には実にやさしかった。また両親と兄弟を日本軍に殺され、一人だけ生き残ったある人は、この問題に真摯に取り組む日本人と出会い、これまで日本人はすべて憎かったが、日本人のなかにもいい日本人がいるとわかってよかったと語ったことが印象に残っている。日本人として責任を取ることが、日本がかつて侵略し苦しめた地域の人々との友好と連帯に不可欠である。

おわりに

日本においては侵略戦争であったことも、日本軍がアジア各地で非人道的な行為を繰り返したことも認めようとせず、開きなおるような議論が横行している。それに対して、韓国では、自国の軍隊の犯罪を認めるような自省的な議論に対して、日本を見習えということを韓国の国家主義者が言うようである。そして自国の問題を棚上げして日本だけを非難する声に対して、日本の国家主義者たちはまた自らの主張を声高に叫ぶ。自国のあり様を反省しようとしない人々は、一見対立しているように見えるが、実のところ互いにエールを送りあい励ましあっている。自己中心の国家主義者たちの〝国際連帯〟である。[28]「慰安婦」問題に取り組んでいる韓国の研究者である金昌禄氏は、そのことを「敵対的共存関係」と呼んで批判している。[29]相手方の国家主義者の存在は、自分たちが自らの国家の過ちを反省しないための絶好の口実にされる。他方、自国の過ちを自省しようとする者たちは、日本、韓国、中国という枠を超えて、事実に基いて、民衆を犠牲にする国家と国家権力を批判的にとらえ、議論を積み重ね、共同と連帯を少しずつではあるが追求しつつある。

ナヌムの家で、「慰安婦」にされたハルモニと交流する日韓の学生たち

筆者の担当する大学のゼミナールでは近年、韓国の大学と交流しているが、二〇一二年七月に合同で勉強会をおこなった際に、議論のテーマの一つとして、日本軍「慰安婦」問題と韓国軍「慰安婦」問題をセットで取り上げた。後者は、朝鮮戦争の際に韓国軍が慰安所を設けていた問題である。旧日本軍人が主体だった韓国軍が、日本軍と同じ発想で同じような慰安所を設けていた。このことは韓国でいくつか研究が生まれてきているが、韓国の学生たちにとってもほとんど知られていないことで、かれらはこの事前学習で初めて知り、かなりのショックを受けたようだった。日韓の学生たちがグループ討論をおこない、各グループから討論内容を発表してもらったが、いずれのグループでも、日韓両政府ともに事実を隠そうとするのはおかしい、事実を認めて国民に知らせるべきであるし、両政府ともに被害者にきちんと謝罪と賠償をおこなうべきだという意見でまと

まったようだった。日本側の学生は、全員が韓国調査旅行に行き、元「慰安婦」の女性たちにも会って直接交流もしてきていたので、日本軍「慰安婦」を正当化するような者がいなかった。もし日本軍を正当化するような学生がいれば、そこで紛糾して何も議論は進まなかっただろう。日本の学生も事実を認め、日本軍がひどいことをしたということが共通の認識になっていれば、そこから韓国の学生も韓国自らのあり方を見つめようとし、相互の議論が成立する。女性の人権を踏みにじりながら反省しない両政府に対して、被害者の視点から、日韓がともに同じ課題を抱えており、協力することによって問題を解決しようという意識が生まれてくる。そこには、韓流ブームなどだけでは得られない、日韓の市民の新しい連帯と友好の萌芽があるだろう。

そうした相互交流と理解の進展によって、韓国社会のなかでも、「過去の克服」に取り組む日本の人びとの存在と努力を理解する人びとが確実に増えているだろう。そのことは同時に、日本の植民地支配と侵略戦争を批判するだけではすまない韓国社会の問題を把握し、良識ある日本人とも協力しながら、韓国の問題、さらには東アジアが抱える問題を克服しようとする努力につながっていると思われる。

日本がその戦争責任・植民地責任を認め、その償いをおこなうことは、自己否定でもなく、日本に犯罪者という烙印を捺されることを意味するものでもない。

米下院が慰安婦問題で決議を挙げたときに外交委員会議長だったラントス氏は、「この決議は、日本の過去の政府の行為を罰しようというものではありません。そうではなく、日本の真の友人として、米議会は決議案一二一を通じて、これらの女性と日本の国が癒され未来に向かうために、日本が過去の困難な時期の出来事を全て公式に認めるよう、頼んでいるのです。そのような癒しの過程は、日本の人権擁護への取り組みを再確認するだけではなく、日本の隣国との関係を改善し、アジアと世界におけるリーダーとしての地位を強固にするでしょう。私たちが二一世紀を生きていくに当たり、日本は世界のなかで益々積極的な役割を果たしていくべきです」と述べている。(30)

言い換えると、自らの過ちを直視しそれを克服することは、それらから目を背けて逃げ回る卑怯な人間ではなく、自らに困難な課題を克服する力があることを示すものである。そしてその取り組みを通じて誠意と勇気、人間性のあることを実証し、人間としての（けっして「日本人」としてではなく）誇りと自信を獲得し、世界の人々の信頼を勝ち取ることにつながる。この姿勢は、「過去の克服」に取り組んできたドイツの姿勢でもある。

日本対韓国、日本対中国という国家単位の対抗図式ではなく、帝国主義と人権抑圧の国家権力を正当化する立場にたつ人々と、市民の人権の視点からそれを批判的にとらえようとする人々との対抗関係が生まれてきている。一九九〇年代以降の東アジアの民主化（中国の場合は民主化というよりは経済成長にともなう民衆の自由の拡大）のなかで、日本の戦争責任・植民地責任への取り組みを通じて、人々の連帯が広がってきた。日本軍「慰安婦」問題への取り組みは、その重要な国際的な取り組みの一つであった。

もちろん逆流は依然として強いし、領土問題のように国家主義的な雰囲気が圧倒しているような領域がある。また一時期の韓流ブームは日本人の対韓国朝鮮認識をどれほど変えたのだろうかという疑問もある。確かに音楽や食べ物などある部分では相互理解を進めたと言えるかもしれないが、インターネットの世界や出版物においても韓国社会とその人びとに対する露骨な差別偏見と侮蔑意識をむき出しにしたものが横行している状況を見ると、近代のなかで歴史的に作られてきた日本人の朝鮮差別の認識を根本的に変えたとまでは言えないだろう。特に二〇一三年末の安倍政権誕生以来、そうした傾向に拍車がかけられており、とうてい楽観できるものではない。

しかしながら長いスパンで見ると時代は確実に変わりつつある。かつての中華帝国が解体し、それに代わって日本帝国主義が東アジアを侵略・支配していった近代、アメリカのヘゲモニーの下で軍事政権（韓国）や独裁政権（台湾、フィリピンなど）、軍事支配（沖縄）、他方で共産党一党独裁下におかれてきた中国や北朝鮮、という構造のなかで民衆が抑えられてきた第二次大戦後の冷戦時代、この一九世紀末から二〇世紀末までの時代は、東アジアの民衆が分断されてきた歴史だった。しかしここで紹介してきた市民の取り組みはそれを克服する営みである。いまわれわれは、東アジアの民衆の連帯と交流を語ることができる時代をようやく迎えつつあると言えるだろう。(31)

[用語説明]

「婦女売買禁止条約」

一九〇四年、一〇年、二一年、三三年の四度にわたって締結された、女性と児童の売春禁止に関わる国際条約。日本は三三年条約を除く三つの条約に加盟。一九四九年に包括的な「人身売買及び他人の売春からの搾取の禁止に関する条約」が締結され、五一年に発効した。

「奴隷制禁止条約」

一九二六年に締結され、二七年に発効した「奴隷条約」をはじめ、その後の議定書や補足条約などを含め、奴隷制を禁止した国際条約。

「強制労働禁止条約」

一九三〇年に締結され、三二年に発効した「強制労働に関する条約」をはじめ、強制労働を禁止した国際条約。

「自由権規約委員会・社会権規約委員会」

一九六六年に国連総会で採択され、七六年に発効した「市民的及び政治的権利に関する国際規約」（自由権規約）と「経済的、社会的及び文化的権利に関する国際規約」（社会権規約）のそれぞれの実施を推進するために設置された委員会。

「略取と誘拐」

刑法に規定されたもので、略取は暴力や脅迫を用いて、誘拐は騙したり誘惑によって判断を誤らせて、自己または第三者の支配下に置く行為。両者の刑罰の重さに変わりはなく、暴力による「強制連行」のみを問題にする議論は、略取だけが問題で誘拐はかまわないという刑法を理解しない議論である。なお北朝鮮による拉致について日本政府は、略取と誘拐をともに拉致と認定し、区別していない。

「軍事主義」

自由主義や民主主義に対立する軍国主義という概念とは異なり、軍の論理・原理が社会の構成原理として深く浸透していることを意味する。したがって、たとえば米国は自由民主主義国であると同時に軍事主義の国家・社会としてとらえられている。

「家父長制」

年長の男が家族の構成員を支配する秩序。かつては前近代社会や明治憲法下の日本などの家族のあり方として理解されていたが、最近の研究では、家族のみならず、会社や政官界、地域社会なども含め社会の構成原理として現代社会においても根強く浸透していると理解されている。

「基地村」

韓国に駐留する米軍基地の周辺に生まれた街で、米兵相手の娯楽や売春施設などが集中している。

［註］

（1）林博史『戦後平和主義を問い直す』かもがわ出版、二〇〇八年、参照。

（2）「慰安婦」という言葉は、性暴力被害の実態を表していないが、実際に日本軍が使った歴史的用語として括弧をつけて使うこととする。

（3）以上の点については、林博史『戦後平和主義を問い直す』第三章、でくわしく論じている。

（4）最初のまとまった研究成果としては、吉見義明『従軍慰安婦』岩波新書、一九九五年、吉見義明・林博史編著『共同研究・日本軍慰安婦』大月書店、一九九五年、二〇〇〇年までの研究成果としては、VAWW-NET Japan 編『日本軍性奴隷制を裁く二〇〇〇年女性国際戦犯法廷の記録』全六巻、緑風出版、二〇〇〇年〜二〇〇二年、がある。二一世紀に入ってからの研究成果については、林博史「日本軍「慰安婦」研究の成果と課題」『女性・戦争・人権』第一一号、二〇一一年、参照。吉見義明『日本軍「慰安婦」制度とは何か』岩波書店、二〇一〇年も参照。

（5）アカデミズムの傍観者的姿勢に対する筆者の批判は、林博史「沖縄戦『集団自決』への教科書検定」『歴史学研究』八三一号、二〇〇七年九月、林博史「日本軍「慰安婦」研究の成果と課題」、参照。

（6）その代表的な仕事として、アクティブ・ミュージアム「女たちの戦争と平和資料館」編『証言　未来への記憶　アジア「慰安婦」証言集Ⅰ Ⅱ　南・北・在日コリア編』上下、明石書店、二〇〇六年、二〇一〇年。

（7）徳留絹枝「『慰安婦』決議採択　米議会と日本の歴史問題」二〇〇七年掲載、ウェブサイト「捕虜日米の対話」http://www.us-japandialogueonpows.org/CWresolution-J.htm（二〇一二年九月九日アクセス）。

（8）押川宏子・大森典子『司法が認定した日本軍「慰安婦」被害・加害事実は消せない』かもがわ出版、二〇一一年、に判決が紹介されている。

（9）西野瑠美子「『慰安婦』問題と世界の女性暴力」『季刊戦争責任研究』第二〇号、一九九八年六月、三七頁。

（10）渡辺美奈「『慰安婦』問題をめぐる世界の動き」『季刊戦争責任研究』第六二号、二〇〇八年一二月、四二頁。

（11）クマラスワミ報告書の全文は、日本の戦争責任資料センターのウェブサイト参照 http://space.geocities.jp/japanwarres/center/library/cwara.HTM（二〇一三年二月七日アクセス）。

（12）これらのまとめとして、南京事件七〇周年国際シンポジウムの記録集編集委員会『南京事件七〇周年国際シンポジウムの記録』日本評論社、二〇〇九年。

（13）こうした議論に対する批判は、林博史、俵義文、渡辺美奈『「村山・河野談話」見直しの錯誤―歴史認識と「慰安婦」問題をめぐって』かもがわ出版、二〇一三年、「戦争と女性への暴力」リサーチ・アクションセンター編、西野瑠美子、金富子、小野沢あかね責任編集『「慰安婦」バッシングを越えて―「河野談話」と日本の責任』大月書店、二〇一三年、参照。

(14) 笠原十九司『南京事件論争史』平凡社新書、二〇〇七年、一四頁。

(15) 渡辺美奈「日本軍『慰安婦』問題をめぐる国連機関の動き」『季刊戦争責任研究』第四七号、二〇〇五年三月、二五頁。報告書全文は、VAWW-NET Japan 編訳『戦時性暴力をどう裁くか―国連マクドゥーガル報告全訳』凱風社、二〇〇〇年。

(16) 渡辺美奈「『慰安婦』問題をめぐる世界の動き」四二頁。安倍政権や橋下大阪市長らによる、被害女性を貶める言動や、街頭やネット上で繰り返されるヘイトスピーチに対して、二〇一三年五月に社会権規約委員会が、「締約国がヘイトスピーチや彼女たちを非難するその他の示威運動を防止するために〝慰安婦〟の不当な扱い(搾取)に関して公衆を教育することを勧告」した。また同月、拷問禁止委員会は、締約国(日本政府)が「本条約に基づく責務を果たすのを怠っていること」を厳しく批判し、「性奴隷制の犯罪について法的責任を認め、加害者を訴追し、適切な刑をもって処罰すること」、「政府当局者や公的な人物などによる事実を否定し、そのような反復的否定によって被害者に再び精神的外傷を与えるような動きには反駁すること」など詳細な勧告を発表しており、日本政府は、国際人権機関から厳しい批判を受けている(アクティブ・ミュージアム「女たちの戦争と平和資料館」編著『日本軍「慰安婦」問題 すべての疑問に答えます』合同出版、二〇一三年、五三~五四頁)。

(17) 法廷のための調査の成果ならびに法廷の記録は、VAWW-NET Japan 編『日本軍性奴隷制を裁く二〇〇〇年女性国際戦犯法廷の記録』全六巻、緑風書房、二〇〇〇年~二〇〇二年。VAWW-NET Japan 編『裁かれた戦時性暴力』白澤社(現代書館発売)、二〇〇一年、「戦争と女性への暴力」日本ネットワーク『Q&A女性国際戦犯法廷 ―「慰安婦」制度をどう裁いたか』明石書店、二〇〇二年、参照。

(18) このシンポジウムの記録ならびにそれに関連する発言については、日本の戦争責任資料センター編『シンポジウム ナショナリズムと「慰安婦」問題』青木書店、一九九八年。ほかに上野千鶴子『ナショナリズムとジェンダー』青土社、一九九八年、をはじめとする上野氏の論考があるが、最近のものとしては、山下英愛『ナショナリズムの狭間から 「慰安婦」問題へのもう一つの視座』明石書店、二〇〇八年、金富子・中野敏男編『歴史と責任 ―「慰安婦」問題と一九九〇年代』青弓社、二〇〇八年、宋連玉『脱帝国のフェミニズムを求めて―朝鮮女性と植民地主義』有志舎、二〇〇九年、など参照。またこれらの文献の参考文献も参照。

(19) 宋連玉前掲書、二五七頁。

(20) 小野沢あかね『近代日本社会と公娼制』吉川弘文館、二〇一〇年、一六頁。

(21) 朴裕河『和解のために―教科書・慰安婦・靖国・独島』平凡社、二〇〇六年、など。それに対する批判としては、金富子「『慰安婦』問題と脱植民地主義」『インパクション』一五八号、二〇〇七年、参照。

(22) 韓国での取り組みについては、尹貞玉著、鈴木裕子編・解説『平和を希求して―「慰安婦」被害者の尊厳回復へのあゆみ』白澤社、二〇〇三年、

鄭鎮星著、鄭大成・岩方久彦訳『日本軍の性奴隷制』論創社、二〇〇八年、尹美香織著、梁澄子訳『二〇年間の水曜日』東方出版、二〇一一年、など参照。

(23) このワークショップについては、李定恩・田崎真奈美「日韓合同基地村ワークショップ―東アジア米軍基地問題と女性の人権」『季刊戦争責任研究』第七六号、二〇一二年六月、参照。

(24) 林博史『戦後平和主義を問い直す』第三章、参照。主な参考文献も同書参照。

(25) 東京多摩地区では朝日新聞に付いてくる『アサヒタウンズ』に掲載された(二〇〇一年一〇月一三日付)。

(26) 笠原十九司『南京事件と日本人』柏書房、二〇〇二年、二九七〜三一八頁。

(27) その内容については、林博史『華僑虐殺』すずさわ書店、一九九一年、参照。

(28) 各国の国家主義者たちの共通性については、テッサ・モーリス＝鈴木「グローバルな記憶・ナショナルな記述」『思想』八九〇号、一九九八年八月、が興味深い分析をおこなっている。

(29) 金昌禄「日本軍慰安婦問題、今何をなすべきか」『季刊戦争責任研究』第七九号、二〇一三年三月、一二頁。

(30) 徳留絹枝前掲論文。

(31) 本稿は、科学研究費基盤研究（B)「米軍の性売買政策と性暴力―その歴史ならびに現状の実証的研究」(代表林博史、二〇〇九〜二〇一二年度)、関東学院大学戦略的プロジェクト研究「二一世紀における日中韓とアセアン地域の安全保障に関する研究」(二〇一〇〜二〇一二年度)の研究成果である。

第14章

武藤山治とアメリカ

山本長次

はじめに

武藤山治（1931年頃）

鐘ヶ淵紡績株式会社（鐘紡）の経営者で、経営資源としての「ヒト」を重視する経営を行なったことや、長期雇用の慣行を現出させたこと等で、「日本的経営の祖」と称せられている武藤山治（さんじ）（一八六七－一九三四）は二度、渡米している。一度目は、一八八五（明治一八）年一月から一八八七（明治二〇）年で、カリフォルニア州に渡り、パシフィック大学に学んだ。二度目は、一九一九（大正八）年一〇月から一九二〇（大正九）年一月にかけてで、ワシントンDCで開催された第一回国際労働会議に日本の雇主側代表として出席し、帰路にパシフィック大学にも訪問した。

さて、本章では、経営者の国際交流上のレシプロシティー（互恵性）という観点から、武藤の渡米経験が彼の鐘紡経営に影響を与えた点や、パシフィック大学との交流等について、考察していくことを課題とする。

1　青年期の渡米とパシフィック大学における苦学

（1）生誕と両親からの影響

武藤山治は、現在の岐阜県海津市平田町の代々庄屋をつとめた佐久間家の長男として生まれ、山治はアメリカ合衆国から帰国した一八七七（明治一〇）年に、武藤家を相続して改姓した（旧姓時も武藤と表記する）。

父の佐久間国三郎（一八四五－一九一五）は大の読書家で、儒教関係の書物から、当時評判となっていた福澤諭吉（一八三五－一九〇一）の『西洋事情』まで読んでおり、母のたねの両親は、国文学者の流れをくむとされている。このような両親のもとで育った武藤は、文学者になりたいと思い、国三郎はイギリスのケンブリッジ大学に入学させようと考え、留学費を積んでいた。

さらに国三郎は、岐阜県議会の議員や議長を経て衆議院議員（一八九八－一九〇二）にもなった人物で、早くから自由民権思想を抱いており、彼の家でも時折演説会が開催された。武藤は子どもながら、演説が上手になってみたいと国三郎に話すと、演説館もある慶應義塾への進学を勧められた。武藤は、一九二三（大正一二）年に政党・実業同志会（一九二九［昭和四］年に国民同志会と改称）を結成し、一九二四（大正一三）年から一九三二（昭和七）年まで、父親と同様に衆議院議員としても活動した。

（2）慶應義塾の幼稚舎への入学と本科進学

武藤は地元の今尾小学校を卒業すると、一八八〇（明治一三）年五月一〇日に慶應義塾に附設されていた幼稚舎に入学した。幼稚舎は和田芳郎が舎長であったため、和田塾ともいわれた。この頃の課業の大略は、英書、和漢書籍、語学、算術、作文、習字、画工、体操、礼式で、さらに「支那語学」そして、「読方」、「ジ（ママ）クテーション」（口述筆記の意）、「文典」からなる英語学なども併せて修得した。

和田塾では生徒による演説が奨励され、しばしば演説会が催されたが、そのような時は福澤諭吉も出席して親しく語った。例えば武藤は、身体を健全にして立派な体格を作り活動することや、言葉遣いや態度の親切丁寧さの必要を聞いた。

また、幼稚舎における和田芳郎と生徒との関係は、家庭的であり寺子屋式で、師弟間に階級的な概念を作らず、親密な温情があふれていた。和田は出席簿をつけるとき、呼びすてにしないで、必ず「何々さん」と呼んだが、このような教育法は、イギリスの人格教育を模範としたものであった。武藤は鐘紡における人的資源管理上、言葉遣いや態度の親切丁寧さを重視したが、これらは福澤や和田の教えによって培われたものでもあった。

武藤は一八八一（明治一四）年九月より慶應義塾の本科（本塾）に学び、一八八四（明治一七）年七月に卒業したが、そこでも、イギリス流の人格教育とともに、会話も含めた英語、支那語、簿記のような実学、算術、そして政治、経済、文学の訳読が主に行なわれた。後年の武藤は、福澤の書き残した独立自尊の心がけを、文字の上で読めるだけとなってしまったが、当時、慶應義塾に学んだ者は、福澤の一大人格に直接触れ、彼の言行から感化を受けて世の中に出たと述べている。

先にも触れたとおり、武藤はさらにケンブリッジ大学に学び、文学者になることを志していた。ところが、彼が本科で学んでいた一八八一（明治一四）年に松方正義が大蔵卿につき、いわゆる松方財政が実施されると、その紙幣整理を目的としたデフレーション政策の影響等により、武藤の周囲では、親戚に貸していた彼の留学費が、先方の破産により全額返ってこなくなった。

（3）渡米とタバコ工場への勤務

武藤は、慶應義塾を同級として卒業した和田豊治（一八六一－一九二四、富士瓦斯紡績社長などを歴任）、桑原虎治（一八六〇年生まれ、慶應義塾商業学校校長などを歴任）とともに、一八八五（明治一八）年一月にアメリカに渡り、サンフランシスコのタバコ工場で働くこととなった。

武藤らの渡米の話は、サンフランシスコで貿易商の甲斐商会を営んでいた甲斐織衛（一八五〇－一九二二）が帰朝した際に持ち出し、和田が聞いてきたものであった。福澤諭吉、中上川彦次郎（一八五四－一九〇一）、甲斐、そして和田はともに現在の大分県の中津が郷里で、甲斐も慶應義塾に学んだ。甲斐は、現在の神戸大学の前身にあたる神戸商業講習所の初代校長をつとめたのち、やはり慶應義塾出身の朝吹英二（一八四九－一九一八）が経営した貿易商会のニューヨーク支店勤務を経て、甲斐商会をおこした。また、武藤ら三人の渡米の際、中上川がサンフランシスコにいる甲斐と、彼の友人であり、かつこのタバコ工場勤務の件をともに発案した、サンフランシスコ・トレーディング・ニュース新聞社主のヤコブという人物に対する添書を認（したた）めたとされている。中上川は、福澤の甥にあたり、慶應義塾の卒業生であるとともに、工部省や外務省への勤務経験があり、さらに福澤がおこした新聞社の時事新報、そして山陽鉄道、三井銀行をはじめ、鐘紡も含めた三井関係諸企業の経営にもたずさわり、武藤への影響も強い人物であった。

武藤が父・国三郎から貰い受けた支度金は三五〇円で、洋服代や船賃等に半ば近く費やし、僅かな所持金を持って渡った。武藤が語るに、当時の学卒は就職難であったが、青年の間には、海外へ出て新しい人生を切り開こうという意気が極めて盛んだったので、希望を抱いて三人は渡米を決した。しかも先方で稼いで、その傍ら学校へ通うつもりでいたため、かなりの決心と覚悟を要した。

武藤らは、アメリカのパシフィック・メイル社の汽船「シティー・オブ・トーキョー」号で、一八八五（明治一八）年一月二七日に横浜から出港しているが、折しもこの航海の時には、第一回の官約（政府の斡旋による）日本人ハワイ移住者千人近くも同船し、彼にとってそのことも印象深かった。船室は五〇ドルほどの三等で、最下の薄暗いところに、蚕棚のような寝床が幾重にもなっており、船酔いにも悩まされた。船は二月八日にハワイのホノルルに寄港し、武藤らも市街地を見学した上、一八日にサンフランシスコに到着した。

慶應義塾でミル（John Stuart Mill,1806-1873）やスペンサー（Herbert Spencer,1820-1903）等も学んできた武藤らにとって、タバコ工場における見習職工としての勤務には、大きなギャップを感じるとともに、聞いたり話したりする日常生活上の英語の勉強にもならなかった。そのような生活上の失敗の一端として、理髪店に出かけた和田と武藤は、刈り方について理解も説明もうまくできず、和田はショーテストと答えて囚人のごとくほとんど丸坊主にされ、武藤はリトル・ショーテストと答え、黒人以外は刈らない短い丸刈りにされた。そして、各自一カ月あたり二〇ドルほどの下宿屋への支払いの負担も大きく、所持金が減少していった。

(4) スクール・ボーイとデイ・ワーク

一、二カ月後、武藤は三人のうち最初にこのタバコ工場への勤務をやめ、別行動を取った。そして一旦、ドクター・ハリスという者が日本人のために創立したとされる福音会の世話になりつつ、スクール・ボーイのあてを探した。スクール・ボーイとは、アメリカ人家庭に家事使用人として住み込み、そこで皿洗いや広い庭での水撒きなどをして働きながら昼間に学校に通い、当時で週に三から五ドルくらいの報酬も得るというものであった。しかし、そのような口はなかなかみつからず、いよいよ所持金もなくなってきた。そこで、デイ・ワークといわれる一日雇いの仕事にもしばしば出掛け、ホテルでの窓ガラス拭き、庭での水撒き、さらにビスケットやパンを焼くことともなった皿洗いなどを経験して、二から三ドルほど得た。また、武藤とキリスト教との関係については、両親が信徒であり、彼の葬儀はカトリック式で営まれたが、生前より信者であった訳ではなく、入信は死の直前であった。

ところで武藤は、このような苦しい境遇に立つことで、大きく二つのことを得た。

一つ目は、人々に対して深い思いやりの気持ちを持てるようになったことである。

二つ目は、アメリカ人家庭で使われる者の立場となって、主人としての態度の優しさと上品さ、そして言葉使いの丁寧さの必要を学んだことである。何事を言いつけるにも、命令口調ではなく、Will you という言葉や、Please (どうか) という言葉を必ずはじめに用いたが、これらのことは、誠によい感じのするものであった。

サンフランシスコに日本人が多くなってくると、英語習得の妨げになってきた。そこで、対岸のオークランドに、日本の旧制中学程度にあたる私立のホプキンス中等学校があることを聞いておもむいてみると、根本正（一八五一－一九三三）を紹介された。根本は、一八八五年より合衆国東部にあるバーモント大学に入学することになっており、帰国後は一八九八年から一九二四年まで衆議院議員をつとめ、未成年者喫煙禁止法や未成年者飲酒禁止法などを提唱・

成立させた人物である。しかし、オークランドでは、良いスクール・ボーイの当てがなかったため、武藤はホプキンス中等学校へ通うにいたらなかった。

パシフィック大学寄宿舎における写真。入口に向かって左の白衣姿の人物が武藤（1885年か1886年）

（5）パシフィック大学における苦学

ところが幸いにも、カリフォルニア州サンノゼにあったパシフィック大学（当時の名称もUniversity of the Pacificで、現在は同州ストックトンに移転）に、七十名から八十名ほどの寄宿生に食事の給仕をしながら学べる口を得た。武藤は三重県出身の森（名のイニシャルはT）という、先に従事していた苦学生とともに働いた。彼らは、朝の六時に食堂へ出てテーブルの備え付けをし、七時より八時まで給仕し、それが終わるとスプーン、フォーク、ナイフを洗い、九時近くまでに昼食のためのテーブルの準備をし終えた。それから学校に行き、一一時半頃に戻って昼食の給仕や洗いものを終えると再び学校に行き、一七時頃に戻って夕食の給仕等を行ない、二〇時半から二一時近くに苦学生の部屋に戻った。

武藤は、予科・商学科（Preparatory and Business Department）中の、三年を期間とし、一・二年次が基礎教育課程であるラテン語（Latin Scientific）課の一年次生として、一八八五（明治一八）年秋学期、一八八六（明治一九）年冬学期、一八八六（明治一九）年春学期（この学期の成績は六月三日付け）に在籍した。そこでは、記録で確認できる限り、文法（Grammar冬・春学期）、読解（Reading 春学期）、算術（Arithmetic 秋・冬・春学期）、米国史（US History 春学期）を修得した。彼は英語で話すことをあまり得意としなかったが、ラテン語はアメリカ人学生にとっても外国語であり、さらに慶應義塾で高度な英書を読んでいたので得意とした。そこで、寄宿舎における彼は、大学予科程度の教科書の予習はそれほど苦ではなく、二一時から二二時頃には寝ることができた。しかし、予科へ進学するための準備クラスにいた森は、英語の読解に不慣れで、夜半過ぎまで勉強を続けていた。そのため森は、そのような無理もたたり病気で亡くなってしまった。

在学中の武藤は、弁論部に招かれて討論する機会もあった。そのような時は、日本の政治の話をしたが、質問に答える中で、日本に対する軽蔑の態度が改まったことに喜びを感じた。

また、当時のサンノゼには、武藤、森のほか、大学教授宅で皿洗い等をしてパシフィック大学に通っていた大坪権六という苦学生もおり、武藤は時々彼を訪ねた。ある夜、大坪の部屋にあったイギリス女流作家クレイ（Bertha M.Clay,1836-1884）の『ドラ・ソルン(Dora Thorne)』を借りて読むと面白く、筋もよく、文章が平易かつ高尚であった。そこで、英文の勉強にこの上もない手本だと思い、繰り返し、暗誦せんばかりに読んだ。武藤はそれ以来、英文を書く上で非常に進歩したように感じ、帰国後にジャパン・ガゼット新聞の翻訳記者に採用されたのは、この小説のお蔭だったとのちに記している。日本でこの小説は、一八八八年から九〇年にかけて、末松謙澄により『谷間の姫百合』として翻訳出版された。

（6）醤油店での販売経験

武藤は、慶應義塾の先輩にあたる高島小金治（一八六一－一九二二）から誘いを受けたことによりパシフィック大学をやめ、彼がサンフランシスコに開いた醤油店につとめることとなった。高島は、ヤマサ醤油を営んでいた濱口梧陵こと七代目濱口儀兵衛（一八二〇－一八八五）の、海外における醤油販売を目的とした欧米視察に随行したが、濱口はニューヨークで客死してしまった。そこで、濱口家では先代の遺志を継ぎ、高島を店主として、サンフランシスコに店を開かせたのであった。

このサンフランシスコの店で販売された醤油は、「ミカドソース」と命名された。味は日本の醤油そのままでは西洋人の口に合わないので、臨時に雇い入れたアメリカ人と協議しながら調整され、日本から輸入した醤油に酢、唐辛子、さらに様々な薬味を混ぜて、ほぼ西洋のソースに類するものに仕上げられた。それを、高島の意匠による松、日の出、鶴を濃厚な色彩で描いた万古焼の三角形の瓶に詰めた。そしてこの時期に、サンフランシスコで開催されていた共進会に出品した上、一瓶三五セントで売り出したところ、好評を博した。そこでニューヨークにも支店を開設し、武藤を支店長にするという話も持ち上がったことから、彼の心は希望で満ち、朝から晩遅くまで醤油まみれになって働いた。

しかし、一カ月ほど経つと売れ行きが止まってしまい、高島は武藤に対して調査を命じた。武藤は得意先を尋ねてみると、アメリカ人はミカドソースの中身が欲しかった訳ではなく、瓶が美的なので購入していたことがわかった。さらに彼は、当時のアメリカ人は日本を劣等国とみていたのであるから、直接口に入れる醤油を売り込む企ては、よく考えてみると無理があったとも分析した。

そこで高島は、後始末について武藤に指図するための暗号電信まで打ち合わせた上で帰朝し、その後、店を片付けて帰国するようにとの電命があった。武藤は「シティー・オブ・シドニー」号の二等船室に乗り、渡米後、足掛け三年で帰国した。その際、高島に帳簿等一切を引き渡すと、百円ほどの残金が、慰労金として武藤に与えられた。

2　帰国後の『米国移住論』の刊行と鐘紡経営等への影響

(1) 帰朝時の改姓と『米国移住論』の出版及び海外移民観

一八八七（明治二〇）年、武藤はアメリカから帰国すると、徴兵を回避するため、近隣の住人で、跡継ぎがいなかった武藤松右衛門の家を相続する形をとり、佐久間姓から武藤と改姓した。そして同年、彼は初めての著作となる『米国移住論』を丸善書舗から出版した。この著書では、アメリカの中でも特にカリフォルニア州の状況や、当地への彼の海外移民観について触れられている。

『米国移住論』では、まず「序」で、慶應義塾の先輩にあたる尾崎行雄（一八五八－一九五四）からの推薦の言葉が述べられている。続いて「緒言」において、武藤の渡米の経緯に触れた上で、中国人移住者の動向への関心や、評判を落とす出稼ぎではなく、永住に向けて組織的な事業を行なうために、移住会社の設立の必要等について述べている。

続いて同書では、カリフォルニア州へ移住するに際して、最も注意すべき点とする「気候」、官有地や移住に関する法令の状況も含めた「農業」、発展が見込まれる「工業」、サンフランシスコが拠点として重要な位置を占めるとする「商売」の項を設けている。そして、「支那移住民事情」として、彼らと「鉄道工事」、「沼地」、「鉱山」、「農業」、「果物園」、「製造」、「僕奴」、「労働」との関係に触れた上で、カリフォルニア州に隣接するオレゴン州や、さらに北に位置する当時のワシントン・テリトリー等の状況についても説明し、「米国移住会社設立ノ必用ヲ論ズ」という項をもって終えている。

のちに、この青年期に抱いた考えが、移住先はアメリカから転じ、かつ約四〇年後の一九二八（昭和三）年八月のこととなるが、ブラジル移民事業を目的とした南米拓殖株式会社の設立につながった。同社は武藤と鐘紡の主導のもとで設立され、彼は同社の設立発起人となった。彼は鐘紡を経営する中で、ブラジルにおける原綿調達への関心が強く、しかも移住事業に対する見解を青年期から抱いていたこともあり、使命感を持つにいたった。この一九二八（昭和三）年当時、海外移住事業は、年々七〇万から一〇〇万人増加する日本の人口過剰問題及びそれにともなう食糧問題の解決策とされ、企業の社会貢献活動の一環とも考えられた。移住先は、パラー州のトメアスーで、州都のベレンから直線距離で南西約一一五キロメートルのところであった。ちなみに今日のトメアスーは、日系人による自然との調和や環境保全を目的としたアグロ・フォレストリー（森林農業）の実践で、世界的に注目されている。

（2）新聞広告取扱所の開業から鐘紡入社まで

帰朝後の武藤は、働き口を探すため、福澤諭吉に願い出たり、高島小金治にも助けを求めたりしたが、結局みつからなかった。そのような彼に思い浮かんだのは、新聞への掲載にかかわる広告取扱業であり、帰国した年の一八八七（明治二〇）年に開業するが、それは日本における先駆けとなった。彼はサンフランシスコで、醤油店を営む高島のもとで働いていた時、盛んに新聞広告取次人が訪ねて来て、広告文案を示して勧誘されたことを思い出し、日本でもこのような仕事を始めたら面白いのではないかと考えた。

思いつくやいなや実行に移し、新聞社をまわってみると、それらにとって出費がともなう交渉ではなかったため容易に応じてもらえ、一割ほどの手数料という形でまとまった。しかし、この事業を始めるにあたって、家を一軒借りて看板を上げなければならなかったが、そのためには敷金ほかの諸費用がかかり、先の高島からの一〇〇円ほどの慰労金ではたりなかった。

そこで、橘良平が郷里の岐阜で漢方医を開業し、やがて東京に移り住み老後を送っていたことを思い出し、たずねて相談してみた。すると、橘は武藤の話に興味を示し、出資に応じてくれた。当時の東京市京橋区銀座一丁目六番地に大きな家を一軒借り受け、各新聞広告取扱所という大看板を屋根に上げて、広告取扱業を開始すると、最初の月から五〇円以上の純益をあげた。

なお、日本における広告代理業自体の始まりは、一八八〇(明治一三)年に東京・日本橋で開業した空気堂組とされているが、体をなして本格的に活動し始めるのは、武藤もこの各新聞広告取扱所を開業した大体一八八〇年代後半からとされている。

この各新聞広告取扱所と同時に、武藤が持主兼発行人となって博聞雑誌社も開業した。この事業は橘からの提案によるもので、彼が新聞や雑誌の有益な記事を切り抜き、それに武藤が二、三の新しい原稿を加えて雑誌を編集し、刊行するというもので『博聞雑誌』と題した。毎月五日と二〇日に発行し、この博聞雑誌社は、原稿校正出版の引受けにも応じるという触れ込みで、やはり帰国年の一八八七(明治二〇)年一一月五日に第一号を刊行した。

その後の武藤は、橘に広告取扱業や雑誌の仕事を一切引き受けてもらった上で、語学力を活かす形で、同年に横浜のジャパン・ガゼット新聞の翻訳記者となった。そこでは、福澤諭吉の紹介で後藤象二郎と面識を持つ中で、後藤の秘書にという話も持ち上がったが、同紙は反明治政府的な論調を展開していたため、彼の政治運動を応援する記事を掲載することで武藤は協力する形をとった。

翌一八八八(明治二一)年の秋、武藤はドイツ人初代カール・イリス(Carl Illies, 1840-1910)の経営するイリス商会へ入社し、一八九二(明治二五)年末まで在職した。明治前期には、外国人が居留地外に商店を開業できなかった関係で、一八八五(明治一六)年に旧薩摩藩出身の伊集院兼常が経営する形を取って、東京の築地に「伊理斯商社」を設立し、一八八七(明治二〇)年より同じく旧薩摩藩出身の前田清照が経営にあたっていた。武藤は、彼がかかわった仕事の一例として、北海道炭鉱鉄道会社(一八八九[明治二二]年一一月設立)から、レールの注文を受けたことがあった。

イリス商会は、一八八七(明治二〇)年にドイツのクルップ社と代理店契約を結び、一九一四年までこの関係が続いた。なお、鐘紡における一九〇五(明治三八)年の共済組合制度の実施が、日本の民間企業における先駆けとなったが、その際、クルップ社は参考とされた企業であった。

武藤は、慶應義塾の先輩にあたる中上川彦次郎が一八九二（明治二五）年に三井銀行副長となり、改革を進める同行に、一八九三（明治二六）年一月一八日より採用された。はじめは、藤山雷太（一八六三－一九三八）が係長をつとめる東京本店の抵当係に配属され、続いて、一八九三（明治二六）年七月から翌年四月まで神戸支店に勤務した。そして彼は、一八九四（明治二七）年四月一七日付で、三井銀行より転勤を命ぜられる形で鐘紡に入社し、兵庫支店支配人に抜擢された。彼には、綿糸の中国輸出を主目的とした新工場の建設と経営が委ねられた。

（3）鐘紡における欧米の経営制度の導入

鐘紡が東京で創業され、兵庫工場も建設された一八八〇年代末から一八九〇年代にかけては、日本の企業勃興期にあたり、紡績業界も職工の募集難や移動の多さに悩まされていた。そこで兵庫工場でも、年間六〇から七〇パーセントの職工の移動率をみることがあった。

武藤は、鐘紡の東京本店支配人をつとめていた和田豊治の退社にともない、一九〇〇年一月より鐘紡の全社支配人に就任した。三井銀行をはじめ、三井の諸事業を統括しつつ、鐘紡の会長も兼任する中上川彦次郎や専務取締役の朝吹英二のもと、武藤は実質的に、鐘紡の経営現場全体を管理することとなった。本社及び三井とのパイプ機能は、引き続き、鐘ヶ淵の工場がある東京本店に置かれたが、兵庫支店内に営業部を設置し、武藤はここから、各本支店工場への命令や情報交換を行なった。さらに、生産現場を主と考えながら、本支店工場内に事務部門を置いた。

武藤は、高生産性や高品質商品の生産を追求するとともに、事業規模の拡大及び多角化も進展させていった。また彼は、中上川や朝吹の影響を受け、さらに国際感覚を駆使しながら欧米の経営手法も導入し、労務管理手法を確立していくが、中上川は高賃金の支給や待遇の充実により優秀な職工を集め、移動の防止や定着を図ろうとする職工優遇策をとった。それは職工を過酷に扱い、賃金や処遇は出来るだけ低い水準に抑え、同業者間の相互協力で斡旋、技術伝習、そして移動の防止を図ろうとした、従来の紡績業者の考えに比べると人道的であり、自由主義的かつ合理主義的な考えといえた。武藤は、福利厚生及び医療、教育訓練、意思疎通といった面で諸施策を体系的に実施し、さらに全社において制度化していくことで、他企業の手本にもなっていく温情主義・家族主義経営を確立していった。

そして、武藤の経営した時代の鐘紡は、総資産額ベースで日本の鉱工業会社中、概ね五位以内に入る企業となり、特に一九一八（大正七）年から一九二三（大正一二）年上半期まで、年間七割配当が行なわれるような高収益企業となった。さらに、一九一三（大正二）年時点で錘数にみる事業規模は、世界の紡績会社中五位であった。

武藤は、青年期の渡米経験により国際感覚を身につけ、欧米の経営方式の先進事例も多く取り入れて自らのものにしていったが、これが鐘紡の労務管理方策の先駆性にもつながった。先に触れたドイツのクルップ社を範とした共済組合制度のほか、アメリカからは、次にみる意思疎通制度や科学的管理法などが導入された。

（4）注意箱の設置と社内報の発行

鐘紡における意思疎通制度の根幹をなし、日本初とされる注意箱制度の実施と社内報の刊行は一九〇三（明治三六）年六月で、近代セールスの父と称せられるパターソン（John Henry Patterson,1844-1922）が率いたアメリカのナショナル・キャッシュ・レジスター（ＮＣＲ）社の実践例を参考としたものであった。朝吹が『レビュー・オブ・レビュー』という雑誌に掲載されていた記事を武藤に紹介し、彼が導入・実施した。注意箱の設置による提案制度は、ボトムアップ的な意思疎通といえるとともに、鐘紡における社内報は、従業員やその家族との情報共有のため、男女各従業員の立場に応じて刊行された。

ところで、このような鐘紡における意思疎通制度について、三戸公『家の論理２―日本的経営の成立―』（一九九一［平成三］年）では、一九二七（昭和二）年から一九三二（昭和七）年にかけて行なわれたホーソン実験を契機として、メイヨー（George Elton Mayo,1880-1949）やレスリスバーガー（Fritz Jule Roethlisberger,1898-1974）によって理論化・

体系化されたヒューマン・リレーションズの、日本における先駆的事例であると指摘している。彼らハーバード大学の研究者により、ウエスタン・エレクトリック社ホーソン工場で行なわれた一連の実験成果をもとに、経営学における人間関係論が形成されていくことになる。一方武藤は、アメリカの経営者であったパターソンらの影響も受け、意思疎通制度を確立していくにせよ、一九〇〇年代初頭から実際の経営の中で、生産性の向上のために、従業員の意識や人間関係にも留意しながら、制度の体系化を図っていった。

注意箱の設置意図は、当初、工場操業上の提案の聴取と人材の発見にあったが、さらに従業員の不平不満の解消にもその効果を発揮していった。そして、実施に際しての留意点は、意見を出しやすくする環境作りと提案への報酬であった。

提案を受けるための環境作りとして、労使間の階級的感情を掃蕩（そうとう）することにも努めるようになり、それが結果的に協調関係を生み、生産性を高めたのであった。また、提案を出しやすくするために、注意箱を支配人宛のものと工場長宛のものにわける工夫や、さらに一九〇八（明治四一）年より、支配人から専務取締役に昇格した武藤自らが意見聴取にあたる「専務直接面会制」（一九一五［大正四］年）も実施された。

社内報は、一九〇三（明治三六）年六月三〇日に『兵庫の汽笛』として創刊され、七月二五日刊行のものより『鐘紡の汽笛』と改題された。さらに、女工向けとして『女子の友』が、一九〇四（明治三七）年一月より刊行された。それらは新聞のような体裁で、『鐘紡の汽笛』は毎月二回、『女子の友』は毎月一回、それぞれ発刊された。

それら社内報の発行に際しては、事業の概況や会社首脳者の訓話や教訓等を載せることで、事業に対する知識や興味を涵養し、併せて、従業員の品性を向上させる効果が期待された。すなわち、従業員に対する社内事情の熟知、啓発、そして経営者の意思伝達に主眼が置かれた。

さらに社内報は、地方の男女工の父兄のもとに無料配布された。それは、父兄との親善を図っていくことが、地域における募集上の宣伝、そして移動の防止にも役立つと考えられたからであった。

（5）科学的管理法の導入

鐘紡では一九一二（大正元）年に、アメリカのテイラー（Frederick Winslow Taylor,1856-1915）により提唱された科学的管理法を導入するが、のちの同社は、それに対する不足感から、精神的操業法（一九一五［明治四四］年）や家族式管理法（一九二〇［大正九］年）といった精神面や人間関係を重視した管理方式を導入し、実施していった。

科学的管理法は二〇世紀初頭にテイラーにより体系化されるが、日本では労働者保護法である工場法の一九一一（明治四四）年の公布から、一九一六（大正五）年の同法施行にいたる流れの中で、就業自体や時間上の制限に対する労働効率の向上への関心などから紹介された。テイラーは一九一一（明治四四）年にThe Principles of Scientific Management（『科学的管理法の諸原理』）を刊行し、早くも年内には横河民輔（一八六四－一九四五）により纂訳されているが、翌年の鐘紡の導入は、日本の紡績業界における先駆けとなるとともに、産業界全体においても先見性が指摘できるものであった。また、この操業法の提唱がきっかけとなって、科学的観点に立った労働時間と作業効率との関係や、標準動作などの研究が行なわれ、それらの効果も認められた。

しかしながら後の武藤は、テイラーと同様に物質面や合理性に重きを置きつつも、併せて、精神面からの能率向上を強調した。さらに武藤自身にとって、このような時間研究や動作研究に匹敵するものは、以前にも試みたことがあり、別段新しい方法とは認めていなかった。

そこで武藤は、一九一五（大正四）年に「精神的操業法」を考案し、「人の動きの分量は同一」であるという考えに立った上で、時間研究や動作研究といった「科学的操業法」の手法は継続しつつも、むしろ精神面から労働の質的向上を果そうとした。そして、精神面を強調する以上、特に人間関係のあり方が重視され、工場長ほかの上に立つ者への指導を強化するとともに、部下への積極的な接触も呼びかけた。さらにその接し方については、言動に注意するとともに、誠心誠意を尽くしてあたっていくことで、良い感化を与えていくように提言した。そして武藤は、この操業法が功を奏せば監督者の労苦は減り、職工は収入を増す効果があるとの期待を示した。また精神的という観点に立つと、懲罰等に対する再検討がこの頃に行なわれ、不解雇主義の考えもより徹底された。

さらに武藤は、一九二〇（大正九）年に「家族式管理法」を提唱した。この管理法の目的は、主人の温情が十分に施されていた昔の日本の家族制度のように、会社の管理組織を一家族のごとく協和的にさせることであった。それまでの鐘紡は、つとめて官僚的な空気を排する全員一致の態度を採ってきたが、大工場の中において、武藤が理想とするところとも行き違いが生じてきたので、この管理法が案出された。

なお、このような理想を達成し、仕事に興味を持たせるため、十分に協議を行なっていく方針が示されたが、この頃は労働問題が高揚してくる時期であり、重役と使用人、あるいは上役と配下といった階級的関係、もしくは上下関係の観念を一掃していく考えもみられた。このように、武藤が意思疎通を盛んにさせようとしたのは、各人の接触する機会が少なくなると、不平や反感が生じると考えたからであった。

3　第一回国際労働会議への出席にともなう再渡米とパシフィック大学への訪問

（1）第一回国際労働会議への出席

一九一九（大正八）年一〇月二九日から一一月二九日まで、アメリカのワシントンDCで第一回目の国際労働会議（ILO総会）が開催された。武藤ら一行は、一〇月一〇日に横浜を立ち、二四日にシアトルに到着し、シカゴ経由の特別列車で二八日朝、当地に到着した。

会議では、八時間労働制の実施や、少年及び婦人の夜間労働の禁止等が議題となった。結局、日本は、原則一週五七時間労働とする特殊国扱いを受けることとなり、少年及び婦人の深夜業は、一九二九（昭和四）年七月の改正工場法の実施にともない廃止されたが、これらの議題は、特に紡績業界にとって関係が深かった。そのため、一九一九（大正八）年八月に大日本紡績連合会は臨時総会を開催し、武藤を雇主側代表として推薦することを決定した。続いて九

ワシントンの汎アメリカ連盟ビルディング会議室における第一回国際労働会議総会の光景（1919年）

月に、六大都市の商業会議所会頭及び資本家代表が農商務省に集まった会合で、藤山雷太東京商業会議所会頭の指名により、武藤を代表とする件が確定した。

武藤が第一回国際労働会議の雇主側代表として選出される際、厚生経済学者の福田徳三（一八七四－一九三〇）は、雑誌『改造』第一巻第四号（一九一九［大正八］年七月）の誌面上で、武藤の早くからの労働問題への取り組み、西洋の事情の理解、人格面などから、彼をこのような代表の第一の適任者としてあげた。その一方で、この国際労働会議への出席がきっかけとなって、武藤は吉野作造（一八七八－一九三三）や河上肇（一八七九－一九四六）と論争を交わした。その主たる争点は、労使関係を親子関係になぞらえる温情主義・家族主義経営が、経営者や企業の厚意に負うところがあり、労働者の権利の認識に弱い点や、経営上の信任を得るための株主に対する高配当政策などであった。そして、一九三〇（昭和五）年一月の武藤の任期満了にともなう引退後におこった鐘紡争議（一九三〇［昭和五］年四月～六月）でも、それらは争点となった。

ちなみに、日本において団結権、団体交渉権、団体行動権の労働三権が確立するのは、一九四六（昭和二一）年一一月の日本国憲法の公布においてであったが、武藤は鐘紡以外の企業の状況をみて、すでに第一次世界大戦直後より、団結権の必要を認めていた。そして武藤は、自著『実業読本』（一九二六［大正一五］年）の中で、株主への高配当について触れている。アメリカでかつて高配当についての非難が起こった時、労働省は高率配当と低率配当の企業の従業員の待遇を詳細にわたって調べ、高配当の企業は良い品物を安く供給し、その従業員は却って優遇されていたのであった。そして、アメリカの労働省が奨励しているのも、武藤が思うところでは、まさに従業員を福利厚生面等で優遇する温情主義的な経営法であった。彼は、鐘紡における高配当についても確信をいだき、日本においてもこのような調査をするべきことを述べたのであった。

武藤は、対外競争力の面においても温情主義経営を主張し、労使が協調し、競争力を強化していくことによって、低賃金や長時間労働などの問題が解決されると考えた。そして、国際労働会議の席上の武藤は、福利厚生面の充実が、従業員の幸福増進や労働問題の解決につながると考え、英文で記された鐘紡の『従業員待遇法』を会議の出席者に配布した。

武藤らは、翌一九二〇（大正九）年一月一三日に諏訪丸で横浜港に到着（『大阪朝日新聞』一九二〇［大正九］年一月二五日）し、同月中に『国際労働会議に関する報告書』を刊行した。

(2) ヘンリー・エンデコットの経営の紹介とUSスチール社のゲーリーとの対談

『国際労働会議に関する報告書』では、製靴会社であるエンデコット・ジョンソン社主のヘンリー・エンデコットの経営や、武藤とUSスチール（United States Steel）社社長のゲーリー（Elbert Henry Gary,1846-1927）との対談についても触れている。

エンデコットは、自社の経営の中で、三五年間にわたって同盟罷工（ストライキ）の経験がなかったほか、第一次世界大戦中、マサチューセッツ州における同盟罷工の官選調停者として、二百余回の調停を行なった人物として武藤は紹介している。彼の会社では、労働組合員になることを禁止していなかったが組合員はおらず、職工は煽動者に対して応じることもなかった。

また、エンデコットは雇用主として、誠意を持ちながら職工に対して人情に富む経営を心がけ、賃金、住宅、その他の面で優遇し、相互の諒解を得ることに努めてきた。彼の会社の工場は、温情的施設がもっとも完備したもので、一覧した者は等しく嘆賞した。

そして職工は、大工場の経営の中であっても、自己の不平を雇用主であるエンデコットやジョンソンに対して、直接訴えることができるようにしていた。ところが、先ず不平を起こさせる原因を除去するように努めていたため、訴え来るものはほとんどいなかった。さらに、このように雇用主に控告できるため、工場長や支配人も親切かつ公平であった。彼らも雇用主と同一の温情をもって職工に接するので、多数の工場からなる大会社といえども、温情主義が成り立つのであった。ちなみに、これらのようなエンデコットの方針や施策は、先にみたとおり、武藤も鐘紡において行なってきていることで、彼はこれまで、何等かの形でエンデコットの経営を参考にしたり、比較検討したりしていた可能性もあり得る。いずれにしても武藤は、自身とエンデコットを重ね合わせて共感し、自信を深めた。

武藤はニューヨークにおいて、三井物産株式会社小林正直取締役の紹介により、USスチール社社長のゲーリーに面会し、二時間にわたりアメリカの労働事情について説明を受けた。武藤が思うに、ゲーリーもエンデコットと等しく最も熱心な温情主義実行者であり、ゲーリーは、常に十分な優遇施設を雇用主は整え、職工に対して充実した待遇を与えるように努めることを勧告した。さらにゲーリーは、近年、一部の労働指導者より、被用者が雇用主とともに企業の経営に関与することを唱える動きがあるが、このような考えは断固排斥し、境界を厳守するべきことも述べた。

報告書では、このようなゲーリーとの対談内容とともに、一九一七（大正六）年時点のものとなるが、負傷のために死亡した者の遺族や負傷者のための救済金、負傷予防費、衛生費、優待費、年金基金、被用者に株式を所有させるための支出といった、USスチール社における職工優遇のための項目や費用についても触れている。武藤は、このような支出を、アメリカにおけるこの一流の大会社が、温情主義の実行者であることかのあらわれとしてとらえた。また、同社における恩給の基金は、故カーネギー（Andrew Carnegie,1835-1919）が寄付した四〇〇万ドルと、新たに会社から支出した八〇〇万ドルを合わせて合計一二〇〇万ドルであった。そしてゲーリーは、使用人及び職工の七割が自社の株を保有していることと、彼の社長就任当初は、職工に対する優遇費の支出に対して取締役の同意を得ることに困難を感じていたが、同社が隆盛を来しているのは、このような施策を実施しているためであることを武藤に語った。

武藤は、エンデコットやゲーリーの経営を例としてあげる中で、アメリカの労働界の現状は、雇用主の温情主義的施策が熱心に行なわれているため、予想以上に被用者との関係が円満であるとみていた。

（3）パシフィック大学への訪問及び寄付と日本における学生の受け入れ

武藤は、第一回国際労働会議への出席にともなうアメリカでの滞在の際、カリフォルニア州サンノゼにあったパシフィック大学も訪ね、主として日本に関する東洋の書籍を図書館で購入する条件を附して寄付を行なった。武藤家に伝わるところ二〇〇〇円、すなわち当時のレートで一〇〇〇ドル相当であった。そして、一九二二（大正一一）年の第三回から一九二五（大正一四）年の第六回分までの判明にとどまるが、毎年五〇ドルの予算が組まれ、武藤基金（Muto Japanese Fund）からライブラリーの購入に充てられた。

その後、パシフィック大学はカリフォルニア州ストックトンに移転したが、二〇〇三（平成一五）年に武藤の孫（末娘であった三女・勝子の次男）にあたる吉澤建治氏（当時、東京三菱銀行常任顧問であり元副会長）の訪問を機に、翌二〇〇四（平成一六）年、ユニオン・バンク・オブ・カリフォルニア（ＵＢＯＣ）より二万五〇〇〇ドルの寄付がなされ、武藤書籍基金が設立された。さらに図書館の改装を契機として、武藤治太氏や國民會館からの寄付により、二〇〇六年一一月に武藤ルームが設けられた。

武藤自身に直接かかわる話に戻り、一九三一（昭和六）年の夏であったが、パシフィック大学総長の紹介状を携え、ロバート・リンという学生が彼を訪ねてきた。リンは日本までの船賃の準備のみで、滞在中は野宿も厭わない覚悟で来ており、帰りの船は、船内で働いて船賃のかわりにするつもりであると語った。そこで武藤は、そのような呑気さに対して、日本はアメリカと違ってそのような訳にはいかないと話した。さらに、サンフランシスコからサンノゼまではどうするのかと聞くと、ヒッチハイクをして向かうといい、無邪気でアメリカ人学生気質丸出しだと感じた。

当時の武藤は、政党・国民同志会を率い、衆議院議員としての活動と政治教育に従事していた。他方、リンは文科の学生で、演劇の筋書を書くことが得意で、先頃、賞金を受け取ったと述べた。そこで武藤は、政治教育の目的にかなう筋書を書けば、日本滞在中の費用と帰りの船賃を贈与することを語ると、二つの作品を書いた。一つは「投票の悲劇」という三幕物で、もう一つは「闘争は誤解から」という一幕物であった。武藤は、深みはないがアッサリとしていて面白く、大衆の政治教育に適していると思うので、実際に上演されたかどうかについては不明であるが、一九三三（昭和八）年に彼が創立することになる國民會館で上演してみたいと評した。

武藤家は現在、武藤の孫（長男であった金太の長男）にあたり、大和紡績株式会社社長・会長をつとめた武藤治太氏が当主であるが、同氏のパシフィック大学における講演（二〇一二年）などによる交流や、さらに氏が関係した会社におけるパシフィック大学からの研修生の受け入れ等でも、国際交流が続いている。

（4）帰朝後の鐘紡経営及び政治革新運動とアメリカ経済学者

帰朝後の武藤は、一九二一（大正一〇）年七月に鐘紡の社長に就任し、一九三〇（昭和五）年一月まで在職するが、彼はこの社長就任を議決した六月の株主総会で、併せて定款を改正した。そこでは、従来の会長を社長、専務取締役を常務取締役とした上で、それらへの就任にあたっては五年以上、会社の業務に従事した者に限るとした。それは、他株主による不当な支配を未然に防ぎ、真面目な株主と従業員の幸福を守るためであるとし、彼ら経営トップ層は、他社の役員に就くこともできなかった。そして、資本の四分の三以上にあたる株主が出席した上で、過半数以上が賛成しなければ、増資はできなかった。さらに、社長の任期は三年で一期とし、継続的であるか否かにかかわらず三期までとし、社内の新陳代謝を促した。なお、このような武藤が改正した定款の要綱のことを聞き知ったシュムペーター(Joseph Alois Schumpeter,1883-1950、ハーバード大学ビジネススクール教授も歴任)は、「世界各国の実業界に類を見ない賢明なものと評した」とされている。

また武藤は、一九一九(大正八)年の大日本実業組合連合会の創立に際して委員長に就任し、この組織を母体として、一九二三(大正一二)年に政党・実業同志会を結成するが、このような彼の政治革新運動にもアメリカ経済学者の影響があった。彼は慶應義塾在学中に、アメリカのボーエン(F Bowen,1811-1890、ハーバード大学教授の経歴があり、American Political Economy の著作がある)の経済書を読む中で、一国の盛衰はその国の政治の良否によるので、政治をゆるがせにしてはならないことを脳裏に刻んだ。武藤は鐘紡の経営者であり、大日本実業組合連合会も経営者の集まる団体であったが、一国の経済活動を営む立場からも、政治に対して発言していかなければならないと考えた。

武藤は、一九二一(大正一〇)年六月から七月にかけての『経済雑誌ダイヤモンド』誌上で、「文明擁護運動を起せ」を発表するが、その趣旨は、日本の政治家や資産家は時勢に遅れているため、世界的な階級闘争の進展を理解しておらず、文明擁護のため、彼らは奮起する必要があるというものであった。そして、文明開化のために心血を注いできた福澤諭吉に報い、国家の一員としての責務を果たしていかなければならないとも述べた。またアメリカでは、ワシントン(George Washington,1732-1799)が大統領の任期を二期までに限る慣習を作ったことで、比較的高尚な政治が行なわれたとも述べた。

次いで、武藤が国際労働会議への出席を機に視察してきたアメリカの労働事情に関する感想として、同国の資本家は公衆の利益を重んじ、従業員の優遇に心がけていると紹介した。その一方で、日本の実業家に対しては、自己中心的な態度を改め、公衆の利益を重んじ、正義の観念を持たなければならないとした。

武藤の政界活動については、一九二四(大正一三)年から一九三二(昭和七)年まで衆議院議員をつとめ、政治革新や行財政改革の提唱、そして救護法の制定（一九二九［昭和四］年）などに尽力するとともに、一九三三（昭和八）年に政治教育のための団体及び施設として國民會館を創立した。一九三二（昭和七）年に政界活動を引退した彼は、同年より福澤が創立した新聞社である時事新報の経営と評論活動にあたったが、のちに帝人事件に発展する政官財界間の癒着問題として、番町会を告発するキャンペーンを展開する中、無念にも一九三四（昭和九）年におこった暗殺事件により逝去した。

おわりに

本章では、鐘紡の経営者であった武藤の国際交流上のレシプロシティーとして、彼の青年期の渡米及びパシフィック大学での学業体験を軸にすえながら、当地における彼の経験、国際感覚の陶冶がアメリカからのものに限っても、その後の鐘紡経営に大きな影響を与えた点、第一回国際労働会議への出席の際の同校への訪問と寄付、同校の学生の日本における受け入れなどについて触れた。特に武藤の鐘紡経営に関しては、パターソンやテイラーらのアメリカの経営上の思想や施策の受容と、彼の経営は温情主義と称されていたが、エンデコットやUSスチール社のゲーリーらの施策と同様のものと、彼自身はとらえていたことについて強調した。

そして、武藤の少年時代にさかのぼって、留学の動機や語学の修得状況等を理解するために、彼の両親からの影響や、慶應義塾における教育及び人的ネットワークとの関係についてもみた。さらに彼は、青年期の渡米時の見聞にもとづき、帰国直後に『米国移住論』（一八八七［明治二〇］年）を著したが、その後の鐘紡経営との関連で、国はブラジルに転じるが、移民事業を目的とする南米拓殖株式会社の設立（一九二八［昭和三］年）の着想にもつながったことも述べた。

なお、武藤と他国の関係などについても興味がつきないが、それらの考察は、別の機会にゆずることとしたい。

［用語説明］

［実業同志会・国民同志会］

一九二三年四月に結成された武藤山治が会長をつとめた政党。経済的自由主義を標榜し、行財政の整理、政官財の癒着の批判、さらに、生活弱者の救済を目的とした社会政策の実施などを政策として掲げた。衆議院議員選挙には三度臨み、一九二四年に八名、一九二八年に四名、一九三〇年に六名が当選した。

［南米拓殖株式会社］

一九二八年八月創立。社長は、鐘紡の取締役をつとめていた福原八郎（一八七四―一九四三）で、武藤は設立発起人であったが、一人一業主義を貫いたため、関係会社も含めて、鐘紡以外の役員を兼任しなかった。一九二九年から一九三七年まで、三五二家族、二一〇四名が、現在のブラジル・パラー州トメアスーを中心としたアカラ植民地に入植した。

［アグロフォレストリー（森林農業）］

トメアスーにおける戦前のカカオ、そして戦後のコショウのモノカルチャー（単一栽培）の失敗に対する反省にもとづき、当地の坂口陞（のぼる）により提唱したとされる農法。高木のブラジルナッツ、中木のアサイー、それにバナナ、さらに元来日陰も必要とするカカオやコショウなどを植え、多様性のある森林を作っていくことで、持続可能な農業を目指す。トメアスーは、アマゾン河支流のアカラ川に隣接するが、アマゾン河流域の森林環境保全の見地からも、この取り組みは注目されている。

［『実業読本』］

一九二六年に日本評論社より刊行された武藤山治の著作で、二二万部売り上げた。序、一　実業という言葉の意味、二　実業の精神、三　自尊心、四　自制心、五　自治精神、六　博愛の精神、七　卑屈心、八　品性、九　理想、一〇　研究の必要、一一　使う人、使われる人、一二　責任観念、一三　協同の精神、一四　失敗、一五　金儲の秘訣、一六　人生の真意義といった内容から構成されている。

［『鐘淵紡績株式会社従業員待遇法』］

一九一九年の第一回国際労働会議の際、武藤は The Kanegafuchi Spinning Company Limited Its Constitution How it Cares for Employees and Workers. と題する冊子を配布したが、それを日本語にしたものとして、一九二一年に鐘淵紡績株式会社営業部より刊行された。一　病傷者ノ取扱及救済ニ関スル施設、二　鐘紡共済組合、三　男女工手（職工）モ使用人（社員）ニ昇進シ得ル事、四　年金制度、五　各種救済ニ関スル施設、六　従業員ノ家族保護ニ関スル施設、七　従業員ニ対スル各種ノ幸福増進機関ヲ有効ニ働カシムル機関、八　貯金及送金、九　疲労恢復並ニ慰安娯楽ニ関スル施設、一〇　衣食住ニ関スル施設、一一　保健衛生及防疫ニ関スル施設、一二　教育ニ関スル施設、一三　鐘紡同志会といった内容から構成されている。

「救護法」

一八七四年に制定された恤救規則に代わるものとして、一九二九年四月に公布され、一九三二年一月より施行された。さらに、第二次世界大戦後の一九四六年九月に公布された生活保護法につながっていく。国家的義務として、生活扶助、医療助産、生業扶助といった面で救済を行っていくとする法律で、制定に際しては、帝国議会における武藤の活動に負うところが大きかった。実業同志会は少数政党であったが、一九二八年の衆議院総選挙で、政友会と民政党の議員数が僅差となったことからキャスティングボートを握り、政友会と政治協定（政実協定、一九二八年）を結ぶことにより実現にこぎ着けた。

［参考文献］

阿部武司『近代大阪経済史』大阪大学出版会、二〇〇六年。

株式会社イリス『イリス一五〇年―黎明期の記憶―』二〇〇九年。

入交好脩『武藤山治』吉川弘文館、一九六四年。

大崎恵治「札幌農学校初期の経済学書」『北海道大学農経論叢』第三二集、一九七六年。

『鐘淵紡績株式会社従業員待遇法』鐘淵紡績株式会社営業部、一九二一年。

鐘紡株式会社社史編纂室『鐘紡百年史』一九八八年。

川井充「従業員の利益と株主利益は両立しうるか？―鐘紡における武藤山治の企業統治―」『経営史学』第四〇巻第二号、二〇〇五年。

桑原哲也「日本における近代的工場管理の形成（上）・（下）」（京都産業大学経済経営学会『経済経営論叢』第二七巻第四号・第二八巻第一号、一九九三年）。

國民會館「國民會館だより」ＶＯＬ３、二〇〇三年・ＶＯＬ５、二〇〇四年。

佐々木聡『科学的管理法の日本的展開』有斐閣、一九九八年。

財団法人渋沢栄一記念財団渋沢史料館『日本人を南米に発展せしむ―日本人のブラジル移住と渋沢栄一―』二〇〇八年。

長幸男『実業の思想　現代日本思想体系一一』筑摩書房、一九六四年。

土屋喬雄『続日本経営理念史』日本経済新聞社、一九六七年。

日本経営史研究所編『中上川彦次郎伝記資料』東洋経済新報社、一九六九年。

間宏『日本労務管理史研究』ダイヤモンド社、一九六四年。

間宏『日本における労使協調の底流』早稲田大学出版部、一九七八年。

『平田町史　上巻・下巻』臨川書店、一九八七年（原書は一九六四年刊行）。

福澤諭吉事典編集委員会編『福澤諭吉事典』慶應義塾大学出版会、二〇一〇年。

三戸公『家の論理２―日本的経営の成立―』文眞堂、一九九一年。

武藤山治『米国移住論』丸善書舗、一八八七年。

武藤山治『実業読本』日本評論社、一九二六年。

武藤山治『私の身の上話』武藤家、一九三四年。

武藤山治全集刊行会『武藤山治全集　第一〜八巻・増補』新樹社、一九六三〜一九六八年。

武藤治太『武藤山治の足跡』國民會館叢書七〇、二〇〇七年。

山本長次「武藤山治と南米拓殖株式会社の設立」公益財団法人渋沢栄一記念財団研究部編『実業家とブラジル移住』不二出版、二〇一二年。

山本長次『武藤山治―日本的経営の祖―』日本経済評論社、二〇一三年。

由井常彦「戦間期日本の大工業企業の経営組織―鐘淵紡績・東洋紡績・大日本麦酒および王子製紙の事例研究―」（中川敬一郎編『企業経営の歴史的研究』岩波書店、一九九〇年）。

Harold.S.Jacoby,Pacific:Yesterday and the day before that,Comstock Bonanza Press,California,1989.

このほか、武藤が一九三三年に大阪の大手前に創立した國民會館に保管されている、彼のパシフィック大学在籍時及び大学への寄付にかかわる史料の写し、同館の刊行物、ウィキペディアをはじめとするインターネット上の情報なども参考にしている。

第15章 日米貿易摩擦の変容

―アメリカの通商政策における互恵主義（レシプロシティー）とGATT／WTOと相互作用(1)―

金　暎根

はじめに

本稿の問題意識は、アメリカの通商政策における特定的互恵（相互）主義―三〇一条（一九七四年通商法及び一九八八年包括通商法のいわゆるスーパー三〇一条）―と、GATT／WTOの一般的相互主義との対立と収斂を明らかにすることにある。アメリカは、一九八〇年代に三〇一条を多用することでGATT／WTOの相互主義から「乖離」し、他方、一九九〇年代半ばには三〇一条から距離を置き、WTOの紛争解決手続きに頼るという意味でGATT／WTOの相互主義に「収斂」していった。なぜこのような変化が生まれたのであろうか。

アメリカが通商問題を処理する上で三〇一条は（特に八〇年代に）その基本的指針として理解されてきたが、それは保護主義と市場開放という二重の目的を持っていた。つまり、三〇一条は両刃の剣であり、一方で世界市場の拡大に貢献するという可能性を有しながら、他方では差別的で排他的な貿易を促進する効果を持っていた。しかし、その具体的内容や使い方は時代とともに変化している。GATTやWTOといった国際制度の掲げる「普遍的（一般的）な相互主義」から乖離してアメリカが自らの要求を押し付ける「独善的（特定的）相互主義」が見られた場合もあれば、一方でGATT／WTOの「普遍的相互主義」と整合的な場合も存在する。本稿はそのようなアメリカの通商政策における三〇一条とGATT／WTOとの対立と収斂のメカニズムを紹介する。

以下、アメリカの通商政策における三〇一条のGATTとの対立及びWTOとの収斂のプロセスを概観する。次に、乖離と収斂の原因を明らかにするための分析枠組み及び仮説を提示する。そして、アメリカの通商政策の変化の原因を明らかにするための出発点として、まずは先行研究の代表的な議論である「覇権安定論」に基づき、アメリカの通商政策（三〇一条対GATT／WTO）の変化と対比して、覇権安定論の合致の度合いを検討する。そして、覇権安定論では説明できない事象を解明するためのケース・スタディを行う。特に、WTOの成立によってアメリカの「通商法三〇一条」がいかにWTOへと関連付けられ、それと整合的なものになっていったかを究明する。

1　アメリカの通商政策の変容と分析枠組み及び仮説

本節においては、一九八〇年代から九〇年代半ば以降に起きたアメリカの通商政策における三〇一条とGATT／WTO（の相互主義）との対立と収斂のプロセスを概観する。そして、その対立と収斂のメカニズムを究明するための分析枠組みと仮説を提示する。

（1）アメリカの通商政策の変容―乖離と収斂の指標

第二次世界大戦後、アメリカは、多角的自由貿易体制を実現するためにGATTレジームを構築した。GATTの大きな原則の一つが、「相互主義」（reciprocity）であった。[2] GATTレジームにおける相互主義は、関税の相互引き下げに見られる自由化への譲歩についての「相互主義」の原則を意味した。この相互主義原則に基づく譲歩は、GATTレジームのもう一つの原則、つまり「無条件の最恵国待遇」原則[3]をすべての国に適用することにより、世界における貿易の自由化を促すことが期待されていた。[4]

相互主義原則は三〇一条と関連するものであるが、その意味、内容はともに歴史的に変化してきた。アメリカの通商政策における相互主義は「特定的（Specific peciprocity）相互主義」と「一般的相互主義」の間で転換を繰り返してきた。GATT／WTOの相互主義とは無条件の最恵国待遇を媒介として、自由化の利益を広く均霑する「一般的相互主義」を意味し、「特定的相互主義」とは条件付きの差別的なものを意味する。[5] アメリカが世界の覇権国として圧倒的な経済的地位を誇っていた時代には、アメリカの語る相互主義はGATTレジームの相互主義と一致するものであった。ところが、七〇年代から八〇年代にかけて覇権の衰退が顕著になると、アメリカの語る相互主義はGATT

レジームの相互主義とは意味・内容を異にしはじめる。すなわち、この時期、特定の国や分野に対して報復をともなう特定的相互主義を強め、具体的には三〇一条やスーパー三〇一条を設定し、行使するようになる。アメリカは「相互主義」に言及しながら、たびたび一方的な貿易制裁措置を発動するようになった。つまり、八〇年代のアメリカの通商政策における三〇一条は、GATTレジームの「一般的相互主義」ではなく「特定的相互主義」、すなわち自由化への譲歩は特定の国家・商品を対象として選択的に与える色彩をもつようになっていた。[6] これを「一方的な相互主義」または「攻撃的（aggressive）単独主義」として捉えるのが一般的である。[7]

ところが、WTO発足を目前にした一九九〇年代半ばからは、アメリカの通商政策における三〇一条とGATT／WTOとの関係は再び変容しはじめた。すなわち、三〇一条による一方的な制裁措置の発動が次第に見られなくなり、アメリカはGATT／WTOルールに従うものになっていったのである。

では、アメリカの通商政策におけるGATT／WTOとの対立と収斂とはより詳しく見るとどのようなものであったのであろうか。

まず、アメリカの通商政策とGATT／WTOとの対立とは、GATT／WTOの無条件最恵国待遇の原則に反して、三〇一条に基づき交渉を差別的に行う、というものである。例えば、利益の綿密な均等化を図った条件付きの最恵国待遇を適用する行為、特定産業部門に対するマーケット・アクセス面において対等性を要求する部門別相互主義（Sectoral market access reciprocity）、両国間貿易収支の均衡を要求するもの、国内構造の保護を目的とした国内市場の閉鎖などがあげられる。アメリカの通商政策のGATT／WTOへの収斂とは、具体的にはアメリカが三〇一条に基づく二国間交渉による解決よりもGATT／WTOの場（紛争解決手続き）での解決を図るようになる、というものである。

アメリカの通商政策のGATT／WTOとの対立と収斂を具体的にあらわすものとして、まず、貿易紛争に関する三〇一条利用件数の傾向を見てみよう。WTO設立以前には二〇年間九五件（年平均四・七五件）のUSTR（アメ

対象国・領域	1975－79年		1980－84年		1985－89年		1990－94年		1995－03年	
米政策の変化	301	GATT	301	GATT	301	GATT	301	GATT	301	WTO
EC（EU）	8.5		6		6		3		5	
カナダ	2		2		2		2		5	
日本	4.5		1		7		1		2	
台湾	1		3		2		1		0	
韓国	1		2		5		1		1	
インド	—		—		3		5		1	
タイ	—		—		—		4		0	
中国	—		—		—		3		1	
アルゼンチン	1		2		2		0		2	
ブラジル	—		2		3		1		1	
その他	3		3		1		1		9	
合計	**21**	**5**	**21**	**7**	**31**	**12**	**22**	**0**	**27**	**21***(1)
比率		23.8%		33.3%		38.7%		0%		77.7%
工業	5		11		10.5		4		8	
農業	11		8		14		6		8	
サービス	5		2		3		1		4	
知的財産権	0		0		3.5		11		7	

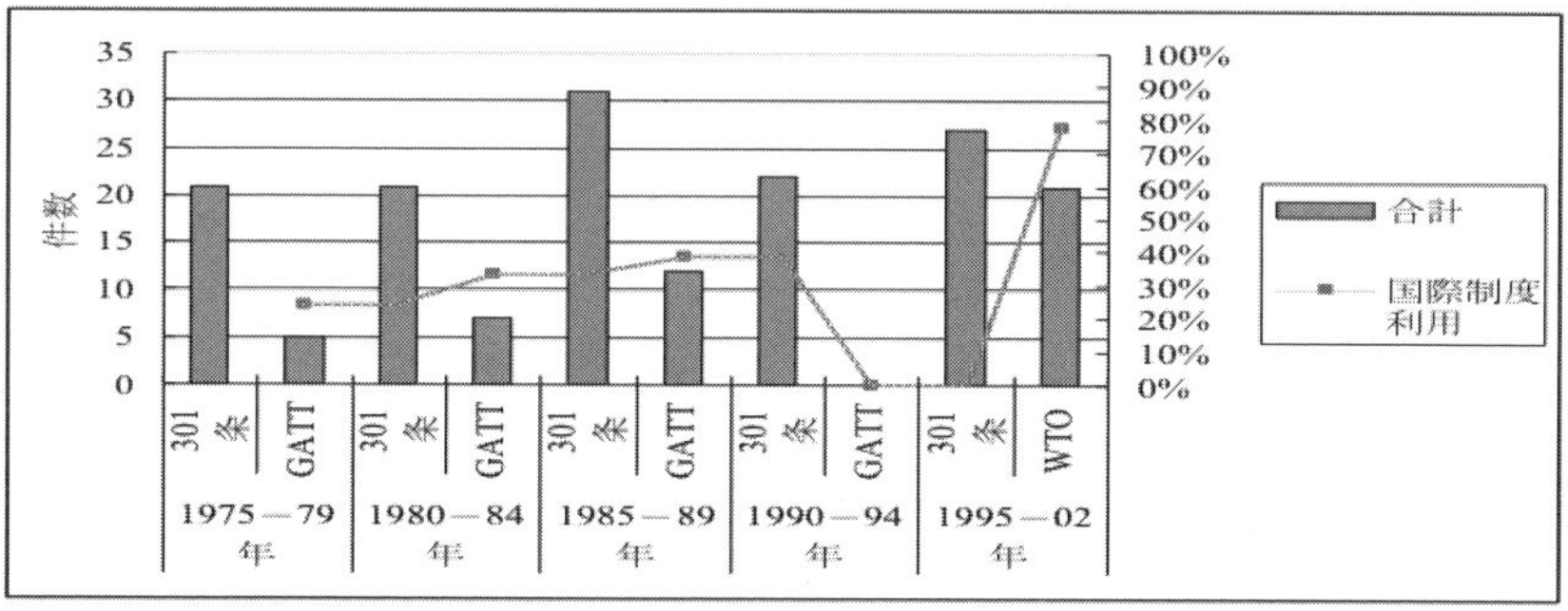

図表1　301条調査件数の推移と301条からGATT/WTOのパネルへ提訴件数

本来の301条調査のほかに、スーパー301条、スペシャル301条の優先交渉国の指定を含む。

*（1）1994年301条調査開始後、1995年にWTOへ提訴した4件を含む。

出典：1994年までの資料は佐々木隆雄『アメリカの通商政策』岩波新書、1997年、169頁を参照して作成。GATT/WTO制度利用に関しては以下を参照。Thomas O. Bayard and Kimberly Ann Elliot, Reciprocity and Retaliation in U.S. Trade Policy, Institute of International Economics, 1994. ; USTR, 1995 Trade Policy Agenda and 1994 Annual Report of the President of the United States on the Trade Agreements Program, 1995.; USTRのサイト（http://www.ustr.gov/html/act301.htm）

リカ通商代表部）の調査が開始（USTR Section 301 investigations）されたが、一九九五年から二〇〇五年まで一〇年間で二七件（年平均二・七〇件）となり年平均ではWTO設立前より下回る。[8]

次に、貿易紛争に関するGATT／WTOの手続き利用件数の傾向を見てみよう。指標としてはGATT／WTOにアメリカが持ち込んだ紛争案件の件数が考えられる。[9] アメリカの場合、一九七五年から一九九四年までに米通商法三〇一条などに基づく貿易摩擦のうち、三〇一条調査開始後、GATTの紛争解決手続きを利用できたのは九五件のうち二四件であり二五・二％に過ぎなかった。[10] その中で実際にパネル設置にまで至ったのは一一件である。このことは、残りの八四件は事実上GATTの枠外で交渉が行われたことを意味する。しかし、WTO設立後（一九九五年から二〇〇二年まで）においては二七件の三〇一条提訴案件のうち二一件（七七・七％）がWTOの紛争解決手続きに付されており、政策転換が見られる。[11]

（２）分析枠組み及び仮説

アメリカの通商政策における三〇一条とGATT／WTOとの対立と収斂のメカニズムを、1)国際システム論（覇権安定論、国際制度論）、2)第二イメージ論（国内政治決定論）、3)逆第二イメージ論12（国際システムの要因の国内政治への影響）、という三つ（そして他国の行動）の要因から説明する枠組みを提示する。[13]

結論を先取りするならば、本稿は、国際システムにおける覇権の程度や法制度化の進展が国内政治の政策過程へ影響を与え、それがアメリカの通商政策となって現れることを明示する。[14] 具体的には、次の**図１**にあるような分析視角を用いて説明を行いたいと考える。

図１は、国際システムのレベルを左側に、アメリカの行動（通商政策）を右側に示し、中央に（アメリカの）国内システム（政治）を置いている。ここで、アメリカの通商政策に関していくつかの説明パターンが存在する。[15] 一つは、国際システムの要因が、直接にアメリカの行動を決定する、というものであり、覇権安定論がその一つである。覇

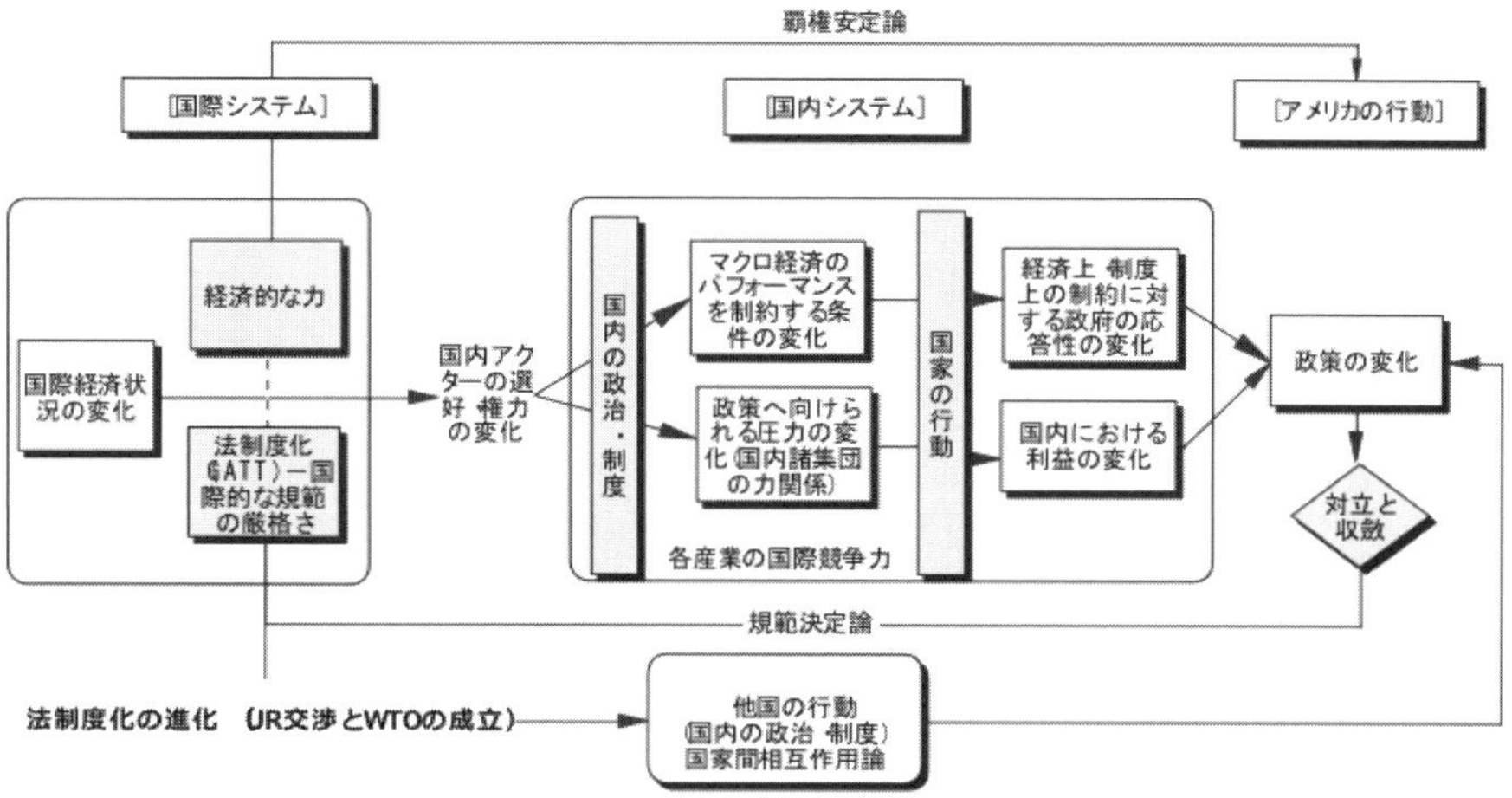

図1　本稿の分析枠組み

権安定論は、アメリカの覇権的な地位（あるいはその低下）がアメリカの通商政策のあり方を決めると考える。または、国際レジームがアメリカの通商政策のあり方を外生的に決定するという議論もここに属するといえよう。[16]

二つ目の説明パターンは、国内の政治システムがアメリカの行動（通商政策）を決定する、という枠組みとなるものであり、いわば、第二イメージ論である。すなわち、アメリカの中での利益集団（自由貿易派、保護主義派の強さ）[17]と議会が行政府との間にどのような関係性を持つのかに注目し、そこからアメリカの通商政策を説明するという枠組みとなる。[18]ここでは、例えば、利益集団の保護主義／自由貿易に関する分布と国内の政治制度[19]との関係などが分析の対象となろう。[20]

三つ目の説明のパターンは、国際システム上の要因が国内政治に影響を与え、そして国際変数の影響を色濃く受けた国内政治がアメリカの通商政策を決定するという逆第二イメージ論である。この説明パターンにおいては、例えば、アメリカの覇権の低下（あるいは回復）が、アメリカ国内の利益集団にいかなる影響を与えるか、あるいは、政治指導者の認識にどのような影響を与えるか、そして、その結果、アメリカの通商政策にどのような変化が起きるかを明らかにするということが含まれる。あるいは、ＧＡＴＴ／ＷＴＯのルール強化（国際システム上の要因）が国内の利益集団、議員、あるいは行政府の行動に影響を与えた結果、アメリカの通商政策が変化するというものである。

以上のような三つの説明枠組みの有効性を比較検討するため、まずは八〇年代、九〇年代における、アメリカの通商政策の変化を説明しようとする最も簡素な（parsimonious）仮説として、覇権安定論を取り上げる。そして覇権安定論の有効性を示すと同時に、その議論では説明できない事象を明らかにする。最も簡潔な枠組みでは説明しえないことがどのような分析レンズで説明できるのかが更に検討されることになる。

2　覇権安定論の検証—通時的分析

本節では、覇権安定論に基づいて、国際システムの視点からのマクロ分析と、競争力、経済利益に基づくミクロ分析を一九六〇年代から一九九〇年代まで通時的に行う。

（1）覇権安定論とその限界—マクロ分析

覇権安定論は、マクロの指標で言えば、アメリカの相対的な地位が高ければ、アメリカは自由貿易政策を採り、GATTの一般的相互主義と整合的な行動をとる。しかし、その相対的な地位が低下すると、もしくは競争力が低下する、アメリカは保護主義的な政策をとる、というものである。特定的相互主義が保護主義的な要素を強く持つものとすれば、それはアメリカの相対的な地位が低下するときに生じると仮定しうる。そして、アメリカの相対的な地位が回復すると、アメリカは再び、自由貿易に戻り、一般的相互主義に従った行動をとると考えられる。

ここではアメリカの覇権的な地位の変化を戦争の相関研究プロジェクトのデータから見てみる[21]（図2参照）。七〇年代のアメリカは経済的な地位を大いに低下させた。そしてそのことによってアメリカは、一九七四年に三〇一条が盛り込まれた「一九七四年通商法」を制定することになる。しかし、三〇一条に基づく交渉が頻繁に行われるように

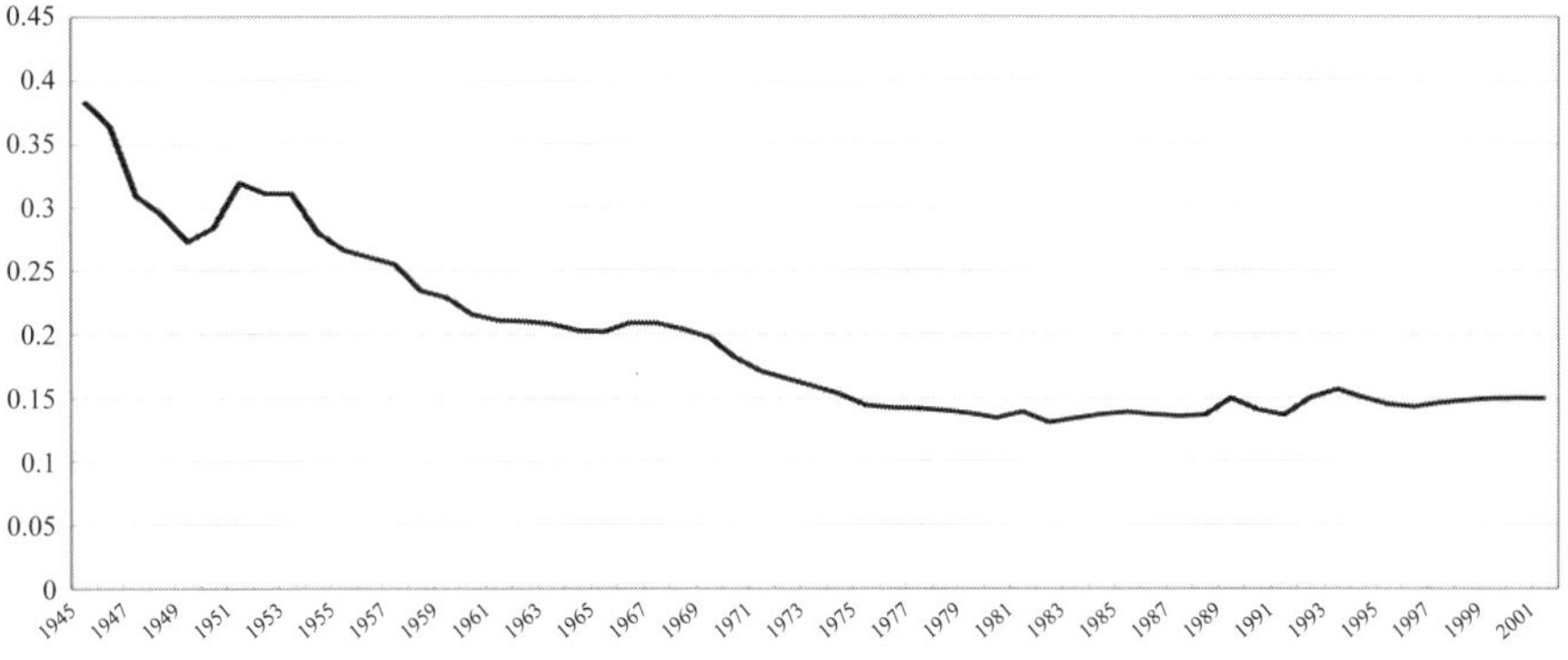

図2　全世界に占めるアメリカの国力

なるのは八〇年代半ば以降のことである。

それでは、なぜ七〇年代までアメリカは相対的な力が低下したにもかかわらず、ＧＡＴＴ（の一般的相互主義）に従ったのか（輸出自主規制などの例外はあるが）。覇権国家として地位が弱くなった七〇年代にすぐさまＧＡＴＴと対立する通商政策へ転換していないのである。この点では「覇権安定論」に基づく説明に限界があるといえる。[22]

ＷＴＯ時代に入るとアメリカは、三〇一条（特定的相互主義）に訴えることは少なくなり、ＷＴＯを利用するようになった。「覇権安定論」に基づいてアメリカの通商政策がＷＴＯへ収斂したことを説明すると、九〇年代前半のアメリカは相対的な経済力を回復し、国際競争力を持つ（回復）に至り、三〇一条をとる必要がもはやなくなった、ということになる。事実、九〇年代、アメリカ経済は好調で、その成長率は他の先進国をしのぎ、その相対的経済力が高まった。その相対的経済力の回復は、ＷＴＯ成立以前に起きている。すなわち、ＷＴＯ設立以前に政策の転換が行われなければならなかったのであるが、覇権安定論の理論的枠組みでアメリカの通商政策の変化を完全に説明することは限界がある（出来ない）、ということになる。

（2）覇権安定論とその限界―ミクロ分析

覇権安定論は利益集団モデルと結びつけると、次のようになる。すなわち、アメリカの経済力が強い時には自ずと多くの産業分野で国際競争力が強くな

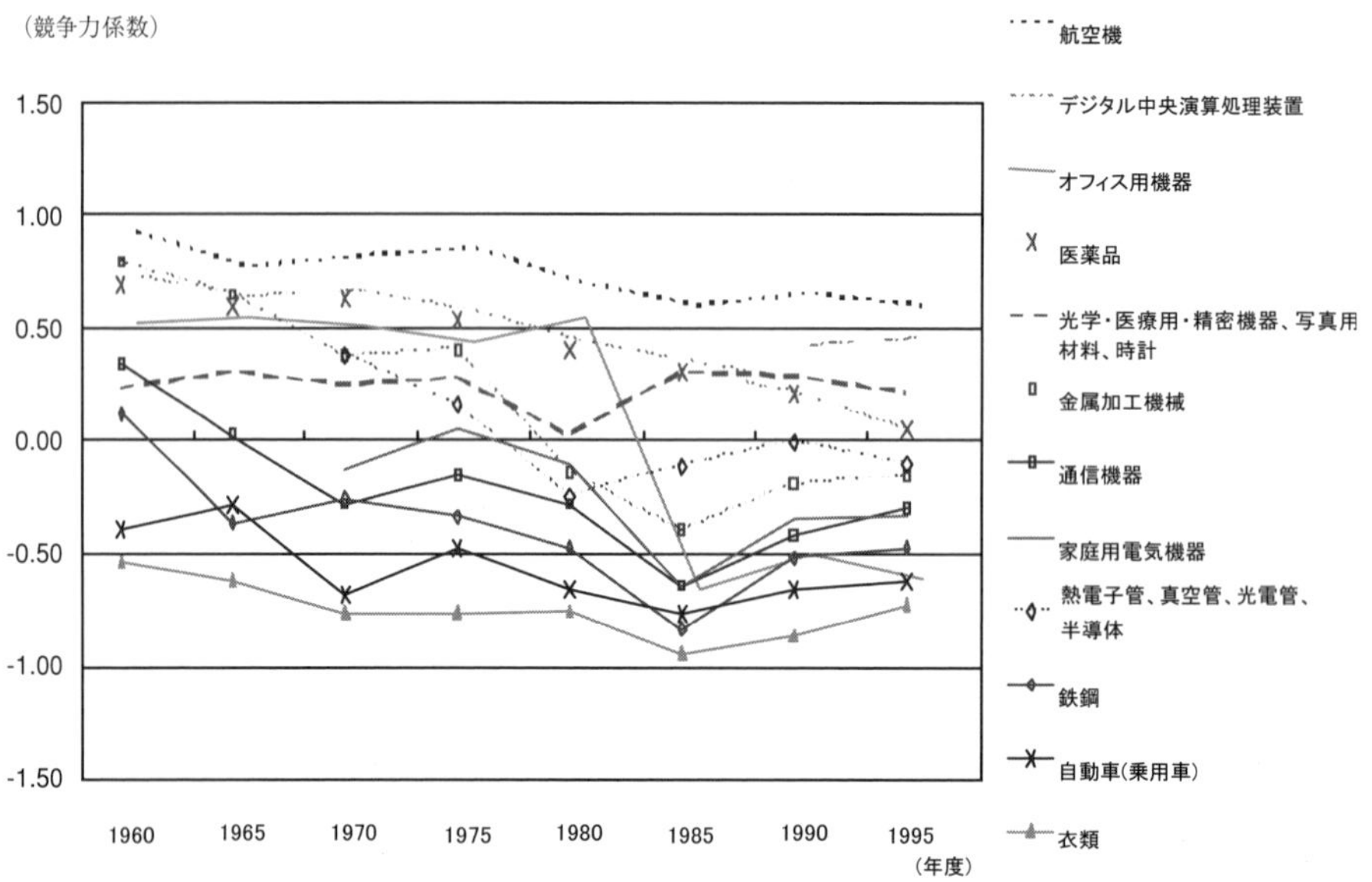

図3　アメリカの商品別輸出競争力の推移

出典：田原泰・葛見雅之・飯島隆介「アメリカはいかに日本の挑戦に対応したか」伊藤元重編『日中関係の経済分析―空洞化論・中国脅威論の誤解』東洋経済新報社、2003年、171頁

り、したがって、自由貿易を唱える利益集団が多くなる。逆に、相対的な経済力が低下すると、競争力を失う産業分野が多く、保護主義的な利益集団が多くなる。このような観点から、ここでは八〇年代、九〇年代の各産業分野の競争力の分析を行いたい。

さて、アメリカの商品別輸出競争力の推移を示したのが**図3**である。[23] これによれば七〇年代から八〇年代にかけて、ほとんどの産業で競争力が低下している。そして、八〇年代には、ハイテク産業を含めてほとんどの産業が競争力を低下させ、競争力を保っていたのは農業など極めて少数に過ぎなかった。したがって、この時期のアメリカに強い保護主義が起きても不思議ではなかった。九〇年代に入っても、競争力の低下はすべての産業分野に見られる。したがって、九〇年代の半ばには通商上の競争力という観点からは、アメリカの通商政策のスタンスが自由主義的になる理由をみいだすことはできない。

以上のことから、覇権安定論は極めて大雑把にアメリカ通商政策の変遷の「大きな流れ」は捉えられるものと結論付けられる。しかし、すでに指摘したように説明できない部分も存在している。第一に、覇権国家として地位が弱くなった七〇年代にGATTと対立する通商政策への転換がなぜ進まなかったのであろうか。第二に、九〇年代にアメリカの産業競争力は回復しなかったにもかかわらず、なぜ保護主義的な政策ではなく、自由主義的な方針をとりGATT／WTOへの収斂が起こったのであろうか。この二つの問いへの答えが本稿には求められている。

3　GATT／WTOからの乖離と収斂―八八年「包括・通商競争力法」とUR実施法案

さて前節までの分析で浮び上がった問いに解答を与えるため、ここでは八八年包括通商競争力法（以下、八八年包括通商法）[24]と九四年UR（ウルグアイラウンド）実施法案[25]に注目したいと考える。これらは通商政策の変化を理解するためには無視できない重要な法案であり、それらを分析することでGATT／WTOからの乖離と、そこへの収斂の要因について何らかのヒントが得られるものと考える。

（1）アメリカの通商政策の変化と国内政治―言説の変化と利益連合の変化

表1は、八八年包括通商法の成立における議会内での議員の言説とUR実施法案の審議過程における同様の言説を抽出し、それらを支持した産業分野をまとめたものである。

八八年包括通商法制定時には三〇一条賛成・GATT反対の言説が主流であり、UR実施法案の審議過程においては、GATT／WTO賛成・三〇一条賛成が多数を占めていた。[26]八八年には、赤字の問題、競争力の問題が頭著に挙げられた。そこで大きな問題だったのは巨額の貿易赤字であり、その原因は基本的には外国の不公正貿易慣行にあると捉えられていた。議員の多くはGATTのシステムが不十分であり、三〇一条の行使によって貿易赤字問題を解決できると考えていた。繊維、鉄鋼、自動車などの産業分野はそのような意見を推していた。八八年に、三〇一条賛成・

対GATT／対301条	GATT反対		GATT賛成	
	88年包括通商競争力法	94年UR実施法案	88年包括通商競争力法	94年UR実施法案
301条賛成	A 301条賛成・ GATT反対	A 301条賛成・ WTO反対	B 301条賛成・ GATT賛成	B 301条賛成・ WTO賛成
	問題：貿易赤字 目的：貿易赤字削減 原因： ・外国政府の不公正貿易慣行 手段： ・外国の不公正貿易慣行を是正 ・一貫性ある通商法の実行のためにUSTR権限強化	問題：UR協定は主な問題（市場開放、公正貿易、労働者の保護、主権等）を効果的に処理することができない 目的：市場開放、公正貿易、労働者の保護、主権等手段：一方的な報復措置を用いながら目的を達成	問題：競争力の低下 目的：競争力の回復、向上・手段：URの推進 戦略的保護主義 知的所有権の保護 生産性の向上 301条に基づいてアメリカ市場に相応する外国市場の開放要求	問題：公正貿易、市場開放、紛争の有効な解決 手段：UR実施法 WTOの制度的有効性を認めながら、WTOでカバーしでない領域に関しては301条を用いる
	支持基盤： 繊維、鉄鋼、家電、自動車、AFL-CIO、UAW、農業	**支持基盤**： 繊維、酪農	**支持基盤**：ハイテク産業、半導体産業、電子産業、輸出指向産業	**支持基盤**：農業、鉱業、鉄鋼、自動車、サービス、観光関連産業、航空宇宙産業、電子機器産業、通信関連産業、コンピューター
301条反対	C	C	D 301条反対・ GATT賛成	D 301条反対・ WTO賛成
			問題：301条（88年包括通商法）は報復を招き、貿易システムを不安定にする 目的：安定した貿易、輸出拡大 手段： ・貿易法自体に反対 外国の不公正貿易慣行の問題はURとGATT体制下で解決すべき	問題：301条は、報復の連鎖を招く 目的：安定した自由貿易、経済成長、紛争 手段：WTO、301条反対
			支持基盤：輸入業者、消費者集団、多国籍企業、ビジネス・ラウンドテーブル	**支持基盤**：輸出入協会、多国籍企業（海外投資関連）、NAM、ビジネス・ラウンドテーブル

表1　301条とGATT／WTOについての言説の変化（88年包括通商法とUR実施法）

出典：本文より筆者作成

ＧＡＴＴ賛成の言説は、国際競争力の低下を問題とし、それを解決するためにＵＲの推進、知的所有権の保護、外国市場の開放が目的とされ、その目的を達成するために三〇一条を用い、新しい分野での秩序を作ろうとするものであった。八〇年代半ば以降の貿易収支の悪化、国際競争力の低下が問題とされたが、この二つは別々の論理と産業分野の言説に組み込まれた。そして、三〇一条は公正貿易という原理のもとで両方に支持されたのである。

九四年のＵＲ実施法の成立過程では貿易赤字や競争力は大きな問題としては捉えられていなかった。むしろ、公正貿易、市場開放、紛争の有効な処理が重要な課題として理解されていた。三〇一条賛成・ＷＴＯ賛成という見解はこのような言説の典型であり、支配的なものであった。これに対して、ＷＴＯに反対する三〇一条賛成・ＷＴＯ反対の意見は、ＷＴＯが労働者の保護の問題を発生させ、アメリカの主権を侵害する可能性のあるものであると論ずるものであった。しかし、そのような意見は少数で、しかも繊維産業、酪農など極めて限定された集団に支持されたものであった。

ここで、明らかにしておきたいことは、八八年には三〇一条賛成・ＧＡＴＴ反対議論を展開した鉄鋼や自動車産業が九四年には三〇一賛成・ＷＴＯ賛成意見を示していることである。九四年には、鉄鋼、自動車を含め、農業、サービス業、航空宇宙産業、通信関連産業などのハイテク産業を網羅した三〇一賛成・ＷＴＯ賛成の大連合が形成される。その結果、三〇一条賛成・ＷＴＯ反対は、すでに述べたように、極めて競争力が低い繊維産業と酪農だけになるのである。しかしながら、三〇一条賛成・ＷＴＯ賛成の大連合においても、競争力の強いハイテク産業のほかに、競争力の低い鉄鋼と自動車分野が含まれていたのである。このような大連合が形成された理由については次のような要因が考えられる。一つは、自動車や鉄鋼などの競争力の弱い産業は、三〇一条を容易に使うことができると考えていたという可能性である。あるいは、救済の手段として反ダンピングの強化などを考えていた、ということである。いま一つは、それとは矛盾しないが、ＵＲ合意はアメリカ政府がコミットしたものであり、それを覆すのは難しく、また、大統領と同じ政党（民主党——基本的には、比較的保護主義である）が支配する議会も、ＵＲ合意をした大統領にあえて反旗を翻すことが困難であったと考えられる。

（2）GATT／WTOからの乖離と収斂—政治プロセスの比較

以上、八八年包括通商法と九四年UR実施法における言説類型の比較を行った。八八年包括通商法の成立過程において、利益集団は議会への圧力をかけやすかった。すなわち、当時の利益集団には、競争力が弱く、保護主義的な政策を要求するものと、海外の市場開放、新しい分野でのルール作りを求める自由主義的な集団があり、どちらも三〇一条を求めていた。彼らは、議会に圧力をかけるが、議会は七〇年代の民主化によって公聴会、小委員会が重要となり、ロビー活動や圧力という面で脆弱になっていた。また、議会は民主党が多数党であり、保護主義的な要求、強硬な通商政策の要求に応える基盤を持っていた。また、行政府と議会の関係は、行政府が共和党、議会が民主党であり、またレーガン政権は自由経済指向であり、民主党は保護主義的傾向が強いといったように、対立的であった。また、八八年包括通商法はウルグアイ・ラウンドにおける交渉権限を議会が大統領に与えるものであり、大統領の立場は弱かった。したがって、保護主義的な三〇一条に行政府は妥協せざるを得なかったのである。

このような中で八八年包括通商法は成立するが、UR交渉は進み、アメリカはサービス、知的財産権、貿易関連の投資などの新しい分野、農業、そして、紛争処理の強化に向けて交渉を進める。[27] そして、九一年、ダンケル案が提示され、おおよその妥結の線が見え、九三年末、妥結に至る。九三年一月に発足したクリントン政権は、一方で結果重視の、特定的相互主義の通商政策を展開する傍ら、UR合意にコミットするのである。URの結果、サービス・農業分野での自由化、また、知的所有権の保護が各国により約束され、また紛争処理は強化された。このことは、アメリカにとって完全に満足のいく成果が得られたとは言い難いものの、アメリカの意向をかなり反映した国際システム（制度）が作られたことを意味した。また、UR合意、そしてそれを実施するUR実施法案は、アメリカの国際的コミットメントとなった。そして、実施法案の成立過程において、行政府は強い立場に立ち、またスーパー三〇一条の復活など、リーダーシップを発揮した。さらに、九四年UR実施法案の審議過程においてはアメリカ議会と大統領の間に政治的妥協と合意が成り立ち得る状況であった。その原因は議会、産業界・利益集団からの社会的要求が、UR妥結によって成立したWTOによって通商政策へ反映されたこと、また、大統領が民主党で、議会多数派も民主党であったことは議会と大統領の妥協を容易にするものであった。

本稿の基本的な設問に戻っていえば、八八年包括通商法は、まさに八〇年代に急激に貿易赤字が増大し、また、国際競争力が低下したことを背景としていた。しかし、貿易赤字の解消は保護主義、国際競争力の向上はハイテク産業などの競争力の向上と、海外市場の開放政策という異なる道を辿った。アメリカ経済は、一九九二年以来、長期の成長過程に入るが、そのことがいまだ認識されていない九〇年代初頭、クリントン政権は結果重視・特定的相互主義の通商政策をとった。そして、それと同時にUR合意にもコミットし、そして、三〇一条とWTOの並存を説いていった。それがUR実施法案であった。三〇一条は捨てられ、完全にWTOのルールに則った行動をとるのは、WTOの成立から若干の月日が経ってからであった。

4　収斂の実践過程―アメリカの通商政策における三〇一条とGATT／WTO

本節では九〇年代半ばにアメリカが三〇一条をやめ、WTOのルールに沿った行動をとったのは、アメリカの経済事情による、との仮説を検討する。すなわち、九〇年代のアメリカ経済は好調であり、それゆえ、保護主義的な行動や強硬な二国間相互主義を採らなくなった、という仮説、また他方で、九〇年代の半ばを過ぎてもアメリカの貿易収支は膨大な赤字であり、アメリカ産業（製造業）の競争力は低下を続けているので、アメリカの保護主義や対外強硬姿勢は衰えない、という仮説である。ただし、この仮説をマクロの観点から直接検討しようとするものではない。日米自動車摩擦問題とフィルム摩擦問題のケースを取り上げ、その中でアメリカ経済全体の動きがどのようにアメリカの通商政策に影響したかを間接的に見ようとするものである。ＷＴＯ成立をはさんで、具体的な通商問題の解決にどのように通商法が援用されＧＡＴＴ／ＷＴＯが理解されていたのかを検討する。

（1）日米自動車摩擦問題(28)

自動車・同部品摩擦を見ると、自動車産業からの圧力は八〇年代に引き続き強いものであった。アメリカ自動車産業は自動車部品の購入に関して日本の数量的な約束を求め、日本がそれを受け入れない場合には、三〇一条を適用することを強く求めた。クリントン政権も結果重視の政策を掲げ、自動車産業の要求に応え、日本と交渉した。それは、一九九五年一月一日のＷＴＯの成立を経ても行われた。しかし、日本は三〇一条のもとでの交渉を断固拒否した。ここにアメリカも日本もＷＴＯの下での解決を考えはじめるが、結局、ＷＴＯの枠外での二国間交渉により、九五年六月に決着する。その決着では、数量目標は設定されず、日本が販売の機会均等などの措置をとり、またその措置は、第三国に開かれたものであるというＷＴＯと整合的な解決であった。アメリカ側からいえば、クリントン政権はまさに三〇一条・結果志向から、ＷＴＯをベースとしたそれとの整合的な通商政策へギア・チェンジの途中であった。また、アメリカ内において自動車産業を別にすれば、三〇一条の適用に強い支持はなく、また議会においても新しく多数党になった共和党では三〇一条に反対の意見も強かった。自動車産業の要求が行政府の政策に反映するルートは強くなかった。そして、この過程で、ＷＴＯが成立していたことは、三〇一条の抑止に大きな力を発揮しており、また、ますます明らかになってきたアメリカの好調な経済は、クリントン政権のギア・チェンジの大きな促進要因となったと考えられる。

（2）富士フィルム・コダックフィルム摩擦問題(29)

フィルム摩擦は、ＷＴＯが成立した約半年後の一九九五年五月にコダックが三〇一条に基づいて富士フィルムを

ＵＳＴＲに提訴したことからはじまる。コダックは、日本市場での富士の行動、そしてそれを日本政府が容認していたとし、不公正貿易慣行として訴えた。ＵＳＴＲはコダックの提訴を受け入れ、調査を開始する。そして、コダックの訴えを認めクロ判定を下し、日本に二国間協議を要請する。ところが、自動車摩擦と同じく、コダック事件に関しても日本は三〇一条のもとでの交渉を拒否し、最終的にはアメリカは直接三〇一条に訴える代わりにＷＴＯ紛争解決手続きに付託した。また、アメリカ国内においてはコダックの問題を特殊な問題であるとしてあまり関心を呼ばなかった。

アメリカ政府が三〇一条を捨て、ＷＴＯの紛争処理に訴えたのは、国内企業なり産業の圧力がなくなったからではない。コダックのケースで三〇一条を使うことへの国内的な支持が広がらなかったり、コダックの議論に説得性がなかったりしたことはあろうが、一番影響があったのは相手国の日本が三〇一条のもとでの交渉を拒否したことである。これはＷＴＯの紛争処理が強化され、他国の姿勢が変わったことを意味する。つまり、一九九五年以後、厳格な法制度化をもたらすＷＴＯの存在があり、しかも日本がＷＴＯ（の紛争処理手続き）を積極的に支持した点が、アメリカの三〇一条を抑制する圧力として作用していた。富士・コダック事件に関して、アメリカが三〇一条に訴える代わりにＷＴＯ紛争解決手続きに付託する戦略を採用したことについて、Ｃ・プレストラッツはこれをもって三〇一条は死んだと評した。(30)

法制度化を、ルールの明確化、遵守、そして、第三者の判定を要素とするとすれば、(31)コダックのケースは、まさにＷＴＯの法制度化が進んだことがアメリカの通商政策に影響を及ぼしたことを意味しよう。また、ルールの明確化ということに関しては、民間の競争慣行がＷＴＯの外にあり、そのことについてどのように対処するべきであるかがＷＴＯの課題として残った。

また、アメリカの国内政治プロセスの観点から言えば、ＷＴＯの紛争処理の強化は、企業や産業界からの圧力から（そして、議会の圧力から）、行政府を守る機能を果たすことになる。コダックからの三〇一条を通しての圧力と日本の三〇一条下での交渉の拒否にあって動きが取れなくなったアメリカ政府を救ったのはＷＴＯの紛争処理であった。

（3） 収斂の実践過程

では、なぜこのような事象が現れたのであろうか。ここで、自動車とフィルムの紛争事例分析を合わせて考えると、〈国際制度の制度化の程度〉が鍵となっていると言える。[32] 一般的に言えば、ＷＴＯでは、サービス、農業、知的所有権などの分野を制度に取り入れ、それらの分野を含んで一方的措置を禁止し、紛争処理手続きも強化された。その結果、アメリカの行政府も三〇一条ではなくＷＴＯのルールと手続きを利用することによって利益を得ることができると判断し、それに従った政策選択を行ったということになる。もちろん、ＵＲ実施法案の成立に関する事例研究での検証と同様に、保護主義勢力が存在し、行政府に対して影響力を行使しようとした。しかし、行政府は、そのような保護主義的な勢力（議会も含む）に対して、ＷＴＯの成立により、優位な力を持つに至り、それらの勢力を押さえ込むことが出来るようになった。

また、主要貿易相手国（特に日本）の行動もアメリカの通商政策に大きな影響を与えた。例えば、八〇年代の日本は、三〇一条のもとでアメリカとの交渉を受け入れ、ＧＡＴＴへ紛争処理を持っていくことはなかった。しかし、このような日本の通商政策（対応）に対する不満は日本の国内にも強く、ＷＴＯの成立（ＷＴＯでカバーされる分野における一方的措置の禁止）は、日本をしてアメリカの三〇一条のもとでの交渉を断固拒否する意思とその行動に対する正当性を与えたのである。そして、このような行動はＥＵなどの他の主要国の支持を受けた。この結果、アメリカは特定的相互主義を放棄せざるを得なくなったのである。

以上、明らかになった政治的プロセスは、単にＷＴＯが成立したがゆえに、そのルールに従って、アメリカが三〇一条の行使をしなくなった、という単純なものではないことを意味する。また、九〇年代のアメリカの相対的経済力の向上により特定的相互主義がとられなくなったという、このような単純な説明を超える新たな分析視角を明示する必要がある。

おわりに

以上のように、本稿は、アメリカの通商政策におけるGATT／WTOからの乖離と収斂のプロセスを示し、そして、乖離と収斂をもたらす原因を複数の仮説から検討した。大枠を示せば、覇権安定論に基づく従来の説明は大きな流れを捉えていると考えられる。しかし、なぜ、すでに相対的な経済力の低下が顕著であった七〇年代ではなく、八〇年代半ばから特定的相互主義が台頭したのか、また、九〇年代初頭から相対的経済力は回復したにもかかわらず、九〇年代半ばに特定的相互主義が放棄され、WTOによる整合的な通商政策がとられるようになったのかという疑問が残る。

前者に関して言えば、八〇年代半ばに貿易収支が大いに悪化したことが原因であり、それを是正して国際競争力を高めるために特定的相互主義がとられたといえる。そしてその背後には、当時のGATTが十分にそれらの問題を解決するものとは捉えられていなかったことが挙げられる。また、九〇年代半ばに、WTOの一般的相互主義に回帰した一番大きな要因は、WTOの成立・発足であった。しかし、九〇年代半ばの回帰過程は、平坦なものではなく、特定的相互主義は未だ強く、それはWTO成立をみてようやく終焉するのである（日米自動車摩擦においても、フィルム摩擦においても、その決着はWTO成立以後であった）。

すなわち、アメリカの通商政策の変化を説明するにあたって覇権安定論のような大型レンズも必要であるが、しかし、それは十分に—今日のTPP問題についても同様に—説得的ではない。そこではWTOなどの国際制度がアメリカ国内でどのように評価され、理解されていたのかを分析することが重要な鍵となりえた。国際システムが国内でどのようにとらえられているのかに注目する更なる必要性が求められる次第である。

［用語説明］

「スーパー三〇一条」

一九八〇年代に日本との貿易交渉において大きな役割を果たしたアメリカ国内通商法である。アメリカに対して外国政府が不当な貿易制限等（貿易協定違反を含む）を行っているとアメリカ行政府が認めた場合に、これに対抗する権限を認めた一九七四年通商法三〇一条（貿易相手国の不公正な慣行に対して当該国との協議や制裁について定めた条項）の特別手続きである。一九八八年に導入されて以降、失効と復活（例えば一九九四年UR実施法案の中に行政命令として）を繰り返しており、直近では二〇〇一年一月に失効している。

「スペシャル三〇一条」

一九七四年通商法三〇一条の知的財産権についての特別版（special）であるところから、スペシャル三〇一条と呼ばれる。一九三〇年関税法三三七条を一部手直しして、知的財産権保護の強化を図っている。知的財産権問題に直接関連する条項であり、一九八八年の包括通商競争力法（Omnibus Foreign Trade and Competitiveness Act）により創設された。毎年三月末頃提出（USTR作成）が義務付けられている「外国貿易障壁報告書（National Trade Estimate Report on Foreign Trade Barriers）」の提出後三〇日以内に、知的財産権保護について問題ある国や慣行に関する報告書「スペシャル三〇一条報告書」を公表することが定められている。スペシャル三〇一条の創設以来、知的財産保護水準の向上に大きな役割を果たしてきたことは評価されている。

「USTR」

米通商代表部（United States Trade Representative）の略称で、アメリカ大統領府内に設けられた通商交渉をおこなう機関（http://www.ustr.gov）である。一九六三年の大統領令で創設された後、一九七四年の通商法により法律的な位置づけが与えられた。関税法・通商法・通商拡大法に基づく通商協定の締結・運用が主な任務であった。しかし一九八〇年代に入ると、アメリカの通商政策全般に関わる強大な権限を得るなど国内外の通商環境によってUSTRの役割は変化してきた。現在は、世界貿易機関（WTO）や経済協力開発機構、国際連合（UN）貿易開発会議などの多国間交渉においてアメリカを代表する外交交渉権限が与えられている。最近では、環太平洋パートナーシップ協定（TPP）を巡る日米協議なども担当している。

「GATT」

WTOの前身であるGATT（関税と貿易に関する一般協定）とは、ブレトン・ウッズ協定により一九四七年に調印された自由貿易の促進を目的とした国際協定をいう。一九四四年のブレトン・ウッズ体制の枠組みとしてIBRD（国際復興開発銀行）やIMF（国際通貨基金）と共に多国間の協定締結により、一九四八年に発足した。日本は、一九五五年九月にGATT（General Agreement on Tariffs and Trade）に加盟し、自由貿易体制化の恩恵を受けてきた。日本が戦後の復興期から今日の経済発展を遂げた大きな原動力ともいえる要因である。一九四七年に署名開放されたＧＡＴＴを改正した一九九四年の関税及び貿易に関する一般協定はＷＴＯ協定と不可分の一部とされているが、一九四七年ＧＡＴＴとＷＴＯ協定や一九九四年のＧＡＴＴとは別個の条約である。改正前のＧＡＴＴのことを〈一九四七年ＧＡＴＴ〉、改正後のＧＡＴＴのことを〈一九九四年ＧＡＴＴ〉といい区別される。

「ＵＲ」

ＧＡＴＴ（関税貿易一般協定）体制下で行われた第八回目の多角的貿易交渉であるウルグアイ・ラウンド（Uruguay Round,1986-1994）の略称である。一九八六年にウルグアイで交渉開始が宣言されたことからこの名が付いた。特に、世界貿易上の障壁をなくし、農業・サービス・知的財産権に関連する貿易の自由化や多角的貿易を促進するために行なわれた通商交渉である。この協議によってＧＡＴＴを改組して世界貿易機関（ＷＴＯ）を設立することが決定され、また貿易に関連する投資措置に関する協定（ＴＲＩＭ）、サービスの貿易に関する一般協定（ＧＡＴＳ）、知的所有権の貿易関連協定（ＴＲＩＰＳ）等が成立した。

「ＷＴＯ」

ウルグアイ・ラウンド（ＵＲ）交渉の結果、一九九三年に交渉妥結及びＷＴＯ設立が合意され，各国の国会批准を経て一九九五年一月一日に設立された国際貿易機関（World Trade Organization）のことである。ＷＴＯ協定（ＷＴＯ設立協定及びその附属協定）には、各国が自由にモノ・サービスなどの貿易に関連する様々な国際ルールを定めている。ＷＴＯはこうした協定の実施・運用を行うと同時に新たな貿易アジェンダへの取り組みを行い、多角的（多国間）貿易体制の中核を担っている。

「ＴＰＰ」

環太平洋パートナーシップ協定（Trans-Pacific Partnership）の略称で、環太平洋経済連携協定とも呼ばれる。農産物などの商品やサービスに対する関税及び非関税障壁の撤廃を目指す高いレベルのアジア・太平洋地域の多国間貿易協定である。二〇〇五年、シンガポール、ニュージーランド、チリ、ブルネイの四カ国体制の環太平洋戦略的経済連携協定（Trans-Pacific Strategic Economic Partnership Agreement）が発足（別名Ｐ４協定の発効）した。二〇一五年までにすべての貿易障壁を撤廃することを目的としており、現在、12カ国（Ｐ12：シンガポール、ブルネイ、ニュージーランド、チリ、米国、豪州、ペルー、ベトナム、マレーシア、メキシコ、カナダ、日本）がＴＰＰ交渉を行っている。

［註］

（１）本稿は『国際政治』（第一五〇号）に掲載された論文を本書の構成に合わせ補完・修正をしたものである。金暎根「アメリカの通商政策における三〇一条ＧＡＴＴ／ＷＴＯ—対立と収斂のプロセス—」『国際政治』日本国際政治学会、二〇〇七年一一月、六六～八二頁。

（２）本稿でいうところの相互主義は、「Reciprocity」の訳語である。実際、それが翻訳されるときには「互恵主義」、「互恵の原則」、「相互性」、「相互主義」、「相互主義の原則」等と表現される。高瀬保は、互恵主義は「ＧＡＴＴ（関税及び貿易に関する一般協定）交渉においてのように、相互に利益を積み増していく前向きの政策」とし、相互主義は「相手国が一方的な、あるいは衡平でない利益を得ているか得ようとしている場合は、対抗上相手国の利益となる措置を撤回する場合もある後ろ向きの政策」と使い分けている。しかし、アメリカの「Reciprocity」がＧＡＴＴ／ＷＴＯ（World Trade Organization：世界貿易機関）とどのように関連づけられてきたかを考察する上で互恵主義と相互主義とを区別することは適当でないと考えることから、本稿では、両者ともには相互主義と呼ぶことにする。

（３）例えば、関税に関しては関係国間で均衡のとれた引き下げが行われるべきである、というのがそれである。一方では、何国といえども無条件の譲歩が強制されてはならず、他方ではいずれの国による譲歩も無条件の最恵国待遇を媒介しすべての国に均霑される、というものである。したがってＧＡＴＴでの貿易交渉は市場開放が互いの交換方法で成り立つようになっている。山本吉宣『国際的相互依存』東京大学出版会、一九八九年、一八一～八二頁。

（４）第二次世界大戦前、自国の産業を保護（経済のブロック化）し、その結果、貿易秩序が混乱し世界経済全体が不安定化した。その反省から当初二三カ国の締約国で一九四八年に発効したＧＡＴＴは、関税その他の貿易障壁を段階的に撤廃し、国際貿易の発展を図るために、自由・無差別・互恵（相互）主義・多角主義（多国間主義［multilateralism］）の原則の下に設立されたものである。

（５）Carolyn Rhodes, Reciprocity, U.S. Trade Policy, and the GATT Regime, New York: Cornell University Press, 1993.

（６）三〇一条（スーパー三〇一条）に代表される「特定的相互主義」においては、利益の綿密な均等化を図る必要がある。そうした調整は、多国間よりも二国間で実施した方が容易であろう。政策は寛容なものとすべきではないし、ただ乗りは許されるべきではない。さらに「目には目を」といった考え方が、極めて受け入れられやすい。また、ルールとは、それを導入する各国・地域でさまざまな形態、性質を持つものであることから、異なった問題は、異なった手段で処理されるべきであるとされる。

（７）例えば、バグワティ、パトリック編（渡辺敏訳）『スーパー三〇一条』サイマル出版会、一九九一年（Bhagwati, Jagdish and Hugh T. Patrick, Aggressive Unilateralism, The University of Michigan, 1990.）。

（８）津久井茂充「ＷＴＯ設立後４年半に見る紛争解決の状況」『貿易と関税』十月号、一九九九年及びＧＡＴＴ／ＷＴＯ（http:www.wto.org/）やUSTR（http://www.ustr.gov/html/act301.htm）のデータを参照されたい。

（９）K. Leitner, and S. Lester, "WTO Dispute Settlement 1995-2003: A Statistical Analysis," Journal of International Economic Law, 7（1）, 2004, pp.169-181.

(10) 三〇一条調査開始後のGATT／WTO紛争解決手続きの利用件数である。GATT／WTOへの提訴全体数については 経済産業省通商政策局編『二〇〇二年版不公正貿易報告書』二〇〇二年及びWTO（http:www.wto.org/）を参照。

(11) WTOに「提訴」することとWTOとの関係に関してDSU第三条の二は、WTOの紛争処理手続とは「多角的貿易体制に安定性及び予見可能性を与える中心的な要素である」と定めている。つまり、WTOに「提訴」することの可能性が加盟国に保証されているということで、多角的貿易体制であるWTOが支えられているのである。UFJ総合研究所新戦略部通商政策ユニット編『WTO入門』日本評論社、二〇〇四年、二八～二九頁。

(12) 古城佳子「逆第二イメージ論」河野勝・竹中治堅編『アクセス比較政治学』日本経済評論社、二〇〇二年。

(13) アメリカの影響力の経路は二国間関係にとどめず、国際制度としてのGATT／WTOとの関係をも含めて分析する必要がある。例えばUR推進及び交渉過程におけるアメリカの意図（通商政策）とGATT／WTOを考察すれば国際レジームの国家への影響が見えてくると思われる。分析の対象をアメリカではなく日本としているものの、通商政策におけるWTO法制度化の重要性を強調する分析としては、Keisuke Iida, Legalization and Japan: The Politics of WTO Dispute Settlement, Cameron May, 2006.; Amy E. Searight, *MITI and Multilateralism: The Evolution of Japan's Trade Policy in the GATT Regime*, Ph.D. Dissertations, Stanford University, 1999. などが挙げられる。

(14) 先行研究は国際的要因によって国内の社会的亀裂や政治的同盟関係が変化することを予測するもので、国家の政策がどのように変化するのかを予測するものではなかった。河野勝「『逆第二イメージ論』から『第二イメージ論』への再逆転?」『国際政治』第一二八号、二〇〇一年、一五頁。

(15) 例えば、Robert Gilpin, *The Challenge of Global Capitalism*, Princeton University Press, 2000. またはスティーブン・クラズナー「グローバリゼーション論批判」渡辺昭夫・土山實男編『グローバル・ガヴァナンス―政府なき秩序の模索―』東京大学出版会、二〇〇一年。

(16) WTOは、国際貿易レジームとして捉えられるが、それが個別国家にどのような影響を与えるのかについても、理論、実証の両面で大きな研究課題となっている。この点、WTOがアメリカの通商政策の変化（WTOへの収斂）を引き起こすものであることを示した優れた研究の一つとして、I.M. Destler, *American Trade Politics*, Fourth Edition, Institute for International Economics, 2005. が挙げられる。

(17) 利益集団モデルと呼ばれるものは、国家の通商政策の変化は国内アクター、特に利益集団の選好（圧力）及びその構造の変化を反映するというものである。Gabriel A. Almond and Powell G. Bingham, Jr., Comparative Politics: System Process and Policy, Little Brown & Co., 1974.

(18) 行政府と議会間の貿易政策を巡る力関係は歴史を通して、議会主導下の保護主義の原理（一九三四年以前）→対外交渉権の大統領への委譲による行政府優位（一九三四年の互恵通商協定法）→議会の権限強化（八〇年代）→行政府の権限回復の試み（ウルグアイ・ラウンドの妥結）

↓国内の制度変化、と変化してきた。

(19)「制度」とは、選挙制度や政治体制などの公式な政治制度のみでなく、政策決定時に作用するネットワークや政治的連合、労働組合の強度、国家の自立性、国内法（例えば、七四通商法、八八年包括通商競争力法）などを含む。

(20) 大矢根聡はWTOレジームの解釈をめぐる対立を「（政策）アイディア論争」と位置づけ、アイディアの機能に注目して、日・米・韓で行われた半導体交渉の研究を行っている。国内の構成（制度）と国内の構成員（議会・産業界・行政府）が持つ同じアイデンティティをアメリカの相互主義の形成の重要な要素としてみなし、自由貿易主義を修正する公正貿易や相互主義といった古典的な自由貿易主義では対処しきれない問題が生じたときに、それを補充する政策アイディアとして捉えている。大矢根聡『日米韓半導体摩擦―通商交渉の政治経済学―』有信堂高文社、二〇〇二年。

(21) COW(Correlates of War Project)データセットのNational Capability Data(1816-2001)を用いてアメリカの覇権的な地位(国力:Capabilityスコア)を表したものである。これは全世界に占めるアメリカの国力の割合を指すものであり、そのデータの構成要因（Capability components）は次のようなものである。①軍人の数（Military personnel）、②軍事費用（Military expenditures）、③エネルギー生産量（Energy production）、④鉄鋼生産量（Iron/Steel production）、⑤都市人口（Nominal urban population）、⑥全人口（Nominal total population）、⑦貿易量である。

(22) 図2を見ると、全世界におけるアメリカの国力の変化は、第二次世界大戦直後のピークから一九九〇年、冷戦の終焉まで、漸次その相対的な国力は低下している。しかし、冷戦後、その相対的力は増大し、一九九三年あたりにピークに達している。この点において、冷戦の終焉という要因はアメリカの覇権的な地位においても重要な結果をもたらしたが、本質的には覇権安定論に基づく論証のように、アメリカの通商政策の変化を説明するには限界をもっている。

(23) 輸出競争力係数＝輸出－輸入／輸出＋輸入にて計算した。国際連合『貿易統計年鑑』各年版。

(24) 同法の成立過程についてはLeonard J. Schoppa, *Why American Pressure Can and Cannot Do: Bargaining with Japan*, Columbia University Press, 1997, chap. 3; ジェトロ『世界と日本の貿易』日本貿易振興会、一九八六－八八年度版を参照せよ。同法の内容についてはOmnibus Trade and Competitiveness Act of 1988, Public Law No.100-418, 102 Stat. 1107（1988）（Codified in sections throughout 19 U.S.C.）。

(25)「UR実施法（協定法）案の批准」に関する一次資料として、Reams, Bernard D., Jr. and Jon S. Schultz, *Uruguay Round Agreements Act-A Legislative History of Public Law No. 103-465*（Vol.1-14）, New York, William S. Hein and Co., Inc., 1995. を参照した。ただし、この法案に関する政治分析は、ほとんど見当たらない。UR実施法案の審議過程に関する分析としては、以下のものが挙げられる。David W. Leebron, "Implementation of the Uruguay Round Results in the United States," John H. Jackson and Alan O. Sykes eds., *Implementing the Uruguay Round*, Oxford: Oxford University

Press, 1997. ＵＲ協定法の内容に関しては、福島栄一監修『解説米国ウルグアイ・ラウンド協定法』日本貿易振興会、一九九七年。多国間主義とアメリカ外交政策については、Stewart Patrick, and Shepard Forman, eds., *Multilateralism and U.S. Foreign Policy: Ambivalent Engagement*, Boulder: Lynne Rienner Publishers, 2002.

（26）例えば、ＵＲ実施法案の審議で明らかになったことは、三〇一条がＷＴＯのカバーする分野で禁止されたこと、しかし、ＷＴＯの紛争処理メカニズムで違法とされた貿易慣行に対する報復、また、ＷＴＯでカバーされない分野に対しては使用可能である、という理解は、まさに、三〇一条とＧＡＴＴ／ＷＴＯの並存を意味するものであり、双方に賛成する、ということが可能なのである。

（27）一九八六年九月のＵＲ交渉開始前のアメリカのＵＲ交渉に関する思惑については、"Possible new round of trade negotiations," Hearing before the Committee on Finance, United States Senate, Ninety-ninth Congress, 2nd session, July 23, 1986, S. 1837 and Title IV of S. 1860, S. 1865.

（28）日米包括協議とそれに引き続く日米自動車交渉に関しては、主として次の一・二次文献の内容に基づいている。Gwell L. Bass, *U.S.-Japan Trade: Framework Talks and Other Issues*, Congressional Research（CRS）Service Reports, October 19, 1995.（邦訳：Bass, Gwell L.「日米自動車協議」（米国議会調査局報告書）C-NET、一九九五年）:Dick K. Nanto, William Cooper, Gwenell L. Bass, "The Japan-U.S. Automobile and Parts Trade Dispute," *CRS Report for Congress*, The Library of Congress, June 9, 1995.; Dick K. Nanto, Gwenell L. Bass, "The 1995 Japan-U.S. Auto and Parts Trade Dispute: Terms of the Settlement and Implications," *CRS Report for Congress*, No. 95-876E, The Library of Congress, 1995.; Gwenell L. Bass, "Japan-U.S. Automotive Framework Talks," *CRS Report for Congress*, The Library of Congress, November 10, 1994. 特に、日米自動車摩擦に関する日本側の資料は、外務省情報公開開示文書（2004-00816）に基づいている。

（29）日米フィルム摩擦に関しては、主として次の一次・二次文献の内容に基づいている。The KODAK-FUJI FILM Case at the WTO and the Openness of Japan's Film Market, *CRS Report for Congress*, May 8, 1998.（No.: 98-442 E）; The KODAK-FUJI FILM Trade Dispute, *CRS Report for Congress*, March 28, 1996.（No.: 96-297 E）; The KODAK-FUJI FILM Trade Dispute at the WTO, *CRS Report for Congress*, Updated February 27, 1998.（No.: 97-303 E）特に、日米フィルム紛争に関する日本側の資料は、外務省情報公開開示文書（2004-00817）に基づいている。また、日米フィルム紛争の全容については、小林秀明『ＷＴＯと日米フィルム紛争』本の風景社、二〇〇二年を参照した。そのほか、国際法的な観点からの分析が主流である。日米フィルム摩擦に分析としては、谷口将紀「ディフェンシブな提訴」『貿易と関税』日本関税協会、二〇〇〇年四月号。

（30）上院外交委員会東アジア太平洋小委員会ヒアリング「日米通商関係：コダック―富士ＷＴＯ決定」における経済戦略研究所所長クライド・プレストウィッツの発言（一九九八年二月四日）。

（31）例えば、法制度化に関する議論として、*International Organization*, 54（3）, 2000.（Reprinted as Judith Goldstein, Miles Kahler, Robert O.

Keohane, and Ann-Marie Slaughter, eds., *Legalization and World Politics*, Cambridge, MA: MIT Press, 2001）が挙げられる。

（32）二つの事例研究で得られた結果からは、経済的な利害（競争力）仮説を支持する事実を見出すことができなかった。たとえば、コダック（フィルム産業）は競争力が十分でありながらも、当初三〇一条提訴を要求していた。この点、国内産業の国際競争力という要因が必ずしもアメリカの通商政策へ影響を及ぼしたとは言い難い。

［参考文献］

＊日本語文献（単行本）

大矢根聡『日米韓半導体摩擦―通商交渉の政治経済学―』有信堂高文社、二〇〇二年。

古城佳子「逆第二イメージ論」河野勝・竹中治堅編『アクセス比較政治学』日本経済評論社、二〇〇二年。

小林秀明『ＷＴＯと日米フィルム紛争』本の風景社、二〇〇二年。

スティーブン・クラズナー「グローバリゼーション論批判」渡辺昭夫・土山實男編『グローバル・ガヴァナンス――政府なき秩序の模索―』東京大学出版会、二〇〇一年。

総合研究所新戦略部通商政策ユニット編『ＷＴＯ入門』日本評論社、二〇〇四年、二八～二九頁。

高瀬保編『ガットとウルグアイ・ラウンド』東洋経済新報社、一九九三年。

バグワティ、Ｊ・Ｈ・パトリック編（渡辺敏訳）『スーパー三〇一条』サイマル出版会、一九九一年（Bhagwati, Jagdish and Hugh T. Patrick, Aggressive Unilateralism, The University of Michigan, 1990.）。

福島栄一監修『解説米国ウルグアイ・ラウンド協定法』日本貿易振興会、一九九七年。

山本吉宣『国際的相互依存』東京大学出版会、一九八九年、一八一～八二頁。

＊日本語文献（論文）

河野勝「『逆第二イメージ論』から『第二イメージ論』への再逆転？」『国際政治』第一二八号、二〇〇一年頁。

谷口将紀「ディフェンシブな提訴」『貿易と関税』日本関税協会、二〇〇〇年四月号。

津久井茂充「ＷＴＯ設立後四年半に見る紛争解決の状況」『貿易と関税』一九九九年一〇月号。

＊英語文献

Gwell L. Bass, U.S.-Japan Trade: Framework Talks and Other Issues, Congressional Research（CRS）Service Reports, October 19, 1995.［邦訳：バス、

グウェル L.「日米自動車協議」（米国議会調査局報告書）C－NET´ 1995 年]

Bass, Gwenell L., "Japan-U.S. Automotive Framework Talks," CRS Report for Congress, The Library of Congress, November 10, 1994.

Almond, Gabriel A. and Bingham, Jr., Powell G., *Comparative Politics: System Process and Policy*, Little Brown & Co., 1974.

Destler, I.M., *American Trade Politics*, Fourth Edition, Institute for International Economics, 2005.

Gilpin, Robert, *The Challenge of Global Capitalism*, Princeton University Press, 2000.

Iida, Keisuke, *Legalization and Japan: The Politics of WTO Dispute Settlement*, Cameron May, 2006.

International Organization, 54（3）, 2000.（Reprinted as Judith Goldstein, Miles Kahler, Robert O. Keohane, and Ann-Marie Slaughter, eds., *Legalization and World Politics*, Cambridge, MA: MIT Press, 2001）.

David W. Leebron, "Implementation of the Uruguay Round Results in the United States," John H. Jackson and Alan O. Sykes eds., *Implementing the Uruguay Round*, Oxford: Oxford University Press, 1997.

K. Leitner, and S. Lester, "WTO Dispute Settlement 1995-2003: A Statistical Analysis," *Journal of International Economic Law*, 7（1）, 2004, pp.169-181.

Dick K. Nanto, Gwenell L. Bass, "The 1995 Japan-U.S. Auto and Parts Trade Dispute: Terms of the Settlement and Implications," *CRS Report for Congress*, No. 95-876E, The Library of Congress, 1995.

Dick K. Nanto, William Cooper, Gwenell L. Bass, "The Japan-U.S. Automobile and Parts Trade Dispute," *CRS Report for Congress*, The Library of Congress, June 9, 1995.

Carolyn Rhodes, Reciprocity, *U.S. Trade Policy, and the GATT Regime*, New York: Cornell University Press, 1993.

Leonard J. Schoppa, *Why American Pressure Can and Cannot Do: Bargaining with Japan*, Columbia University Press, 1997, chap. 3

Searight, Amy E., *MITI and Multilateralism: The Evolution of Japan's Trade Policy in the GATT Regime*, Ph.D. Dissertations, Stanford University, 1999.

Omnibus Trade and Competitiveness Act of 1988, Public Law No.100-418, 102 Stat. 1107（1988）（Codified in sections throughout 19 U.S.C.）.

"Possible new round of trade negotiations," Hearing before the Committee on Finance, United States Senate, Ninety-ninth Congress, 2nd session, July 23, 1986, S. 1837 and Title IV of S. 1860, S. 1865.

The KODAK-FUJI FILM Case at the WTO and the Openness of Japan's Film Market, *CRS Report for Congress*, May 8, 1998.（No.: 98-442 E）.

The KODAK-FUJI FILM Trade Dispute, *CRS Report for Congress*, March 28, 1996.（No.: 96-297 E）.

The KODAK-FUJI FILM Trade Dispute at the WTO, *CRS Report for Congress*, Updated February 27, 1998.（No.: 97-303 E）.

Patrick, Stewart, and Forman, Shepard eds., *Multilateralism and U.S. Foreign Policy: Ambivalent Engagement*, Boulder: Lynne Rienner Publishers, 2002.

Reams, Bernard D., Jr. and Jon S. Schultz, *Uruguay Round Agreements Act : A Legislative History of Public Law No. 103-465 (Vol.1-14)*, New York, William S. Hein and Co., Inc., 1995.

＊記事及びその他

外務省情報公開開示文書（2004－00817）。

外務省情報公開開示文書（2004－00816）。

経済産業省通商政策局編『二〇〇二年版不公正貿易報告書』二〇〇二年。

ジェトロ『世界と日本の貿易』日本貿易振興会、一九八六－八八年度版。

ＧＡＴＴ／ＷＴＯ（http:www.wto.org/）。

ＵＳＴＲ（http://www.ustr.gov/html/act301.htm）。

Cross-cultural Studies Series:
Reciprocity and International Exchange

執筆者紹介

矢嶋道文（やじま・みちふみ）（編集責任者）
関東学院大学文学部教授
主要著書：『近世日本の「重商主義」思想研究―貿易思想と農政―』（御茶の水書房 二〇〇三年）、「川路聖謨―幕末―閣僚の外交日記」（川口浩編著『日本の経済思想世界―「十九世紀」の企業者・政策者・知識人―』日本経済評論社 二〇〇四年）

伊藤 哲（いとう・さとし）
関東学院大学・フェリス女学院大学・麗澤大学非常勤講師
主要著書：『アダム・スミスの自由経済倫理観』（八千代出版 二〇〇〇年）、『「見えざる」社会―想像力の真価とアダム・スミス―』（八千代出版 二〇一〇年）

田中史生（たなか・ふみお）
関東学院大学経済学部教授
主要著書：『越境の古代史』（筑摩書房 二〇〇九年）、『国際交易と古代日本』（吉川弘文館 二〇一二年）

永井 晋（ながい・すすむ）
神奈川県立歴史博物館専門学芸員
主要著書：『金沢北条氏の研究』（八木書店 二〇〇八年）、『鎌倉源氏三代記』（吉川弘文館 二〇一〇年）

勘田義治（かんだ・よしはる）
関東学院大学文学部比較文化学科非常勤講師、関東学院大学キリスト教と文化研究所へブライズム研究プロジェクト客員研究員
主要論文：「タイ・ビルマ国境山岳地帯におけるキリスト教の受容―アカ族の民族的特徴と改宗者―」（『KGU比較文化論集』第3号 二〇一一年）、「タイ・ビルマ国境山岳地帯におけるキリスト教受容の一事例―聖書翻訳におけるアカ族文字言語の変遷―」（『キリスト教と文化』第11号 二〇一三年）

多ヶ谷有子（たがや・ゆうこ）
関東学院大学文学部教授
主要著書：『王と英雄の剣　アーサー王・ベーオウルフ・ヤマトタケル―古代中世文学にみる勲と志―』（北星堂書店 二〇〇八年）、『星を求むる蛾の想い―中世英文学における至福願望』（八千代出版 一九九六年）

小林照夫（こばやし・てるお）
関東学院大学名誉教授
主要著書：『スコットランドの都市―英国にみるもう一つの都市形成の文化史論―』（白桃書房 二〇〇一年）、『近代スコットランドの社会と風土―〈スコティッシュネス〉と〈ブリティッシュネス〉の間で』（春風社 二〇一一年）

松野尾裕（まつのお・ひろし）
愛媛大学教育学部教授
主要著書・論文：『日本の近代化と経済学』（日本経済評論社 二〇〇二年）、「二人の協同組合主義者　黒澤酉蔵と賀川豊彦」（『日本経済思想史研究』第13号 二〇一三年）

橋本和孝（はしもと・かずたか）
関東学院大学文学部教授

主要著書：『Understanding Japan, Singapore and Vietnam: A Sociological Analysis』（The Hokuseido Press 二〇〇四年）、『地域社会研究と社会学者群像』（東信堂 二〇一一年）

伊藤　綾（いとう・あや）
関東学院大学大学院文学研究科比較日本文化専攻博士後期課程
主要論文：「上野戦争にみる敗者の戊辰戦争―「東京」の成立と彰義隊―」（『KGU比較文化論集』第4号 二〇一二年）、「史料にみる結成直後の彰義隊」（『KGU比較文化論集』第5号 二〇一三年）

見城悌治（けんじょう・ていじ）
千葉大学国際教育センター准教授
主要著書：『渋沢栄一―「道徳」と経済のあいだ』（日本経済評論社 二〇〇八年）、『近代の千葉と中国留学生たち』（千葉日報社 二〇〇九年）

宮田　純（みやた・じゅん）
関東学院大学非常勤講師
主要論文：「本多利明の経済思想―寛政七年成立『自然治道之弁』の総合的研究」（『Asia Japan Journal』第5号 二〇一〇年）、「本多利明の対外交易論―1798年成立『経世秘策』を中心として―」（『Asia Japan Journal』第7号 二〇一二年）

西　淳（にし・あつし）
三重大学共通教育機構非常勤講師
主要論文：「自己回帰的生産構造における平均生産期間の規定問題―柴田敬の試みと松尾匡による定式化との関係―」（『季刊経済理論』第50巻第2号 二〇一三年）、「柴田敬によるベーム・バヴェルク理論の一般化の試み―生産構造の問題を中心として―」（『経済学史研究』第56巻第1号 二〇一四年）

林　博史（はやし・ひろふみ）
関東学院大学経済学部教授
主要著書：『米軍基地の歴史―世界ネットワークの形成と展開』（吉川弘文館 二〇一一年）、『沖縄戦が問うもの』（大月書店 二〇一〇年）

山本長次（やまもと・ちょうじ）
佐賀大学経済学部教授
主要著書：『武藤山治』（日本経済評論社 二〇一三年）、『市村清と佐賀』（岩田書院 二〇一四年）

金　暎根（きむ・よんぐん）
高麗大学日本研究センター副教授
主要著書・論文：「東日本大震災の日本経済と北東アジア経済協力の進路：TPPを中心として」（関西学院大学災害復興制度研究所・高麗大学校日本研究センター編『東日本大震災と日本：韓国から見た3・11』関西学院大学出版会 二〇一三年）、「日米通商摩擦の経路―相互主義の起源と展開を中心にして―」（『日本研究』二〇一三年）

クロス文化学叢書（Cross-cultural Studies Series）発刊に際して

二一世紀は精神生活を豊饒にする世紀である。ＩＴ革命が進んだ今、書物の復権が叫ばれて久しいが、物質文明に浸食されてものが溢れてしまい、却ってものを見たり、感じたりする力が衰えてきている。慎ましやかな人間の存在が人間の創造した物質によって自らを破壊していることは事実である。今こそこうした人間の危機を打開し、世界の平和を求めて、知の円環運動を射る新しい矢が必要なときである。このような事態に直面して、真の教養とは何かを地球規模で問いながら、真理は万人のために拓かれることを痛感したとき、私たちは新たな知の地平を構築する意味の重要性に気づく。

クロス文化学叢書（Cross-cultural Studies Series）は〈知〉の気球を飛ばして狭くなった地球をじっくり歩く試みとして発刊する。国と国との境界を超え民族間の争いを超えて、私たちの精神生活が豊饒さを共有するとき、私たちは初めて shake hands できるのである。そこには政治的、経済的、社会的、文化的な枠組みから放たれて、ものごとの全体をよりよきバランス感覚をもって俯瞰できる地球人として自覚された人間がいる。ゆえに、クロス文化学（Cross-cultural Studies）とは国際間の交流をはかるものさしである。換言すれば、地球人としての自覚をより進化させる学問なのである。

それはまた、異文化、多文化、多言語化の現状を認識し相互理解を深めていく知の連関運動でもある。出版界がかつてないほどの怒涛にある現在、あえて新教養書を発刊する意味は大きいが、また、幾多の困難も予想されることも事実である。ここに出版人としての自覚を促しつつ読者諸氏の共感を期待するものである。

二〇一四年　九月

クロス文化学叢書 第1巻 互恵（レシプロシティー）と国際交流

2014年9月30日　初版第1刷発行

編　集　　矢嶋道文
発行者　　川角功成
発行所　　有限会社　クロスカルチャー出版
〒101-0064　東京都千代田区猿楽町 2-7-6
電話 03-5577-6707　　FAX 03-5577-6708
http://www.crosscul.com
装幀　小田啓介
印刷・製本　石川特殊特急製本株式会社

ISBN 978-4-905388-80-7 C0020　Printed in Japan